Georges VERMARD

ORION

et la
CONNAISSANCE PERDUE

Tome II

GEORGES VERMARD

ORION
et la
CONNAISSANCE PERDUE

Tome II/3

Publié par
Omnia Veritas Ltd

www.omnia-veritas.com

© Omnia Veritas Ltd – Georges Vermard – 2017

Tous droits réservés. Aucune partie de cette publication ne peut être reproduite par quelque moyen que ce soit sans la permission préalable de l'éditeur. Le code de la propriété intellectuelle interdit les copies ou reproductions destinées à une utilisation collective. Toute représentation ou reproduction intégrale ou partielle faite par quelque procédé que ce soit, sans le consentement de l'éditeur, de l'auteur ou de leur ayants cause, est illicite et constitue une contrefaçon sanctionnée par les articles L-335-2 et suivants du Code de la propriété intellectuelle.

L'histoire consensuelle en a fait

Une allégorie des âges

Figée d'infertilité.

Mais

La Grande Pyramide

N'est pas l'insipide mausolée

Que l'on nous expose.

Elle est un témoignage,

Un enseignement, une espérance.

Elle est une arche placée

Entre le Ciel et la Terre,

Entre l'immuable vérité et la vie

Symbolisée par l'Ankh,

Témoin de l'éternel retour.

Nous remercions le précis d'analyse architecturale de Monsieur Gilles Dormion « **La chambre de Chéops** », Fayard éditeur (2004), ces mesures nous auront été d'un appréciable concours pour la précision des sujets traités.

HoriZon 444

Association culturelle à but non lucratif

http://www.grandepyramide.com

Les bases des cinq polyèdres réguliers, cercle - carré – triangle – pentagone forment « l'œuf philosophique », logo de notre association :

Ce traité est le résultat de plus cinquante années de recherches.

L'ensemble est axé sur le sujet de nos préoccupations :

Le site de Gizeh et la Grande Pyramide d'Égypte.

Nous nous sommes acquittés de cette tâche, avec ce sentiment à la fois humble et sublimatoire que procurent de telles découvertes.
Fasse que ces recherches servent de fanal aux générations du possible.

Nous dédions cet ouvrage à celles…

à ceux… qui aimeraient croire !

Je remercie particulièrement Mathieu LAVEAU
pour ces 20 années de collaboration sur les sujets traités.
Mise au point, précision des calculs et découvertes mutuelles.
Sa compétence en ces recherches spécifiques est indéniable.
Aussi suis-je heureux de pouvoir lui témoigner ici mon amitié.

INTRODUCTION	1
LA CONNAISSANCE PERDUE	3
LES CÉLESTES MYSTÈRES	18
HATHOR DÉESSE DES CYCLES	30
LES CONDUITS ET LEURS RAMIFICATIONS	44
L'ICONOGRAPHIE DE CONNAISSANCE	59
LE NOMBRE MIRACLE ET LE TEMPS	78
LE DÉLUGE ET LA CHAMBRE SOUTERRAINE	83
KHEOPS ET LA CLÉ CHRONOLOGIQUE	94
L'ANNÉE ZÉRO ET SES SUPPORTS CHRONOLOGIQUES	108
LE NOMBRE EST DANS L'ADN, L'ADN EST DANS LE NOMBRE	123
LE MESSAGE CHRISTIQUE	140
POURQUOI LE CHRIST ET CES INTERROGATIONS ?	158
L'AVÈNEMENT CHRISTIQUE	175
LES TROIS PYRAMIDES ET LES TROIS ÉTOILES	199
LE GRAND ŒUVRE	214
UNE TRADITION PRIMORDIALE	218
LA STRUCTURE DE LA GRANDE PYRAMIDE	231
L'ÉDIFICE ET LA TERRE	240
LE « 360 » ET LA SYMBOLIQUE	249
ORION ET LE CONCEPT PYRAMIDAL	257
LE CYCLE ET SA SCHÉMATIQUE	272
LES SUPPORTS DU GRAAL	282
QUE TENTONS-NOUS DE DÉMONTRER ?	288
LES PYRAMIDES DE GIZEH ET LA GÉOGRAPHIE	298
CONSTRUCTION OU RESTAURATION ?	303
L'HYPOTHÉTIQUE CONSTRUCTION	306

CONCOURS DE COÏNCIDENCES 323
DÉJÀ PARUS 333

INTRODUCTION

Le tome premier de ces trois ouvrages traite de nos découvertes sous l'appellation ; **Orion et la Tradition Primordiale**. Pour nos lecteurs, il ne fait de doute qu'un immense *pactole culturel* étale ces fondements sur la surface de la nécropole de Gizeh en Égypte. Invisible aux regards et parfaitement ignorée d'une généralité de nos contemporains, cette découverte fait depuis peu l'objet d'études sérieuses, lesquelles pourraient remettre en question les fondements même de l'histoire que l'on nous enseigne. Il est question d'une science cachée de caractère étrange, héritage probable d'une civilisation lointaine, dont la tradition dite « **Primordiale** » remonte à plus de 12 500 ans de notre ère.

Annoncer un tel événement sans tenter d'en prouver les fondements, serait se contenter d'imiter le glouglou d'une fontaine à des lecteurs qui se meurent de soif. Ce qui ne relève nullement de notre agrément et moins encore de notre éthique. Cela revient à dire, qu'il existe une vérité fondamentale dissimulée en ces lieux et qui ne demande qu'à éclore. Mais pour aider à cette éclosion le travail fut et demeure immense et complexe. Au terme de 50 années de recherches nous sommes en mesure d'affirmer que les découvertes d'aujourd'hui changeront le monde de demain. Il serait cependant naïf de croire que des révélations, aussi pertinentes soient-elles, suffisent à éclairer instantanément les esprits et à corriger les erreurs de l'histoire enseignée. Ce serait méconnaitre les tendances humaines et faire fi du peu de volonté qu'ont les hommes à modifier les événements les concernant. La première motivation qu'ils affichent, n'est-elle pas de préserver leurs intérêts, au détriment même d'une vérité qui risquerait de compromettre ceux-ci. Ce qui signifie, que beaucoup de temps s'écoulera, avant que ne s'impose une nécessaire réforme de notre mode de fonctionnement communautaire régenté par l'exclusif profit.

Les recherches que nous diffusons auront alors des chances d'être prises en considération, non par amour de la vérité, ce qui relèverait d'une prodigalité dont nous ne sommes plus coutumiers, mais par nécessité évolutive. Ce second tome intitulé « *Orion et la Connaissance Perdue* » est donc la juste prolongation du premier.

Nous aborderons ici une phase capitale des recherches, principalement axée sur la constellation d'Orion et les trois astres qui nous sont communs, Soleil, Terre, Lune. Nous allons découvrir que les agencements concernant ces astres relèvent d'aménagements si peu ordinaires que l'esprit se perd en conjonctures face à d'aussi patentes manifestations d'harmonie. Nier de telles évidences relèverait, soit d'une absence inopportune de facultés déductives, soit d'une mauvaise foi motivée par l'acquis, que tout un chacun ne peut congédier sans égard pour son âge. Une troisième raison, la plus commune chez les professionnels de l'HISTOIRE, consiste à nier tout en bloc des informations qui contredisent ce pourquoi ils ont été diplômés.

Notre rôle de chercheur n'est donc aucunement de tenter de convaincre, mais de laisser place à des témoignages factuels suffisamment probants, pour que ceux-ci fassent école en nos facultés de discernements. Poser une question, ce n'est pas la résoudre, mais c'est attendre une attitude honorable de la part de ceux qui sont sensés la considérer.

« La statue était dans le marbre je n'ai fait que la dégager. »

Michel-Ange.

La Connaissance Perdue

Les thèmes principaux de la tradition originelle sont nettement pressentis parmi les représentations figuratives des déités anciennes.

Zervan Akarana, digne descendant des territoires d'Élam, est le symbole même de ces représentations allégoriques.

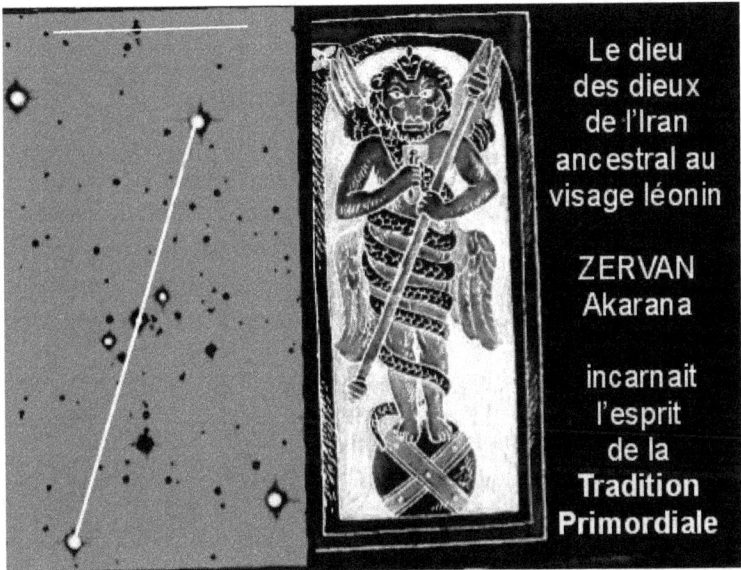

Le dieu des dieux de l'Iran ancestral au visage léonin

ZERVAN Akarana

incarnait l'esprit de la **Tradition Primordiale**

- Le dieu **Servan Akarana** est incontestablement l'image la plus représentative de l'esprit de **Tradition**. Le sarcophage en lequel repose le dieu représente un des rectangles doubles d'Orion.
- L'étoile *Bételgeuse* à « 4 branches » brille en haut à gauche du tombeau de cette déité, conformément à sa position originelle.
- Sa physionomie léontocéphale ne saurait nous rebuter puisqu'elle incarne l'époque où le point vernal se trouvait dans **Le Lion, 10434,73897 années théoriques avant notre ère,** c'était l'altitude la plus basse atteinte par la constellation d'Orion avant sa reprise d'altitude, 9° au-dessus de l'horizon.
- La main gauche détient un sceptre savamment orienté vers

l'évocation du croisement d'Orion qui ne nous est pas étranger.
- Le dieu a « 4 ailes » pour souligner le chiffre « 4 », base de la révélation par les nombres. C'est le ø de « 4 » 1,273239544 qui ouvre les cachets numériques de la Grande Pyramide.
- Il tient en main *la clé numérale* des arcanes cachés de la Grande Pyramide. C'est le sceptre de connaissance de sa souveraineté.
- Le serpent mythique représente ici le cycle précessionnel de 25 920 ans. Il entoure le dieu de ses sept spires et il coiffe son front de l'uræus pharaonique.
- **Servan Akarana** indique que son effigie symbolique incarne la connaissance cachée, et que celle-ci est adaptée à la Terre sur laquelle repose ses pieds. (un globe scientifiquement sphérique, ésotériquement cubique).
- La croix de Saint André (croisement des étoiles d'Orion) possède « 5 points ». Ce sont les cinq points de la pyramide vue du ciel, 4 pour les côtés du carré-base, 1 pour le sommet.
- Le nombril du dieu que dissimule « la barre Bellatrix – Saïph » d'Orion, se situe à l'emplacement d'Al Nilam étoile centrale du baudrier. Voyons là l'axe emblématique des mouvements physiques dans le cycle des âges.
- Cette synthèse symbolique est remarquable d'évocations.

1 - Croisement des étoiles cadre
2 - Visage léonin, Signe du Lion
3 - Diagonale Bellatrix - Saïph
4 - L'étoile Bételgeuse
5 - Le « 4 » avec les 4 ailes
6 - La clé qui ouvre la pyramide
7 - Le sarcophage initiatique
8 - Le serpent du grand cycle
9 - La représentation symbolique

La mythologie est plus proche de la vérité que tous les consensus.

Dans le rituel eschatologique, **le cycle Terre-Matière** est désigné par le chiffre « **9** », comprenons les 7 étoiles d'Orion plus 2 Sirius A et B.

Le dôme sublime vers lequel devraient tendre les êtres en voie d'élévation est désigné par le chiffre « **1** » (l'étoile Polaire). Pour atteindre « **Les portes de la lumière** », selon les légendes, il y aurait 7 cycles intermédiaires que l'être en évolution se doit de parcourir. Au terme du 7e cycle, l'adepte défunt peut éprouver le désir de reconduire sa perfection. Si c'est le cas, il va opter de son plein gré pour une ultime réincarnation. Ce peut-être dans le dessein d'orienter les égarés, d'affirmer la foi des spiritualistes, d'éclairer les chercheurs.

À ce stade de l'évolution, l'âme s'incarne en un être d'exception. Ces êtres d'exception n'ont point pupilles triangulaires et peau verte ; ils sont physiquement comme vous et moi. Quelquefois, leur charisme laisse transparaître sous le voile du corps la lumière de leur état de conscience. De tels êtres ont jalonné le cours de l'histoire. Ils ont été, et sont encore, les références discrètes ou révélées de l'humanité montante. En de rares occasions, les actes qui témoignent de leurs vertus les désignent à la société des hommes. Dans les temps les plus reculés, on les nommait : Mages, Hiérophantes, Grands Initiés, Prophètes, Élus de Dieu. Il y a peu, on leur prêtait volontiers des dons paranormaux. Ainsi attendait-on d'eux qu'ils entérinent leurs relations avec le divin par des manifestations miraculeuses. Ils furent souvent assimilés aux dieux et plus rarement à Dieu lui-même. Ce dernier et suprême attribut dont de simples mortels crurent devoir les doter, s'avère aujourd'hui pour le moins abusif. Le fait pourrait paraître offensant envers **le Principe divin**. En réalité, ce n'est là que l'effet de notre méconnaissance allié au frustrant désir de ne pouvoir établir un lien tangible de parenté entre ce qu'il serait convenu d'appeler « **le Père** »... et nous (comme le nommait Jeshua) !

Le challenge est parfaitement adapté à la démesure humaine. Notre petite *planète bleue* serait à tel point insignifiante qu'elle ne paraîtrait pas devoir être recensée en notre galaxie. Pourtant, il y a plus de galaxies en l'univers qu'il n'y a de grains de sable sur la totalité des plages de la Terre où nous évoluons. **Cet univers pensant attend donc bien d'avantage les manifestations de notre bon sens que nous n'attendons de lui, les effets de sa miséricorde.**

Le drame, c'est que par désir d'imposer à nos semblables notre misérable individualité, nous n'hésitons pas à les blesser, les dépouiller, les violer, les outrager, les provoquer, les culpabiliser, les tuer, cela dans la seule et égocentrique ambition d'une jouissance qui n'est qu'une manifestation du pouvoir. Pouvoir que procure l'argent ou les situations honorifiques, que l'on assimile à une supériorité du moi. Le « soi » lui, attend dans la misère esseulée de notre conscience, l'humble considération que nous ne savons plus lui accorder ! Nous nous devons d'approcher *la porte des dieux*, qui est celle de la connaissance. L'idéogramme l'hiéroglyphique égyptien symbole des divinités est représenté par ces graphiques :

Dieu – Neter : Déesse - Netjeret :  .

L'élément déterminant est symbolisé par cette forme énigmatique que l'on a toujours prise pour un drapeau, au mieux un gonfalon flottant sur le sommet d'un temple. Alors que le seul bon sens devrait nous faire pressentir une cognée, une hache ou à la rigueur une mesure. Non, il nous faut voir un drapeau sans que l'on sache pourquoi celui-ci s'identifierait de près ou de loin à un dieu, si ce n'est la projection mentale de notre chauvinisme conventionnel. Un comportement primaire apprécie de faire flotter sa représentativité étatique sur des éminences afin qu'aux yeux de tous elle puisse revendiquer une possession, une affirmation par la force ou le savoir-faire, une démonstration de puissance, une existence communautaire spécifique, quand elle n'est pas totalitaire. Mais ce faisant, à qui s'adresse-t-elle, si ce n'est à des êtres jugés par elle en état d'infériorité qu'elle contribue à euphoriser par des démonstrations persuasives ? Lorsque ladite vérité insinue être la vérité, c'est qu'elle n'est pas la vérité. L'étendard de la vérité se doit d'être dissimulé en la vérité, c'est seulement en ce lieu que les âmes nobles le reconnaitront. C'est un poncif que d'affirmer que le vrai Dieu est toujours le sien ! Un graphique évocateur des 7 étoiles d'Orion ne serait-il pas et de loin beaucoup plus crédible ? N'oublions pas que cette constellation était considérée par les très Anciens comme étant « *la porte des dieux* » et la manifestation du Ciel sur la Terre.

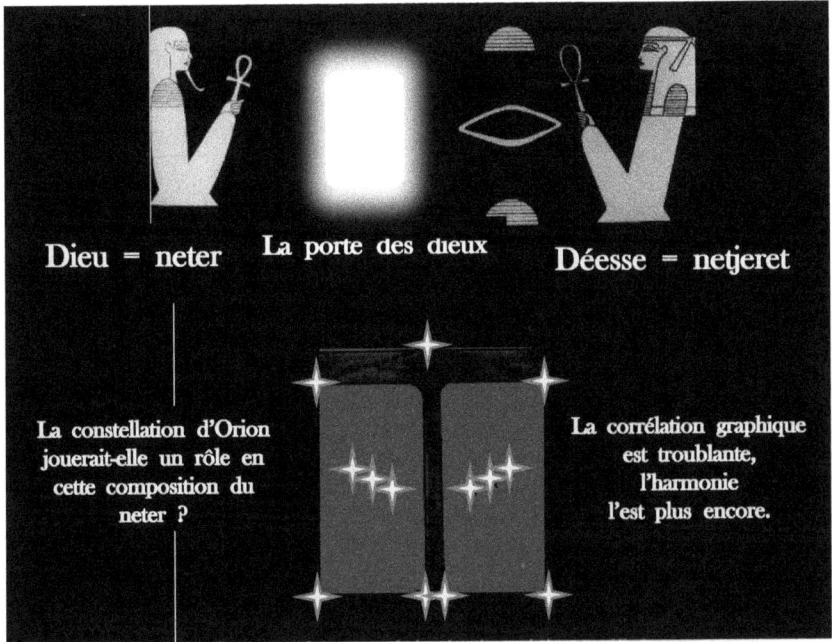

Nous avons placé en vis-à-vis les parties gauche et droite de **la constellation**. Sur la droite, nous avons en situation symétrique le hiéroglyphe « *neter* » synonyme de « *dieu* » ou suivant le contexte » *les dieux* ». Ce serait faire offense au lecteur que de lui demander de faire appel à toutes ses capacités mentales pour établir les comparaisons qu'impose le tracé de ce hiéroglyphe. De nombreux textes anciens placent « **Sah – Orion** » en position de site céleste privilégié. Avec l'effet miroir cher aux Égyptiens, manifestation du temporel et du spirituel. La porte n'est autre, que *la prise de conscience* que provoque « *une raison d'être* ».

Nous conviendrons que du seuil à la demeure il n'y a qu'un pas. Le temple n'a-t-il pas toujours été accrédité demeure des dieux ? Les plaquettes Thinites nous informent que le mot **Neter « Dieu »** en égyptien archaïque était matérialisé par **« 2 poteaux »** (ou deux colonnes) impliquant nécessairement 2 points séparés par une distance alors que deux éléments en contrepoussées forment un linteau au-dessus d'une porte.

« *Le Douât guide tes pas vers la demeure d'Orion* » Texte des pyramides.

Un autre état comparatif pourrait éveiller notre attention, il s'agit de la croisée des sceptres, chère à **Osiris**. Les textes des pyramides nous montrent combien le nom du dieu est affecté à **Orion** (Porte des dieux). Les deux sceptres croisés que tient Osiris, sont emblématiques des diagonales reliant les étoiles-cadre.

Remémorons-nous certains passages du « **texte des pyramides** » : - « *Le Roi est mort (Osiris), il devient **Orion**, et sa sœur est Sothis (Sirius Isis)* ».

- « *Tu es jeune, à côté de ton père, à côté d'**Orion** au Ciel* ».

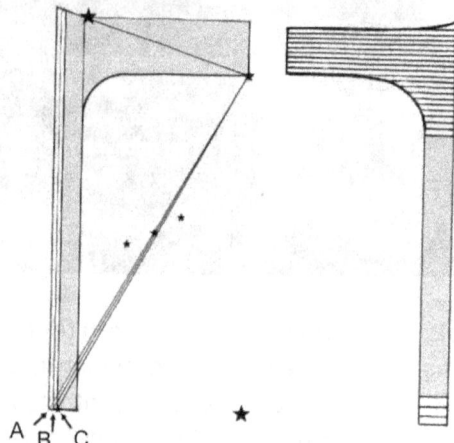

- « *Tu es la grande étoile qui porte **Orion**, qui parcourt le Ciel, avec **Orion**, avec **Osiris*** ».

- « *Il est venu (pour glorifier) Orion, il guide Osiris et place les dieux sur leur trône* ».

- « *Regarde-le, il arrive comme **Orion**, comme **Osiris** qui vient avec **Orion*** ».

C'est donc à peine anticiper sur l'étude que d'établir un rapprochement entre *les sceptres* que tient croisés le dieu **Osiris** sur sa poitrine et ce que nous indique clairement le schéma ainsi élaboré.

C'est d'autant plus probant que cet aspect allégorique évoque à la fois l'équerre et le compas. Mais aussi la porte des dieux, le hiéroglyphe du mot dieu, les sceptres royaux de la tradition, l'emplacement des étoiles, ainsi que l'implicite tracé de la Grande Pyramide.

Non hélas, il nous faudrait voir là un pavillon, ainsi qu'en la Grande Pyramide, il nous faudrait voir un tombeau, non par réflexion, mais par enseignement institutionnalisé ?

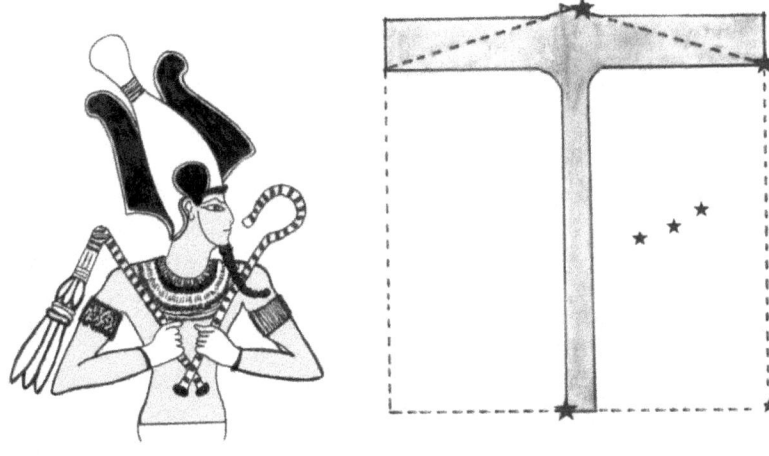

L'effet miroir que nous avons décrit se trouve appliqué avec prescience sur l'expression graphique de ce hiéroglyphe. Il y a beaucoup de coïncidences concordantes. Mais pour le rationaliste pur et dur, *il ne s'agit là que d'un banal chasse-mouches et d'une sorte de patère pour faciliter l'accrochage de colifichets derrière une porte !* Une porte… tiens, c'est la seule chose que nous retiendrons. Elle colle tellement bien avec celle des dieux d'autant, qu'elle semble, cette porte, barrée par on ne sait quel mot de passe. Peut-être est-ce tout simplement Sah en égyptien **Orion**. Comble de bizarrerie, en les mots : « Seba » **porte** et **étoile** étaient liés par la même phonétique du mot « **connaissance** ».

> *« Quand le hasard cesse de nous leurrer… il nous intrigue ! »*

Lorsque l'on fait preuve d'un réel bon sens et que l'on ne se sent pas phagocyté par des conventions auxquelles on adhère par un inhibiteur esprit d'école, on ne peut que constater ceci : En Égypte Antique, toute valeur abstraite relevait d'une symbolique, en partie cachée au commun, dont l'enseignement était réservé aux « *connaissants* ».

Il est difficilement admissible qu'aux époques concernées, le mot le plus important qui soit : « DIEU », ne fut pas ceint d'un sens caché, d'une symbolique savamment étudiée, tant sur le plan de la sémantique que sur celui de la configuration graphique. Les étoiles de la constellation d'Orion étaient précisément aptes à jouer ce rôle et à remplir ces conditions, mieux nous semble-t-il, qu'un gonfalon plus évocateur d'épopées guerrières que de paix universelle.

Pourquoi les étoiles ?

Tout simplement parce que, et nous pensons déjà l'avoir prouvé, la constellation en question était la référence, le lien, qui devait rattacher les hommes au divin par **la démarche initiatique**. Il est vrai que ce terme aujourd'hui n'a plus aucun sens pour nous, mais il était vital en Égypte Ancienne lorsque l'individu pouvait prétendre à quelques capacités, il se devait de suivre « *la voie* ».

Le dieu **Osiris** (Ousir le dieu bon par excellence) est l'élément anthropomorphe archétypal de la tradition gnostique universelle. Avec son regard errant sur une ligne vaporeuse qui sépare **la vie** de **la mort,** les Très Anciens plaçaient ce personnage au centre des iconographies à caractère eschatologique. Le corps roide, figé en un immobilisme que scelle sa royale parure, le dieu incarne à jamais la position stellaire d'**Al Nitak**, première étoile de la ceinture d'Orion. Les deux sceptres qu'**Osiris** tient croisés sur sa poitrine sont :

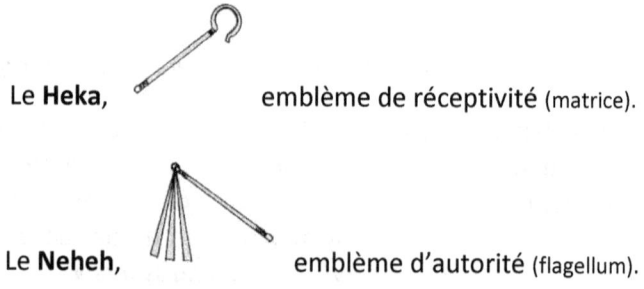

Le **Heka**, emblème de réceptivité (matrice).

Le **Neheh**, emblème d'autorité (flagellum).

Les sceptres royaux représentent les deux aspects du pouvoir. Ils croisent les lignes à mystères qui autorisent « *le connaissant* » à pénétrer de son vivant les domaines d'éternité. Les pharaons croisaient les sceptres sur leur poitrine en signe de fidélité à la connaissance cachée. Ces lignes à mystères relient « **Isis à Osiris** », sœur-épouse du dieu, mais aussi :

La **forme** aux **nombres**

La **pyramide** à l'**univers**

Le **subconscient** au **conscient**.

La rondeur matricielle du **Heka** épouse les 3 flagelles emblématiques des organes génitaux masculins. On retrouve ces attributs triadiques dans la forme du cache-sexe chez les deux génies du Nil lorsqu'ils procèdent à la ligature des « 2 mères » **Nekhbet** et **Ouadjet**. Les 3 flagelles sont représentatives des lignes droites émanant des 3 étoiles centrales du baudrier d'Orion, Al Nitak, Al Nilam, Mintaka. Elles personnifient également le genre masculin alors que le crochet (serrure du coffre astral) est propre au genre féminin à la matrice réceptive. *Le flagellum* régente et châtie alors que *le heka* s'enquiert et gratifie.

Le flagellum descelle et chasse ce qui est indésirable ou inopportun, c'est lui la sélectivité. Son complément **le Heka** accroche et retient ce qui est délectable ou édifiant. À l'intérieur de l'enveloppe matricielle du Heka germera le fruit de la retransmission.

Les sceptres s'attachent à une symbolique complexe ; leurs aspects hétéro-polaires ont pour rôle de générer le magnétisme vital.

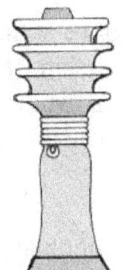

Le port des sceptres, leur orientation, leur position, le fait qu'ils soient parfois tenus en main par des personnages de sexes opposés à leur destination première, a une signification précise. Ouvrons une parenthèse pour le « **Djed** ». Il fait preuve d'un troublant hermaphrodisme qu'il nous faudrait différencier de l'androgynie.

Debout, le « **Djed** » est masculin, son chiffre est « **3** », l'Osiris « la vie », la colonne avec son fût et son disque de base + les 3 éléments superposés sur la colonne.

Couché, le « **Djed** » n'est plus une colonne, son aspect est féminin, les **4** éléments ne sont plus dissociables de sa forme mais il devient porteur de promesses élévatrices.

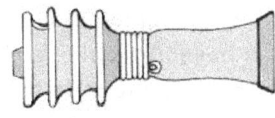

À l'instar de « **Mout** », le Djed couché évoque également « la mère et la mort (mout) ». La mère qui donne la vie ne donne-t-elle pas à l'instant même l'état potentiel de la mort ? Cette allégorie du « **couché - debout** » (mythe d'Hiram) est semblable au « **Yoni** » et au « **Lingam** », pierre couchée ou pierre érigée des civilisations indo-européennes.

3-4-5, » *les 5 cerceaux en cordage* » qui entourent généralement le fût de la colonne sont représentatifs du fils en état de gestation mais aussi des « 5 dieux » enfants de Geb et Nout (les 5 polyèdres réguliers). Parents et grands-parents représentent les 4 éléments étagés. L'isomorphisme du **Djed**, en ses aspects dressés et allongés, souligne la différence tout en affirmant l'unicité de l'être. C'est l'image même de ce que nous nommons « *l'aithéron* » que nous mentionnons en nos ouvrages comme étant le premier élément principe de la création. Il regroupe le nombre, illustré par **le point**, (·) géométrie illustrée par **le cercle**. Ces deux principes sont à l'origine de l'onde et de la particule temporelle, illustrés par le photon. Le **Djed** (la parole - le verbe véhicule de la connaissance) se présente ainsi, (·) vu en plan (on serait tenté de dire : vu du Ciel). Le symbole, nous le savons, exprime l'émanation primordiale, mais aussi **le Soleil, Ré,** l'or alchimique et le zéro pointé. Alors que, vu de profil, le Djed est « 2 en 1 » ou la création paire – impaire, liée par le cercle divin. L'emblème perpétue l'acquis et favorise le devenir. L'érection du Djed a pour objectif de stimuler **le Neter du temps**. Ce dernier aurait la réputation de se lasser de tout, mais l'intelligence cosmique veille. En extrapolant : le Djed debout représente l'univers du créé, éternel en sa persistance, c'est l'immuabilité d'un principe. Alors que le Djed couché est l'emblème d'une potentialité, d'une allégorie du temps dans le temps, qui astreint à l'évolution des choses. Ces explications éloignent les honnêtes spéculateurs que nous sommes de notre préoccupation obsessionnelle de rentabilité pécuniaire. Mais n'était-il pas rassérénant de voir combien notre civilisation a évolué par rapport à ces pauvres diables qui voyaient en la spiritualité la justification de leur existence ?

Le coffre enfermant l'aspect de l'homme en une éternelle immobilité est emblématique de changement de nature, mort et renaissance, franchissement d'une porte en laquelle il est tenu de passer. La pyramide, *le Soleil, la Lune, la Terre, le cercle, le carré, le triangle, le pentagone* enveloppent cette mutation de leurs énergies. L'homme en général, est tributaire de ses désirs, de ses passions, de ses humeurs qui assujettissent son mental à un comportement. Alors que pourvu de la connaissance, il est rasséréné par cette certitude qui assagit et vous contraint à se parfaire.

Étonnons-nous que seule une lignée de dynasties, principalement les 3e, 4e et 5e (à l'instar du fameux triangle), a été enflammée par le vertige des hauteurs alors que tous les autres Rois, et non des moindres, se faisaient inhumer dans les profondeurs du sol. À moins que ces monarques ailés ne fussent que des restaurateurs agissant par devoir de charges, ce qui est plus que vraisemblable ! Si nous écartons les spoliations, appropriations, et autres cas de brigandages, demeure le despote soucieux de son rayonnement terrestre, mais ce n'était pas le cas de Kheops. Ce genre de précisions est à mentionner pour une meilleure entente des événements que l'on nous dépeint comme étant « historiques. »

Le tombeau, les étoiles, la porte et les dieux, sont les éléments vecteurs d'une même démarche : celle du « *renaître* » en un ailleurs amendable. Le hiéroglyphe « *neter* » n'est pas étranger à cette aspiration : recto – verso, il affirme sa réalité en la porte, ce souverain principe du « *passage* ». La constellation d'Orion a toujours été définie comme étant une porte, celle des dieux qui invitaient au franchissement du seuil, mais aussi en l'engagement dans l'espérance. « **Etoile - porte - apprendre** » ce sont des mots à connotations semblables en égyptien ancien. Il est troublant de constater que le mot « **neter** » (dieu), a une indéniable similitude de forme avec *le tracé miroir de la constellation*. Si nous nous référons aux hypothèses officielles, il nous est dit qu'il s'agit là d'un « pavillon ».

« *Ben…oui, tous les pays sur terre, y zont bien leurs drapeaux, pourquoi les dieux y zauraient pas les leurs…hein… !* » (Réflexion recueillie au comptoir du café, « Les petites fouilles ») ! ! !

En notre ère de totale domination des technologies, la structure spirituelle des anciens égyptiens peut nous apparaître d'une complexité irrecevable. Cinq enveloppes pour le corps, quatre pour l'âme et la conscience versée dans les tourments de la vie, pour rendre compte de son comportement. Pharaon, le « *hem neter* » était « *le premier serviteur des dieux* », à ce titre, se faire ériger un monument plus ambitieux que ceux réservés aux divinités n'aurait pas seulement représenté un outrage mais cela aurait été un blasphème inconcevable pour un monarque. Lors du jugement ultime, dont il briguait les honneurs, notre malheureux Kheops aurait assurément encouru le risque d'une métempsychose foudroyante et un retour sur Terre sous la forme d'un obscur cancrelat.

Notre intention n'est pas d'exposer les rudiments d'une théologie dont plus personne ne connaît les origines, mais seulement quelques évanescences souvent altérées par les millénaires. Un fait est certain, les Anciens Égyptiens croyaient fermement à la réincarnation et séparaient la responsabilité des éléments corporels dans l'après vie. La mort venue, la conscience devait rendre des comptes à l'âme en passant par le tribunal d'impartialité osirienne. Chaque élément du corps esprit était rattaché à un principe de responsabilité qui engageait sa propre évolution. Si nous prenons un exemple, on peut sourire à l'idée du **Shuit** (l'ombre). C'est pourtant là le degré de révélation que nous accumulons au cours d'une vie, que nous en tenions compte ou non. Sur un plan philosophique, c'est seulement lorsque la lumière nous éclaire que nous pouvons mesurer notre ombre. Dans l'obscurité cela n'est pas possible, il nous faut donc affronter la clarté. Si nous évoluons suffisamment, nous devenons lumière nous-mêmes et nous n'avons plus d'ombre. La pensée égyptienne était héritière d'une morale supérieure, aussi avons-nous beaucoup de mal (nous qui sommes média-guidés et assistés en toutes choses) à évoluer par nous-mêmes, afin d'être en état permanent de responsabilité individuelle.

À l'instar de l'ultrason qui n'est perçu que par quelques rares personnes, ce que nous développons comme lien entre le comportement rationnel et le subtil inconscient ne peut être discerné par une généralité. Il nous faudra attendre d'autres générations, sensibilisées à d'autres critères pour voir émerger en ces œuvres les archétypes d'une conception différente de notre engagement humain. Aujourd'hui, la perception existentielle est phagocytée par l'incitation abusive à consommer pour consommer. Nous sommes obnubilés par le vocable inconsidéré de « **croissance** », terme sans signification raisonnable, toute croissance ne s'achève-t-elle pas par la maturité, seuil primaire de la réflexion ? Actuellement un état ne peut pas se permettre à lui seul de cesser cette « croissance » dont il est question ; cela le conduirait à la ruine de son économie. C'est à une échelle planétaire que nous devons envisager cette reconversion de notre mode de vie. Si nous nous montrons incapables de comprendre cela, alors c'est que déjà le mal est si grand qu'il inhibe tout discernement. Ce qui a été découvert en la Grande Pyramide est bien plus qu'une remise en question de l'Histoire traditionnelle, c'est une ultime invitation à une autre vision des choses. Renouons par nos facultés intelligentes le lien Terre – Ciel, seul principe capable de nous faire émerger du marasme en lequel nous nous enlisons. Observons la vie sous un autre angle, celui peut-être de cet appel dans le Ciel, en l'allégorique agencement des étoiles de la constellation d'Orion.

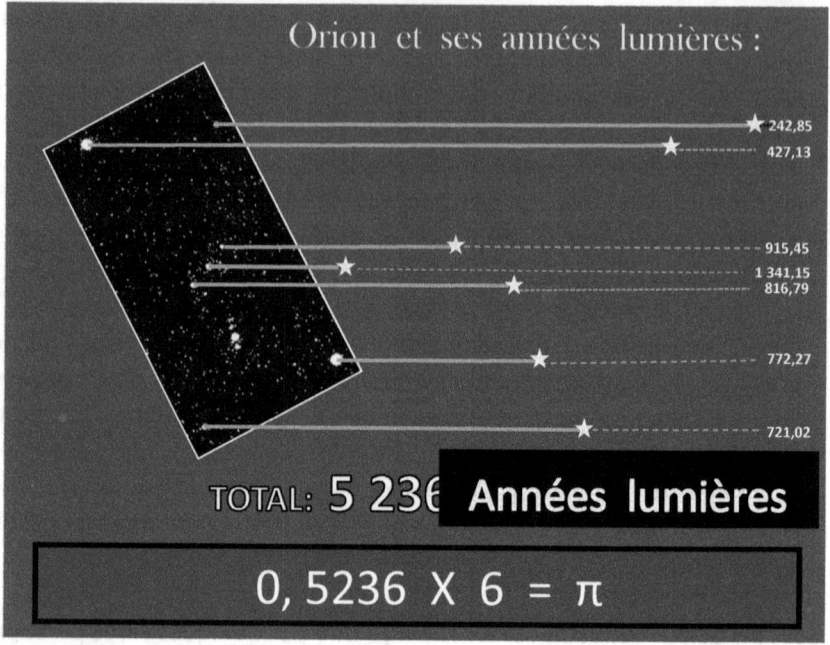

On peut toujours et toujours invoquer le hasard, mais celui-là même se lasse de son implication en toute chose, en se plaignant de ne pas être aidé par la réflexion. Lorsque sur un sujet donné se concentre une multitude de références qui concordent parfaitement avec le caractère général de la démarche, il est logique de lui attribuer l'attention qu'il mérite. Évoluer, c'est concevoir au-delà de ce que le raisonnement admet être les manifestations de la normalité. C'est s'impliquer dans la perception nouvelle en s'affranchissant du carcan réducteur de l'acquis pour franchir le seuil de l'inenvisageable.

Années Lumières pour les « 7 » Etoiles d'Orion

	Nasa	Wikipédia	Astrosurf
	Horizon444 (Nasa cf JP. Baquet)	Wikipédia*	Astrosurf.com
Bételgeuse	427.13	427	427 (108 à 160pc) Δ possible de 40%
Bellatrix	242.85	243	243
Rigel	772.27	773	773 à 900
Saïph	721.02	721	720
Al Nitak	816.79	817	-
Al Nilam	1 341.15	1 342	-
Mintaka	915.45	916	-
	5 236.66	5 239	

5 236, 66   5 239, ...   ?..........

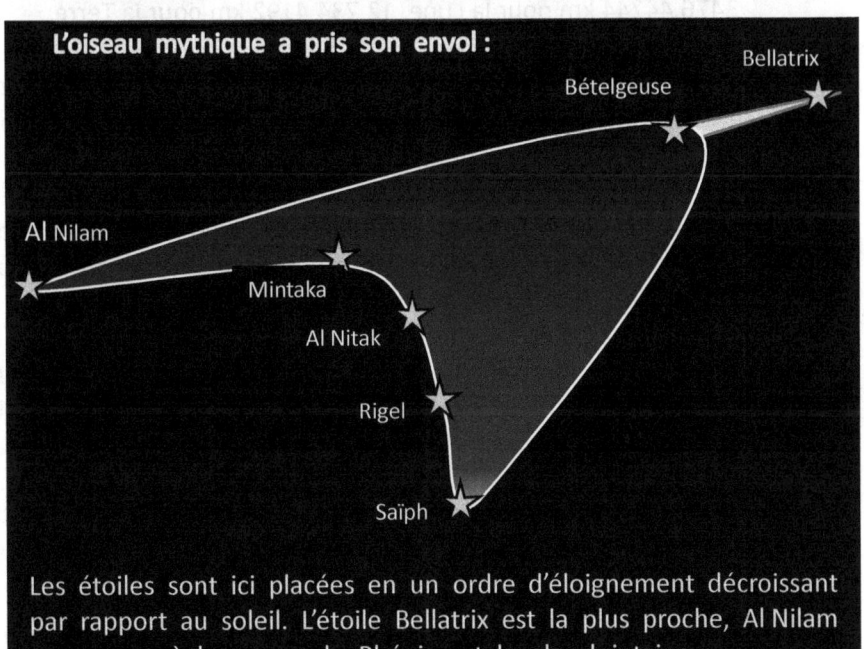

L'oiseau mythique a pris son envol :

Les étoiles sont ici placées en un ordre d'éloignement décroissant par rapport au soleil. L'étoile Bellatrix est la plus proche, Al Nilam à la queue du Phénix est la plus lointaine.

Georges Vermard

Les Célestes Mystères

Il y a de nombreux indices analogiques qui devraient nous donner à réfléchir. Ils surgissent devant nous, le plus souvent opportunément, mais nous ne leur accordons qu'une fugitive attention. Estimant sans doute que seules des raisons pragmatiques doivent dominer la nature des choses dont nous dépendons. À l'opposé d'un tel raisonnement, cherchons à établir des adéquations plus subtiles. Elles nous amèneront à une autre conception de l'ordre du monde.

Nous avons vu précédemment que c'est dans le coffre de la chambre du Roi que passe la ligne Terre - Lune. Ce sont les Ø respectifs et accolés de ces deux astres qui définissent l'étendue de l'assise que nous prenons à témoin.

3476,44744 km pour la Lune. 12 734,4192 km pour la Terre.

Parmi les multiples références ayant trait au Soleil, à la Terre, à la Lune, références extraites de la structure pyramidale, il en est trois à l'examen qui nous subjuguent par leur originalité.

Prenons l'exemple de **la Terre** et de **la lune** réunies en un seul périmètre. Il nous apparaît intéressant de connaître combien de degrés sont occupés par l'une et l'autre à l'intérieur du cercle de **360°**. Sachant que la circonférence globale en kilomètres dévolue à ces deux astres dont les circonférences sont placées côte à côte, réalise **50929,58172** km. Cette valeur divisée par 360° est égale à 141,4710603 km par degré ou les quatre premières décimales de la racine de « $\sqrt{2}$ ». En valeur moyenne, la Terre occupe en sa circonférence 40 008 km et la Lune en sa circonférence 10 921,58174 km. En pourcentage : Terre = 78,55524 - Lune = 21,444447 (total : 100%) Il n'y a que des valeurs moyennes qui puissent être retenues :

40 008,00 km ÷ 141, 4710603 = 282°, 7998878 ou **282° 47' 59'' 6.**

10 921, 58174 km ÷ 141, 4710603 = 77°, 20011228 ou **77° 12' 0''.**

Rien de bien surprenant a priori, si ce n'est qu'au sein du cercle que nous venons de définir, la Grande Pyramide possède un angle proche de celui de la Lune : 76° 17' 31'' 39 contre 77° 12' 0'' 4. Lorsque nous traçons un graphique de correspondance, nous sommes interpellés par la mitoyenneté des pentes d'autant que le rayonnement séparant les 77° des 76° semble étaler un rideau de lumière (D – D) le long des parois (E – E) et cela nous donne : 0°, 90806028 ou 0, 27' 14'' 51 par face, ce qui est troublant ! En observant ce graphisme, nous nous apercevons que nous ne sommes pas au terme de nos surprises : le rayon de **la Terre** (cercle central) indique la hauteur proportionnelle de cette pyramide et le diamètre de **la Lune** occupe le milieu de la base en F.

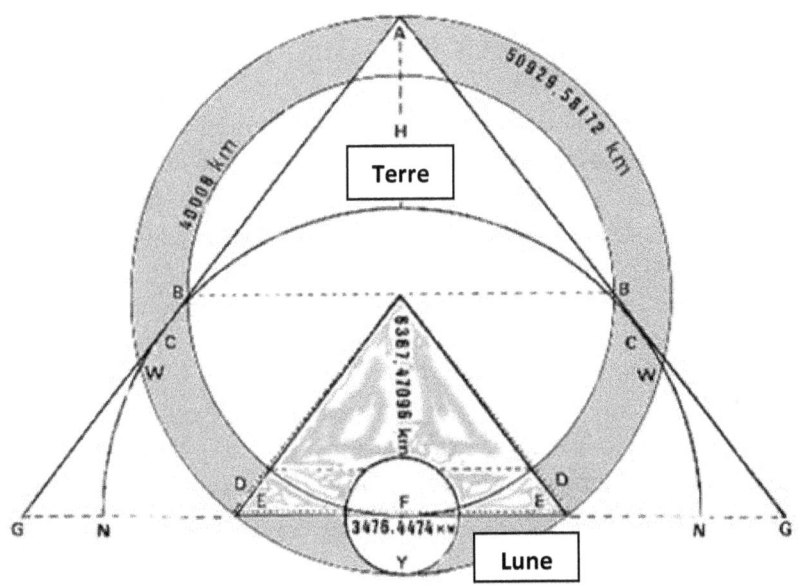

Une pyramide plus haute dont le sommet est représenté en (A) atteignant la circonférence de 50 929,58172 km, à des apothèmes étendus en (G–G) ils recoupent la circonférence de la Terre sensiblement à la sortie de son diamètre en (B – B). Nous constatons que le demi-cercle aux bases (N – N) s'ajuste aux apothèmes pyramidaux, pratiquement entre les deux circonférences de la couronne, laquelle sépare le cercle Terre – Lune de la Terre seule (couronne grise) en (C – C).

Nous remarquons également que la différence en (D – D) séparant les 77° 12' des 76° 17' est très faible par rapport à (E – E). Ce qui signifie qu'à l'échelle de la pyramide, nous enregistrons un débordement au sol insignifiant correspondant à deux fois le creusement des faces. La valeur de la base pyramide reportée au point (Y) rejoint les points (W – W) d'intersection de la courbe (N – N) avec le grand cercle. La ligne horizontale qui en résulte passe par des valeurs schématiques non représentées ici par crainte de confusion.

Puisque la beauté fait partie intégrante de l'œuvre que nous traitons, en esthètes convaincus, tentons de raisonner avec ses critères. À l'aide d'un compas traçons un cercle A de 100 millimètres de diamètre. Ceci étant, calculons le pourcentage qu'occuperait la Lune par rapport à la Terre (ces calculs concernent le dessin de la page suivante) :

TERRE 78,55552443 % - **LUNE 21,44447557 %.**

La nature de cet agencement est littéralement **cosmogonique.** Cette vision des choses, certes ne saurait se limiter à ce seul exemple, mais si l'homme avait une vision plus pertinente des notions de probabilité, cette simple évocation bouleverserait sa pensée. Le doute, en partie occasionné par l'abondance des *images virtuelles*, a désamorcé chez l'individu moderne, le réflexe de curiosité. Ses possibilités de déduction se sont alors retranchées en un conformisme sclérosant, doublé d'un scepticisme attentiste, que seules ébrouent encore les perspectives du profit. Avec cet autre graphique, essayons de raisonner en fonction des valeurs métriques relatives aux ordres de grandeur figurant sur le terrain de Gizeh. Imaginons le tracé d'une immense circonférence regroupant la Terre et la Lune de 509,2958171 mètres (circonférence A).

La Lune ⌀ 34,7644744 m - la Terre ⌀ 127,3494192 m.

Les deux ⌀ accouplés = 162,1138936 m.

Nommons « *rapport pyramide* » la surface qui regroupe les angles précis de la Grande Pyramide, soit 76°,292052 pour le sommet monument et 51°,853974 pour les angles. Nous observons que le pourtour de la pyramide occupe les points (Y – M – M) sur le graphique ci-dessous :

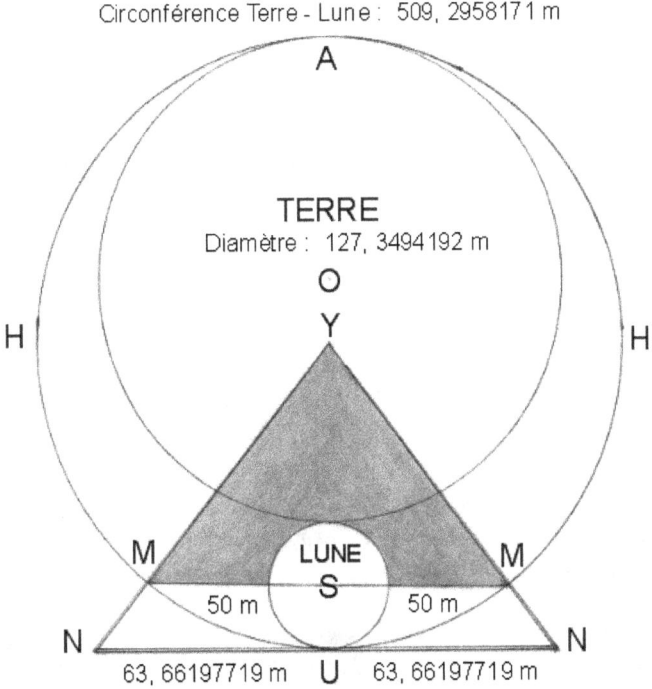

La demi-base est égale à 50,01 m et la hauteur à 63,6747096 m (rayon de la Terre en mètres divisé par 100.)

Le périmètre des

4 faces au sol réalisent 400,08 m (la Terre en sa circonférence).

Cette demi-base n'a qu'une faible différence avec la clé pyramide, puisque l'une est à 50 m et l'autre à 50,01 m.

La longueur des apothèmes est de 80,96584924 m. Le périmètre de la base étant égal à la circonférence de la Terre, sur un plan strictement géométrique, le côté base de la pyramide tranche en en son milieu le diamètre horizontal de la Lune (en S). Quand le pourtour triangulaire de la pyramide occupe les points (Y – N – N), sa base est tangente à la circonférence du cercle A.

La demi-base est alors égale à 63,66197719 m x 2 = 127,3239544 m (la clé). La hauteur représente le rayon du grand cercle (A) soit 81,05694682 m et l'apothème réalise 103,0683073 m. Le périmètre de la base est similaire à la circonférence du grand cercle (A), soit **509,2958176 m** ou la circonférence Terre – Lune à multiplier par 100 et à considérer en kilomètres.

Maintenant, oublions ces données pour tirer vers le bas la hauteur de la pyramide jusqu'à sa valeur normale de 147,1317686 m sur le socle (ce raisonnement géométrique ne figure pas sur le Graphique). Tentons alors d'appliquer en surimpression la tranche lunaire de 77°,200112 au sommet, sur celle de 76°, 292052 propre à la Grande Pyramide. Nous obtenons une différence au sol d'environ 1,60 m ; cela de chaque côté de la base des apothèmes. En clair, ramenons cette différence (au demeurant négligeable à l'échelle de la Grande Pyramide) aux angles réels de celle-ci. Réexaminons cette représentation issue du « tome I » sur le « camembert » Terre Lune.

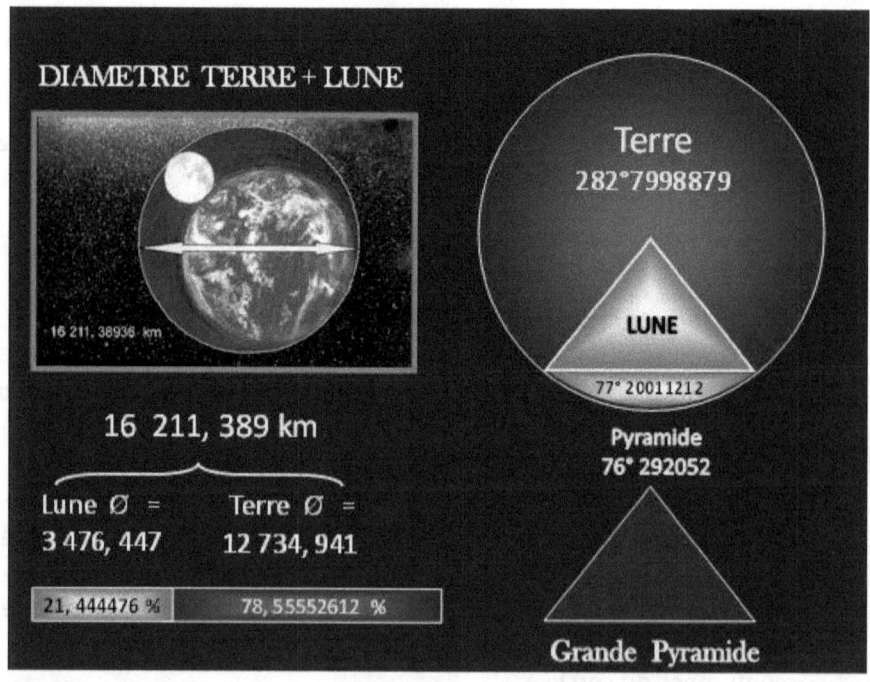

1,8969592 m + 115,5570209 m = 117,453980 m x

1,273239544 (la clé) = 149,5470519 m (hauteur déductive).

Nous obtenons une hauteur différente, laquelle, considérée en millions de kilomètres, nous indique la distance moyenne aux équinoxes de la Terre par rapport au Soleil. Ceci avec *la plus grande exactitude* si nous prenons soin d'y ajouter la circonférence Terre – Lune.

149 547 052 (millions de kilomètres) + 50 929,581 = 149 597 981 pour 149 597 870 (millions de kilomètres) - Différence avec les normes établies : 111 km sur près de 150 millions.

La référence de **149 597 870 km** est une **Constante Astronomique** utilisée par les scientifiques. Elle équivaut à 499 secondes lumière.

Le dieu Thot porte une tiare en forme de disque lunaire (reflet de Râ Roi des dieux, dont il est le Vizir). C'est le magicien Maître du Secret et de l'écriture. Le dieu à l'orée des temps aurait-il souhaité que « Iâh » la Lune, nous montre le chemin de la raison ? Thot aurait-il misé sur les capacités de déduction des êtres humains ? En cette hypothèse, il n'y a rien d'étonnant à ce qu'il nous ait abandonnés, bouleversés de désespoir ! Demeure peut-être en chacun de nous l'évanescence de ses sélènes emprises, hélas inapplicables sur un plan concret !

Comment une structure telle que la Grande Pyramide recelant les données que l'on sait, peut de surcroît s'insérer en l'écrin de la Lune symbole de tous les mystères ? La pyramide est alors protégée par le toit bulleux de la Terre qui vient se positionner sur sa nature comme celui d'une céleste demeure (un bétyle).

L'esprit d'une « **Tradition Primordiale** » est donc inséparable des réalités universelles insérées au sein de ce prodigieux édifice. Ses secrètes ramifications sont codées pour se révéler à l'intelligence lorsqu'elle est étroitement associée à l'intuitif. À la lumière de ce que nous avançons, nous ne pouvons concevoir qu'un homme ait pu construire à sa gloire une œuvre aussi complexe, sans autre objectif qu'une ambition post mortem de reconnaissance de pouvoir, ce qui va à l'encontre de toute démarche à caractère spirituel alors même que cette architectonie relève indubitablement des plus grands mystères. Aussi, clamons-nous haut et fort, qu'en aucun cas ce parangon de prodiges n'a pu être destiné à une humaine nature, fût-elle pharaonique.

Kheops était dûment instruit par les Hiérarques omniscients du caractère sacré de cet exceptionnel édifice. En cette hypothèse, il est le dernier grand restaurateur d'un parement malmené par les millénaires. En toute connaissance de cause, il n'a donc jamais envisagé de s'attribuer ce monument à des fins sépulcrales. Cette seule évocation blasphématoire aurait outragé son intégrité et mis en cause son loyalisme envers les déités du panthéon, ce qui représentait la pire injure. Kheops se sera fait inhumer ailleurs, par profond respect pour cette œuvre sans âge, inspirée par « *les dieux* ». Ce monument tardivement nommé « *l'horizon de Kheops* », était connu dans les siècles comme étant « *l'Horizon de Rê* », dédié à Osiris, dont Isis était « *maîtresse* ». Ce n'est qu'après la dernière restauration effectuée sous la quatrième dynastie que l'édifice, par stratégie, intérêt, connivences professionnelles ou dérision d'incultes eut à subir ce genre d'interpolation identitaire. Notre « *Khou devenu fou* » n'aurait sans doute pas eu le plaisir de voir son œuvre s'ébaucher (Khoufou est le nom égyptien de Kheops). Il est injurieux de considérer Kheops comme un mécréant ayant usurpé un patrimoine universel qu'il se serait attribué dans le dessein éhonté d'éblouir le cénacle divin. L'hypothèse nous paraît odieuse en vertu de ce que nous savons de l'enseignement dispensé. Nous nous refusons à porter crédit à cette éventualité. Si à l'encontre de toute logique, une aussi impudente conjecture avait pris forme en l'encéphale alors halluciné de ce monarque, il y a fort à parier qu'elle n'aurait pu se concrétiser compte tenu du fait que la prêtrise d'alors exerçait un réel pouvoir sous-jacent, tant occulte que temporel. La troisième hypothèse (qui n'en est plus une pour une majorité malléable) est répandue à profusion sans preuve aucune. Elle se trouve hélas abondamment diffusée dans tous les manuels scolaires. N'affirme-t-on pas que Kheops a contraint son peuple à élever la Grande Pyramide à des fins personnelles ? Par crainte de nous laisser envahir par des ressentiments blâmables, nous ne ferons pas état de ce que nous pensons, sur un plan moral, de cette convention d'agrément. Dès lors, nous réalisons que la source de vérité est si petite, si fragile, si insignifiante par rapport aux péroraisons académiques de « *l'intelligentsia instituée* » que les preuves les plus nombreuses, les plus flagrantes, n'ont aucune chance jamais d'être prises en considération. Il en est ainsi, des choses de ce monde. Il tourne dans le sens où les magistères du profit l'incitent à tourner. Ce n'est point de l'amertume d'auteur, celui-ci a largement passé le cap, c'est une triste constatation d'un pouvoir politiquement correct, face à la souveraine vérité, qui, nous dit-on, n'est pas de ce monde !

« *On a la gueule que l'on mérite...* » Proclamait Edouard Herriot ! Serait-il outrageant d'attribuer cet adage à notre société ?

Nous croyons nous souvenir que le rapport respectif des masses comparées de la Terre et de la Lune est de 81,5 pour 18,5. Nous remarquons immédiatement que l'inversion 5 pour 5 et 8 pour 1 a quelque chose de curieux sur le plan de la réciprocité, à moins que ce ne soit là que « pur hasard » !

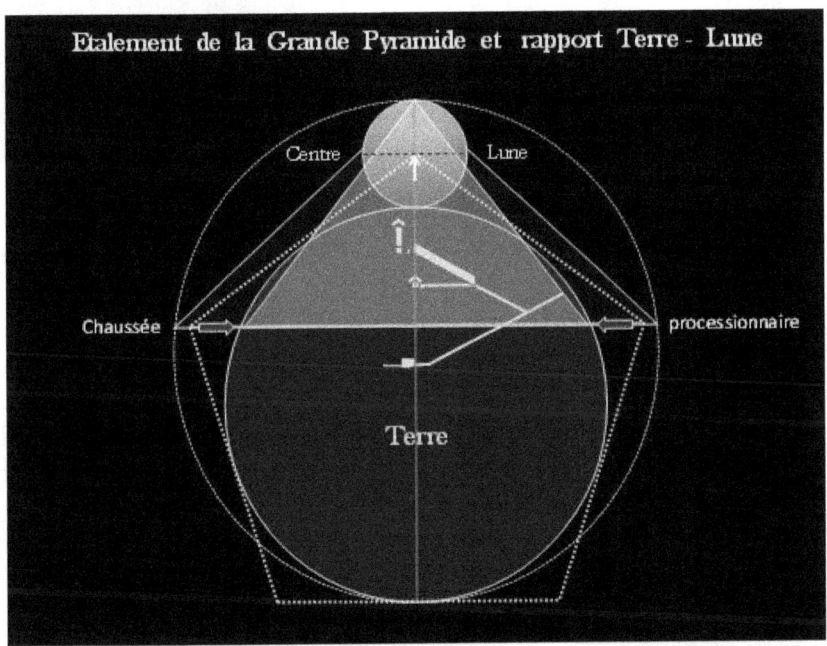

Nous avons ici une belle ordonnance des volumes géométriques de ce que nous cherchons à démontrer. Les références s'inscrivent en la Terre et la Lune, ces deux axes vivants de la Grande Pyramide. Il semblerait que ce soit le fruit édénique de l'intelligence à conquérir.

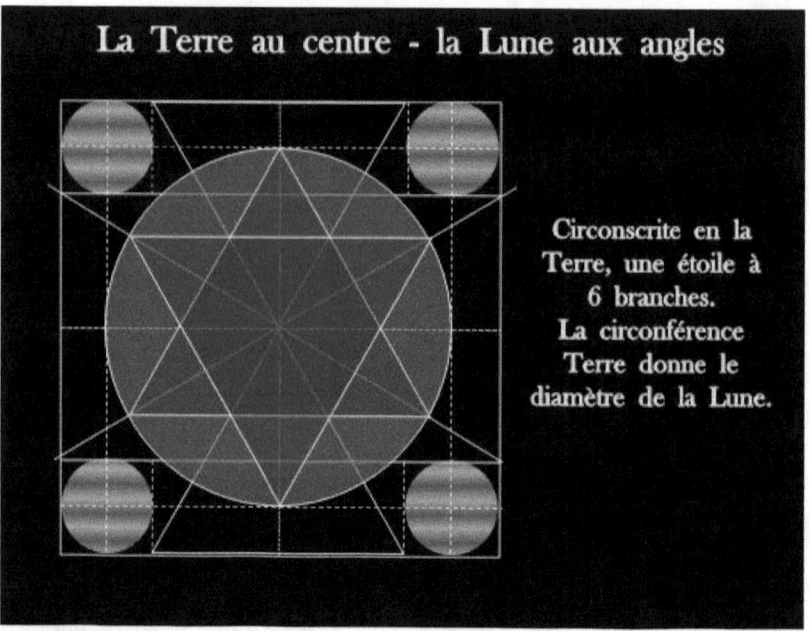

Ce graphique est convaincant, et bien malgré cela, nous verrons des attitudes suspicieuses. Des mains qui se porteront sur les crânes pour les gratter légèrement, non dans l'espoir d'en éveiller les idées qui en démêleraient les écheveaux, mais pour en déloger la permanence du doute. Nous savons que le chiffre « 4 » est la base incontestable du décryptage de la Grande Pyramide. L'œuvre que nous découvrons sur le plateau de Gizeh, surclasse toutes réalisations répertoriées du même ordre. Elle est la preuve incontestable d'une *science universelle* à laquelle nous n'avons plus accès. Cette science s'adresse à notre intelligence, synthèse de nos possibilités intuitives et déductives que nous avons le plus souvent paresse à éveiller.

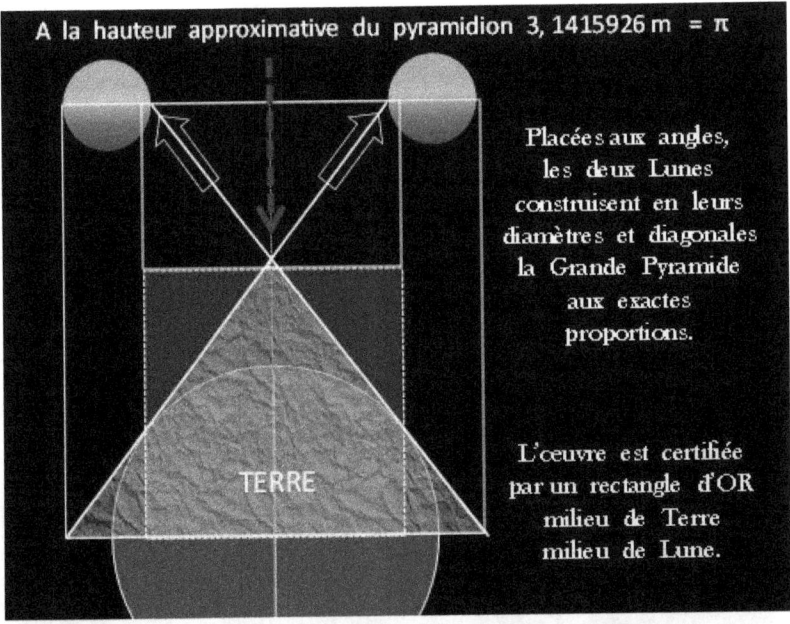

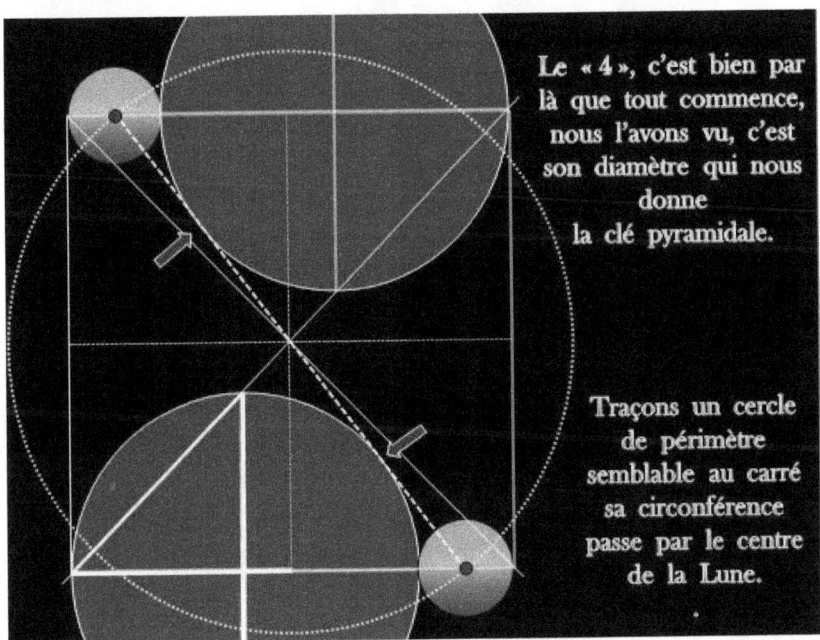

Ces illustrations nous invitent à méditer sur l'existence d'un monde non-apparent et pourtant bien réel, dont l'universel langage est une espérance.

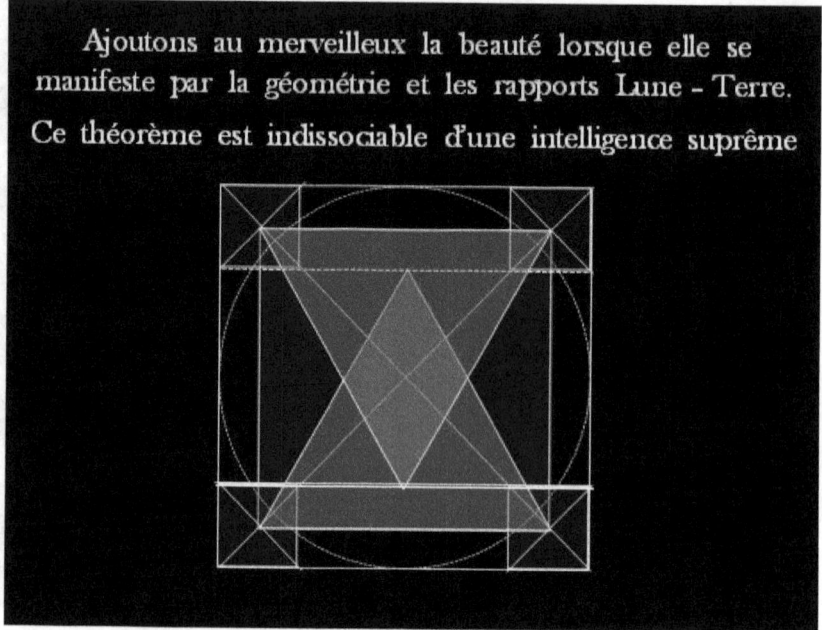

Ajoutons au merveilleux la beauté lorsque elle se manifeste par la géométrie et les rapports Lune - Terre. Ce théorème est indissociable d'une intelligence suprême

Lorsque la Terre et la Lune se trouvent placées en carré de leurs périmètres réciproques, cela nous donne ce graphique avec ces deux triangles équilatéraux partant du centre de la Lune. Le cercle représente la Terre, le carré intérieur est égal à sa circonférence. Il s'agit là d'un théorème prouvant que ces deux astres ne sont nullement le produit des conjonctures, mais *l'expression d'une volonté supérieure supra humaine*, principe absolu d'une harmonie universelle. Si vous n'êtes pas tombés à genoux cher lecteur, pas plus d'ailleurs que ne l'aurait fait un enfant, cela prouve que l'humanité est encore dans les limbes cognitifs d'une lente métamorphose. Seulement voilà, nous n'avons plus le temps de grandir, il nous faut comprendre ou disparaitre. Ce temps aujourd'hui, est soumis à un pouvoir autodestructeur de l'évolution humaine, il nous lénifie en endormant notre éveil. Il disperse nos facultés aux vents délétères du profit, parfaite illusion d'une « *raison de vivre* ». L'éveil, c'est la prise de conscience, c'est la vision d'une entité supérieure à ce que nous estimons être.

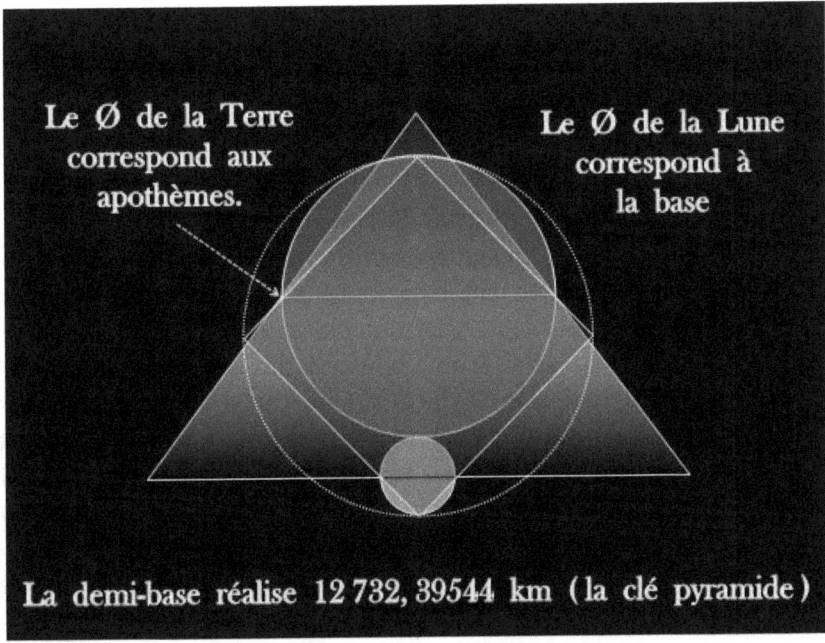

Sur le graphique ci-dessous, le cercle a le même périmètre que le carré, lequel cerne la Terre de ses quatre côtés, la Lune est ainsi délimitée en son diamètre.

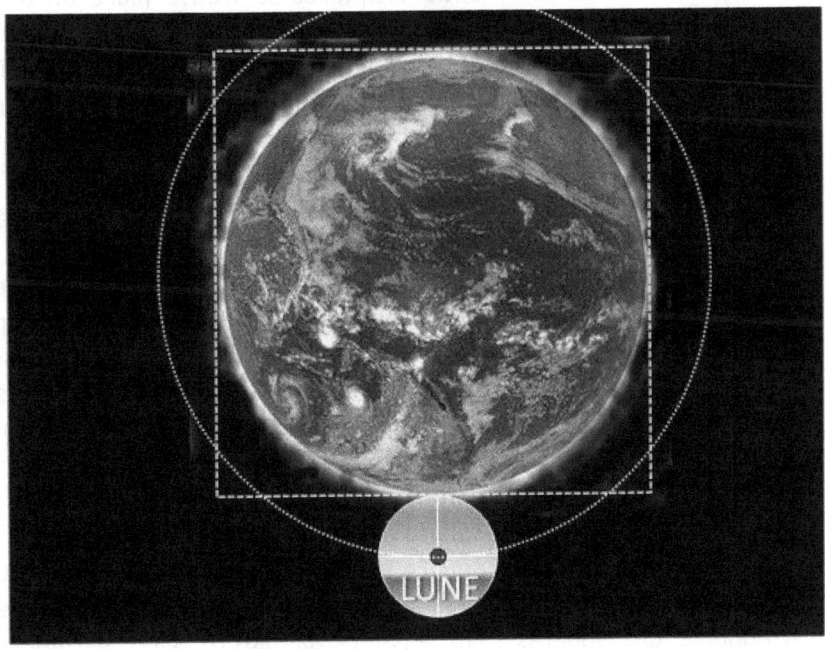

Hathor Déesse des Cycles

Ce sentier luminescent qui s'inscrit dans le Ciel d'été est l'une des spires de notre galaxie, spire en laquelle notre système solaire est inclus. Sujet d'admiration des pâtres antiques, cette sente bucolique est appelée « **Voie Lactée** » (du grec « gala »). Le mot « lacté » nous fait immédiatement penser à lait et lait à vache. Si nous poussons aux limites de ses possibilités notre pouvoir de réflexion, vache et lait nous apparaîtront synonymes de nourriture. Aussi, notre « **Voie Lactée** » favorisait-elle une déduction similaire chez la gent populaire la moins avisée ? Si les étoiles imposaient le lait... le lait, lui, imposait la vache. On peut même affirmer en toute innocence que l'on ne nomma pas « à tort » cette déesse « **Hathor** ».

La tiare arborée par la déesse égyptienne se compose de deux cornes en forme de lyre entre lesquelles se trouve placé un disque ovalisé. Les cornes soulignent la différence qu'il y a entre l'ovale et le cercle. Le milieu vertical indique les points théoriques équinoxiaux alors que la ligne horizontale délimite les points solsticiaux. L'élément clé est donné par le **Soleil**, étoile de la galaxie.

Ce Soleil se trouve juste en dessous de la pyramide réelle, il est placé légèrement plus haut que le centre du schéma. Ainsi, le disque renflé placé sur la tête des déesses représente le circuit de notre planète autour de « Rê », Roi du Panthéon Égyptien, et non, comme on le croit généralement, le disque solaire qui serait incorrectement représenté en sa rotondité. Les pattes de « La Vache Hathorique » maintiennent les quatre horizons du cycle. Ses larges oreilles sont à l'écoute de la symphonie des sphères mais aussi de la nature. Elles se montrent attentives aux manifestations de piété des hommes. Si **Hathor** est satisfaite du comportement humain, les deux parèdres circumterrestres, **Bastet et Sekhmet** au faciès léontocéphale, continueront à alimenter sans dérobade « la ronde des saisons ».

Bien que la fonction n'apparaisse pas de manière flagrante, en l'interprétation des mythologies telles qu'elles nous sont dépeintes, **la déesse Hathor symbolise « les cycles cosmiques »**. À ce titre, elle préside à la course apparente et processionnelle du Soleil. La déesse figure dans l'iconographie sous des formes diverses suivant les impératifs du message à dispenser. N'était-elle point considérée comme la demeure astrale de l'intelligence Horienne ? En la symbolique égyptienne (époque Ptolémaïque), le hiéroglyphe en question représentant « **la vache** », avait pour signification « **Année** ».

L'année agraire commençait en juillet, mais sur un plan traditionnel, le départ de la course planétaire débutait en décembre au solstice d'hiver (porte des dieux). Sur notre schéma du cycle planétaire, ce point précis se trouve situé à l'emplacement de l'étoile Bételgeuse qu'occupe le dieu Shou. Dans le cadre de la ronde de notre planète autour du Soleil, il s'agit du fief territorial de « **Bastet, la déesse chatte** ». Les Anciens Égyptiens attribuaient à chaque phénomène naturel un état de conscience. Ces états étaient le plus souvent illustrés par des figures métaphoriques que l'on nommait « neterou ». Les Très Anciens, eux, considéraient que toute chose en ce monde était régie par les esprits qui ordonnancent la matière. On ne vénérait pas l'objet en lui-même, ce qui aurait relevé du cocasse ou du grotesque, mais plutôt s'intéressait-on à « **la conscience** » cachée en l'objet. Influente ou non, cette conscience animique était censée gérer les composés de la nature ; parfois en occupait-elle simplement les formes. La prépondérance que l'on accordait à ces « neterou » était fonction des événements, des époques, des cycles ou conjonctions. Il y avait un temps opportun pour chaque « neter » et un culte approprié qu'il était bon, dévot et salutaire de ne point ignorer.

Cette ferveur zélée avait pour but essentiel de rendre l'intelligence humaine solidaire des états de conscience élémentaires. En ces temps anciens, il apparaissait légitime que l'homme participe au continuum. Il relevait même de son devoir d'être pensant, de stimuler par des actes de foi… donc d'amour, les principes gérants l'univers.

Des figurations originales, parfois singulières, illustraient le mystérieux pouvoir de ces dieux. À l'époque considérée, on leur rendait hommage par le biais de rituels appropriés. Toutefois, on se gardait de dévoiler de manière ostensible leurs réalités profondes ou leurs correspondances secrètes. Ainsi, Grands Initiés et humbles fellahs, vénéraient les mêmes représentations. Celles-ci avaient le mérite de contenter la dévotion à des niveaux différents, sans qu'aucune des deux parties ne s'en trouve humiliée ou frustrée. « **La vache céleste** » présidait aux cycles, **Hathor** se promenait parmi les étoiles telle son émule terrestre parmi les fleurs des champs. La divinité était réputée interpréter la musique des sphères. Les attributs cultuels qui accompagnaient généralement les fonctions de la déesse, étaient « *la Menât* » et les deux « *Sistres* ». L'un représentant un demi-circuit, l'autre un kiosque aux 4 horizons. En ce qui concerne ce dernier, chacune de ses faces évoquait un solstice ou un équinoxe.

Le solstice d'hiver était occupé par « **Bastet** - Bastit » ou encore Bubastis (la cité de la déesse chatte). Il s'agissait là de l'allégorie d'un félidé apprivoisé d'un naturel paisible.

Le solstice d'été délimitait le territoire de la lionne « **Sekhmet** », animal redoutable aux réactions imprévisibles. Les deux déesses jouaient un rôle particulier dans les spécificités attribuées aux saisons.

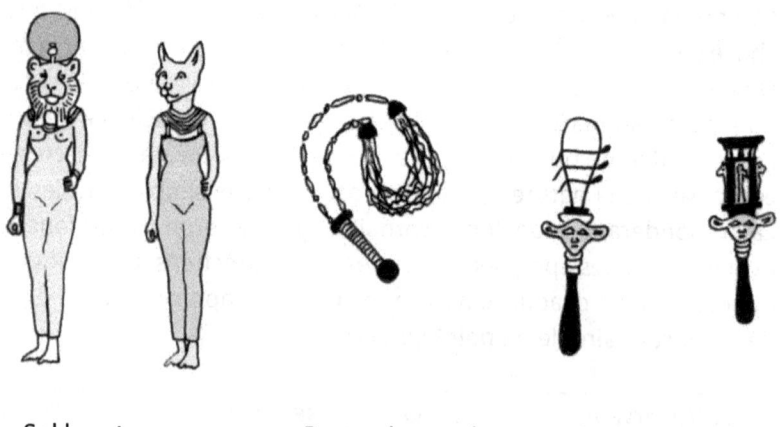

Sekhmet   Bastet la menât   les deux sistres

La lionne, on le sait, peut être doucereuse et cruelle, fugueuse et agressive. Aussi, le parcours de « **Sekhmet** » inquiétait-il plus qu'il ne rassurait. Dans ce contexte schématique, les équinoxes étaient stabilisés par un enfant sage, le fils d'Hathor « **Ihy** ». Éduqué par l'intelligence des cycles que gérait sa mère, l'enfant « Ihy » était doué d'un solide bon sens ; cette qualité précoce lui interdisait d'aller au-delà du périmètre assigné par la déesse.

Entre autres prérogatives, **Hathor** (la voyageuse stellaire) avait pour réputation de pourvoir aux appétences de ceux qui se montraient assoiffés de mystères. Aussi s'anthropomorphisait-elle de temps à autre pour incarner « ***les mères célestes ou terrestres*** ». En cette symbolique, **la mère** élève, elle instruit. N'est-elle pas le premier lait ? Cette bienveillance naturelle de la divinité fit souvent confondre **Hathor** avec les déesses **Isis** et **Nout**. C'était déjà le cas mille ans avant notre ère. L'iconographie représente fréquemment la déesse avec un enfant non sevré sur ses genoux. L'enfant est « *le néophyte - le Ihy* », perpétuel aspirant à la sagesse que la déesse nourrit du premier lait de connaissance (colonne blanche et voie lactée).

> « *L'ultime connaissance, se situent parmi les étoiles* ».

Placé entre les cornes d'**Hathor**, le tracé orbital de notre planète constitue le joyau de sa tiare. Le manchon canal de la « *Menât* » et son circuit annuel appelaient au fécond renouveau saisonnier. Les notes de crécelle émanant de l'instrument avaient pour but de charmer l'ouïe de la déesse, laquelle était à l'écoute permanente de l'univers pour évaluer l'attention que chaque être lui portait. Lorsque la planète, en sa course aventureuse, abordait les périodes critiques, on agitait les sistres régulateurs du temps. La connaissance humaine soutenait ainsi l'effort exercé par « **l'intelligence cosmique** ». À l'approche de l'équinoxe de printemps, **Sekhmet** la lionne, prenait le relais de **Bastet** la chatte. Il était de tradition qu'au mois de juin, le félin solitaire ait tendance à s'éloigner dangereusement du périmètre assigné par **Hathor**. Le Roi des dieux (**Râ**), inquiet de ce comportement fugueur, rappelait une première fois « *la déesse lionne* » à l'ordre. Mais **Sekhmet**, attirée par on ne sait quel mirifique territoire, tardait à obéir. **Râ**, selon l'usage, se mettait alors en colère et livrait au loin la puissance de son feu.

Plus fragiles que les dieux, les hommes en étaient les premières victimes. « *La lointaine* » (ainsi nommait-on Sekhmet) paraissait alors hésiter sur sa trajectoire buissonnière. C'était l'instant où l'on essayait de convaincre « *la belle fugitive* » de son erreur. On multipliait les offrandes, les battements de sistres et les incantations. En cette période, la chaleur était suffocante, les maux dont la lionne était responsable s'accumulaient et la condition humaine devenait en soi une terrible épreuve. Soudain, les choses paraissaient rentrer dans l'ordre, l'animal averti par son instinct ou rassasié d'espace, amorçait son retour ; c'était **le solstice d'été**. Les hommes avaient vécu dans la crainte que la planète ne s'éloigne à jamais. Mais voilà que « *la lointaine* » revenait et, avec elle, la félicité des eaux fécondantes (c'était le temps des fêtes et des réjouissances). Juillet, août, septembre, » **Sekhmet** » allait lentement se muter en « **Bastet** », la chatte docile. L'approche de **l'équinoxe d'automne** confirmait cette métamorphose jusqu'à **l'équinoxe de printemps** où, de nouveau, un comportement félin se manifestait chez cet animal familier. Le cycle était bouclé. De par le monde, les Anciens fêtaient annuellement les solstices. Le « Janus » des romains n'était qu'une lointaine réminiscence de la tradition Hathorique. Le dieu ouvrait et fermait les portes appelées « **passage des arcs** » ce qui est évocateur de la position de la déesse Nout, le corps arqué symbolisant la voute céleste. La Tiare Hathorique est ici pourvoyeuse de connaissances.

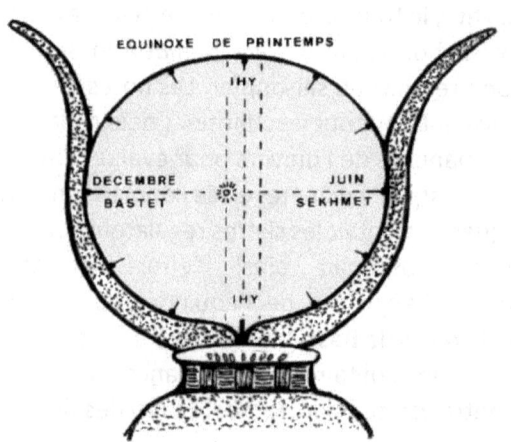

Hathor maîtresse des cycles, des astres et des espaces stellaires.

Le mot latin « **Rota** » a pour signification, faire tourner circulairement, se mouvoir. Dans le sens inverse de cette lecture, apparaît sur le plan de la phonétique en palindrome le nom de la Déesse **Ator - rotA**.

La « Rota Mundi » autrement dit, **la roue du monde,** nous cacherait-elle quelques subtilités ou n'y aurait-il en cette similitude qu'un curieux hasard ?

- **Au solstice d'hiver, la Terre** est identifiée à « *Bastet la familière* ». La chatte recherche la douceur du foyer mais, prudente, elle ne s'approchera pas davantage du Roi des dieux ; **147 millions** de kilomètres la séparent de celui-là.

- À l'équinoxe de printemps (point vernal) « Bastet la chatte », va lentement se muter en la lionne chasseresse, rétive et insensible aux recommandations réitérées du Soleil. Elle se trouve déjà à **149 millions** de kilomètres de l'Astre du jour.

- Au solstice d'été la Terre est identifiée à la lionne fugueuse, **Sekhmet** « *la lointaine* ». **152 millions** de kilomètres séparent alors **Râ** de la fugitive qui se trouve aux limites extrêmes de son territoire.

- À l'équinoxe d'automne, la lionne, lentement, se fait chatte et aspire au confort du foyer. De nouveau, elle va ronronner autour du Soleil, à 149 millions de kilomètres, pour être tout à fait soumise lorsqu'elle parvient au solstice d'hiver au sommet de la pyramide à 147 millions de kilomètres.

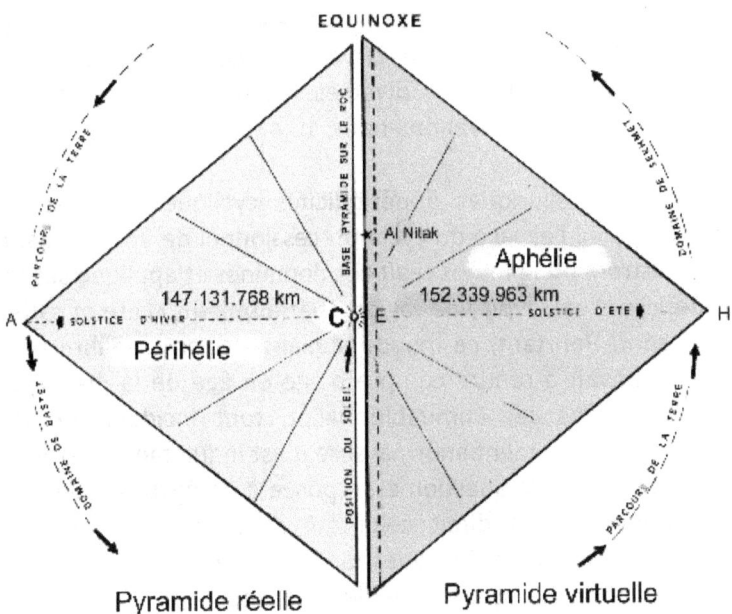

La montée des eaux du Nil, fin juillet, coïncide avec le début de l'année agraire.

La lointaine est de retour, » **Sekhmet** » a franchi le solstice, elle va lentement se muter en « **Bastet** » la chatte féconde, amie de l'homme ;

ce sera l'équinoxe d'automne. Rappelons que c'est en ôtant la moitié de la largeur de la bande centrale, **5,2081944 m**, que nous obtenons, avec l'adjonction de la pyramide virtuelle, le rayon du parcours annuel de **la Terre** autour du **Soleil**.

5,2081944 m + 147,1317686 m = 152,339963 m. Multiplié par 100 millions = **152 339 963 km**. C'est « l'aphélie de notre planète » le point le plus éloigné de **la Terre** par rapport au **Soleil**.

Hormis ce que nous venons de rappeler, nos lecteurs ne se demanderont plus pourquoi, au centre de la structure schématique, se trouve placé un espace géométrique sous forme de ceinture. Nous l'avons vu, cette ceinture dissocie la pyramide réelle de la pyramide virtuelle ; ce rivage fictif sépare ainsi le monument de son allégorique reflet, comme on « lance l'eau » du lac d'une berge à l'autre.

D'ailleurs, rien n'empêcherait a priori à ce que la hauteur de la pyramide s'élève ou s'abaisse le long de la verticale comme sur une glissière et affiche les mesures les plus diverses. Cependant, la largeur de cette ceinture est précise, souvenons-nous, 10,4163888 m.

Cinq planètes telluriques à périodicités cycliques inégales occupent autour du Soleil l'espace du cycle précessionnel de 26 000 ans. Dans ce vaste malstrom où le temps régit ces domaines et applique ses lois, il est bien difficile d'entrevoir une logique parfaitement claire et satisfaisante pour l'esprit. Pourtant, ce monde stellaire est en équilibre permanent comme s'il avait à rendre compte d'âge en âge de la précision de ses ordonnées. Dans cet immuable ballet, tout incident de trajectoire deviendrait franchement anormal si ce n'est inquiétant. Y a-t-il une place pour le hasard ? Si la question était posée à un égyptologue orthodoxe, « *parfaitement,* nous dirait celui-ci, *il suffit de se pencher sur vos travaux…* ». Mais, si la même question était posée à un sage érudit, il n'est pas certain que nous ayons la même réponse.

> Le système solaire comprend six planètes telluriques, nous ne tiendrons pas compte de Pluton trop excentrée par rapport au schéma que nous exploitons.
>
> Mercure : 57, 910 millions km
> Vénus : 108, 210 millions km
>
> caractéristiques orbitales de chaque planète
>
> Terre : 149, 598 millions km
> Mars : 227, 910 millions km
> Cérès : 413, 83 millions km

Amusons-nous à tenter de situer sur « *le schéma d'Orion* » la situation des planètes telluriques de notre système solaire. Plus de temps et plus de recul, nous permettrait une approche résolument ésotérique.

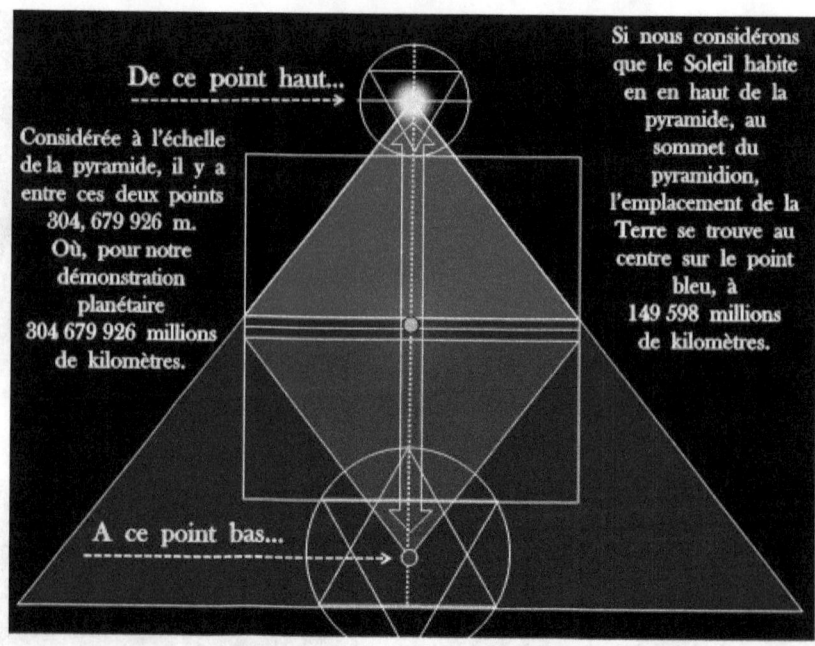

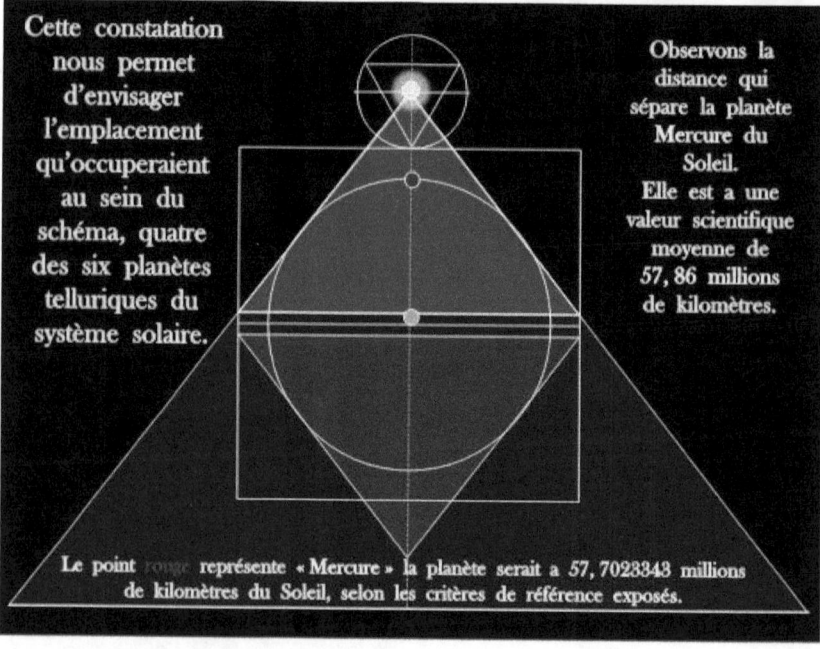

Sur cette dernière image, l'emplacement de la planète Mercure. La valeur moyenne de son cycle autour du Soleil est proche de 57,9 millions de kilomètres, périhélie 46 et aphélie 69,8. Le point que nous trouvons est à 57,702. Il est déterminé par le cercle des apothèmes sur lequel se tient Mercure ; cet emplacement représente l'OR de la Grande Pyramide. Bien évidemment les valeurs ne coïncident pas exactement et nous ne pouvons pas affirmer pour autant que les nôtres sont plus fiables. Nous pouvons simplement dire qu'elles sont plausibles, compte-tenu d'une valeur moyenne fluctuante qu'il faudrait considérer sur des milliers d'années.

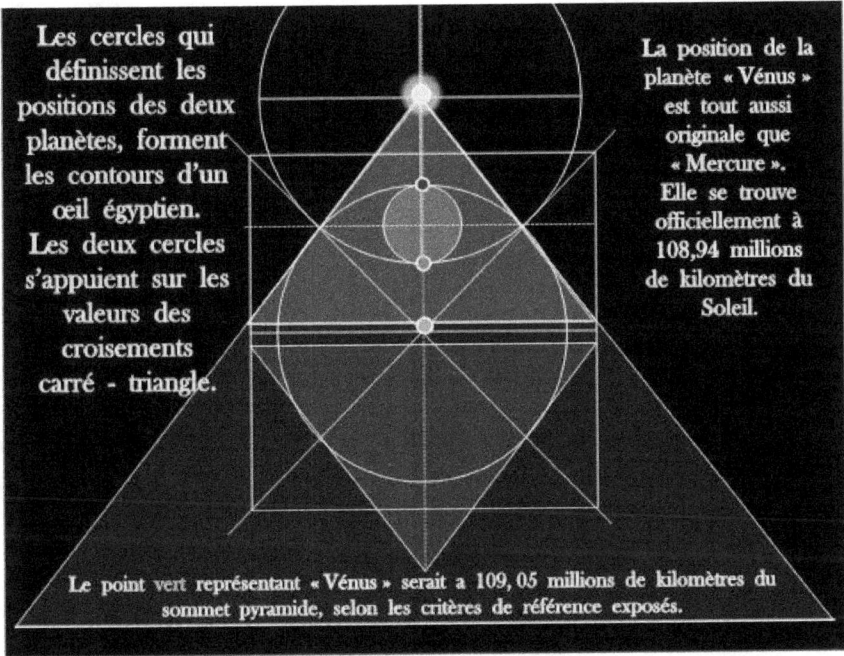

Le rayon du cercle de Vénus part du sommet de la pyramide pour rejoindre en sa circonférence le cercle de Mercure. Les deux cercles esquissent alors un œil égyptien du plus bel effet. La valeur moyenne du cycle est donnée pour 108,2 millions de kilomètres, entre 107,5 et 108,9. Nous sommes proches toutes proportions gardées avec 109,05. Et nous pouvons qu'admirer ce merveilleux rapport.

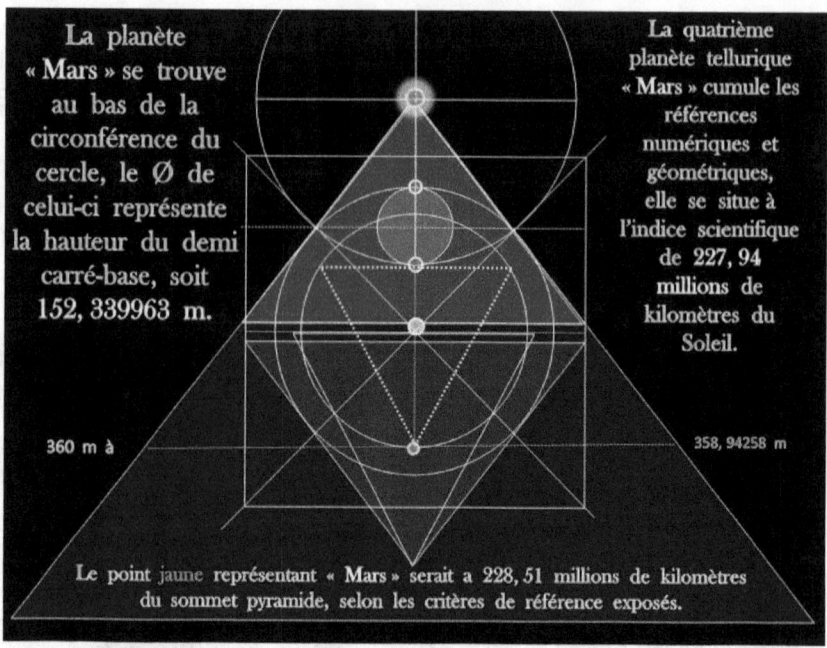

Ce cercle concerne la planète Mars. La référence qui le caractérise est d'opter pour un demi-cycle précessionnel. La planète se place alors sur la circonférence en bas du schéma. Avec ses 227,94 millions de kilomètres en valeur moyenne, elle est donnée pour aller de 206,65 à 249,22. Nous la plaçons à une valeur de 228,51 compte tenu que les distances peuvent considérablement se modifier avec l'éloignement.

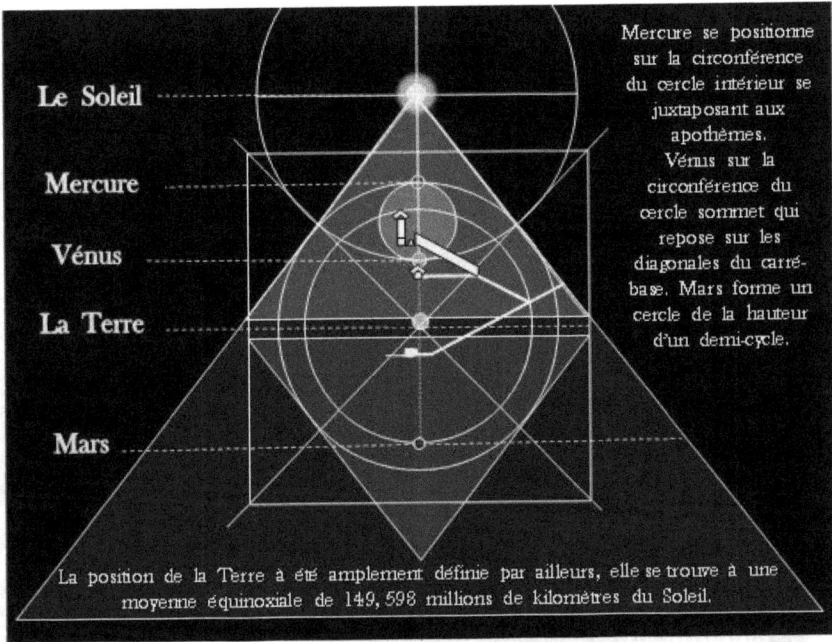

Sur ce récapitulatif nous voyons apparaitre l'esquisse de la structure intérieure. Nous constatons que la pupille de l'œil recèle la chambre du Roi. Certes, pur hasard persévère en ses facéties, mais il ne peut ôter en notre mental… la perplexité ! Il est vrai que pour certains, explorer c'est se surmener, alors que pour d'autres c'est s'épanouir.

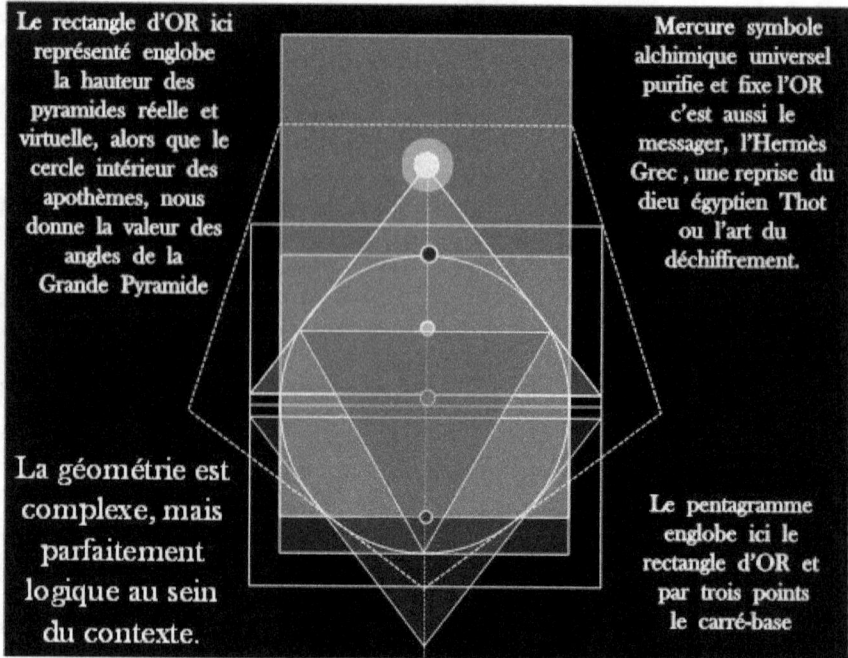

Admirons ici cette magnifique composition anthologique de la géométrie des formes, ce rectangle d'OR qui épouse le haut du pentagone pour atteindre de sa pointe basse le sommet de la pyramide virtuelle. Nous savons qu'autant de concordances ne peuvent pas être assimilées à des coïncidences. Si nous en avions la volonté et les capacités, il nous faudrait pénétrer des domaines plus subtils pour en soutirer la quintessence, pour effectuer des rapports d'idées que la logique parfois réfute, mais que l'intuitif pressent.

Je sommeille en le bruit et m'éveille au silence... qui suis-je ? L'état de conscience, fondement de l'état d'évolution.

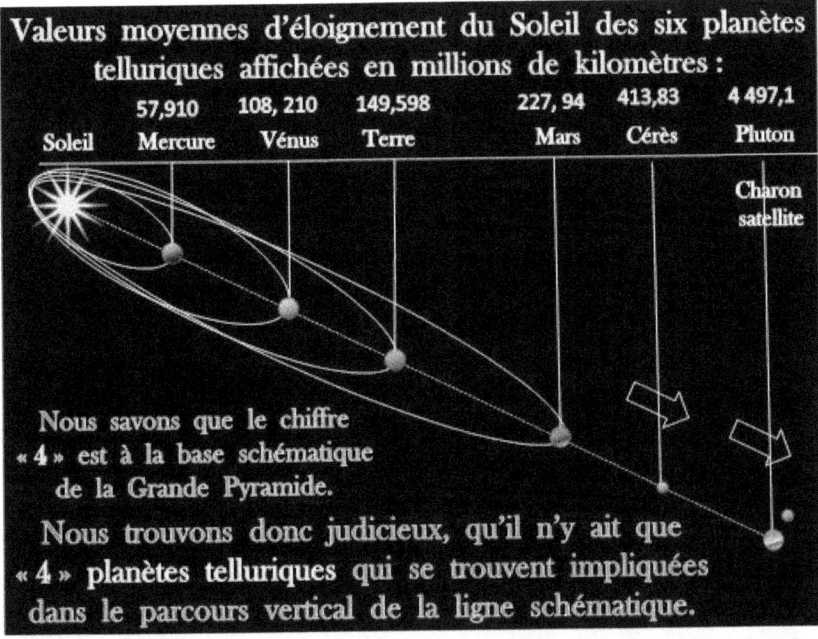

Valeurs moyennes d'éloignement du Soleil des six planètes telluriques affichées en millions de kilomètres :

Soleil	Mercure	Vénus	Terre	Mars	Cérès	Pluton
	57,910	108, 210	149,598	227, 94	413,83	4 497,1

Charon satellite

Nous savons que le chiffre « 4 » est à la base schématique de la Grande Pyramide.

Nous trouvons donc judicieux, qu'il n'y ait que « 4 » planètes telluriques qui se trouvent impliquées dans le parcours vertical de la ligne schématique.

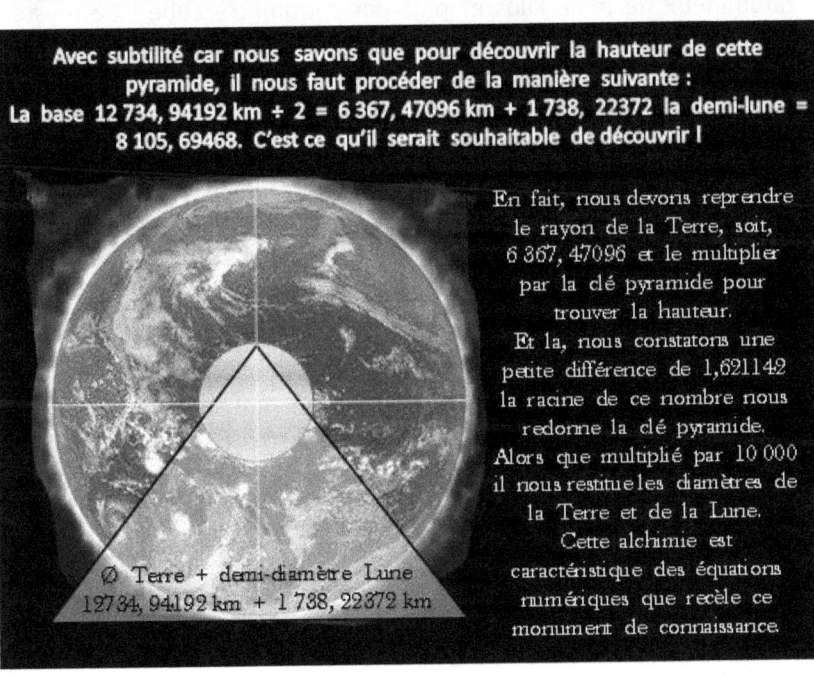

Avec subtilité car nous savons que pour découvrir la hauteur de cette pyramide, il nous faut procéder de la manière suivante :
La base 12 734, 94192 km ÷ 2 = 6 367, 47096 km + 1 738, 22372 la demi-lune = 8 105, 69468. C'est ce qu'il serait souhaitable de découvrir !

Ø Terre + demi-diamètre Lune
12 734, 94192 km + 1 738, 22372 km

En fait, nous devons reprendre le rayon de la Terre, soit, 6 367, 47096 et le multiplier par la clé pyramide pour trouver la hauteur.
Et la, nous constatons une petite différence de 1,621142 la racine de ce nombre nous redonne la clé pyramide.
Alors que multiplié par 10 000 il nous restitue les diamètres de la Terre et de la Lune.
Cette alchimie est caractéristique des équations numériques que recèle ce monument de connaissance.

Georges Vermard

Les conduits et leurs ramifications

Les deux filles **Isis** et Nephtys sont respectivement les quatrième et cinquième enfants de **Geb** et **Nout**. Elles sont représentées sur un plan astral par deux étoiles : Sirius A et Sirius B. Ces « astres jumeaux » étaient connus de certains peuples africains depuis la plus Haute Antiquité, tels que les Dogons qui *prétendent détenir une partie de leurs connaissances des égyptiens*. Affirmations troublantes lorsque l'on sait que Sirius B n'a été découverte qu'en 1862 avec nos moyens actuels qu'étaient censés ignorer les Anciens.

Dans le jargon astronomique, cette étoile satellite de **Sirius** A est répertoriée sous l'appellation de naine blanche. Elle serait composée d'une matière extrêmement dense. Les experts avancent le nombre faramineux de mille kilos et plus par centimètre cube ! Ce mystérieux pouvoir de la matière correspond à merveille à ce que nous savons de **Nephtys**, la magicienne. L'étoile Sirius A est animée d'un mouvement propre dont **Sirius** B est naturellement tributaire. Ne dit-on pas de ces deux déesses qu'elles sont inséparables ? L'iconographie nous les montre fréquemment au côté d'Osiris, représentant la constellation d'Orion dont elles sont proches.

Le Neheh et le Héka, c'est l'union des sceptres, ceux-là mêmes qu'**Osiris** maintient croisés sur sa poitrine. Ce lieu précis de rencontre scelle les épousailles du dieu et de la déesse **Isis**. C'est l'un des aspects les plus importants de la symbolique égyptienne. Nous remarquerons que ce croisement se situe juste au-dessous de la chambre dite de la Reine. En de lointaines époques, cette pièce était réservée à une phase majeure de l'initiation osirienne. Mais elle n'a jamais abrité le moindre ossement du sexe en question, c'est son toit pentu qui nous vaut cette appellation par amalgame aux mastabas féminin musulman, contrairement aux hommes dont le toit des mastabas était plat. L'histoire n'a telle pas un prosaïsme étonnant ?

> « *Le vois-tu, venant comme* **Orion** *;* **Osiris** *(Ousir en égyptien) celui qui vient avec* **Orion**. *Le Ciel t'a conçu avec* **Orion** *votre troisième, c'est* **Sothis** *(l'étoile Sirius dédié à ISIS) elle est conduite (par le Douât), elle s'évanouit dans l'Aube pure et vivante de l'horizon* ». Texte des pyramides.

Au-dessous de la chambre de la Reine, les lignes se prolongent après le croisement ; elles sont matérialisées par des gaines dites « *d'aérations* ». Ces conduits cependant, n'ont jamais eu une fonction usuelle. Ils étaient rattachés à la symbolique cosmique et culturelle du lieu. Leur section carrée pourrait être symboliquement définie à 0,2205315 m, multiplié par Pi, leurs côtés représenteraient le rayon d'un cercle dont le triangle inséré ferait 3,60 m de périmètre, les quatre côtés 14,4. Partant de ladite chambre de la Reine, les canaux (schéma général n°1) s'évadent en altitude sous un angle de **38° 8'45''69**.

Rappelons qu'en 2 491,735557 avant JC, à l'époque supposée du Roi Kheops, l'étoile Al Nitak (représentant Osiris) se trouvait dans le prolongement sud du canal de la chambre du Roi à **45°** par rapport à l'horizontal. Si Kheops est né en 2491,735557 avant JC, 20 ans plus tard, cela nous amène en l'an 2472 avant notre ère (date envisageable pour le début de la restauration). **360** ans sépareraient cette époque de l'année 2 832 avant JC. L'étoile Sirius se trouvait alors positionnée dans le prolongement du canal sud de la chambre de la Reine, par **38° 8' 45'' 69**. Une autre date nous est donnée par la chronologie égyptienne, 2783 avant JC comme étant celle de la période sothiaque (lever héliaque de Sirius). Rappelons que l'étoile ouvrait ainsi une durée de temps de 1460 années (période sothiaque) pendant laquelle s'effectuaient de nombreuses corrections intercalaires ; ceci afin que les divers calendriers repartent 1461 ans après, sur des critères acceptables de remise à zéro. Cette date de 2783 avant JC diffère donc de 49 années avec celle que nous avons calculée mais il y avait deux calendriers sothiaques, l'un pour la haute et l'autre pour la basse Égypte. Leurs points de référence affichent un décalage de 145 ans sur la base de laquelle il faudrait établir d'autres calculs relatifs au déplacement du point vernal, ce qui s'avère extrêmement complexe, compte tenu de nos références actuelles. Nous nous en tiendrons à la vraisemblance de la date calculée depuis la trajectoire du conduit sud (2832 ans avant JC) concernant Sirius au passage du méridien.

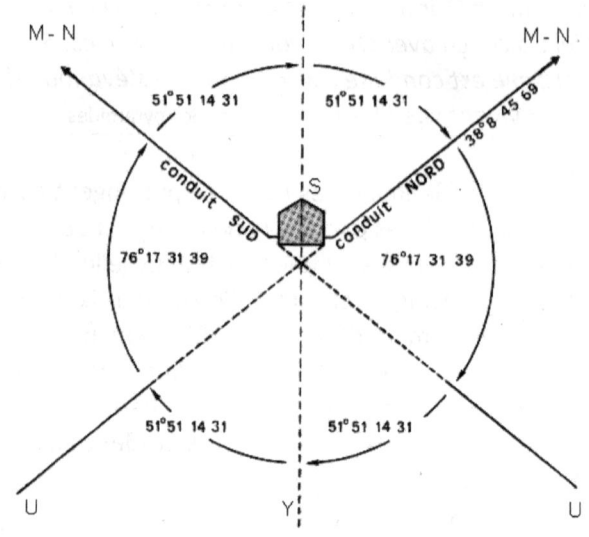

Ce parcours rend les deux conduits *perpendiculaires* aux pentes Sud et Nord de la Grande Pyramide. Précisons que contrairement aux conduits connexes existants dans « *la chambre du Roi* », ceux-ci ne percent pas au jour sur les faces extérieures des pentes ; ce qui confirme, s'il en était besoin, leur caractère non fonctionnel. Dans le contexte religieux de l'époque, ces canaux étaient de puissants conducteurs d'ondes. Ils se révélaient opératifs à la suite de pratiques théurgiques que l'on peut considérer parmi les plus secrètes du rituel Osirien. Le postulant bénéficiait alors d'instances particulières qui lui permettaient d'entrer en communication avec l'univers surréel et divin. Il en résultait une vision éclairée des choses de ce monde que venait corroborer l'apport de pouvoirs supra normaux.

Il est concevable qu'une pièce fût aménagée à cet effet sous le sol de la chambre de la Reine pour que les pieds de l'initié se trouvent au niveau du croisement des lignes de convergence que sont les points de ralliements des conduits. Mais cela n'est que supputation et ne peut être retenu comme plausible.

Visualisons le contexte simplifié formant un cercle autour de cette chambre, au centre duquel était censé se tenir l'impétrant :

Pente : 51,853974 x **4** = 207,415896 = **360°**

Sommet : 76,292052 x **2** = 152,584104

4 et 2, ce sont les 42 assesseurs d'**Osiris** qui sont bien au rendez-vous. En l'attente du cérémonial, l'initié se trouvait au carrefour des lignes convergentes des canaux. En cela, les angles exposés étaient semblables aux quatre lignes de croisement des étoiles cadre de la constellation d'Orion. Du fait de son décentrage, la chambre du Roi offre de par les orientations de ses canaux, un faisceau de lignes directionnelles d'un grand intérêt :

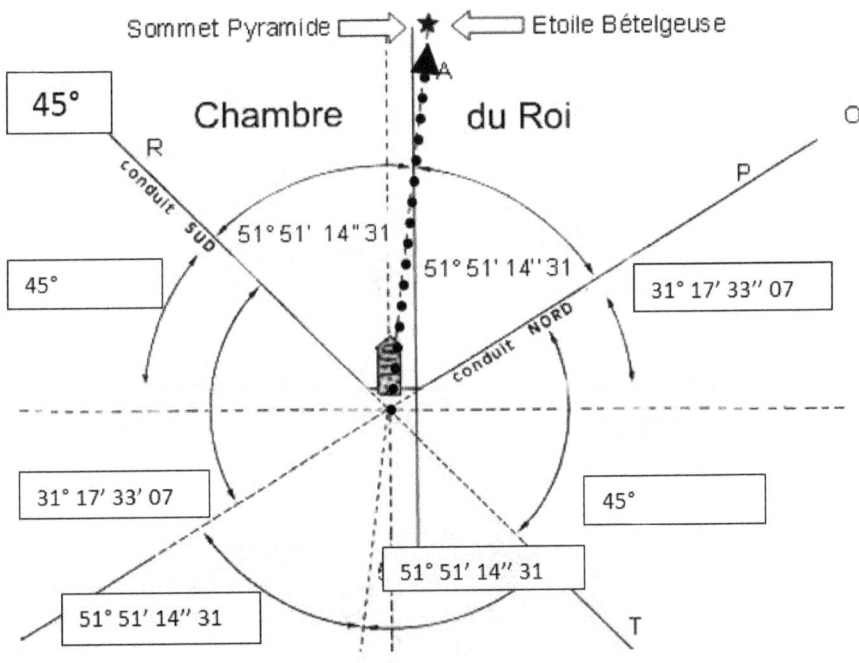

Cette étoile à huit branches nous inviterait-elle à un voyage au sein de la Grande Pyramide ? S'agirait-il en son centre, d'un point nodal recelant quelques secrets arcanes ? Les lignes en prolongement des angles révèlent des points précis. Leurs données géométriques et numériques sont autant d'idéogrammes propres à susciter la réflexion.

Nous réalisons que ces valeurs affichées ont une relation avec le croisement des étoiles-cadre. Est-il d'ailleurs besoin de livrer à la question, les degrés de pentes pour tenter d'élucider la raison de ces canaux réputés de ventilation ? Un simple tracé géométrique devrait suffire à nous convaincre de la juste disposition de ces conduits et du rôle capital que « *les bâtisseurs d'éternité* » leur ont confié.

Penchons-nous un instant sur cette illustration nous montrant en coupe la pyramide glissée vers le bas (partie sombre). L'emplacement certes est fictif, mais les valeurs sont authentiques. Nous constatons que sa base repose sur la partie sol du carré-base et que son sommet se juxtapose au toit de la Reine.

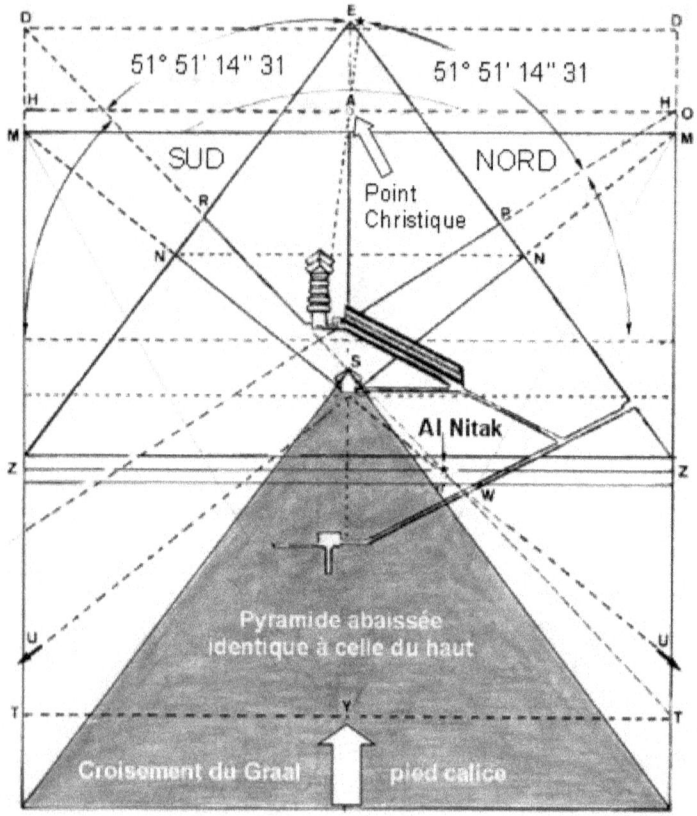

Le schéma ci-dessus se veut conforme à cette inspiration.
Première constatation, la hauteur du monument
(partie sombre) a été abaissée jusqu'à la base du carré pourtour ;
L'intention étant de prouver le côté judicieux de ces agencements.

Au début de nos commentaires nous avons, précisé que les égyptiens combinaient leurs graphiques sur papyrus en un double effet **plan - coupe.**

Craignons toutefois que cette logique échappe en partie à nos contemporains, le tombeau étant plus simple à assimiler. Le point (S) représente le toit de la chambre de la Reine et plus précisément le milieu des poutres du toit. Nous constatons que lorsque la Grande Pyramide repose sur sa base, la pointe sommitale du pyramidion atteint avec une rigueur mathématique le point que nous définissons. Sous le dallage de la chambre de la Reine s'évadent quatre lignes ; toutes affichent des données relatives à la forme pyramidale dont l'origine est le croisement des étoiles. Chacune de ces lignes est placée en croix de Saint-André. Les quatre autres lignes sont celles du Roi ainsi que lesdites lignes orthogonales, matérialisant de façon commune la verticalité et l'horizontalité.

Canal sud – chambre de la Reine – (N M) – Le prolongement du conduit est indiqué par la ligne matérialisée, il atteint l'angle en haut à gauche (ligne horizontale du pyramidion). Par définition, cette ligne forme un angle de 51° 51' 14'' 31 (M N U) avec la verticale (U M) du carré-base.

Canal nord – chambre de la Reine – (N M). Du fait de la position centrale de la chambre, l'angle droit Nord est identique à celui du Sud. Les canaux forment théoriquement deux angles de 90° par rapport aux apothèmes alors que les études en cours donnent environ 1 degré de différence, ce qui ne correspond pas à l'ordre des choses. Un léger tassement dû aux séismes, sur la distance des alignements concernés, n'est pas à exclure, ce qui pourrait causer cette négligeable différence.

Prolongement du canal sud de la chambre de la Reine, point bas, ligne en pointillé, direction U. La ligne va rejoindre le point sud de la pyramide « *Céleste* » occupé par l'étoile Sirius (Isis).

Prolongement du canal nord de la chambre de la Reine, point bas, ligne en pointillé, direction U. La ligne rejoint l'angle au nord de la pyramide « *Céleste* ». Ce faisant, cette ligne frôle Al Nitak, croise la ligne du Roi à la hauteur de la descenderie et juste avant d'aborder la ligne verticale du carré-base, elle indique l'endroit exact où prend naissance le triangle équilatéral du cercle de quadrature (sa circonférence n'est pas représentée sur cette illustration).

Du fait de son décentrement par rapport à l'axe vertical, les choses s'avéreraient-elles plus compliquées en ce qui concerne la chambre du

Roi ? Nous constatons que les conduits de la chambre du Roi, s'ils étaient à la même hauteur et non décentrés par rapport à l'axe vertical, s'élèveraient sensiblement au même niveau que ceux de la Reine.

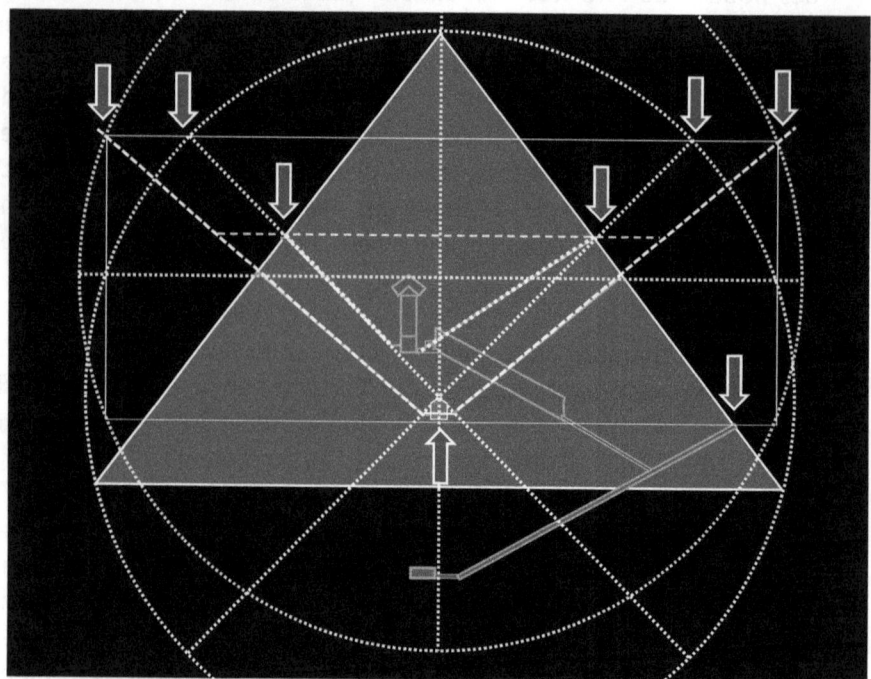

À l'instar de la chambre de la Reine, l'architecture n'est pas le résultat d'une disposition plus ou moins aléatoire, mais celle d'un concept hautement élaboré. Une étude approfondie nous incite à considérer que l'ensemble fut conceptualisé par des êtres d'un très haut niveau de connaissance à connotation universelle, seuil que tout être humain ambitionnerait sans doute d'atteindre. Dans cet ordre d'idée, nous pourrions remémorer la situation (vue en plan) de l'étoile Saïph positionnée sur le sarcophage de la chambre du Roi. Par son céleste emplacement, cette même étoile trace la limite verticale sud de la chambre royale. Sur ce schéma, nous avons quatre lignes qui s'évadent dans des directions opposées pour créer un complexe ésotérique de premier ordre.

Le canal sud de la chambre du Roi et son prolongement en (R D). L'angle formé est de 45°. Le décentrage sur la droite de la chambre du Roi impose un angle de 51° 51' 14" 31 (angle de base de la pyramide). Nous le voyons sur la dernière illustration, ce conduit rejoint la ligne d'un rectangle circonscrit dans le cercle (cercle blanc).

Le canal nord de la chambre du Roi - prolongement en (P O). Il accuse un angle de 31°17'3 3''07. Il laisse en direction de Bételgeuse un angle de 51°51'14'' 31. La ligne se termine sur (H), ligne horizontale passant sur le point christique, ce qui signifie que les deux lignes du Roi indiquent la même référence, la chose est pour le moins troublante ! C'est peut-être là d'ailleurs que se situe la plus grande énigme de ce merveilleux édifice ; le fait qu'il aurait été capable de nous révéler avant l'heure, le caractère sacré de « *l'avènement christique* » nous verrons comment et pourquoi aux cours des chapitres suivant.

Canal sud de la chambre du Roi, point bas. Le prolongement est celui de la ligne de croisement du cercle (en X) point bas à droite. Au-delà, cet alignement comporte un indéniable intérêt pour le recoupement de données astrales.

Canal nord, de la chambre du Roi, point bas. Cette ligne rejoint la ligne horizontale (T T), laquelle indique le point central Y, croisement pied – calice du Graal. Ce tracé est particulièrement riche depuis le sommet pyramide, en passant par le toit de la Reine, le passage sur l'étoile Al Nitak, le croisement sur la descenderie et l'arrivée vers le Graal.

Les deux conduits sud et nord de la chambre de la Reine devraient logiquement percer sur les apothèmes à environ 80,7 m de la base pyramide. Les conduits sud et nord de la chambre du Roi déboucheraient à la 116e assise au-dessus du socle de la base, mais il existe une distance (ou portion horizontale) qu'il nous faudrait prendre en compte pour que les relevés soient plus explicites et par déduction corrects.

Que notre lecteur nous pardonne ces étalages de données que nous avons volontairement écourtées, mais qui demeurent néanmoins rébarbatives pour celui ou celle qui ne se livre pas à une recherche appliquée implicitement préconisée par ces *mystérieux bâtisseurs d'éternité*. Reconnaissons toutefois que les critères mis en place, s'avèrent aujourd'hui, eu regard à notre enseignement dispensé, déroutants par leur anachronisme. Cependant, si nous tentons d'en percevoir la signification, nous nous apercevons qu'il existe une troublante similitude entre nos efforts de déduction et les effluves intuitifs qui nous inspirent. Il semblerait que la matière dont nous dépendons, nous interdit le passage au merveilleux, alors... qu'il nous suffit de pousser la porte pour le discerner.

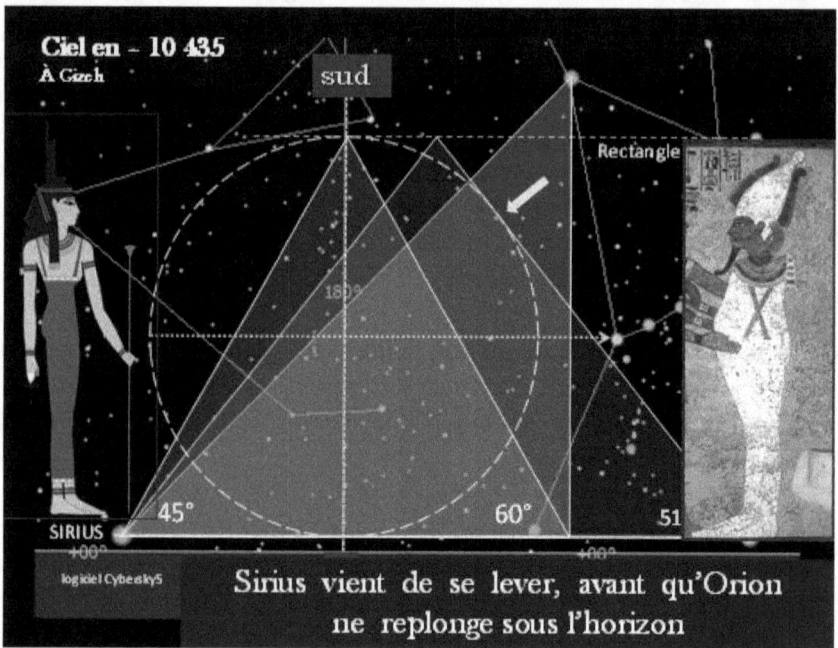

Il résulterait de cette étude que « *l'esprit de vie* » dépend d'une harmonie ambiante, qui elle-même dépend d'une harmonie universelle où les facteurs numériques, géométriques et astraux jouent un rôle spécifique d'assentiments. C'est peut-être le message principal que nous devons retenir de ces découvertes stupéfiantes, mais dérangeantes pour un esprit conventionnel, formaté aux cupides turbulences de nos sociétés occidentales.

Les conduits que nous décrivons passèrent, des années durant, pour des canaux de ventilations alors même que *ceux de la chambre de la Reine ne débouchaient pas dans la pièce qui leur était destinée.* Ce paradoxe a passablement agacé l'égyptologie conventionnelle. Des canaux de ventilations... c'est pour ventiler. Mais au fait, ventiler quoi, un tombeau... ? L'affaire sentait le moisi ! Précisons que ces conduits « d'air » ont été construits assise par assise en même temps que l'élévation de l'édifice. Ce simple détail contredit de manière flagrante les hypothèses selon lesquelles des fourvoiements ou erreurs d'emplacements des chambres mortuaires se seraient produits à plusieurs reprises au cours de la construction.

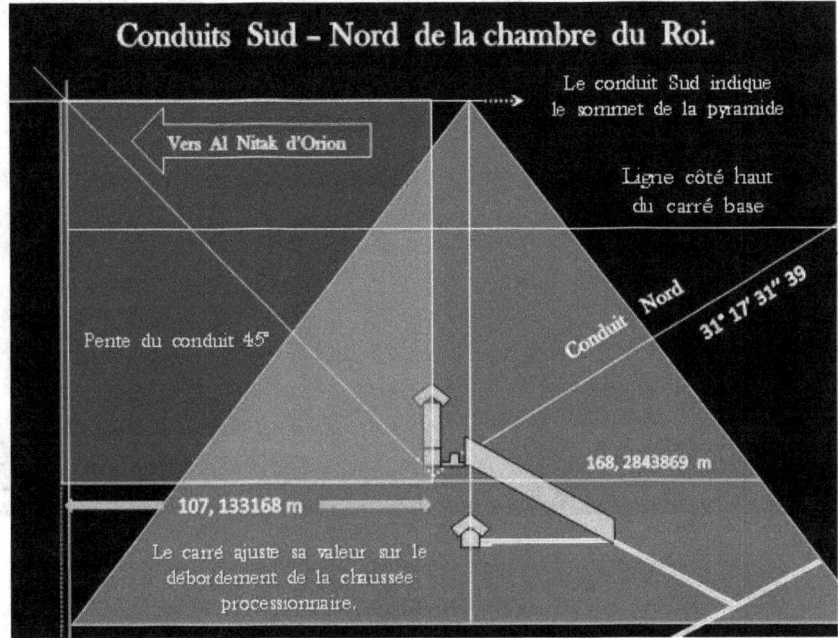

Nous constatons que le conduit (Roi Sud à 45°) débouche sur la ligne horizontale du sommet pyramide. C'est précisément là, que se forme une plage carrée d'une hauteur de 107,133168 m théoriques. Les 45° du conduit Sud forment alors la diagonale de notre carré de référence. Cette altitude correspond à l'époque du Roi Kheops. Elle aurait pu être un des facteurs de considération pour entreprendre, selon les prescriptions astrales, une restauration du monument.

Les dimensions du carré nous procurent la diagonale de 45°. Pour la valeur verticale, il nous faut tenir compte des 146,608168 m de la hauteur sur le socle, moins les 43 m de la position de la chambre du Roi, moins 0,93 m hauteur des conduits, plus 4,455 m profondeur du croisement = 107,133168 m.
Pour la valeur horizontale, il nous faut la largeur de la chaussée pourtour 4,442882936 m, plus les 115,5570209 m de la base, moins les 11,00008894 m de décalage de la chambre du Roi par rapport à l'axe central, moins la valeur de l'angle 51° 853974 divisé par 1000 multiplié par 36 total 107,133168 m de côté. Les deux valeurs blanches nous donnent un carré.

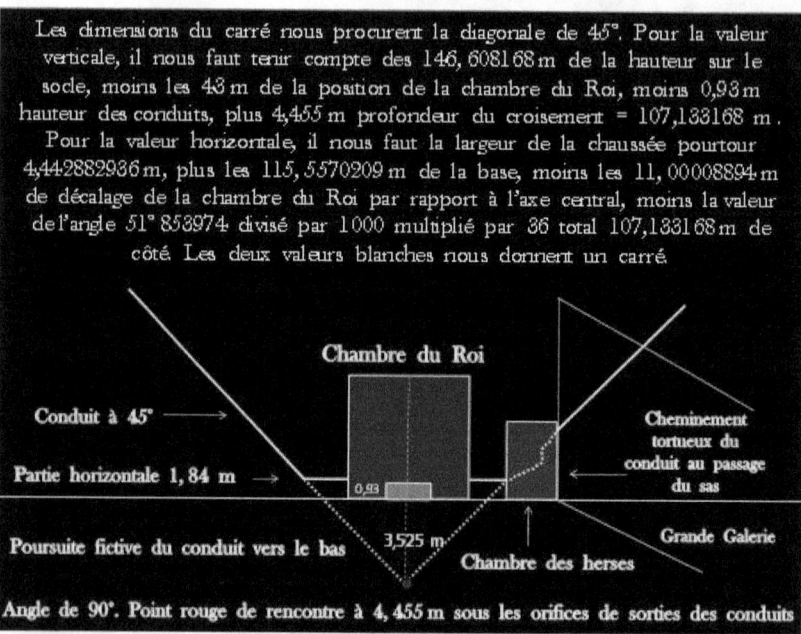

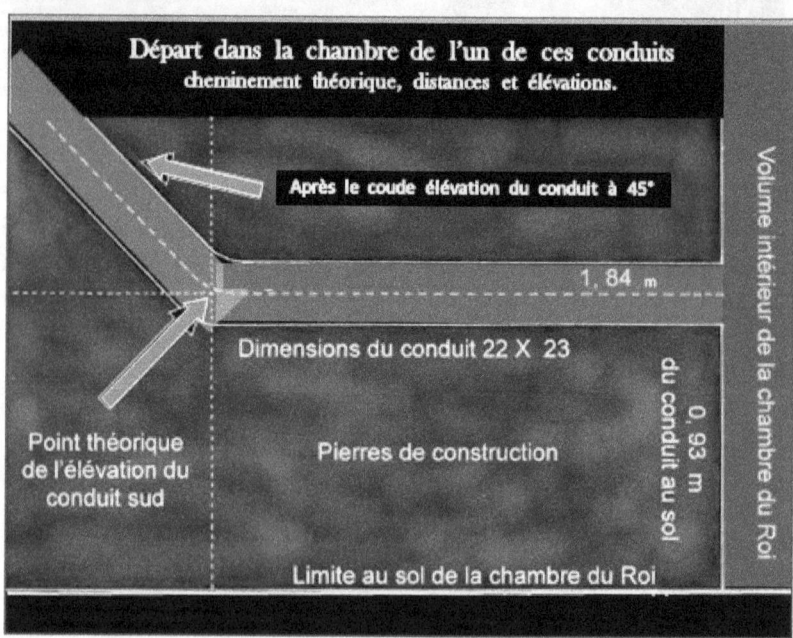

Sur cette figuration, nous comprenons mieux les impératifs numériques et géométriques qui ont motivé le déplacement de la chambre du Roi par rapport à l'axe central. Le point de référence est incontestablement « le *point de croisement fictif* » qui se situe à 4,4 m à partir des orifices. Il nous donne la rigoureuse position de la verticale du carré. L'image en coupe, ci-contre, esquisse le départ d'un conduit à partir de l'une des chambres. Rappelons que ces conduits ont été assemblés au fur et à mesure de l'élévation des assises, ce qui impliquait une détermination.

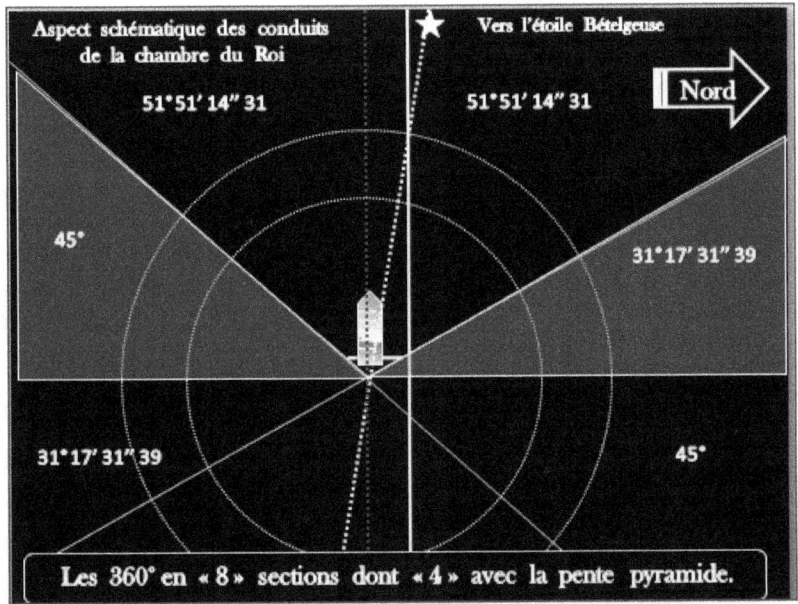

Le poids des âges et les vibrations du sol n'ont pas manqué de dégrader tant soit peu ce parfait assemblage. Il en résulte une légère confusion des mesures ayant trait aux distances et inclinaisons, mais celles-ci ne portent pas à conséquences du fait de l'harmonie de l'ensemble.

Synoptique des conduits de la chambre du Roi.

Les angles des canaux soulevèrent d'innombrables polémiques qui sont loin d'être apaisées. Il est vrai qu'il y a d'énormes difficultés à en établir les pentes avec certitude. Ces dernières années des robots chenillés en ont parcouru les voies sans en obtenir des valeurs irréfutables. Elles sont cependant peu éloignées de celles que nous proposons, essentiellement basées sur l'architecture et les rapports d'harmonies des concepteurs. Les angles de la chambre de la Reine sont les plus manifestes. Ils ont le mérite de définir la largeur du carré-base et la hauteur de la pyramide céleste déterminée par l'étoile Sirius. Nous relevons toutefois une approximation de 4 m mais sur échelle considérable. Rappelons que cette chambre se trouve sur le centre vertical du schéma ; cette position justifie en partie ces convergences. Sur ce plan d'ensemble nous voyons mieux les ramifications programmées. Certaines peuvent nous apparaitre de caractère sibyllin, mais ne doutons pas un seul instant qu'elles ont une profonde raison d'être. Soulignons que deux d'entre-elles flirtent avec la position de l'étoile Al Nitak, ce qui n'est pas anodin (étoile d'Osiris à qui la pyramide est dédiée). Des études plus poussées, auxquelles nous invitons notre lecteur, laisseraient entrevoir des perspectives astrales prometteuses pour les sciences futures.

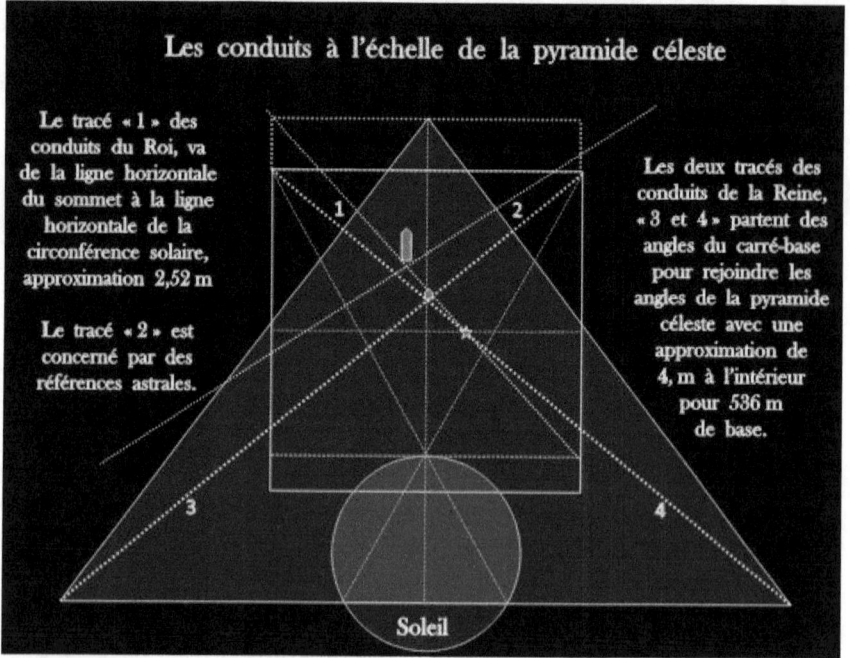

À l'échelle de la pyramide céleste, nous voyons que les aboutissements ne perdent rien de leur intérêt. D'autres ont des justifications plus complexes impliquant des rapports de structures que nous ne pouvons développer ici.

Terminons par des références d'harmonies toutes simples qui laissent l'esprit en repos. Deux cercles parfaitement justifiés absorbent les tracés comme des évidences. Ce qui est complexe devient simple, ce qui l'est moins, ce sont ces milliers de ramifications qui coïncident sans

« coïncidences » de la nature même de l'édifice à un ailleurs indéfinissable. En nos athanors d'une matérialité à outrance, il y a hélas peu de place aujourd'hui pour percevoir le merveilleux, surtout lorsque celui-ci concède à l'acte de gratuité et qu'il n'est pas directement annexé à la valorisation de notre compte en banque. Nous avons certes une nécessité à être, mais nous n'avons plus de « *raison d'être* » c'est ce que nous indique clairement « *le message* » inscrit dans la Grande Pyramide. Au-delà de la structure, les canaux nous indiquent l'univers de la pensée que concrétisent les étoiles. Elles symbolisent les nombres et la géométrie, ces fondements de la vie dont nous sommes faits.

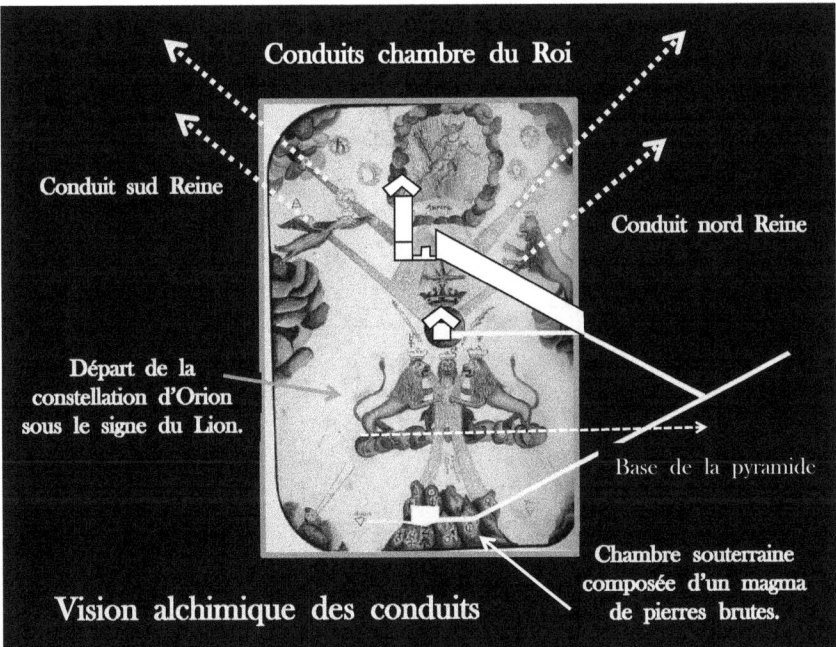

Si nous sommes encore pris d'un doute sur le caractère sacré de ces agencements, attardons-nous un instant sur *cette illustration alchimique datant du moyen-âge*. Elle nous dépeint sans ambiguïté aucune, le tracé des conduits à l'intérieur de la Grande Pyramide. Nous avons reporté en surimpression le schéma technique de la structure interne, pour évaluer combien est précise l'allégorie. Nous ne pouvons qu'apprécier les détails, ils sont évocateurs de ce que nous cherchons à dépeindre avec de surcroît une véritable subtilité. *Les conduits de la Reine* sont ici d'une réalité manifeste, alors qu'ils n'étaient pas encore percés dans la pièce où ils aboutissent, ils ne le furent que fortuitement à la fin du XVIIIe siècle. Ceci est une véritable énigme, mais sommes-nous à une énigme près ?

L'iconographie de connaissance

Par une transposition avérée, l'enluminure médiévale est conforme aux mythes primordiaux. On y retrouve les aspects schématiques de « **la table d'émeraude** ». Le cadre central représente indubitablement, le carré-base, socle de la pyramide. Toute cette iconographie apporte la preuve que les étoiles sont une source intarissable de découvertes ; elles sont vectrices des rapports entre le Ciel et la Terre. Il n'est guère possible de décrypter ce message à l'aide des seuls critères dogmatiques que véhicule la religion traditionnelle ! L'enluminure ici représentée date du XIIe siècle, elle s'inspire des indices descriptifs de **la Jérusalem Céleste** du nouveau testament, « *Hieros Salem* » ou la pierre noire sacrée des légendes :

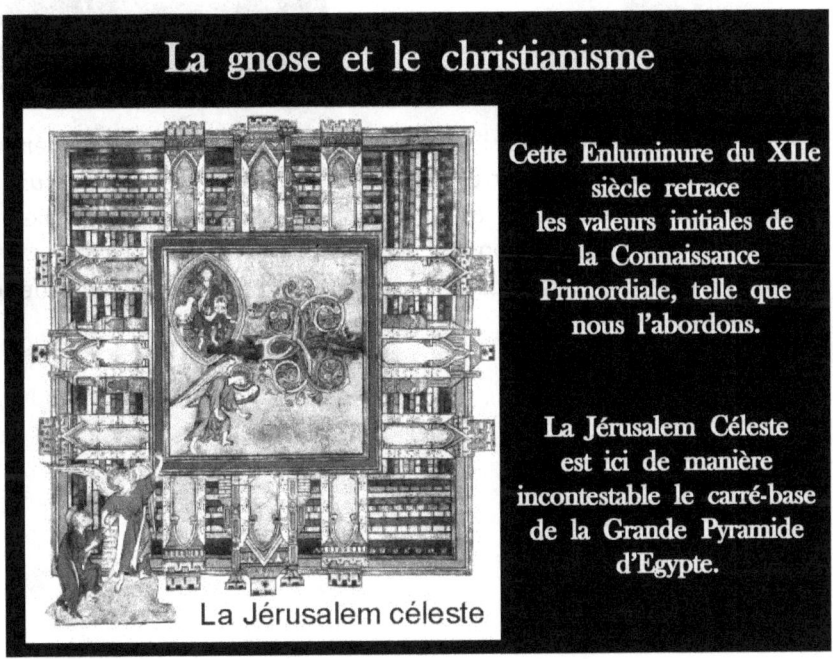

La gnose et le christianisme

Cette Enluminure du XIIe siècle retrace les valeurs initiales de la Connaissance Primordiale, telle que nous l'abordons.

La Jérusalem Céleste est ici de manière incontestable le carré-base de la Grande Pyramide d'Egypte.

La Jérusalem céleste

Détail par l'ange de l'invitation initiatique

En ce détail, nous voyons l'ange initiateur inviter le saint homme à voir plus loin que l'horizon premier, afin de considérer les mystères au delà de la foi du charbonnier, avec une déduction inspirée par l'esprit et l'intuition.

- Il ne fait aucun doute, que l'ange tente de convaincre l'adepte à pénétrer la réalité des lieux ou le carré-base vu du Ciel, imitation de « *la Jérusalem céleste* » qui n'est autre que l'évocation du carré-base de l'édifice pyramidal que nous étudions ici ; « *la Grande Pyramide d'Égypte* ». C'est incontestablement la source de tous les mystères et la naissance de tous les mythes.

- À l'intérieur du cadre (carré-base), un autre Ange (apocalypse de Jean) mesure avec un roseau d'or (coudée de 0,5236006) un périmètre carré qui ressemble graphiquement à une pyramide vue du Ciel. C'est « *l'Alba Petra* », la pierre d'initiation des gnostiques. Nous savons que la mesure de la demi-base multipliée par le diamètre du chiffre « 4 » nous donne la hauteur de l'édifice pyramidal.

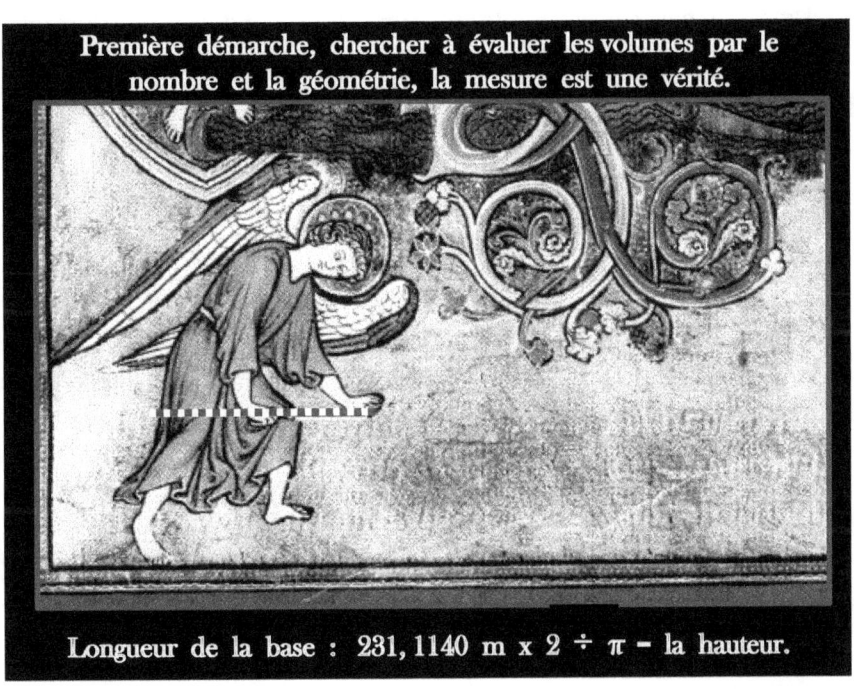

Première démarche, chercher à évaluer les volumes par le nombre et la géométrie, la mesure est une vérité.

Longueur de la base : 231, 1140 m x 2 ÷ π - la hauteur.

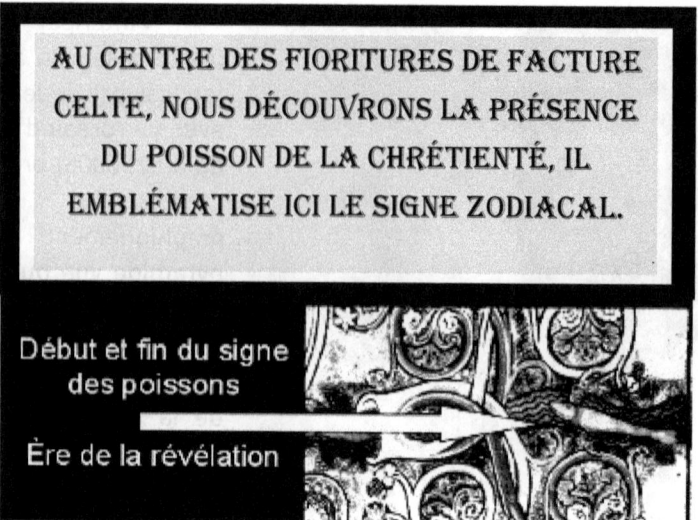

Un flot d'eau céleste (onde) émerge de la mandorle transportant des poissons, ces derniers sont réputés être l'instrument de la révélation. Le poisson, animal symbolisant *les nombres,* n'est pas apparent sous l'onde où il se tient. C'est seulement lorsque les poissons sont pris au filet, que l'on peut en mesurer la valeur numérique et comestible. Ainsi, la barque, instrument de la pêche, abonde sur les fresques et peintures murales égyptiennes (nous retrouvons également ce type d'allégorie dans le nouveau testament, sous une forme littéraire). Remarquons que les poissons se tiennent à l'endroit où sont placées *les étoiles du baudrier.* Des algues forment un enchevêtrement croisé significatif à la manière des œuvres celtiques pour informer l'observateur de la double interprétation. Le poisson s'identifie au saumon des légendes Celtes et Indo-européennes dont il est question dans le « Puranas » ou le « Lebar Gabala ». Il a pour nom « Fintan ou Salmon », il a su préserver *la connaissance* en fuyant le déluge.

- La sortie des eaux par un orifice béant, ainsi que son entrée dans un autre a pour signification « *le passage des arcanes* ».

- Au sein de cette mandorle ovoïde se tient *le Pantocrator ou le Christ* en majesté. De sa main droite, le messie indique le chiffre « **3** », ce pourrait être les 3 étoiles du baudrier car de sa main gauche à quatre doigts, quatre lettres, il maintient à l'envers *le schéma* qui occupe nos pensées.

- Placé et retourné, le schéma est détenteur du secret, il inverse l'apparence, il a pour signification : *« Je suis possédant d'une connaissance... »* ! Au Moyen-âge et jusqu'à la renaissance, le goût pour la cryptographie était répandu parmi les artistes et gens de lettres. Ne fallait-il pas lire les écrits de Léonard de Vinci dans un miroir ?

- Au côté du Christ se trouve « *l'Agni védique* », le petit du bélier, emblème de Râ-ma, il incarne la pureté du feu (Zarathoustra), le **Graal** caché, symbole de lumière intérieure. L'O de connaissance, le "100" divin se fluidifie sous les pieds du concepteur des choses, mais il adopte un étrange aspect de fumaison dissimulant l'essentiel. Il est enthousiasmant de voir un agneau qui vient de naitre et faire des efforts pour se tenir sur ses *quatre* pattes. Le chiffre prend subitement une importance subjective de stabilité mais aussi d'essentialité que l'on prête à la vie. Le chiffre « 4 » est à la base de tous les secrets que nous livre la Grande Pyramide, il est inscrit en son halo par les quatre ouvertures de la croix dans la circonférence.

- Sur l'arrière-plan mural, on peut apercevoir un damier. Ses carreaux (selon la formule égyptienne des scribes) indiquent que les mystères dont il est question se trouvent transcrits sous forme de rapports géométriques.

En l'iconographie moyenâgeuse, la symbolique est plus ou moins flagrante, avec les siècles, elle a de plus en plus tendance à se déformer sous la pression du dogme, ce n'est pas le cas apparemment pour cette illustration.

Nous voyons ici, que la gnose des origines chrétiennes n'est pas encore anéantie, il suffit de retourner l'icône pour en être persuadé.

À la suite de cette série de références, nous constatons que *les Secrets de Connaissance* étaient encore importés sous le manteau jusqu'au début de la renaissance. Ces mystères nous venaient principalement d'Égypte, via le monde arabe, alors détenteur d'une « *Al Chimie - kemet* (cette terre du pays d'Égypte ou « kemi » signifie totaliser) ». Puis l'option banalisée se divulgua à l'époque ptolémaïque auprès des populations sensibilisées. En clair, sous le couvert de formules illusoires, il fallait « œuvrer » avec le mélange des genres pour obtenir le fabuleux « $4 \varnothing$ = *clé secrète des mystes du passé* ». La griffe en « 4 » inscrite sur les pierres des cathédrales conduisait les maîtres d'œuvres à l'arithmétique, à la géométrie, à l'archéologie, à l'astronomie et aux mythologies des Anciens Connaissants.

Ce postulat a certes peu à voir avec les produits de la science actuelle mais, pour les rationalistes qui ne considéraient que l'or vénal, il aura permis des siècles durant de noyer le poisson, presque au sens propre du mot. Au-delà de la quête du Graal, réservée le plus souvent à une élite de connaissance, une infime parcelle des *Mystères Antiques* fut reprise et transposée en *la gnose chrétienne*, son support principal devint pour le reste des siècles « **la Jérusalem Céleste** ».

La vision d'Ezéchiel

« Par-dessus la plate-forme qui était sur leurs têtes, il y avait comme un aspect de pierre de saphir »

Ezéchiel 1,26

L'arc-en-ciel coiffant le contexte pyramidal, le feu évoquant le triangle, l'aspect céleste de l'ensemble, le « 4 » offert à l'initié et le tracé schématique de l'inspiration, nous invite à une réflexion que nous n'avons pas naturellement sur le caractère de l'iconographie moyenâgeuse.

La NASA rentrerait-elle dans le jeu !

En ce début du troisième millénaire, le citoyen lambda, gagné par l'ivresse que procure l'idée de voyager en l'espace, ressent une légitime fierté en l'avancée des sciences. Aussi, cautionne-t-il chaque exploit, avec un rien d'ambition conquérante, liée à l'expansionnisme du génie humain. Cependant, si nous sommes attentifs à certains détails, généralement occultés au grand nombre, nous ne pouvons que nous montrer interrogatifs devant ce qu'il nous est donné de constater. Ne doutons pas que d'autres études pourraient élucider cette problématique mieux que nous ne sommes en mesure de le faire. Ce n'est toutefois pas le but de cette étude, nous nous en tiendrons en ce qui nous concerne, à la Grande

Pyramide et la constellation d'Orion. Revenons de quelques années en arrière, précisément au début de la conquête spatiale, avec les missions « **Apollo** », objectif... Lune.

À l'époque, un blason allégorique sous forme d'écusson était conceptualisé pour représenter l'ensemble des opérations ayant trait au programme APOLLO.

Devant l'étrangeté de cette composition, nous sommes tenus à nous poser la question suivante concernant le choix de cet écusson :

Relève-t-il d'une haute science hermétique, d'une technologie avant-gardiste occultée, d'une candeur inspirée, d'une heureuse prémonition, d'une démarche avisée à caractère ésotérique ou plus prosaïquement d'une banale logique cartésienne dont nous aurions oublié les fondements ? Nous conviendrons que **la constellation d'Orion**, tout autant que les mystères que nous nous ingénions à dépeindre n'ont rien à voir, a priori, avec la concrétisation d'une série de voyages circumlunaires. Cette considération s'avère troublante du fait que sur cet écusson, la trajectoire de la capsule spatiale, illustrée graphiquement par la barre du A triangulaire du baudrier, est emblématique des critères cachés de l'Ancienne Égypte.

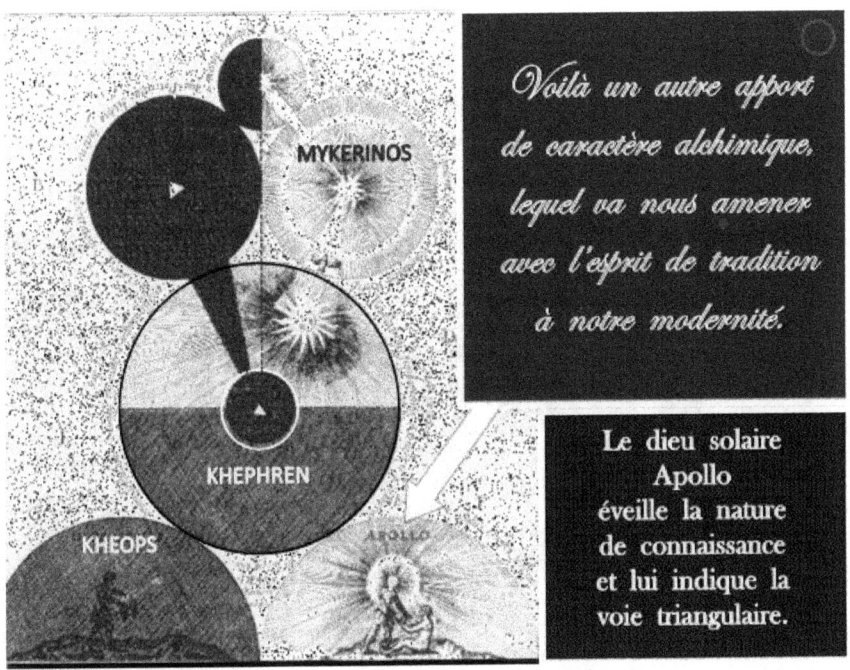

Procédons par analyse :

« **Apollo** » est bien évidemment « **Apollon** », le dieu grec archétype de la beauté masculine. Il était aussi et la chose est plus subtile, le dieu à « **l'arc d'argent** ». Arc = arche = arc-en-ciel, angle de la pyramide = lien entre *le Ciel et la Terre*. Lien que nous dépeignons, souvenez-vous, avec les valeurs de l'arc-en-ciel appropriées aux angles de la Grande Pyramide. Quant à l'argent, sans humour déplacé, c'est le métal lunaire par excellence, comme l'or est représentatif du Soleil. Apollon est né sur une île (entrevoyons là un site restreint entouré d'une onde homogène idéalement infinie). Il va de soi que ce qui s'applique à l'île sur l'océan peut s'appliquer à un corps sidéral. À la naissance d'Apollon, des cygnes (qu'il serait plus avisé d'écrire « **signes** ») s'astreignent à faire « 7 fois » le tour de l'île où le dieu est né. Ne comptons-nous pas 7 étoiles pour Orion ? Le symbole effectif du dieu est un « tripier » (comprenons : triangle équilatéral). Apollon est le seul à savoir combien il y a de grains de sable sur les plages du monde. Voyons en cette métaphore apparemment dénudée de sens, une évocation de puissance numérale, combinée à la multiplicité des astres dont il serait sensé en connaitre l'étendue. Allusion similaire au père des multitudes (entendons : père des nombres) ! *L'écusson dont nous faisons ici état, regroupe l'ensemble des opérations Terre – Lune du programme Apollo.* Si l'inventaire mythologique légitime l'adoption du dieu en tant que patron de cette entreprise, il s'avère beaucoup plus difficile de justifier les options cumulées à caractère « *ésotérique* » que nous allons tenter de dépeindre.

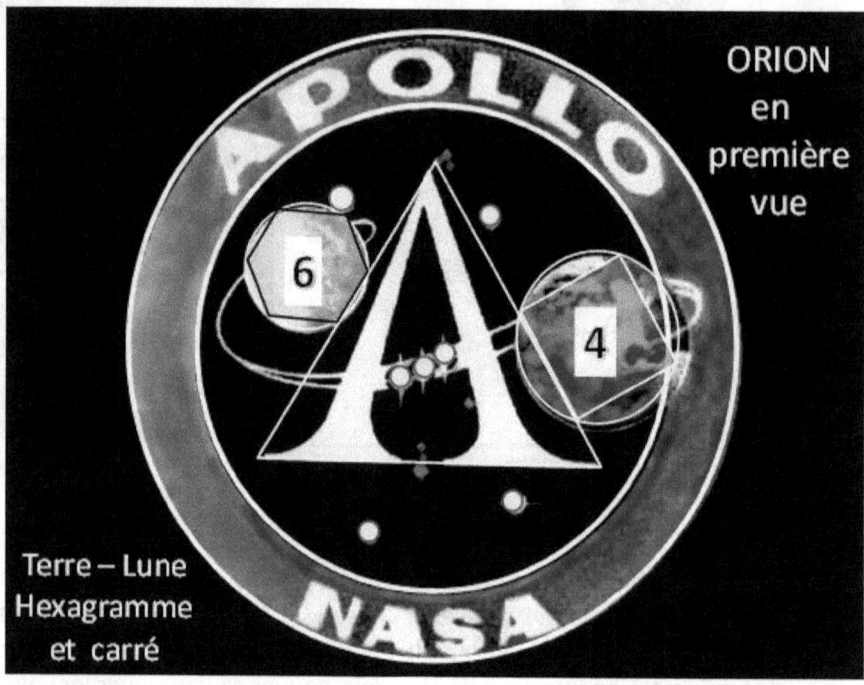

Un premier exemple nous est donné avec le rapport existant entre la Lune, la Terre et le grand cercle du caducée. Nous nous apercevons qu'à 0,5 % près, il est semblable à celui que nous avons maintes fois exposé. L'infime différence est probablement due aux anamorphoses des duplications électroniques dont nous sommes tributaires.

La couronne où est inscrit « **Apollo – NASA** » est composée de deux cercles Le rayon pointé (comprenons : le milieu de l'épaisseur de la couronne entre les deux cercles) se situe à l'endroit de la ligne du croisement (rapport astronomique) des étoiles d'Orion.

Rappelons à nos lecteurs que la connaissance de ce croisement relève d'une initiation égyptienne de haut niveau. En aucun cas ce tracé ne peut être fortuit ou dépendre d'une recherche à caractère aléatoire de type profane. Ce sont des êtres ayant bénéficié d'un enseignement supérieur qui ont placé le baudrier au centre du « A triangulaire ». Si ce n'est pas le cas, le ou les concepteurs de l'époque, qu'ils en aient été ou non conscients, ont bénéficié d'une influence parapsychique efficiente. Celle-ci avait-elle pour dessein de rassurer les rares *Grands Initiés de par le monde* du caractère louable de la mission Apollo ? ... Nous ne saurions le prouver, mais néanmoins l'affirmer !

Tous les documents ayant trait aux expéditions sont aujourd'hui « *officiellement* » égarés, ce qui est à peine croyable pour une organisation de ce type dont le moindre détail suspect est un risque d'échec. Sans omettre la préciosité de tels documents pour les générations à venir, si générations il y a !

Soyons clair, il n'est aucunement question de mettre en doute la haute compétence des scientifiques de l'aérospatiale, moins encore, de l'ingéniosité, du courage et de l'audace dont ont fait preuve ces hommes pour relever un tel défi. Mais, disons-le tout net, en les années 1960, années où les techniques électroniques étaient encore « rudimentaires », l'aventure n'était pas seulement risquée, mais franchement expérimentale, dans *le sens le plus aventureux du terme*. Tout ingénieur spécialisé en technologie spatiale et... honnête (la précision n'étant pas superflue dans le contexte) le reconnaîtra !

La Grande Pyramide

L'empattement des pieds du A, forme avec la pointe sommitale, un triangle équilatéral (3 fois 60°). Sa base repose sur le centre de la nébuleuse d'Orion (flèche 2 en bas à gauche). Ces constatations ne relèveraient d'aucune énigme si le prolongement des côtés de ce triangle ne nous plongeait pas en une certaine perplexité. Si l'on place un rapporteur au centre du cercle Terre, l'angle formé par la circonférence lunaire est de 23°27, celui de l'inclinaison de l'axe terrestre sur l'écliptique. Le A ne se justifie point davantage que la présence sur cet écusson de la constellation d'Orion. Puisque tous deux y figurent en bonne place, ingénions-nous à en pénétrer le sens.

Invitons notre lecteur à suivre ce cheminement : qu'il place la pointe de son compas à l'extrémité de la ligne (prolongement du triangle) à l'endroit où celle-ci recoupe la circonférence du grand cercle. L'autre pointe aura pour écartement le même emplacement en ce qui concerne la seconde ligne. Il suffit alors d'effectuer vers le haut un arc de cercle pour constater qu'il passe sur le centre de la **Lune**. La pointe en un arc de cercle se dirigera alors sur le centre de la **Terre**. L'angle formé par les « point droit - point gauche - centre Terre » est rigoureusement celui du sommet de la Grande Pyramide. D'où les insolences cumulées de ces coïncidences qui n'en sont probablement pas. Mais alors... à qui profite une telle démonstration ? Rappelons-nous à cette occasion, les énigmatiques, et importantes recherches scientifiques, qui eurent lieu au cours des années 1970 sur le plateau de Gizeh. Les plus éminents savants étatsuniens, prix Nobel inclus, se rendirent à cette époque en Égypte ! Il semblerait que des recherches furent effectuées dans le dessein de déceler pourquoi, les pyramides et principalement celle de Khephren, avaient réputation de détourner *les rayons cosmiques*. Le résultat est que ces pyramides en question affolèrent littéralement les instruments utilisés ou les rendirent incapables de fournir des résultats intelligibles.

La presse de l'époque se fit écho de cet échec, photos à l'appui, ce qui prouve, s'il en était besoin, le sérieux de l'affaire. Alors qu'aujourd'hui, tout a sombré dans les oublieux abysses du non-dit !

Traçons, si vous le voulez bien, une droite réunissant le centre de la **Terre** au centre de la **Lune** et considérons que la ligne qui en résulte forme la base de la Grande Pyramide. En fonction de la précision des angles, le sommet du pyramidion atteint la circonférence du cercle intérieur. La ligne verticale centrale de l'édifice s'étire de l'un des **L** d'APOLLO à l'un des **A** de **NASA** en passant par le point central de la nébuleuse d'Orion, lequel représente la base du triangle. *L'auteur s'excuse de l'anamorphose toujours possible des angles et des lignes.*

Le sommet de ce *A triangulaire* atteint (en indice **4**) l'apothème à gauche du tracé pyramide. Le vide intérieur de la lettre A est assimilable à une flamme ou un fer de lance d'angle 30°. En cela il est idem à Bellatrix, Al Nilam, Rigel définissant la structure du **Graal** au sein *de la table d'émeraude*. Le « **EL** » sémitique évoque le nom de Dieu. Cela se traduit par tout ce qui s'élève, ce qui possède une puissance expansive. On le retrouve dans les racines « **AL** » Allah (le tétragramme A.L.L.H en écriture arabe).

Nous pourrions souligner une foule de petits détails amusants : la base de la pyramide (centre Lune, centre Terre) partage la circonférence du grand cercle en 6 parties. L'étoile Bellatrix (second principe Tefnout = géométrie) indique l'emplacement structurel de la chambre du Roi (visualisation Nord – Sud). La pointe extrême du grand A émerge de l'apothème gauche de la pyramide à l'endroit de la sortie de l'un des canaux de la chambre du Roi. Vu du haut du pyramidion, 111,111 degrés définissent l'écartement des circonférences Terre – Lune. Nous avons vu par ailleurs que ce nombre est représentatif du déplacement du point vernal.

La trajectoire allégorique Terre – Lune imaginée par les auteurs du blason prend son départ sur le bord du golfe du Mexique à cap Kennedy, elle passe (flèche **1**) par le point central du sigle. Cette trajectoire coupe le côté du triangle équilatéral à l'endroit de pénétration de la circonférence Terre. Elle trace à l'intérieur du cercle Terre le côté d'un triangle équilatéral et indique avec précision « l'entrée, flèche 3 » de la Grande pyramide.

Notre lecteur dont nous avons amplement sollicité l'attention, aura perçu que le hasard peut favoriser un certain nombre de rapports. Mais lorsque ceux-ci se montrent conformes à l'esprit de la Grande Tradition, cela s'avère plus énigmatique qu'il n'apparaît.

La première conclusion que nous pourrions exprimer de cette analyse est que le fossé s'élargit entre « *la masse populaire conditionnée* » et « *l'élite inspirée* ». À court terme, nous avons fait un choix de société et à échéance il y a un risque de génocide intellectuel qui mènera à une paupérisation de l'entendement humain ou à une réaction subversive. À l'époque des grands dangers que nous encourons, ce ne peut être que la spiritualité à base de solidarité qui nous tirera d'affaire, si tant est que l'on puisse encore entretenir cet espoir. Un futur responsable est l'affaire de tous. Pour cela, il nous faut un dessein commun, planétaire, qui ne soit pas rivé à une impuberté chronique source de tous les égarements, mais à un bien-être collectif engendré par l'espérance dans l'application des lois.

Nous sommes trop nombreux, certes ! Mais, nous pouvons résoudre ce problème en deux siècles de façon drastique sans qu'il soit besoin d'avoir recours à des méthodes inhumaines. Et ce que nous devrions déjà avoir c'est « *une gouvernance planétaire* ». Il est urgent que les réalités sur le passé, sur les idéologies, les inspirations religieuses, les besoins concrets et spirituels des êtres en évolution que nous sommes soient pris en considération.

Nous raisonnons avec nos sacs de billes autour du cou sur lesquels nous ne distinguons plus qu'un seul mot : **croissance**. Mais où nous mènera-t-elle cette infinie croissance qui nous oblige à courir les bras en l'air, le regard rivé sur la Lune (symbole d'argent), alors que le ravin que l'on ne saurait voir pour cause d'engouement irraisonné, n'est plus qu'à quelques pas devant nous ?

Ne nous contentons pas d'être les gouttes d'eau, soyons l'océan qui inspire le respect et dont les asservis aux pétrodollars craignent le raz-de-marée. L'axe de nos recherches nous amène à des réflexions complémentaires sur la raison de vivre, sur l'état de conscience, sur la finalité de l'existence, sur la croyance en un Principe Créateur. Ne pourrions-nous pas unir nos pensées autour d'une constatation multimillénaire qui nous indique les vertus de ce principe unique ? Ce Principe n'est pas inféodé à une race, à une élite, à une religion, il ne nous prône pas une philosophie existentielle, il est simplement représentatif d'une union sacrée. Si nous prenons conscience de cela, cette union nous pilotera vers des aspirations communes et salutaires. *Le plus vieux monument du monde* est un sanctuaire, un réceptacle, un naos, un bétyle, soyons les fervents adeptes de ce qui témoigne encore de la lumière.

Avec cet écusson, il se pourrait que la NASA ait perçu l'existence d'étranges et précieux auxiliaires. Mais, si d'aventure elle a réalisé ce programme en toute innocence… il est certain que le jour de sa réalisation, ces auxiliaires cognitifs de l'espace se sont manifestés. Il se peut même que des dizaines d'ordinateurs furent regroupés parmi les plus performants pour donner ce résultat, ce serait alors la preuve que les agents d'une certaine harmonie universelle ne nous abandonnent pas, tout en pratiquant l'humour… du clin d'œil.

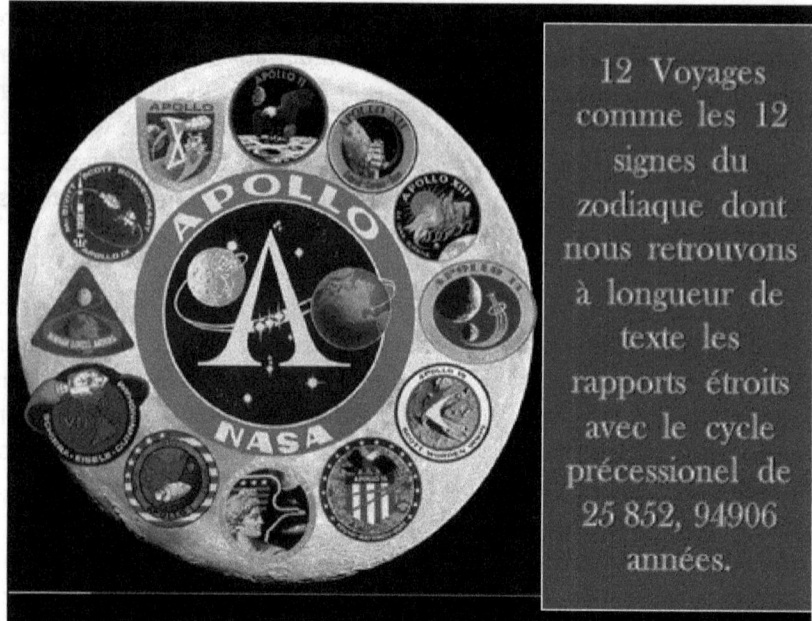

12 Voyages comme les 12 signes du zodiaque dont nous retrouvons à longueur de texte les rapports étroits avec le cycle précessionel de 25 852, 94906 années.

L'initié ne saurait raisonner sur la viabilité prolongée du corps physique. Il sait, lui, que seule la conscience inhérente à l'être est éternelle. Il sait également que son devoir est de la valoriser moralement, en juste hommage aux espérances du Principe Créateur.

Nous ne voudrions pas plonger notre lecteur dans les perspectives d'un doute chronique, mais une date célèbre aux États-Unis peut avoir une certaine analogie avec la situation décrite : « *l'Indépendance Day* ». Elle se fête le 4 juillet de chaque année aux États-Unis.

C'est précisément le jour où la Terre est la plus éloignée sur son orbite elliptique. Son apogée coïncide donc avec la fête américaine. Le jour d'après, la Terre ne peut que se rapprocher du Soleil, donc... d'Apollo de la Lumière ! L'alchimie restera toujours notre meilleure référence en matière de connaissance avancée d'inspiration céleste. L'icône alchimique a le pouvoir de sélectionner les individus réceptifs à ces apparentes aberrations et de les propulser vers l'espérance.

Rien de bien surprenant à retrouver le nom de ce dieu Grec dans un sigle de la conquête spatiale. N'était-il pas au berceau de notre civilisation ? Ce qui est plus surprenant, c'est de constater le lien entre d'aussi lointains rapports de faits et les préoccupations spatiales de notre société contemporaine. La facilité, élément dormitif de l'esprit, nous suggère bien évidemment le concours du hasard, mais toute tentative de réflexion nous éloigne de cette hypothèse. Il s'agit rappelons-le, d'un voyage Terre – Lune, qui est une forme d'union sacrale dont nous avons longuement dépeint l'intérêt en nos révélations.

La NASA se démarquerait-elle à ce point de la vox populi pour demeurer résolument en altitude, là où elle n'a de compte à rendre qu'à « Dieu le Père » ? Si nous avions à lui destiner une recommandation, ce serait de se défier d'un jugement trop hâtif, car les temps nouveaux seront décisifs pour enrayer le processus liberticide de l'intelligence. À l'opposé, la révélation à laquelle nous procédons, peut engendrer l'espoir dans les esprits désabusés. C'est la voie qui nous fut indiquée pour responsabiliser l'être humain face à une nocive influence comportementale dont il est tributaire ! Les grains de notre besace ne sont plus destinés aux sillons dûment alignés, comme il en allait naguère, mais aux quatre vents de la confusion, aux fossés que nul ne regarde, aux fissures que nul ne soupçonne, aux épreuves que nul ne pressent. Cette profusion constitue l'espoir de la résurgence aux confins de la désillusion. L'imagerie alchimique le plus souvent incomprise, est révélatrice de la Grande Tradition. Elle véhicule sous des aspects a priori impénétrables, l'essence même de l'ésotérisme ancestral relevant de **la Tradition Primordiale**. À l'instar des hiéroglyphes égyptiens, les représentations imaginales de ce corpus invitent l'impétrant aux mystères à suivre la voie de la découverte. Il lui suffit de laisser parler en lui ce duo méconnu que représente *l'intuitif et le discursif*, cela afin d'éveiller ses sens à une vision moins restreinte, plus universelle que celle qui lui est proposée au quotidien.

Par son aspect évocateur, ce dessin ne manque pas d'intérêt. La Grande Pyramide a bien sa place sur l'espace qui lui est réservé, mais des compléments géométriques sont révélateurs de la démarche à entreprendre. Un carré losangé indique un point sur le tronc de l'arbre, c'est celui du sommet de la pyramide virtuelle.
« 7 » astres, ne voyons là autre chose que les « 7 » étoiles d'Orion placés autour de l'organigramme. Les deux personnages aux réflexes animés incitent le curieux à la réflexion.

Après le retour des croisades jusqu'à la fin du XVIIe siècle, le monde occidental eut recours à une abondante imagerie pour célébrer les mystères d'une science orientale héritière de la Grande Tradition. Toute une imagerie hermétique au monde profane s'insinua dans les arts et lettres ; elle se voulait le sceau d'une science élitiste à laquelle beaucoup adhéraient sans en percevoir clairement l'affectation. Cette tentative mêlait habilement l'art profane aux codex de l'imagerie religieuse - les motifs ciselés des cathédrales en sont de parfaits exemples. *La Jérusalem céleste* ne déroge pas à cette approche masquée d'innocence que l'on prête aux arts vertueux de la foi. L'athée primaire ricane, certes, mais l'érudit médite sur la finalité caché d'un monde en filigrane !

L'alchimie pour certain est exclusivement opérative, c'est avant tout la recherche de l'Or vénal qui donne la puissance matérielle à ses possédants. Nous ne saurions nier le fait, qu'avec la science des nombres, la pratique et la foi, l'officiant ne puisse parvenir à un résultat palpable. Cependant, athanors et cornues ont une toute autre implication que celle de produire cette substance fondamentale qui réjouit le cœur des mortels. Les formules alchimiques éveillent l'attention, laquelle à son tour éveille *la conscience,* seul substrat apte de se lier au spirituel pour engendrer le merveilleux.

Georges Vermard

Le nombre miracle et le temps

À ce stade, nous sommes convaincus que des rapports d'harmonie unissent la constellation d'Orion, le Soleil, le mètre, la coudée, le cercle, le triangle équilatéral, le carré, le pentagone, le nombre d'OR, le nombre Pi, les racines $\sqrt{2}$ et $\sqrt{3}$, le nombre 360, l'arc-en-ciel et le cycle processionnel à la Grande Pyramide, univers de connaissance.

Si vous le voulez bien, embarquons sur la nef égyptienne. Elle vogue depuis des millénaires sur l'océan des nombres. Voyons comment se nouent et se dénouent les choses aux frontières du tangible. Les grands nombres dévorent « l'esprit » des machines à calculer, il nous faut donc les ramener à une notion fonctionnelle.

C'est ainsi que les 696 285,631 km de rayon du Soleil deviendront, divisés par 10 millions, 0,069628563 m. Ce dernier nombre étant évalué en mètres. Multiplions-le par notre prodigieux 36, nous constatons qu'il est égal à **2,506628272 m**.

2,506628272, ce fruit de 360°, plaçons-le au carré

X^2 = 6,283185292 ÷ 2 = π **3,14159265**

Puisque nous ne sommes plus à un miracle près, considérons qu'avec 2,506628272 nous nous trouvons en présence de la circonférence d'un cercle. Le plus troublant, c'est que le carré de même surface qui accompagne ce cercle a pour diagonale **le mètre juste**. Si cette diagonale est tenue pour être le diamètre d'un cercle, il va de soi que sa circonférence affiche « pi ».

Traçons un schéma représentant un carré dont la diagonale est « 1 ». Le périmètre de celui-ci est égal à deux fois $\sqrt{2}$ = **2,82842724 m**. Chaque côté a donc **0,707106781** m d'un bord à l'autre.

Ce dernier nombre divisé par 60 (angle symbolique du triangle équilatéral) nous révèle la valeur de **0,011785113 m** (la clé chronologique de l'ensemble pyramidal, réel – virtuel ou cycle processionnel). L'année référentielle de **0,01178511** m divisée par le nombre « *primosophique de 102* » = **Dieu** = 0,000115540 m. Multipliée par 1 million, cette suite de décimales est sensiblement égale à la demi-base de la Grande Pyramide sur le roc.

Multiplions 0,011785113 par le **108** de la Grande Tradition.

En divisant le résultat par √2, nous obtenons 0,9 x 4 = **3,6**.

Pied du Graal et △ circonférence ◯ du Soleil.

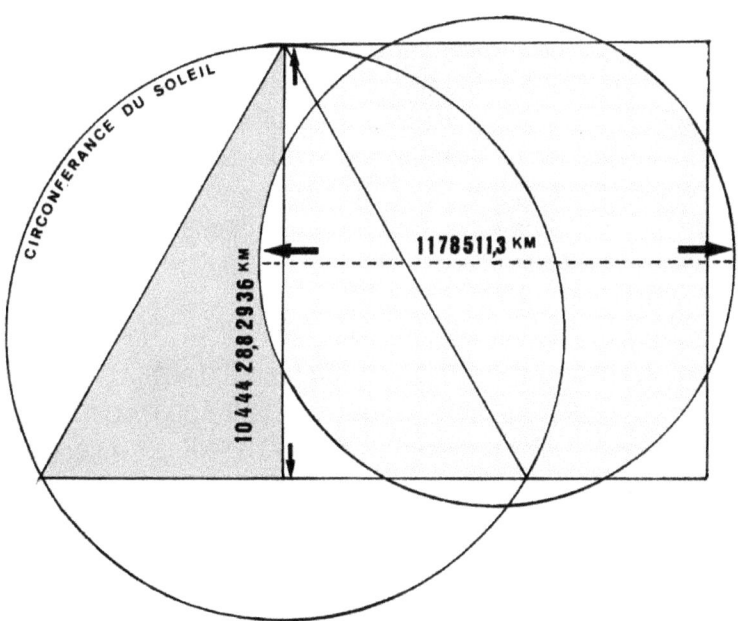

L'année pyramidale que nous avons par ailleurs définie n'a rien de chimérique. S'il fallait en souligner la transcendance, nous suggérerions le triangle solaire pris dans le contexte thématique de l'illustration ci-dessus. Imaginons le diamètre d'un cercle de quadrature ayant pour référence 1 178 511,3 km ou si vous préférez, l'année pyramidale convertie en une distance kilométrique.

$$1\ 178\ 511{,}3 \div 2 = 589\ 255{,}6\ X^2 = 3{,}4722222 \times \pi$$

$$= 1{,}090830779\ \sqrt{}^2 = \mathbf{1\ 044\ 428{,}444} \div 3 \times 4\ \varnothing\ \text{du Soleil.}$$

L'un de ces derniers nombres inscrits, représente le côté d'un carré de même surface que le cercle de 1 178 511,3 km de diamètre. Ce qui est fascinant, c'est que cette valeur est égale à la hauteur d'un triangle équilatéral circonscrit dans le disque solaire. Le diamètre théorique du **Soleil, 1 392 571,259 km** divisé par 4 et multiplié par 3 nous donne **1 044 428,444 km**. Cette valeur a pour résultat la hauteur du triangle équilatéral solaire ou pour notre alchimie interne, la hauteur du pied du Graal redimensionnée à l'échelle pyramidale, soit 104,4428444 m.

L'audacieux Icare de la mythologie est là pour nous rappeler que la façon la plus noble de « *s'envoyer en l'air* » ne consiste nullement à utiliser les ailes des sybarites, fussent-elles de plumes, mais bien celles on ne peut plus subtiles de la Connaissance. Ces ailes là sont sustentées par la lumière, et leurs indicibles effluences ont la faculté de nous éclairer sans nous brûler. Cette approche est particulièrement significative dans les rapports de nombres ayant trait à la clé pyramidale et à l'ennéade des « *9 dieux de la Genèse* ». Sinon c'est la chute icarienne en 4 éléments : feu solaire – air – eau - terre.

$$\mathbf{1{,}2.3.4.5.6.7.8.9} \div 1{,}273239544\ \text{la clé} = 0{,}969627354 \times 2 =$$
$$1{,}9392547708\ \sqrt{}^2\ 1{,}392571259 \times 1\ 000\ 000 =$$
considéré en kilomètres : **1 392 571,259 km $\varnothing$ du Soleil.**

Ce qui signifie, que ce nombre relatif à l'année pyramidale est parfaitement adapté à notre quête :

$$\sqrt{2} = 0{,}1414213562 \times 3 = 0{,}424264068 \div 36 = \mathbf{0{,}011785113\ m.}$$

C'est précisément ce nombre que nous allons utiliser pour tenter de décrypter l'échelle chronologique de la Grande Pyramide.

Observons bien ceci ... !

La circonférence du cercle Jaune est celle du Soleil en laquelle est circonscrit un triangle équilatéral. Nous observons que la hauteur de celui-ci est égale aux côtés du carré, cette hauteur réalise 1 044 428, 444 Km

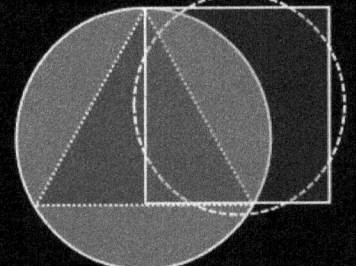

La valeur de la clé
0, 01178511321
a pour principe de changer les mètres en années.

Sont représentés ici le cercle, le triangle et le carré, base de la géométrie traditionnelle.

Si nous divisons le diamètre du cercle de surface égale au carré par 100 millions, il nous procure la clé chronologique dont nous faisons état, elle a pour valeur 0, 011785113 m.

Il est étonnant de constater que les différentes hauteurs des pierres composant les assises de l'édifice pyramidal correspondent, selon leurs emplacements à la durée d'une vie humaine. Nous pourrions ainsi prendre pour indice la base à la hauteur du socle (elle représente 1 coudée de 0,5236006 m) et poursuivre ensuite vers le haut l'échelonnement des différentes assises.

0,523598774 m (coudée pyramidale ésotérique) ÷ 0,011785113 (clé chrono) = 44,42882936 années. Peut-être l'âge moyen d'un homme à l'époque reculée du concept ? Ce n'est qu'une question de date, car d'autres pierres en altitude sont plus massives. Les diverses assises correspondraient-elles aux fluctuations des âges à des périodes différentes de l'humanité ? La Grande Pyramide nous a appris la témérité en matière de suppositions. Mais nous ne nous sommes pas risqués à cette exégèse par crainte de verser dans l'irrationnel, ce qui serait inattendu ! Cependant, soulignons que rien, en ce qui concerne la Grande Pyramide, en matière d'interversion et d'élaboration, n'admet de gratuité en les options répertoriées.

Cette pyramide est détentrice d'un pactole d'une valeur insoupçonnée par les monopolistes du site de Gizeh. On en mesurera l'ampleur et le bien-fondé que lorsque prendra fin l'ère des Poissons ou plus prosaïquement celle des leaders opportunistes qui ne considèrent que leurs intérêts particuliers au détriment de l'élévation générale de l'esprit. Alors commencera peut-être, sur les vestiges de ces spéculations, l'ère symbiotique des valeurs existentielles.

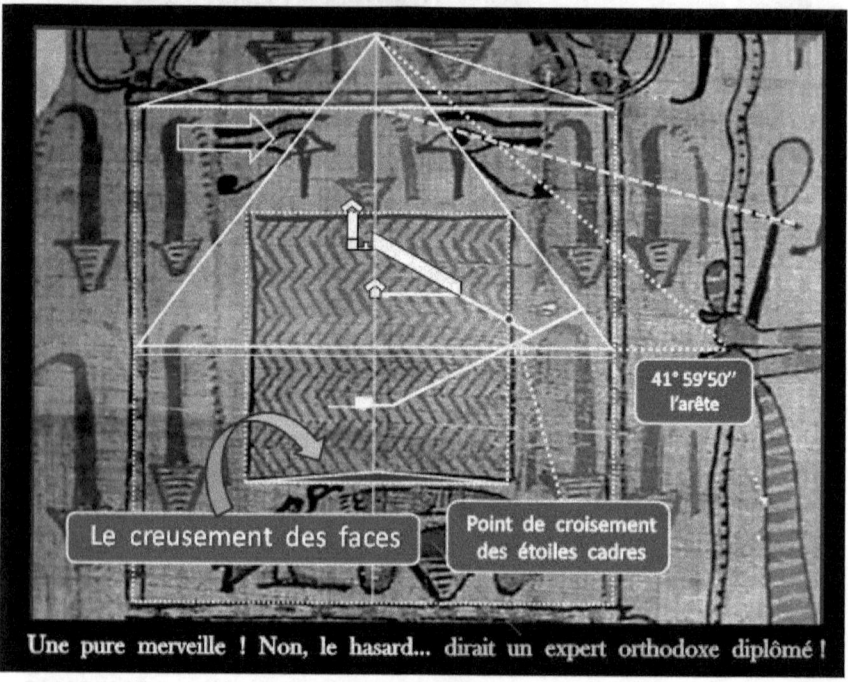

Une pure merveille ! Non, le hasard... dirait un expert orthodoxe diplômé !

Les traces laissées par la Grande Tradition existent, mais il nous faut les pressentir dissimulées dans l'insipidité des fresques ou l'apparente sottise des thèmes. Existerait-il un discernement subtile motivé par notre méditation, capable d'activer les essences noétiques d'une *harmonie de synthèse* enfouie depuis toujours en nous-mêmes ?

Le Déluge et la chambre souterraine

À 30 mètres sous les fondations de la pyramide se tient la chambre souterraine, encore appelée « *la grotte du chaos* ». Devrions-nous considérer cette cavité comme étant l'indice chronologique du dernier Déluge ? Les dates concernant ce bouleversement géologique ne peuvent que rendre perplexe le chercheur. Une chose est sûre, la Terre a enregistré au moins un désastre à une échelle planétaire au cours des 20 000 dernières années. On peut ajouter sans risque d'erreur, qu'un ou deux cataclysmes de moyenne ampleur ont suivi à des millénaires d'intervalle. Les comptes-rendus d'études scientifiques nous incitent à placer en premier, le Déluge qui est sensé avoir englouti « *l'Atlantide* », continent réputé mythique évoqué par Platon dans le Timée. Eu égard à de tels faits, le scepticisme de certains scientifiques est une innocence, car il ne fait aucun doute que de vastes régions de notre planète ont eu à subir des bouleversements de première grandeur, Atlantide ou pas. L'altération des preuves ne récuse en rien le phénomène, nous n'ignorons pas que le maelström des siècles fustige de ses décrépitudes la nature des choses. Le centre du drame au pléistocène concernait-il la dorsale médio-atlantique, les Bahamas, les plateaux péruviens ou boliviens ? Il est impossible de le savoir avec certitude mais nous ne devons pas douter que cette catastrophe ait eu lieu, probablement à la fin de ce que géologues considèrent être la dernière glaciation. Le niveau de la mer était considérablement plus bas qu'il ne l'est aujourd'hui : rien moins que 105 m d'élévation entre moins 14 000 et 2 000 avant notre ère, 120 m de rehaussement de niveau entre 17 000 ans et nous.

Nous nous devons de souligner l'importance de cette élévation des eaux océanes, elle explique en partie l'altération, si ce n'est la suppression d'indices révélateurs. Il demeure que de nombreux artefacts sur la surface du globe posent des points d'interrogation, mais aussi les sous-sols lorsqu'on les analyse. Et puis, il y a des cas où l'effacement total ou partiel des sites répertoriés doit être attribué au réemploi méthodique des ruines par les générations successives d'êtres humains en reconditionnement sociétal. La disparition tient également au fait des ravages exercés par les phénomènes climatiques, la décomposition végétale, la dissolution des minéraux ou plus prosaïquement l'usure du temps !

Les anciens textes sur lesquels nous nous sommes penchés, parlent d'obscurcissement du ciel, de pluies torrentielles, d'une brusque montée des eaux. Il est aussi question d'étoiles, de serpents (cycle), d'excavations et plus mystérieusement de « *7 îles ou 7 cavernes* ». Si nous tenons pour plausible la date avancée de **12 548 années** avant notre ère, la hauteur de la cavité située à 30 m sous le socle de la Grande Pyramide pourrait être représentative de l'un de ces cataclysmes.

Curieusement, ces 30 mètres sous le socle pyramide nous donnent en années 2 545,584417 années, divisées par deux 1272,792208, cette valeur divisée par « 900 » à une réalité universelle = 1,414213562 (√2).

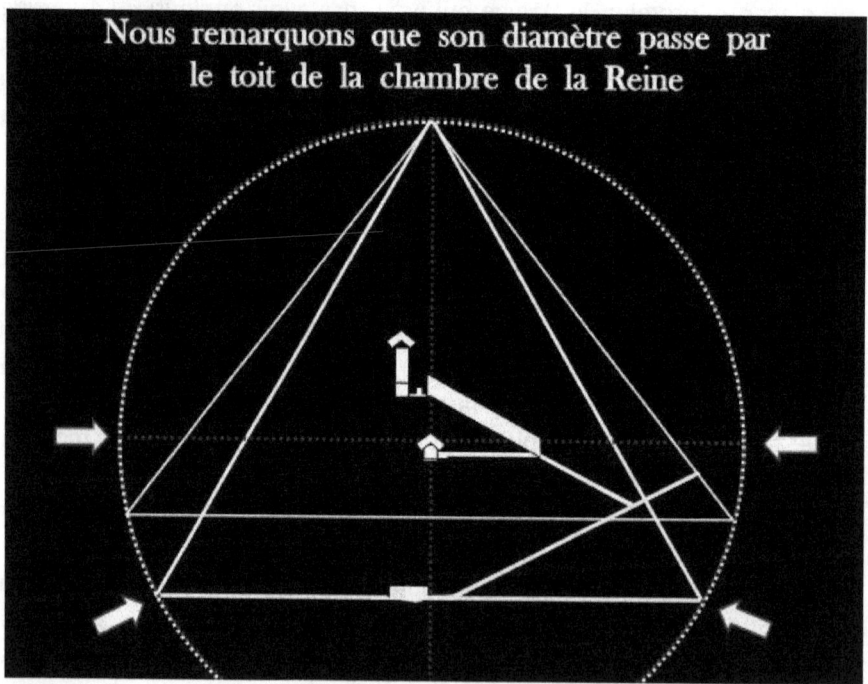

Hormis, cette précision troublante, nous noterons un nombre d'années d'apprivoisement général de la nature qui n'est pas inconsidéré pour un déluge de cette ampleur. A-t-il eu pour origine un basculement des pôles géographiques, une météorite géante ayant percuté notre planète (effet géocroiseur), la traversée du système solaire par une planète errante, des pluies météoritiques criblant les terres et les océans, les déplacements soudains de plaques tectoniques, d'intenses éruptions volcaniques, des explosions solaires de grande intensité, engendrant l'effondrement momentané des systèmes protecteurs de notre planète ? Beaucoup d'hypothèses, aucune certitude. Nonobstant, un peu partout dans le monde des analyses géologiques sont là pour témoigner d'une telle catastrophe. Des contrées prospères disparurent, des situations topographiques furent profondément modifiées, des populations entières furent englouties. Il y a pléthore de témoignages en ce qui concerne des ossements d'animaux amoncelés en des espaces restreints, comme pressés en ces lieux par un phénomène brutal de raz-de-marée. Tout le monde a entendu parler des mammouths congelés de Sibérie, trouvés avec de l'herbe et autre marguerites et boutons-d'or dans la gueule, ce qui laisse présumer de la fulgurance de la catastrophe. L'Égypte ne fut pas épargnée, des indices manifestes le laissent supposer.

Il ne fait aucun doute qu'une partie des habitants d'Égypte de races composites survécurent à la tragédie grâce aux dispositions préconisées par les hiérarques.

Signalons opportunément que le grand artiste peintre qu'était David Roberts 1796 – 1864, lors de son séjour en Égypte a eu l'opportunité de peindre le site de Gizeh en soulignant nettement *une teinte différente plus sombre* sur le revêtement des pyramides. Cette différence de teinte s'élevait approximativement à 25 ou 30 mètres des bases de Khéops et de Khephren. Nous ne pouvons pas soupçonner un artiste aussi scrupuleux que Roberts, d'avoir restitué autre chose que ce qu'il a réellement vu.

En ce qui concerne plus spécialement la Grande Pyramide, d'étranges résidus intra-muros furent relevés au cours des siècles par ceux qui la visitèrent. Il est alors question d'importantes couches de sel incrusté sur les parois, des ossements et des monceaux de sédiments marins, des marques de corrosion sur le revêtement censées être celles atteintes par le niveau des eaux. Précisons toutefois qu'il ne pourrait s'agir que du second Déluge de moindre envergure, nous le situons aux environs de 4 500 avant notre ère. Si nous élargissons le cercle, nous constatons qu'une polémique est née autour de l'érosion qui a creusé des strates sur les contours morphologiques du Sphinx. Selon des experts en géologie, chaque jour plus nombreux, il ne s'agirait pas d'un ravinement éolien, mais d'une corrosion pluviale ou marine, celle-ci répondant à d'évidentes caractéristiques. Nous verrons plus loin que sur un plan symbolique, ce qu'il est convenu d'appeler « *la lumière spirituelle* » n'a de sens que lorsque le monde est plongé en la nuit. **La grotte** est prédisposée à cet état mais aussi à l'émergence. Le magma chaotique appelle à l'ordre par le labour et la situation des galeries montantes renvoie à l'évolution. Le couloir ascendant n'a-t-il pas un rapport direct avec la recherche de *la lumière*, que ce soit celle du soleil ou celle de la connaissance ?

Selon certains critères de datation, la situation de ce premier Déluge se serait normalisée aux environs de 12 000 ans avant JC, (base de la pyramide virtuelle), on peut raisonnablement penser qu'il s'ensuivit une lutte ardue pour le maintien de la vie et le regroupement des sociétés humaines dispersées par le cataclysme. C'est à cette époque que l'on doit envisager l'apparition des « *Neterou* », ancêtres semi-divins, guides spirituels aux connaissances étendues, encore appelés « *Jerou ou Chebtiou* ». Ils furent suivis des « *Shemsou-hor* », (Les suivants d'Horus) lesquels s'employèrent, selon les textes, à réorganiser la vie communautaire.

D'après Manéthon, cette datation correspond à « *l'ère des esprits de la mort* ». Elle aurait dû débuter avec le déluge, alors qu'une erreur probable de datation la situe ultérieurement au cataclysme. Au cours de cette période d'instabilité due à des éléments cataclysmiques, on voit mal comment une civilisation naissante aurait pu se consacrer à l'édification de monuments témoins de sa grandeur. Ne serait-il pas plus raisonnable, et nous le démontrons, d'envisager une période de restructuration sociétale de 2000 ans et plus ? Nous devons discerner en ces œuvres monumentales, un message à caractère philosophique, mais aussi scientifique, destiné aux êtres du futur. Ce message aurait pour intention d'interpeller les navigateurs planétaires que nous sommes afin que nous prenions conscience d'une réalité existentielle plus appropriée à notre condition humaine que les salivations procurées par le CAC 40 et l'hédonisme des paradigmes bancaires.

Par cette insinuante comparaison, nous voulons parler d'une approche moins grégaire, plus responsable, moins sottement médiatisée, moins puérilement rivée au magma quotidien qui n'a pour élévation que les terrains de jeux. Ainsi perçu, ce message pourrait-il demain, être la base d'un renouveau humain ? L'hypothèse d'un « *message caché* » en attente d'être propagé n'est pas à rejeter compte tenu que les mythologies nous éclairent sur la part de responsabilité qu'auraient eu les hommes de cette époque dans le déclenchement de ces séries de catastrophes présumées naturelles !

La chambre souterraine dont il est question se trouve judicieusement placée afin, peut-être, de nous engager à prendre conscience des événements révélateurs que nous exposons. Deux mille années environ séparent le centre de la chambre souterraine du départ du cycle d'Orion. Un clin d'œil peut-être en regard de l'année zéro de notre ère et notre époque troublée. Serait-ce l'indice sous-jacent d'une replongée dans les ténèbres ou l'atteinte d'un point de non-retour dans la dégradation d'un système sociétal ? La situation actuelle de cette chambre (grotte messianique) a des concomitances avec les dates christiques, nous le verrons au cours des chapitres suivants.

Enfin, la chambre souterraine nous donne avec précision les mesures du globe terrestre, sous trois aspects : pôles, équateur et ligne troposphérique. Nous l'avons vu, sa descenderie (syringe) positionne un parfait parallélisme avec l'alignement du baudrier alors que de nombreux rapports « d'experts » qualifient cette pièce avec une défiante outrecuidance « d'erreur conceptuelle (sic)… ! » Ceci étant, il n'est pas exclu que cette chambre souterraine ait subi de sérieux endommagements lors du second Déluge. Sur notre illustration, le glissement vers le bas de la totalité de la Grande Pyramide prise en sa valeur sur le Socle à la hauteur de 146,608168 m, autrement dit à une coudée du roc, nous donne le résultat étonnant déjà constaté.

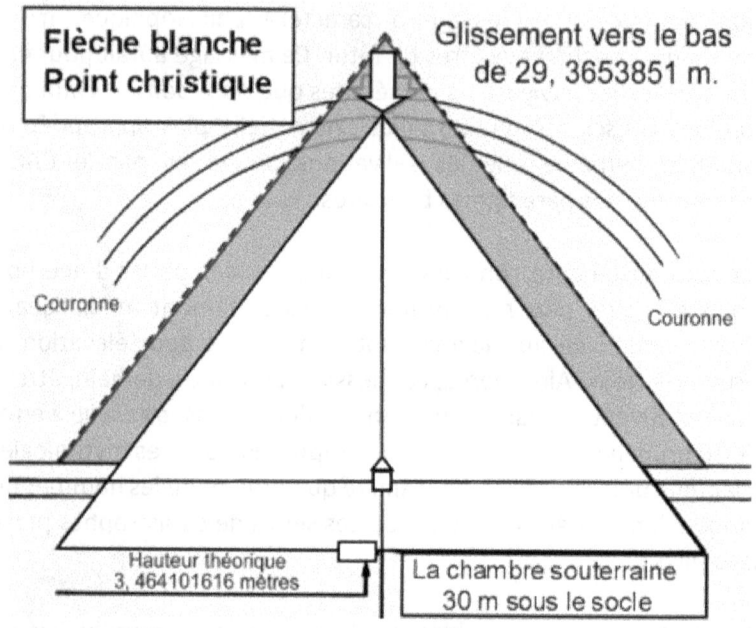

La base parvenue au centre de **la chambre souterraine.** La pointe extrême du pyramidion indique **l'année zéro de notre ère**, avec une précision au dixième de millimètres.

Nous remarquons que ce décalage vers le bas positionne *la chambre de la Reine au centre du schéma* alors que la base pyramide coupe la chambre souterraine en son milieu. Selon toutes probabilités, la hauteur de la chambre réaliserait 2 fois la racine de √3 soit 3,464 m. La chambre souterraine est un cas à part. Cela est dû au fait que l'on ne peut la mesurer avec précision et que toute interprétation livre des arguments à la critique. Après avoir compulsé une quantité d'ouvrages sur les mesures possibles, il nous faut estimer, pensons-nous, les périmètres suivants :

Longueur : 14,05 m x 2 = 28,10 m.

Largeur : 8,23 m x 2 = 16,46 m. Total : 44,56 m.

Forts des nombreux indices que nous avons déjà relevés au sein de l'édifice, nous pouvons présumer qu'il s'agit d'une mesure sacrée.

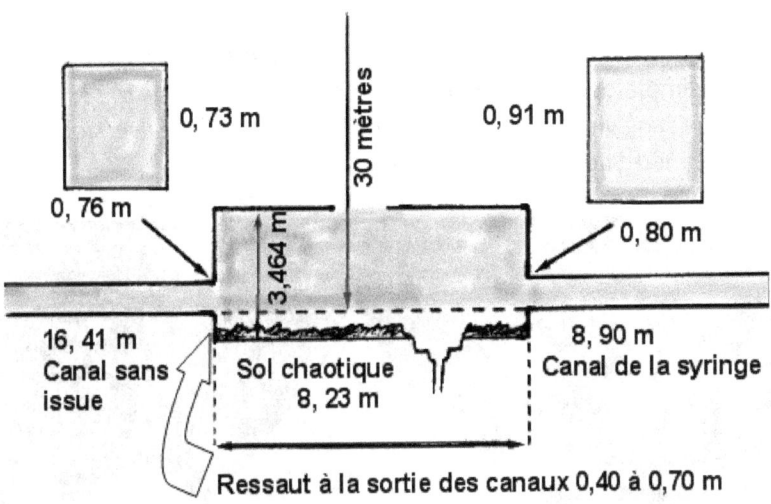

> Cela nous amènerait à reconsidérer ce nombre, afin de proposer une valeur théorique approchante qui serait : « 44,42882936 m ».

Autrement dit, la circonférence de la racine de « √2 » multipliée par 10. Ce nombre a un rapport avec l'échelle chronologique à laquelle nous recourons, 0,523598774 ÷ 0,011785113 = 44,42882936. En résumé, nous aurions ici les trois critères numériques les plus utilisés dans les rapports structurels de la Grande Pyramide :

Le nombre pi - la racine de √2 et de √3 - le nombre chronologique.

Au terme de la syringe, la chambre souterraine que nous prenons à témoin, est loin d'être l'erreur que l'on s'ingénie à souligner sous l'aspect d'une *« cavité sépulcrale inachevée »*. Nous affirmons qu'elle tient un rôle tout à fait crédible en son emplacement et dimensions. La présence subtile que l'on accorde *à l'esprit de lumière* occupe les lieux plus sûrement que l'apparent chaos que l'on croit y déceler. Cet esprit de lumière attendrait-il de nous les rapprochements salutaires qui tardent à se manifester. Les calculs de probabilités ont les limites que leur accordent nos capacités cognitives ; il serait judicieux de les mesurer à l'aune de la Grande Pyramide. À l'aune tout court d'ailleurs, car cette ancienne mesure ne faisait pas, comme il est souvent mentionné : 1,18 à Paris, mais plus précisément **1,1785113 m**, ce qui est ô combien, plus crédible.

L'aune dont la réputation a franchi allégrement les âges, est la résultante d'une simple opération : l'immuable racine de √2 = 1,414213562 ÷ par le 120 = le sang vin du Graal = 0,011785113 *l'unité de conversion en rapport avec le mètre dont nous faisons état.*

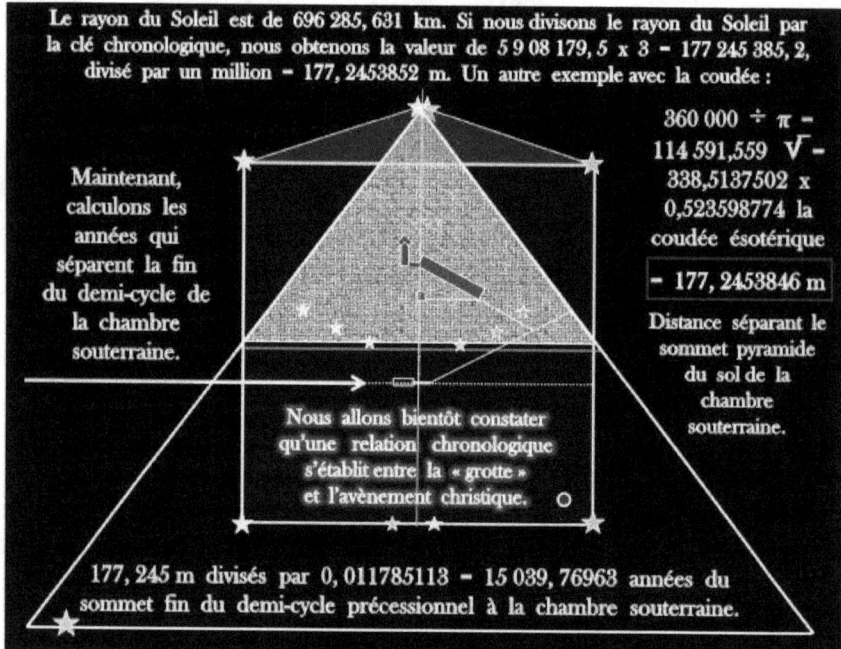

Cette illustration prend pour exemple la chambre souterraine et le nombre d'années qui la distancie de la fin du demi-cycle. Ces 15039,76963 années se trouvent à 12 548 années de l'année zéro de notre ère. L'état actuel de la chambre souterraine ne permet pas les précisions que nous obtenons par ailleurs, mais nous pouvons augurer de l'harmonie des mesures originelles en vertu de ce que nous savons de l'ensemble.

9 x √2 = 12,72792206 x 1 392 571,262 (toutes les décimales du diamètre solaire) = 17 724 538,48 ÷ 100 000 = **177,2453848** m, ou la distance qui sépare le sol de la chambre souterraine de la fin du demi-cycle processionnel (sommet de la Grande Pyramide).

Nous devons considérer que cette chambre souterraine joue un rôle symbolique important au sein du monument. Ce n'est nullement une erreur de procédure comme on voudrait nous le faire croire. Il est affligeant de constater l'indigence d'esprit de ceux, qui en leurs qualité de spécialistes, sont sensés émettre des opinions raisonnables. Si ce n'est cela, il nous faut penser à une conjonction pernicieuse des sociétés dirigeantes et à l'amoindrissement concerté de l'esprit collectif, les deux peut-être, en ce cas c'est irréversible, la grotte n'est-elle pas emblématique de l'habitation du troglodyte ?

Cette date théorique de 15 039,76 963 années, moins les 2 491,735557 de notre ère à la fin du cycle = 12 548,03407 (années théoriques) cette date voisine sensiblement avec ce que nous supposons savoir d'un Déluge universel. En ce cas, cette cavité souterraine serait un aspect figuratif illustrant le chaos (entendons le bouleversement magmatique de la chambre souterraine). Rappelons que la reprise d'altitude de la constellation d'Orion se situe à 10 434,73897 années avant notre ère. Il y a donc une différence de 2 113,2951 années entre cette date hypothétique du Déluge universel et le départ de la constellation, ce qui est admissible sur le plan de la reprise des activités humaines.

> « Les nombres s'immiscent en nous, tels les ribosomes des chaînes ADN. Ils inoculent leurs mystères en nos états de conscience, ils nous plongent en nos origines, nous pétrissent de valeurs insoupçonnées et tracent de l'aurore au crépuscule la géométrie de nos âges. »

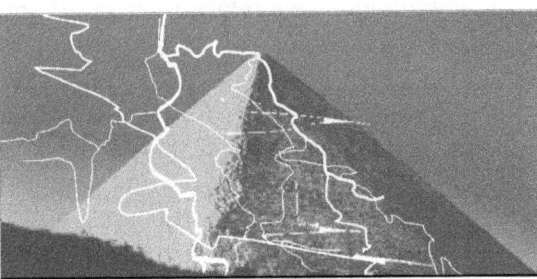

La Grande Pyramide est soumise à des courants statiques et une énergie tellurique importante que les anciens égyptiens étaient en mesure d'exploiter.

Cette image illustre les conditions particulières de l'édifice pyramidal. Soumis à un intense ensoleillement, facteur de sècheresse de l'air, la Grande Pyramide avait la capacité d'emmagasiner de l'énergie, il était alors permis de restituer cette énergie par un effet de synthèse dynamique en utilisant l'humidité du sous-sol. Il est tout à fait probable que des veines de cuivre couraient sur les arêtes pour faciliter cet échange, notamment par temps d'orage.

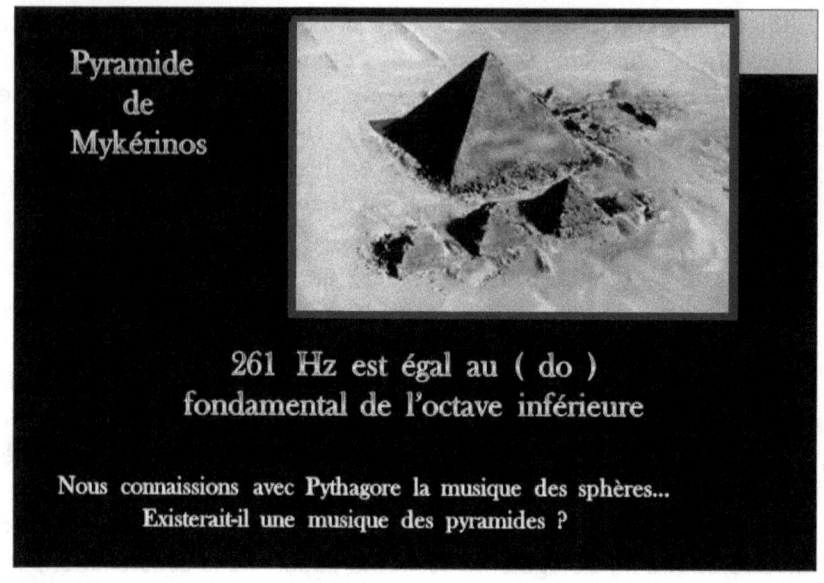

L'électricité ne pouvait pas être ignorée des anciens égyptiens. Quant à son utilisation... cela demeure à ce jour dans le domaine des hypothèses ! Certains dessins, certaines fresques pourraient laisser supposer un usage de ce type. Le fait de n'avoir jamais retrouvé de traces de suie sur les cloisons des tombeaux souterrains, par ailleurs abondement imagées, incite à la réflexion. Quant à l'hypothèse des miroirs de réfractions par 60 m de fond en des parcours labyrinthiques, ne relève-t-elle pas du quota d'intellections que l'on peut attribuer de nos jours à la gent prétendue qualifiée.

Ce qui jusque-là s'avérait douteux, malgré quelques tentatives positives non accréditées, c'est d'évaluer le volume vibratoire des monuments pyramidaux de par le monde.

Aujourd'hui des comités scientifiques internationaux, dûment officialisés, (Institut de géophysique sur les microséismes) ont divulgué leurs travaux ; ceux-ci ont eu lieu en divers endroits de la planète. Ils sont tout à fait étonnants et prometteurs. Ce n'est toutefois pas l'axe de nos recherches, nous en faisons état pour corroborer le caractère complexe de ces œuvres magistrales d'un autre temps.

Nous venons de le voir, ce que nous appelons « **clé chronologique** » est une référence à *un nombre qui permet de changer sur la ligne verticale du schéma, les mètres en années*. Ce simple énoncé parait tellement extravagant que l'on aurait tendance à ne lui accorder aucun crédit. Cette attitude de rejet, permettrait séance tenante, de regagner le sous-sol rasserénant du conformisme, mais sûrement pas de demeurer l'esprit en éveil face à l'immensité de nos méconnaissances. Comprenons bien qu'à l'échelle individuelle, les scientifiques émettent comme tout être conscient doutes et objections. Mais en tant qu'organisme représentant du savoir humain, ils ne peuvent plus désavouer une chronologie sur laquelle ils reconduisent de cycle en cycle leurs diplômés. Quant aux médias, ils se refusent de prendre des décisions qui risqueraient d'être en désaccord avec ces dit scientifiques à l'érudition redoutée. La boucle est ainsi fermée pour la plus grande pérennité de ce qui est enseigné, non point en vertu de vérité mise à jour, mais en conformité d'un consensus. Nous pouvons toutefois concevoir, qu'au début du XIXe siècle, lorsque l'égyptologie prit une certaine ampleur, la nécessité d'une *convention* finit par s'imposer, ne serait-ce que pour endiguer le flot gonflant des hypothèses. Nous ne saurions critiquer la décision des archéologues de cette époque, pour la plupart admirables et vierges de toutes combines d'intérêt. Cette option de départ, pensaient-ils, s'adapterait aux découvertes futures pour étaler dans le temps la vérité la plus approchante. Ce ne fut pas le cas, hélas, les fouilles au fil des jours ne confirmèrent rien de probant, et la convention qui prenait d'années en années un caractère confortable, devint… inamovible.

Georges Vermard

Kheops et la clé chronologique

Il est temps pour nous de passer à l'étude de cette colonne vertébrale des datations, illustrée par l'horloge astrale de notre cycle précessionnel. Le caractère peu conventionnel des assertions que nous rendons publiques, ne saurait leurrer cette bonne logique de base que nous revendiquons haut et fort. Toutefois, ces révélations ont le mérite d'être guidées par un couple sans histoire, composé du « *hasard numérique* » et de « *la coïncidence géométrique* ». Est-il besoin de préciser que les exposés que nous allons faire figurer en marge des datations n'engagent que notre conscience assujettie à de prudentes réflexions ?

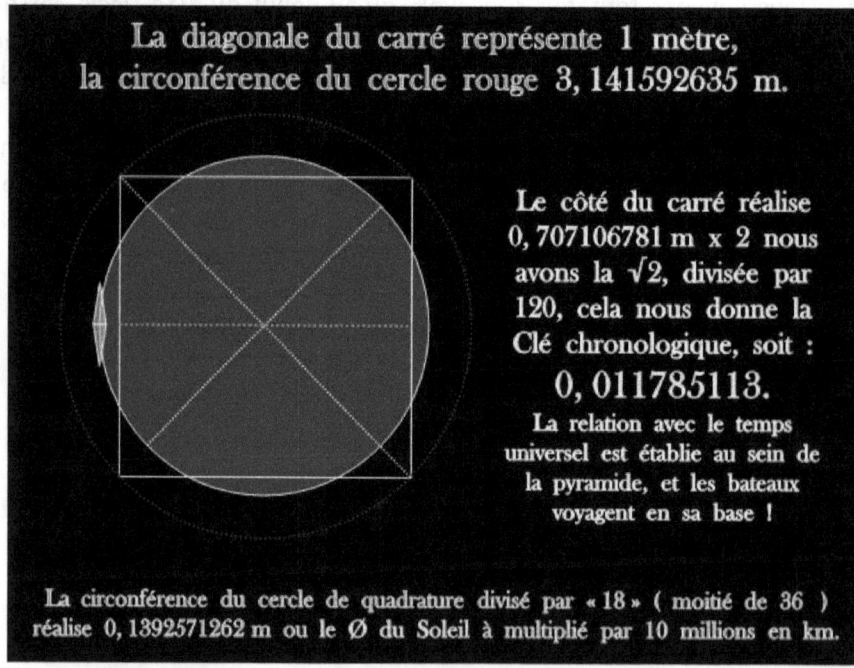

Avant toutes choses, il importe de justifier sur le plan des valeurs absolues le nombre 0,011785113 qui permet cette transition des mètres en années. Nous avons relevé une dizaine de cas où il s'impose dans un contexte universel, dont celui présenté ici. Puisqu'incontestablement ce nombre est issu de la lumière, il se doit de la traduire en unités de temps. Mais avant tout un peu d'histoire !

Vers 280 avant JC, un grand prêtre égyptien, Manéthon de Sebénnytos, fut chargé par Ptolémée II, alors Roi d'Égypte, d'établir une chronologie historique des peuples du Nil. Manéthon prit son travail à cœur, il parcourut les berges du fleuve Sacré, visita les temples et les congrégations. Il rentra en relation avec des archivistes de son époque et trouva ainsi matière à remplir une trentaine de volumes qu'il rédigea de sa main. Hélas, ces ouvrages furent déposés, comme il était d'usage, à la bibliothèque d'Alexandrie, laquelle avait été créée une vingtaine d'années plus tôt. La bibliothèque, on le sait, connut des désastres répétitifs qui entamèrent graduellement ses ressources. Un premier incendie eut lieu plus d'un siècle avant l'ère chrétienne à une date indéterminée, un second sous le règne de Cléopâtre et César. Un troisième, hypothétique, sous Théodose, aux environs de 280 après JC, et un quatrième, plus vraisemblable celui-là, en 642 après JC lors de la prise d'Alexandrie sous l'autorité du Calife Omar premier. À l'origine, cette bibliothèque rassemblait huit cent mille rouleaux de papyrus et documents iconographiques.

Les 30 volumes de Manéthon, intitulés « Aegiptiaca » n'ont malheureusement pas échappé aux calamités recensées. Cependant, des auteurs anciens tels que Flavius Joseph, Eusèbe ou Le Syncelle ont parcouru les œuvres encore existantes de ce grand prêtre égyptien. Ils en ont rapporté d'étonnantes révélations ayant trait à l'ancienneté de la civilisation nilotique.

Selon Manéthon, il y aurait eu à une période originelle dite « *des dieux* » qu'il fait remonter en regard de l'indexation des textes compulsés à **30 544** années avant l'ère chrétienne. Il y aurait eu ensuite une dynastie des demi-dieux, une autre des Rois, une ère énigmatique des " *Esprits de la mort* ", puis les premières dynasties répertoriées aux environs de 3 500 avant JC. Ces dernières sont classées sous les appellations d'époques amratiennes ou gerzéennes, avec des Rois tels que Ka, Den, Narmer. Puis il y eut la première dynastie (époque Thinite) avec Aha, Menés, Djer vers 3 100 av JC. Ce qui nous apparaît troublant, c'est qu'avec une légère correction les 30 544 années citées par Manéthon, pourraient devenir d'un coup de pouce **30 547,013 années**, correspondant avec l'aide de notre décodage numérique à **360 mètres**, à :

30 547,013 x 0,011785113 = **360** m (le cercle de lumière).

Des références concomitantes à celles que nous évoquons se trouvent incluses dans l'ouvrage du professeur André Pochan, (L'énigme de la Grande Pyramide - page 316 - Ed. Laffont).

La lecture à laquelle il est fait état a trait à la dynastie « *des dieux* », **30544** années avant JC, elle nous est rapportée par Eusèbe de Césarée dont il faut prendre les interpolations avec la plus grande prudence. (Ce laudateur de l'empereur Constantin n'a-t-il pas altéré la merveilleuse religion chrétienne des origines pour en faire ce que nous savons ?)

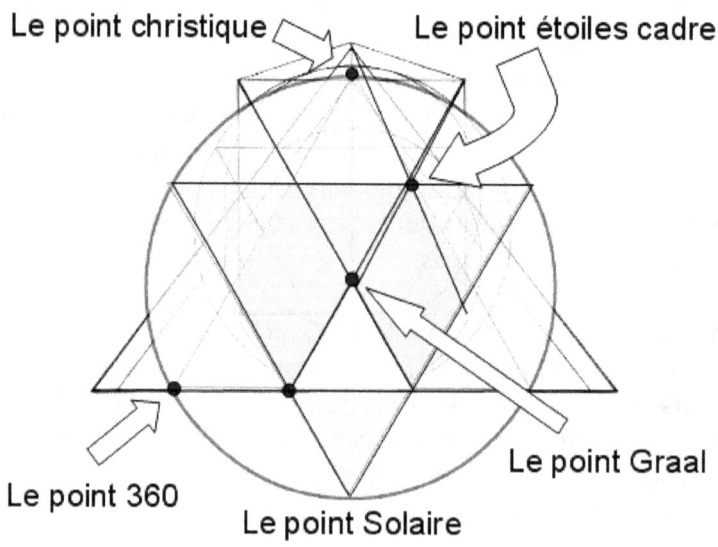

Subodorons qu'à l'origine (en raison de la détérioration des textes parcheminés), le « 7 » figuratif de 30 547 ait pu être pris pour un "4". Quant au « 013 » après la virgule, cette infime valeur aurait pu être négligée par les moines copistes des temps passés, pour la plupart incultes, la suite des décimales n'évoquant pour eux aucune réalité historique. Avec une logique au premier degré, ces décimales après la virgule risquaient même de décrédibiliser totalement la vraisemblance d'une telle datation. À moins qu'elles ne fussent sciemment ôtées par Eusèbe en personne, ce prélat au demeurant très érudit n'était pas à une interpolation près ! Il est probable qu'à la source, cette valeur devait figurer pour la précision des calculs. Il se peut même que les devins en question aient anticipé la naissance du Christ de trois années par rapport à la date symbolique de notre calendrier. Nous verrons bientôt que, selon les meilleures sources validées par des calculs précis, le Christ serait né en l'an 7,74 avant l'année zéro de notre ère. En résumé : **30 547,013** années x 0,011785113 = **360** mètres. Alors que, et c'est là subtilité : **30 547,013 ans** ÷ 0, 011785113 = 2 592 000 ÷ 100 = **25 920 ans** ou **le cycle précessionnel** en sa formulation simplifiée du cycle le plus long. Étrange coïncidence… ? Ce point situé au croisement des triangles est nanti d'une symbolique particulière. Il est placé entre le sommet du triangle solaire et le fond du calice Graal, dont le contenant affleure la hauteur du carré-base aux limites des 200 m (x^2 = 288 ÷ 2 = 144). La hauteur maximale atteinte par le liquide à l'intérieur du calice indique précisément l'époque de **Kheops** que l'on peut qualifier comme étant « *la naissance des temps nouveaux* » dont l'année zéro de notre ère est le pivot central. Aussi, pourrait-on considérer ce point éloigné de notre histoire comme étant l'indice d'un relâchement graduel des mœurs qui allait entraîner un renouveau sociétal, lointain précurseur de notre ère technologique ?

Mais avant de poursuivre, et par courtoisie, prenons le temps de nous enquérir de l'avis du doctrinaire de service susceptible de tenir de tels propos :

« *Prétendre que la Grande Pyramide avait plus de 10 000 ans à la naissance du Christ et de surcroît alléguer que cette naissance était programmée en une chronologie du futur, constitue non seulement une aberration mentale, mais une malversation outrageante envers les sciences humaines enseignées* » !

Mon cher RIMA (Rationaliste – Incrédule – Matérialiste – Athée), j'adhère sur un point à votre scepticisme éloquent :

Comment envisager de façon rationnelle qu'un événement important concernant le futur ait pu être énoncé avec une date aussi précise, dans un passé aussi lointain ? À moins que… à moins que ce ne soit le contraire ! Ce message aurait pu être programmé à dessein, tel un jalon posé sur un parcours temporel. En cette hypothèse, un grand initié contemporain de la date indiquée aurait pu adapter sa situation personnelle aux conjonctures prédictives du moment !

Il pourrait en être ainsi, mais ce n'est pas le cas, il s'agit là d'une « *naissance* » concomitante à une quantité de signes et manifestations improbables ! Et puis, n'y a-t-il pas cette précision à vous couper le souffle qui défie toutes les lois du hasard avec une alignée impressionnante de chiffres ne laissant aucune place à la pusillanime coïncidence ?

« Personne n'ignore que l'on fait dire aux nombres ce que l'on veut ! »

Oui ! C'est ce qu'affirment les gens qui n'ont jamais eu à faire aux nombres. Les autres, tous les autres et surtout les mathématiciens savent bien que ce prétendu truisme, s'il demeure valable en politique ou en statistique, manié par ceux que nous savons, devient grotesque en matière d'équation. Selon les meilleures probabilités, nous pouvons trouver des concordances analogiques avec deux ou trois chiffres captés au hasard. Cependant, plus les décimales s'additionnent, plus il est difficile d'établir d'opportuns accords ou de découvrir une parenté à caractère à la fois numérique et géométrique. Certes, le détracteur acharné trouvera toujours une relation entre une moule en légère béance et le sourire de Mona Lisa, à l'opposé, l'initié lui, ne comparera que ce qui est comparable. Or, **le Christ – le Soleil – la pyramide de lumière** sont des éléments composants de la parité divine et prophétique des Traditions Ancestrales. Plus qu'une conjoncture troublante, cette association s'impose comme une voie naturelle qui compile les critères que l'on prête à l'évidence.

Nous allons étudier au cours des prochains chapitres la position du point christique placé au centre de la couronne de quadrature. En cette relation géométrie-nombre, la place laissée au hasard n'est pas seulement improbable, mais inexistante. Avant toute démonstration, remémorons-nous la hauteur sur le socle de la Grande Pyramide :

146,6081809 m ou 280 coudées de 0,523600646 m. Divisons par 10 cette hauteur, nous obtenons 14,66081809 m, multiplions ce résultat par deux (pyramides réelle et virtuelle) : 29,32163618 m. Il se trouve que cette dernière valeur est à 3 ans près celle qui sépare la naissance du Christ de la fin du demi-cycle précessionnel, 29,3653851 m.

La différence est de : 0,043748916 m ou encore en années 3,712218669 années.

Le demi-cycle précessionnel regroupe 12 926,47453 années, celles-ci correspondent à l'échelle de la chronologie pyramidale à 152,339963 m. La division s'effectue, souvenons-nous, par l'intermédiaire de la racine de deux divisée par 120, soit : **0,011785113** (la clé chronologique).

Le fait que le cinquième de la hauteur sur le socle de l'édifice pyramidal ait quelque chose à voir avec la naissance du Christ 29,3216336 est déjà peu banal en soit, mais que la circonférence solaire apporte les précisions décimales sur l'apport de lumière amenée par le Christ, cela devient littéralement sidérant.

> Reprenons, si vous le voulez bien, cette petite différence évoquée plus haut : **0,04374891649** et multiplions là par cent millions puis considérons ce résultat en kilomètres. Nous avons alors la circonférence précise du **Soleil : 4 374 891,649 km Ø 1 392 571,263 km.**

Divisons 29,3653851 m par la clé chronologique de 0,011785113, nous obtenons **2 491,735557 années**. Ce nombre d'années se situe entre l'année zéro de notre ère et la fin du demi-cycle précessionnel, c'est exactement ce nombre de référence au jour près. Il nous restait donc à parcourir depuis notre année 2000 symbolique, 491,735557 années avant la fin du demi-cycle précessionnel. C'est sur ce mystérieux postulat que Jésus Christ est né 7 ans plus tôt ; nous préciserons cela dans les chapitres suivants.

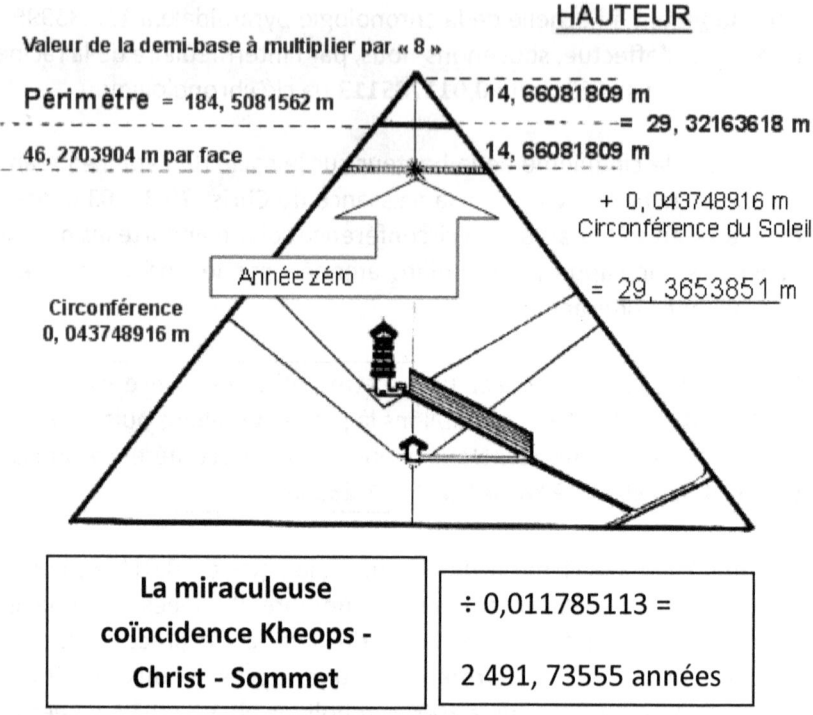

| La miraculeuse coïncidence Kheops - Christ - Sommet | ÷ 0,011785113 =
 2 491, 73555 années |

Le Soleil en apport, c'est la lumière du monde. Entre le cinquième de la hauteur pyramide (à 7 dixièmes de m/m près) que nous prenons pour référence et le complément numéral qui nous communique la date de naissance, il y a un espace-temps. Celui-ci pourrait être comblé par une infinité de nombres, au mieux, il pourrait répondre au critère de la Terre, de la Lune ou toute autre conformation symbolique. Non, **il s'agit là du Soleil** en sa plus significative manifestation, **le cercle**, donc la **lumière** irradiante. Aussi, invitons-nous les mathématiciens spécialistes en probabilité à calculer les chances de réunir en si peu de facteurs d'aussi étranges coïncidences. Nous risquons fort de voir s'additionner un déferlement de zéros en puissance.

> ## Le Soleil et le nombre pi
>
> - Le Ø du Soleil est de 1 392 571, 262 km
> - Son rayon est donc de 696 285,631 km.
> - Multiplions le rayon du Soleil par « 36 », nombre sacré, nous obtenons 25 066 282,72 plaçons ce nombre au carré X² = 6,283185292 divisé par deux = 3,14159265 le nombre π. Moralité : le nombre pi est inscrit par le cercle (360°) dans un rayon de Soleil. Merci Akhenaton.

En tout état de cause de tels calculs confortent le rôle singulier de **la Grande Pyramide d'Égypte**, la prophétie christique, la lumière dispensée sous la symbolique du Soleil nourricier et pour terminer, la trinité (la triade celtique), laquelle orne de ses subtils entrelacés les réalités d'un univers spirituel, univers que nous donnons chaque jour en offrande à un rationalisme débridé, « croissance après... croissance... après croissance ». Ce maître mot est le reflet d'une société inepte, vautrée en un perpétuel infantilisme, sans état de conscience, brandissant aux foules conditionnées les illusoires trophées de ses apparences. Quand terminerons-nous cette adolescence bourbeuse qui nous pousse à côtoyer tous les dangers ? Quand considèrerons-nous que notre destin est celui de la planète et que notre état de conscience y est engagé ? Seules les révélations de la Grande Pyramide peuvent éveiller nos consciences assoupies. Les chemins de la liberté ne sont pas nécessairement ceux de notre raison, mais ils demeurent à jamais ceux de notre espérance.

La géométrie est toujours intimement liée aux nombres, elle nous initie aux particularités essentielles de ceux-ci. Les grandes constantes universelles sont omniprésentes en la nature de toute chose, mais notre absence d'éveil obombre la plus belle de nos raisons de vivre. Le Soleil est présent en ce complexe géométrique pour nous rappeler qu'il est, pour nous terriens, à la base de notre temporalité. La racine de deux nous

procure une évasion sidérale en nous concédant ce nombre « 0,011785113 », lequel nous permet de naviguer sur l'échelle d'un temps global que nous percevons comme étant cyclique. Toutefois il semblerait que seules *les indices à caractère spirituel* soient pris en considération.

Remémorons-nous l'époque du Roi Kheops, puisque à la suite d'un consensus dont la réelle motivation nous échappe, que ce soit par esprit d'union clanique, par confort professionnel, par absence de certitudes ou erreur d'appréciation, on fit de ce monument un tombeau. Aujourd'hui, la version du tombeau est intégrée aux idéaux professionnels lesquels sont assujettis à l'esprit corporatif au détriment d'une réalité prometteuse pour le monde futur. Nous avons vu que l'option de tombeau, pour un Roi spiritualiste dont le titre principal était « **premier serviteur des dieux** », ne peut être que blasphématoire. Les arguments qui contredisent cette hypothèse sont si nombreux que les énumérer pour preuves, serait accordé un crédit d'objections ou de compromission dont nous aurions honte. Il ne fait plus aucun doute que l'époque de Kheops a laissé des traces significatives qui ne demandent qu'à être interprétées, tant sur le plan exotérique, que sous la forme ésotérique que nous cherchons à approfondir.

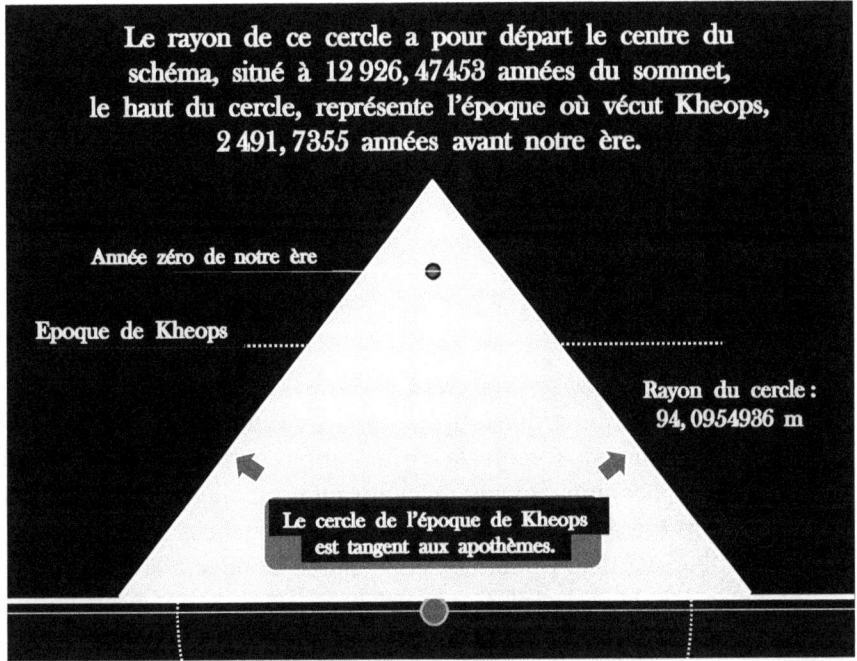

Les conjonctures que nous ne pouvons pas ne pas prendre en considération tiennent aux cumuls des facteurs de convergences : le nombre d'années après et avant l'avènement christique, la coïncidence du rayon du cercle des apothèmes avec l'époque de ce monarque, la concordance des astres avec l'inclinaison des conduits dits d'aérations, les 111°1111 du déplacement du point vernal et les 45° d'altitude de la constellation d'Orion.

Nous ne nous attarderons pas sur les rapports événementiels ô combien ambigus de « *la stèle de l'inventaire* », aux ubuesques graffitis des chambres de décharges, en passant par ces objets compromettants qui ont simplement disparu des musées où ils avaient été entreposés. Objets en bois ou en métal propices à être soumis à des analyses, qui sans raisons aucune, ont été effacés de façon suspicieuse des circuits de vérifications. Ce que nous reprochons aux égyptologues orthodoxes, cerbères de l'acquis sans condition, ce n'est pas tant cette focalisation sur une convention devenue insidieuse, mais bien de ne jamais avoir entrepris des recherches sérieuses pour confirmer ou infirmer ce qui demeure une hypothèse. Il leur fallait voir la Lune... ils nous décrivent le doigt qui s'obstine à la montrer. Mais revenons à des choses plus sérieuses avec la prise en considération de ce que les spécialistes conviennent unanimement à appeler par défaut d'objection « *le hasard* ». Revenons à l'époque du roi Kheops :

De l'an zéro à la fin du demi-cycle il y a **29,36538444 m**

De l'époque de Kheops à l'an zéro il y a **28,87243248 m**

Différence : 0,492951984 m ÷ 0,011785113 = 41,828363 années.

Ce total de 42 années est important, mais nous ne sommes pas en mesure d'être affirmatifs sur ce que représentent ces années. Nous avons le choix entre l'âge du roi Kheops la restauration de l'édifice ou d'autres événements inconnus. Les égyptologues font disparaitre Kheops en 2 528 avant notre ère alors que nos dates de concordances sur le sujet nous donnent 2 491,73550 (théoriques). Il y aurait donc une différence de 36 ans entre les dates les plus approchantes. Notre propension naturelle nous pousserait à faire confiance aux références officielles de l'égyptologie, mais a contrario, nos longues études nous ont poussées à une confiance plus grande encore aux calculs inspirés par l'édifice. En datation, cela ne fait jamais que 1,45%. Louangeons donc nos experts en titres, ce n'est pas si fréquent que ceux qui essouchent rendent hommage à ceux qui inhument.

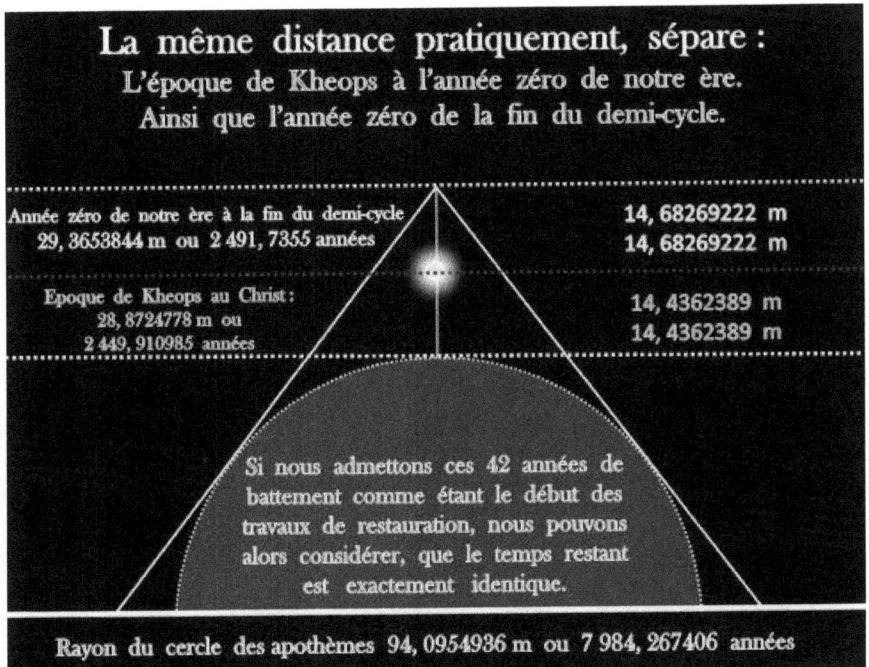

Sur un autre graphique nous voyons distinctement le cercle extérieur de quadrature, il a la même surface que le carré-base de la pyramide. C'est entre la largeur de celui-ci et le cercle circonscrit dans le carré-base que nous situons en haut au centre le point zéro de notre ère. Il nous est donné par la clé chronologique de 0,011785113 en vertu de l'altitude en mètre depuis le point central de croisement, qui est aussi le départ du cycle d'Orion. C'est tout simplement merveilleux !

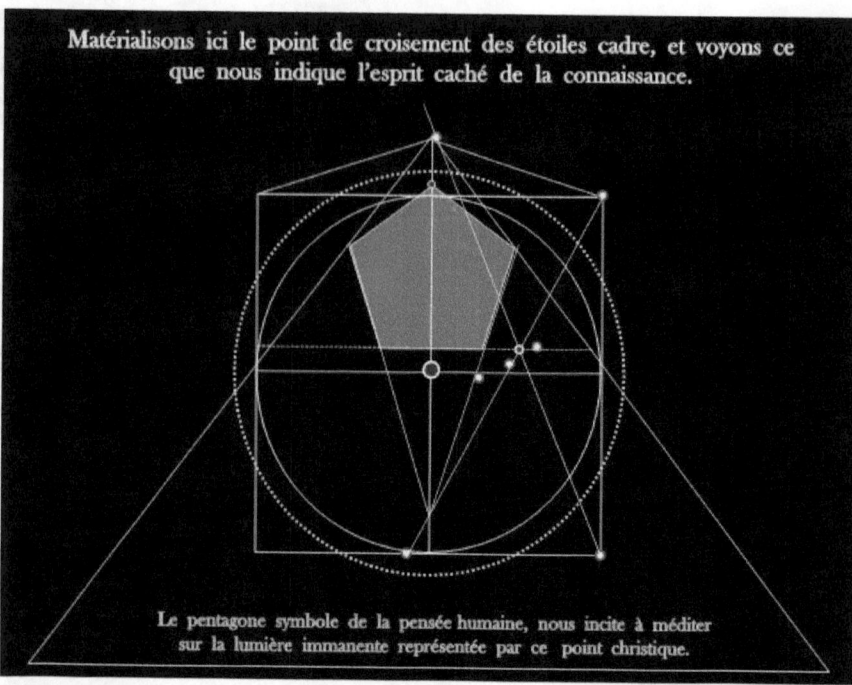
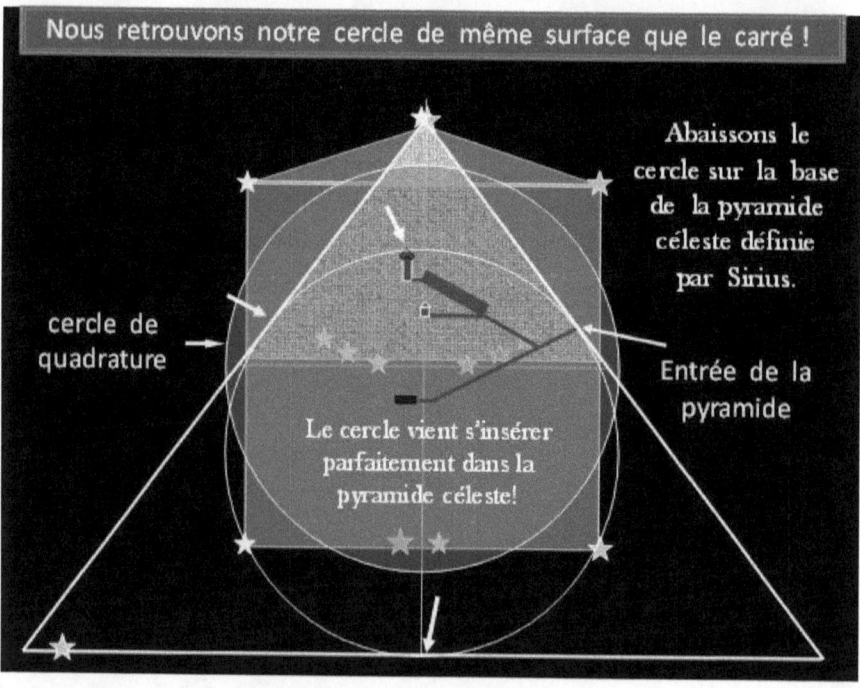

Lorsque la géométrie atteint le degré de subtilité que nous constatons en ces graphiques, nous sommes en droit de penser qu'on lui a adjoint un langage. Découvrir des éléments du « *futur* » dans ceux du « *passé* » n'est pas chose banale. Les concepteurs réalisateurs de ce monument ne peuvent en aucun cas être assimilés à la gent humaine à laquelle présentement nous appartenons. Néanmoins nous nous devons de tenter de comprendre ce qu'ils ont cherché à nous signifier, *la relativité du temps n'étant pas à exclure*. Ambitionnons donc d'émerger au-dessus de ce magma prosaïque de ce que l'on nous demande de savoir, pour tenter de savoir ce que nous devrions. Peut-être y trouverons-nous les éléments propulseurs de l'évolution qu'il nous conviendrait d'assimiler pour franchir une autre dimension.

Les Grands Devins de l'Égypte Immémoriale, étaient des êtres d'exception qui vivaient en esprit hors du temps commun, nous pouvons subodorer la contribution effective d'un art mantique aguerri en ces visions clairvoyantes du futur.

Georges Vermard

L'année zéro et ses supports chronologiques

Il existe une relation entre *le point année zéro de notre ère* et le point crucial que nous abordons. Entendons par ce jargon peu conventionnel, le point de *croisement des étoiles cadre d'Orion*. Ces deux derniers points sont réunis par le côté d'un triangle équilatéral aux incidences remarquables.

En regard de l'importance de ces indices, nous en déduisons que le message christique est de toute éternité et que l'époque de sa révélation concrète n'est qu'un temps pointé. Ce Grand Initié qu'était Jésus ou ce Christos adoubé « **Christ** ou Christos » (Kris, racine sanskrite = sacré = Krishna ou Christos = le purifié), ce théurge prédicateur avait pour mission première de raviver auprès des « *des initiés parfaits* » une flamme vacillante sur le point de se diluer, celle de **La Tradition Primordiale** (en Palestine à l'époque des sectes religieuses tels que l'essénisme et le nazaréisme). Le message originel répondait aux critères d'une science hermétique, agrégée sous le sceau du secret dans les dernières écoles ésotériques de l'Égypte Antique (Alexandrie à l'époque du Christ).

Peu nombreux étaient dans l'entourage du Christ des disciples capables de saisir la portée universelle du message dispensé, moins nombreux encore étaient ceux qui étaient exercés à en véhiculer oralement les fondements vitaux. Après la disparition du Christ, Nazaréens et futurs Ébionites tentèrent, à l'ombre d'un sectarisme rigoureux, d'en transmettre les valeurs gnostiques, mais malgré leurs efforts, ils ne purent éveiller en la multitude la grâce du discernement.

La seconde mission christique était de populariser l'approche spirituelle, entendons par ce terme, de la rendre abordable à la foule cosmopolite des « *Gentils* », ce qui était loin d'être une évidence. Ceux-ci étant résolument tenus à l'écart des dogmes ritualisés par les sadducéens et les pharisiens. Ces populations réprouvées de races composites ne pouvaient pas avoir accès à l'espérance divine. À son retour d'Égypte, Yeshua,

Prophète Initié à une connaissance supérieure, aura ainsi tenté d'ouvrir la voie spirituelle à des dizaines de milliers d'entre eux, cela en marge des autorités religieuses, car c'était une conduite antagonique aux lois judaïques instituées. Bien que distincts, les deux messages cités, bien que sélectifs, n'étaient pas franchement incompatibles, mais ils étaient difficilement applicables dans le contexte subversif de l'époque.

Des décennies après la disparition du Christ de la vie publique, les tenants d'un support moral, qu'étayait un pouvoir temporel, ont scotomisé le double aspect du message. En recomposant une historicité idéelle et peu crédible, faite de vérités contrefaites, combinées à un surréalisme simpliste, au détriment d'une humaine simplicité. Une conjonction de gens de pouvoir girouettant entre Eusèbe de Césarée et l'empereur Constantin fonda les lois qui allaient régir le dogme. C'est ainsi que des prosélytes, conditionnés par cette engeance sulfureuse, diffusèrent dès le quatrième siècle une option déifiée de la présence christique. Extraite de l'imaginaire, cette option avait pour dessein, d'asseoir un pouvoir temporel dirigiste, en créant l'illusion théocratique sur des foules illettrées en mal de devenir.

Aux origines du message christique prévalait le ferment d'une Gnose de conceptions Égyptiennes, hellénisé par Pythagore et adopté par les Esséniens. Le message christique avait pour perspective de démontrer la raison du « **Père** » (entendons : le Principe Créateur) à travers les analyses tangibles du créé. De nombreuses interpolations de textes originaux ont été pratiquées de la part de ceux qui se réclamaient détenteurs du message christique. Mais il est vrai que leur extrapolation a peut-être contribué à maintenir une conduite morale auprès d'une population désabusée. Mais ce genre de tentative est toujours discutable lorsque l'idéologie est conditionnée. En nos temps actuels où l'analyse objective et le savoir se sont vulgarisés, il en résulte une déconsidération du phénomène religieux. La candeur infantile qui en émane n'est plus à même de satisfaire l'esprit si elle persiste encore à solliciter les consciences. Aujourd'hui, le message se doit d'atteindre les cœurs par cette faculté que Dieu aurait souhaité voir s'activer en chacun de nous… **un état de conscience, déductif et valorisant pour les êtres humains que nous sommes !** Autrement, dit à l'échelle de l'intelligence qui nous fut donnée, loin de la soumission dogmatique.

Au lieu de cela, nous feignons l'indifférence ou nous appliquons la foi aveugle de l'intolérance ou encore à l'opposé, l'arrogant dédain de l'athéisme qui n'est autre qu'un sophisme élémentaire. Ces trois aspects du grégarisme populaire nous éloignent chaque jour de nos responsabilités individuelles et inhibent nos états de conscience !

Mais revenons à notre « **Point christique** » et préoccupons-nous du cercle de quadrature, lequel est censé représenter la même surface que le carré base. Nous faisons grâce au lecteur des opérations relatives au cercle même de quadrature, celui-ci à pour rayon : **130,392135 m**.

La valeur du carré-base est ici prise en ses plus longs côtés, celle qui adhère à la surface du roc, soit **231,1140418 m** sans le fruit du socle. Rappelons qu'un tel point se trouve exactement au centre de l'épaisseur de la couronne, formée par le carré-base et le cercle de quadrature. Ce point est à mi-chemin entre la plus grande demi-base : 115,5570209 m sur le roc et le rayon du cercle de quadrature, 130,392135 m. **La largeur de cette couronne de quadrature est donc de 14,83511411 m à l'échelle pyramide.** L'année zéro de notre ère se trouve donc en son milieu à 7,417557054 m. Nous verrons ce qui important, qu'il y a une légère différence d'un peu plus de « 7 années » entre la date théorique du départ de notre ère, et la naissance du Christ, deux dates que l'on voulait jusque-là identiques. Beaucoup d'historiens des religions se rangent maintenant de cet avis, après avoir cumulé indices et incohérences corroborant notre point de vue.

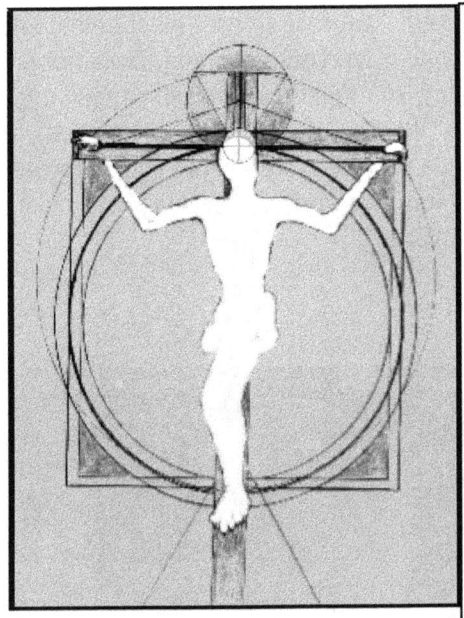

La quadrature nous donne un cercle extérieur d'un rayon allant du front du Christ au centre du schéma « nombril ». C'est le départ en altitude de la constellation d'Orion. **Le point zéro de notre ère** se situe donc à l'altitude de **122,9745779** m. Nous allons voir pourquoi, en utilisant notre clé numérale 1,273239544 ø de 4 et en plaçant devant celle-ci deux zéros, soit **0,01273239544**.

Multiplions par deux cette clé de 0,01273239544, total **0,02546479**. Ajoutons cette valeur à notre cercle intermédiaire de 122,9745779 m. Cela correspond curieusement à la situation de la tête couronnée du Christ en croix. Nous découvrons la valeur d'un rayon allant du centre de la pyramide (carré base) à l'année zéro de notre ère.

Ce cercle réalise alors le merveilleux diamètre **123,00004 m**. Nous ferons abstraction de ces centièmes de millimètre (0000 = 4) pour ne considérer que les **123** mètres. C'est le rayon trilitère mythique, en Primosophie c'est le verbe aimer = 123 « mer » = (pyramide en égyptien). Ce nombre est placé à l'endroit du front du Christ. Si cela n'est pas un miracle, c'est quoi alors, un miracle... papa Kheops ?

Ce que nous pourrions reconnaître comme un authentique miracle c'est que parvenue au troisième millénaire, la légende du tombeau persiste à estomper la vérité. Car à défaut d'autres critères plus raisonnables, elle est admise par des centaines de milliers de personnes diplômées. L'unique avantage d'une telle constatation, c'est qu'elle nous renseigne autant sur le stade d'évolution de nos sociétés que sur ses capacités de réflexions, hors des visions médiatiques. Les arguments fournis par les spécialistes s'épuisent en vaine recevabilité et le doute persiste telle une apathie chronique. Dès lors cher lecteur, et devant cette incapacité chronique, ne pensez-vous pas qu'il nous serait plus profitable d'adorer le **hasard,** comme nous le ferions d'un dieu, pour que finalement, tout rentre dans l'ordre... ? Nous ne sommes pas loin de penser que cet auguste « Khoufou-Ré » (nom de Khéops en Égyptien ancien) avait pressenti une telle chose. Les « Z'hasards » sont comme les photons, on ne les voit pas, mais qu'ils viennent à former un gros tas pyramidal et... pouf... ils s'apparentent à la lumière.

Que dis-je... ils sont la lumière !

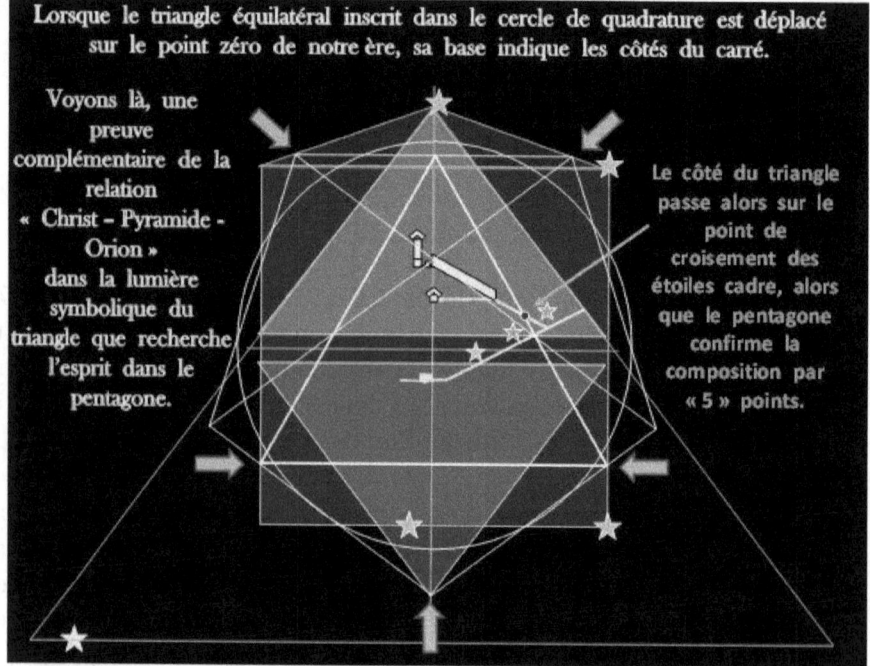

Perché sur l'échelle prosaïque de notre compréhension, il est des observations qui nous ravissent l'esprit, si ce n'est l'âme. Nous avons déterminé, avec la rigueur que nous nous efforçons d'avoir, le point **« zéro de notre ère »**, il est inscrit dans la chronologie pyramidale du cycle précessionnel. La logique voudrait que cette année « zéro » coïncide précisément avec la naissance du Christ ? Ce n'est pas tout-à-fait le cas, ce sont des principes numériques et historiques qui nous ont aidé à déterminer cette légère différence :

À l'époque dite « *messianique* » où se déroulaient ces événements, une conception religieuse austère gérait les phénomènes sociétaux. Les légistes se référaient à une tradition séculaire, ils avaient ainsi pouvoir sur les événements existentiels de la communauté qu'ils régissaient. Il y a plus de deux millénaires en Palestine, chaque individu était soumis dès sa naissance à ce mode d'assujettissement, à plus forte raison si des conditions dynastiques l'y contraignaient. N'oublions pas que Jésus était réputé « *de lignée davidique* » par sa mère et par son père nominal également. Nous pouvons schématiser ainsi les trois étapes juvéniles (entendons trois naissances) qu'était appelé à vivre un garçonnet de son âge et de sa classe sociale.

Première naissance - effective :

Celle, on ne peut plus physique, de la venue au monde.

Seconde naissance - cérémonielle :

À 7 ans, l'enfant était censé parvenir à l'âge de raison.

Troisième naissance - cérémonielle :

À 14 ans ou 15 ans selon diverses sources, le passage à l'âge viril et par le fait même à l'émancipation des éléments masculins.

Ces trois étapes étaient tellement ancrées dans les mœurs que pour les Juifs d'alors, vu l'importante mortalité infantile, il était peu question de tenir compte de la naissance effective (circoncision) mais bien du franchissement du seuil de la raison (scolarité éducation rabbinique et choix de la carrière existentielle). Les trois « **naissances** » mais surtout les deux dernières donnaient lieu à des cérémonies familiales.

Pour la théocratie en place, **la troisième naissance** était l'âge de l'engagement. Par le fait même, l'aspirant à la vie se destinait alors à suivre un métier à caractère profane ou l'inspiration aux voies sacerdotales. La date retenue en ce qui concerne **l'année zéro de notre ère** pourrait donc n'être point due, comme certains pourraient le supposer, à une négligeable confusion de dates mais à un choix parmi les options dites de « naissances ». Rappelons que le taux de mortalité infantile était considérable par rapport à ce qu'il est aujourd'hui, il fallait d'abord vivre sa prime enfance et envisager l'existence ensuite.

Sans accorder un aspect déterminant à cette hypothèse, la législation en vigueur justifierait les dates, au premier abord, incohérentes que nous livrent les deux évangélistes Luc et Mathieu. L'un semble faire référence à la naissance physique du Christ à la fin du règne d'Hérode le Grand, alors que Mathieu nous situe l'événement à la fin du règne d'Archélaos destitué en l'an 6 de notre ère. Fort opportunément, Luc précise que le fait eut lieu sous Cyrenius lors du recensement ordonné par l'empereur. Ce qui fait dire à certains historiens spécialistes de l'époque, qu'il est logique d'envisager cette naissance 7 années plus tôt. Pour nous, précisément 7 années et 9 mois.

Or c'est précisément là que nos recherches sur la chronologie se recoupent, avec ce que suggèrent nos modernes exégètes.

L'année zéro de notre ère se situe, nous l'avons fréquemment souligné, à 7,41755 mètres au-dessus du carré base ou visionnée en années 629,40 années plus haut que cette ligne. Ce qui nous fait dire que selon ces explications données, il nous faudrait tenir compte d'un point de départ légèrement moins élevé, plus proche du carré base de 0,0912555 mètres ou 7,74 années. Pardonnez-nous cher lecteur pour ces fastidieuses déductions, mais c'est le prix imposé par la rigueur pour qu'elle nous livre la cohérence et le vraisemblable.

Penchons-nous à nouveau sur notre schéma en prenant la hauteur du triangle équilatéral inscrit dans le Soleil (il forme le pied du Graal). À l'échelle de la pyramide cette hauteur représente 104,4428439 m. Si nous ajoutons à cela la hauteur du calice Graal égale à 200 m puis la distance carrée base (naissance physique) 7,417557055 m, alors ces trois mesures représentent un total de 311,860401 m.

> 311,860401 mètres moins la hauteur du triangle équilatéral ci-dessous de 311,7691455 mètres, cela nous donne la naissance première du Christ à 7,743285957 années avant l'année zéro de notre ère ou encore, par commodité : 7,743676377 années, ou 4 millièmes de mm de différence sur la hauteur de l'édifice. Nous verrons pourquoi !

Le triangle équilatéral qui repose sur la base céleste réalise 360 m de côté. Sa pointe atteint avec une précision confondante le point de naissance du Christ. Ce sont là *les 360° de la lumière spirituelle*, nous l'avons vu, le total des dix doigts des mains = 360 lorsque ces mains sont jointes. Les 360 vases d'albâtre que les prêtres égyptiens puisaient chaque année en les eaux du Nil. Ce nombre est aussi celui des Sumériens qu'ils assimilaient à la royauté et à *l'éternelle lumière*.

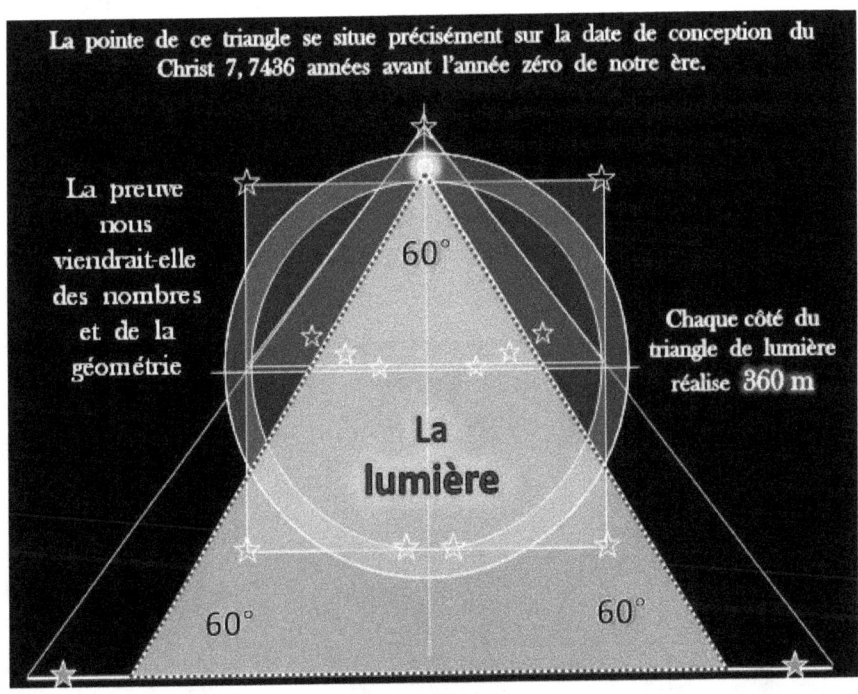

Une question toutefois se pose, lancinante, dérangeante, déroutante entre toutes : comment pouvaient-ils savoir, ces concepteurs, qu'il allait naitre en ces lieux et âges, un être réputé « *fils de Dieu* ». Ajoutons que ce qualificatif, dramatiquement humain, Jésus ne la jamais revendiqué, sa seule référence était celle qu'il clamait aux quatre horizons « *le Père* » « *Je ne suis pas encore monté vers le Père. Mais va trouver mes frères, et dis-leur que je monte vers mon Père, et votre Père, vers mon Dieu, et votre Dieu.* » Jn XX, 17.

Pris parmi des dizaines d'autres, cette phrase n'est-elle pas empreinte de la plus humble vérité ? Pour nous chercheur et en vertu d'études prudentes, Christ était un être d'exception qui avait accompli selon le plan divin, le cycle complet de ses réincarnations ? La société l'appelle par cet euphémisme de « petit Jésus », cependant notre personnage perdure depuis plus de 2000 ans. Lorsque celui-ci quitte l'ombre des églises, c'est pour que nous le retrouvions sur les sentiers de la connaissance en conseiller des lacunes humaines. Nous ne pouvions éluder de notre démarche un tel message, il est consubstantiel à la plus sérieuse des quêtes spirituelles. Afin d'aborder la chronologie et pour retrouver les références numériques nécessaires, il est bon de nous remémorer la perfection géométrique de ce que nous nommons la schématique originelle.

Le mystère occupe alors ses espaces, du calice Graal à l'alchimie solaire. *L'esprit de la Grande Pyramide effectue une démarche de symbiose entre son aspect structurel et nos facultés humaines de déduction.* Le temps dissipe ses distances, le passé prend les accents du futur et une réalité universelle pénètre les sens.

La divine ISIS, voudrait-elle nous signifier quelques postures du « K » initiatique ou un tracé élémentaire du schéma pyramide ?

La mythologie est là pour nous rappeler son rôle dans la découverte des mystères. Isis la Grande lève ici ses bras pour former le KA divin. C'est la force d'entreprendre que l'on retrouve dans « Ka + t » féminin, le tout se traduisant par une aspiration vers le haut !

Sans la projection de l'imaginaire, sans l'assistance de l'imagerie mentale, la création se fixe en une vision restreinte, les choses retournent à leur simplicité organique. Notre devoir d'être humain est d'aller au-delà de l'apparence pour façonner la forme sur l'établi du possible. Si nous visualisons cette figuration schématique sans préjugés, avec le génie des découvertes qui devrait animer chacun d'entre nous, alors nous ne pouvons que vibrer à ces agencements inattendus. Il émane de cette composition un étrange pouvoir d'harmonie qui ne résulte pas de ce qu'il nous est commun d'apprécier, sa manifestation inspire à des critères universels.

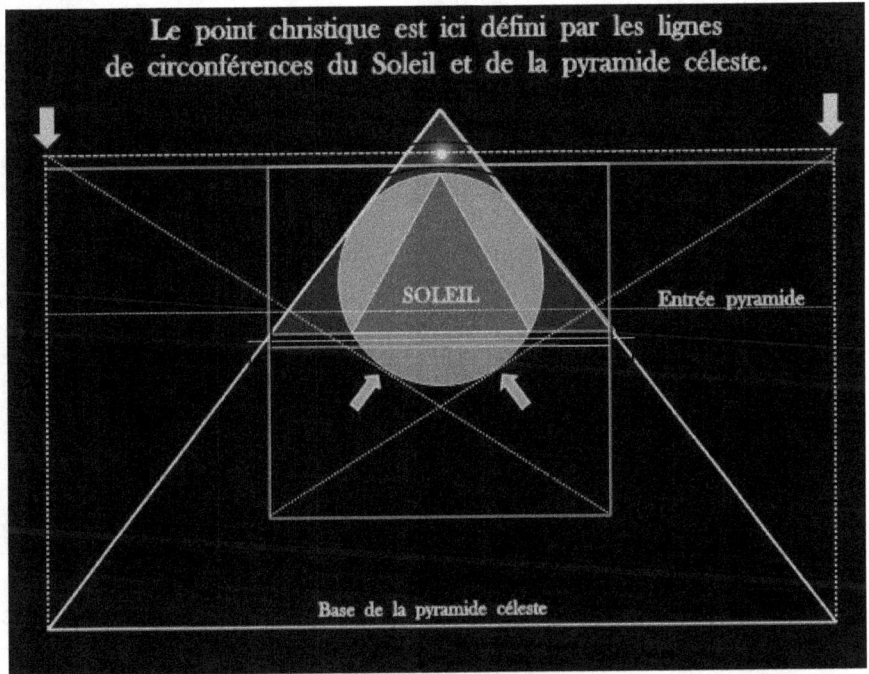

Le Soleil est ici représenté avec un diamètre de 129,2571262 m pour une hauteur pyramide de 147,1317686 m

Il est important de bien s'imprégner de l'aspect géométrique qui résulte de cette formation pour ne point suspecter quelques arrangements qui ne seraient pas dignes des découvreurs que nous sommes. La couronne est on ne peut plus simple : un cercle intérieur au carré-base réputé circonscrit et un cercle de même surface que ce carré-base. Ce qui est plus difficile à saisir, c'est la position du point représentant l'année zéro de notre ère car cela passe obligatoirement par une division de 0,011785113 qui modifie les mètres en années. Il est alors stupéfiant de découvrir l'année zéro de notre ère au centre de la couronne. Mais ce n'est là que prélude !

Si la beauté est contemplation, limitons-nous à cela, mais si elle engendre une pensée effective capable d'émouvoir et de véhiculer l'amour au-delà du comportement, alors imprégnons-nous de ses capacités à être.

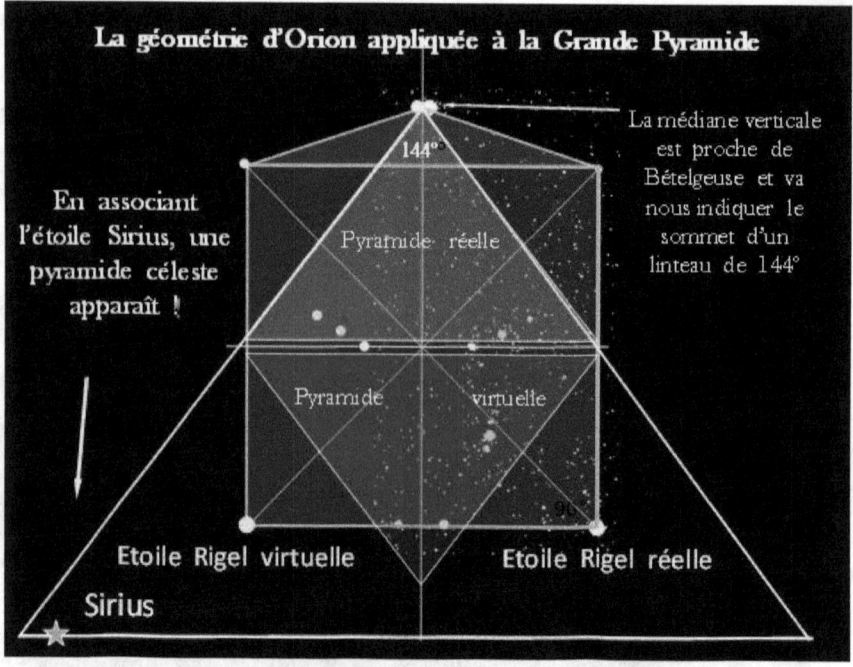

Si les travaux que nous exposons ne sont examinés que par curiosité, sans émotion particulière ou réflexion subsidiaire, c'est déjà que nous sommes rentrés dans cette zone de désaffection que rien n'émeut. Craignons alors qu'aucune tentative d'aspiration vers le haut ne puisse extraire ce type de population humaine du bourbier sociétal en laquelle elle se fourvoie. Pour être plus direct dans la simplicité du détail, *ne perdons pas de temps, il y a peut-être du foot sur la II.*

Le Soleil, nous l'avons vu, occupe de par sa circonférence, la surface en coupe de la pyramide. La valeur de son triangle équilatéral inscrit nous procure un aspect schématique dés plus séduisant. Ayant rappelé l'essentiel des coordonnées à exploiter, nous allons maintenant pouvoir aborder les aspects chronologiques du point christique. Si ce n'est pas la partie la plus déterminante de nos témoignages, c'est incontestablement la plus troublante. Désormais nous allons avancer d'un pas vers le domaine de la subjectivité, là où les bestiaires mythologiques ont fait reculer d'épouvante des kyrielles de velléitaires à l'esprit pragmatique. Celui qui a la foi, ne connait pas la crainte de l'inconnu. N'est-il pas célébré dans le catholicisme par St Michel ou St Georges terrassant le dragon protecteur des mystères de la gnose ? Oser affronter au-delà du savoir la méconnaissance, c'est faire preuve de qualités humaines, c'est agir contre la lénifiante docilité des conventions, inhibitrice de nos raisons de vivre.

Fresque de la barque solaire au sommet de la Grande Pyramide en partant des deux croix de vie.

Lorsque nous observons ces fresques en touriste généralement peu accoutumés à penser autre chose que ce que nous voyons, nous sommes tout de même séduits par la finesse des représentations et le côté sibyllin message.

Aussi, est-il logique d'envisager que ceux qui ont dessiné ces compositions avaient de bonnes raisons de le faire. Il serait vain, pensent certains de tenter une interprétation, tant les sujets semblent complexes et les motivations inconnues. Ce serait omettre que, hormis toutes translations religieuses, les Anciens Égyptiens étaient motivés par l'esprit d'une Tradition Originelle, qu'ils considéraient « *Primordiale* ». Pour eux, elle n'avait pas de meilleure figuration que l'effigie de la Grande Pyramide exprimée dans la rigueur de sa structure. Le thème ci-contre est à l'évidence allégorique, il n'a certes pas l'intransigeance de positionnement que l'on peut trouver dans l'inspiration originale, mais pour ces mystiques fervents, l'art siégeait dans l'évocation.

« *Prétendre être instruit de ce qu'ont découvert les autres est bien, mais agir en vertu de ce que l'on pressent soi-même... est mieux, car l'expérience acquise octroie des facultés de discernement et le non-conformisme est à l'origine de toute évolution des sociétés humaines* ».

Il faut être spécialiste en architecture des pyramides pour ne voir là que pur hasard.

Si nous observons bien les deux angles de base de la Grande Pyramide ils se trouvent précisément à l'endroit du lien confectionné par Seth et Horus, alors même que la pointe extrême de l'édifice ce situe au centre du disque solaire.

Un triangle équilatéral aux dimensions de la base épouse les côtés du cœur à la base du motif.

Le Sema-Taouy ou « *l'union des deux pays* » est peut-être plus subtile qu'il nous est convié par nos meneurs de jeux à le visiter. Voyons plutôt là, les deux états extrêmes de la conscience humaine incarnée par Horus et

Seth. La ligature du cœur est celle de la vie, symbolisée ici par la temporalité du triangle inversé, alors que la Grande Pyramide (haut de la trachée) représente le Ciel, dont la porte est la voie de la connaissance (en direction d'Horus). Le lien qu'enserrent les dieux forme une coupe, celle que nous avons souvent évoquée, mais aussi un « T » celui de Nout, la géométrie délectable. Les jambes des dieux sont en appui sur le cœur et forment un triangle, alors que leurs mains lient son côté haut, celui servant de base à la Grande Pyramide. Le sommet de celle-ci, atteint le centre du Soleil du cartouche royal auquel le motif est destiné, c'est ainsi que le « Ka » transforme la lumière de « Ré ».

Ne discerner en cette illustration millénaire qu'un concours de circonstances, n'est pas seulement une attitude de mauvaise foi, c'est une obsession à oblitérer la vérité historique, pour qu'elle ne soit pas le vecteur d'espérance du monde de demain. À moins que ce ne soit là que l'incarnation de la sottise humaine que le diplôme habile de semblants et la fonction de cécité.

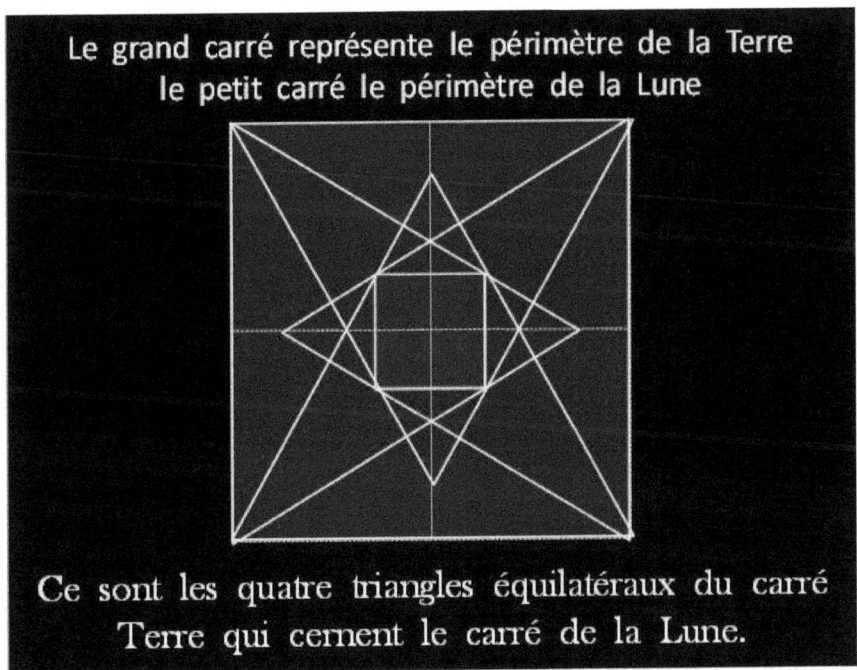

Le sommet atteint la circonférence lunaire. Ce qui signifie que le diamètre de la Lune s'étendrait sur 63m par rapport à la hauteur réelle sur le socle.

La relation Terre – Lune – Pyramide est flagrante et la signature numérique qui en résulte est époustouflante voyons cela.

Le rayon de la Lune est de 1738,22372 km.

Le rayon de la Terre est de 6367,47096 km.

Total 8 105,69468 km x 2 = 16 211,38936 km = Ø Terre - Lune

La hauteur de la pyramide par rapport à sa demi-base est de 8107,315822 km ; il y a donc une différence de 1,62114 km. Autrement dit, nous retombons sur le nombre qui englobe le Ø de la Terre et de la Lune à condition de le multiplier par 10 000, soit 16 211,38936 km. La différence est donc une signature de la nature cosmique de l'œuvre, ce qui est proprement ahurissant.

Le nombre est dans l'ADN, l'ADN est dans le nombre.

Nous avons vu que quatre formes géométriques présidaient au tracé schématique : **le cercle, le triangle, le carré et le pentagone.** En ce qui concerne l'aspect mathématique, il est incontestable que le chiffre » **4** » guide le concept général.

Pour suivre le cheminement ésotérique des connaissances incluses en la structure pyramidale, il nous faut accepter quelques exigences de principe. Toutes répondent à une logique cryptographique correspondant à des lois cosmiques d'harmonie, allant de l'astral à la nature microphysique. La première règle qu'il nous importe de pratiquer pour se pénétrer des critères de cheminement, implique la suite progressive des chiffres définissant le caractère d'un nombre. Autrement dit, leur alignement dans un ordre de rang. C'est ainsi que s'établit une logique d'imbrication, englobant formes, nombres et périodes de temps. Exemple rudimentaire d'organisation :

Harmonie numérique apparente 1 2 3 4 5 6 7 8 9,

à une disharmonie toute aussi apparente et pourtant :

360 moins 3, 141592653 = 356,8584073 X^2 = 127347,9229.

Ce sont les nombres à résonance universelle qui constitue la structure générale des astres et de leurs représentations. Celui qui sied au diamètre de **la Terre** est « 12734,94192 km », il s'applique à son diamètre moyen. L'équation précédente divisé par 10 est égal à ce diamètre (différence 149 m). Hormis cette étrangeté, ce nombre ne peut qu'avoir une réalité théorique puisque le dernier chiffre qui le compose annonce les dixièmes de millimètres. La Terre, ne saurait reconnaître son entité parmi les milliers de noms que lui ont attribué les hommes au cours des âges. Parvenue à maturation de masse, le seul patronyme qui lui convient sans contestations possibles est celui d'une précision numérique théorique concernant sa forme. Convenons que l'ordonnance appliquée des chiffres qui la composent définit plus sûrement sa réalité que mille appellations à l'étymologie douteuse.

La seconde règle a trait au positionnement de la virgule séparant un chiffre ou un nombre d'une suite décimale. En cet immense athanor qu'est le volume pyramidal, le positionnement de la virgule, sur le plan de la symbolique, a une importance relative alors qu'il est primordial en arithmétique. Seuls comptent les emplacements des éléments de numération et leur position en enfilade. Si nous prenons l'exemple du « 36 », sans doute le plus grand et le plus mystérieux des nombres, sa beauté manifestée ne saurait adopter une composition restrictive. Nous pouvons avoir 0,36 – 0,0000036 – 3,6 – **360** *nombre directeur* – 3600 - 360 000 000 etc. Le « 36 » est donc porteur d'un hermétisme particulier. On admettra que ce concept original doit s'appliquer à tous les nombres déterminants, découverts ou à découvrir constituant la structure générale de l'édifice pyramidal.

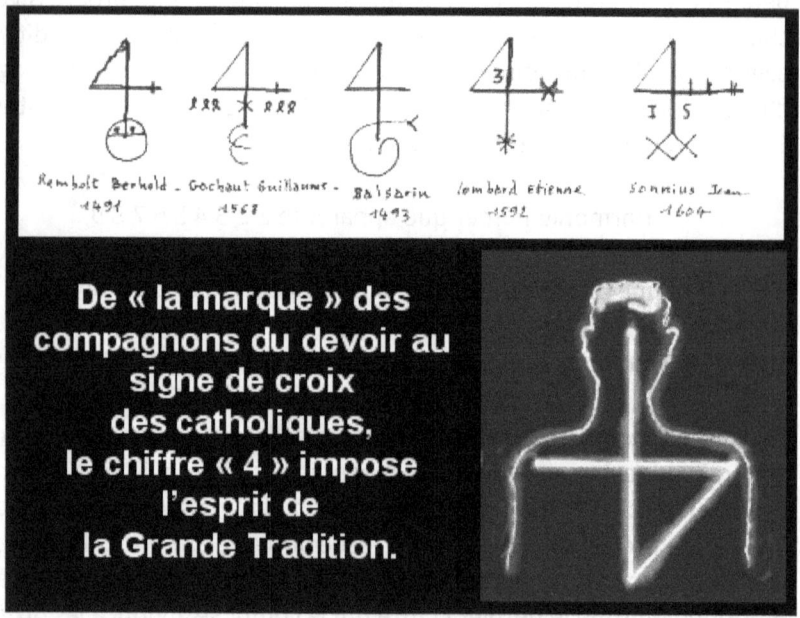

L'enseignement même des compagnons bâtisseurs était dès l'origine profondément imprégné de l'esprit de Tradition.

Il s'immisça dans les religions sous des formes variées où, *vu du ciel,* il prit à l'usage une autre signification.

Après l'aspect trinitaire 1 + 2 = 3 de la prime création, le « 4 » impose la solidité de ses bases. Les « *connaissants* » (entendons par ce néologisme ceux qui vont au-delà du savoir) ce sont ceux qui malaisément ont véhiculé l'esprit de **la Tradition Primordiale** jusqu'à nous, ont jalonné leurs parcours d'une symbolique numérique se référant au **chiffre 4**. Nous savons qu'il se concrétise en une circonférence puisque son ø est la clé numérale qui ouvre la Grande Pyramide.

Nous avons vu que cette Grande Pyramide place deux chiffres en exergue : le « 3 » avec le triangle des apothèmes (vision en coupe) et le « 4 » avec le carré base (vision en plan).

La Tétraktys de Pythagore 1+2+3+**4** = **10** – *engage le premier des nombres,* c'est donc au-delà de l'ennéade, qu'il nous faut trouver celui d'Horus symbolisant l'intellect humain. Les mêmes critères se perçoivent en astronomie avec le tracé de la constellation d'Orion. Il ne fait aucun doute que l'iconographie alchimique a guidé pendant des siècles les néophytes sur les chemins de la lumière, entre autres à l'aide de nombreuses suggestions où figurait le chiffre « 4 ». Le chiffre « 4 » est intimement lié à celui d'**Horus** et de sa mère **Isis**.

$$1 + 2 + 7 + 3 + 2 + 3 + 9 + 5 + 4 = 36 + 4 = \mathbf{40} \text{ (le carré)}$$

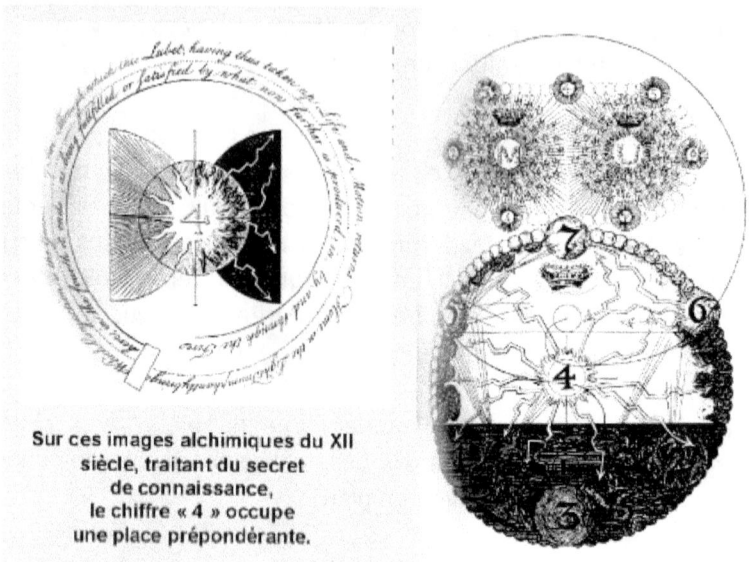

Sur ces images alchimiques du XII siècle, traitant du secret de connaissance, le chiffre « 4 » occupe une place prépondérante.

Cela explique que le chiffre « 4 » valeur alchimique, était une composante de la signature des compagnons bâtisseurs de cathédrales.

1 2 3 4 5 6 7 8 9 = l'ennéade en alignement.

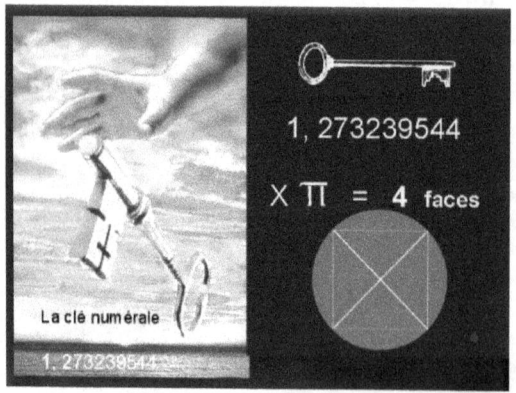

La clé numérale nous permet d'accéder aux arcanes structurels de la Grande Pyramide.

Prenons un cercle, donnons-lui une circonférence de « *4 mètres* », son diamètre est la clé ø 1,273239544

Après le triangle, △ symbole manifeste du **Père**, premier élément de la création, le symbole de la **Mère** éternelle est illustré par ☐ le carré.

Le ם « mëm » hébraïque (la femme), valeur 40 000 ou considéré en kilomètres, *la Terre* en sa circonférence moyenne. Sur un plan qui ne peut s'envisager autrement que sous le sens de la perception symbolique, les anciens affirmaient que *la Terre était carrée*.

Il s'agissait là d'un choix judicieux des Hiérarques attachés à **La Tradition Primordiale**, ils marquaient ainsi le rôle distinctif de notre planète dans l'univers.

Voyons les choses sur un registre complémentaire. Il a été donné à la femme le pouvoir d'enfanter, or, depuis l'instant où elle est fécondée, sa nature se dédouble. Cette symbolique est intéressante à étudier, elle évoque la naissance de l'intelligence horienne apte à découvrir le sens caché des choses. Prenons pour référence le mystérieux pactole que recèle la Grande Pyramide, il constitue un défi lancé aux possibilités déductives de l'être humain. Celui-ci doit pressentir une autre finalité que l'obsessionnel tombeau issu d'une convention sans fondement, qui fait fi de la logique, si ce n'est du simple bon sens.

Les 4 angles du carré ◇ soit 90° x 4 = 360°. La Terre incarnée par **Isis** se prépare à mettre au monde une entité nouvelle ; celle-ci passera obligatoirement par le cercle ◯ .

En Inde Traditionnelle, les 4 lèvres de la vulve ◇ sont symbolisées par le carré ainsi orienté lorsque l'ovule est fécondé.

La femme se prépare ici à la double identité.

Lors de l'accouchement le carré ◇ devient cercle ○ , pour ensuite redevenir carré ☐ , symbole terrestre de la Mère éternelle. Cycle, ovule, poche placentaire, à l'intérieur du cercle ○ va naître pour les besoins du mythe une entité nouvelle, Horus ⭐ le 2 fois 5 = 10, le pentagone est au centre de l'étoile à cinq branches. En cela, le 1 rejoint le 0 d'Atoum qu'il précède pour réaliser le 10. Premier des nombres, il arrive après « *les 9 chiffres de l'ennéade* », le dix est désormais apte à constituer l'infinité des nombres en puissance d'être.

En Égypte ancienne le nombre « 10 » était souvent représenté par un faucon, nous savons que celui-ci est la représentation même du dieu Horus. Cette animale symbolique a été choisie pour son acuité, sa préférence pour les sommets et son aisance à effectuer des cercles. Nous avons le « 1 » avec la verticalité et le « 0 » par le cercle, car le graphique en cercle du zéro est de toute éternité.

◇ Femme - les 4 lèvres (les 4 faces de la pyramide).

○ Femme fécondée (double aspect, le reflet dans l'O de la Pyramide).

☐ La Terre, mère éternelle (base de la pyramide, assise immuable).

⭐ La mise au monde (la révélation symbolique interne).

Le crâne du fils (apparition de l'intelligence conscience en 5 points).

La création originelle, nous invite obligeamment à percevoir la symbolique qui se dissimule en toute chose.

Les « *3 faces* » du triangle △ (homme) et les « *4 faces* » du carré ▢ (femme) nous en donnent un aperçu lors du classement chromosomique. Les deux chromosomes sexuels forment le tétraèdre chez l'homme et l'hexaèdre chez la femme :

» *Il n'y a pas de hasard dans l'inconscient.* » Sigmund Freud

Homme   **XY.**   En commun avec la femme **X**   Particularité **Y.**

Osiris **Tétraèdre** vu du haut   = **Y** = **3**

Femme XX. En commun avec l'homme **X** Particularité **X.**

Isis **Hexaèdre** vu du haut   = **X** = **4**

Isis est enceinte. Par la symbolique nous réalisons immédiatement l'intimité que peut avoir l'enfant avec sa mère.

En sa qualité de « mr », **Isis** incarne le verbe aimer mais aussi la Pyramide vue du Ciel 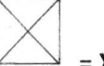 = 40 + 360 = 400. « mr » signifiait pyramide, en Ancien Égyptien. 400, c'est la valeur du « tav » 𝕿 , la dernière lettre de l'alphabet hébraïque.

400 (circonférence) ÷ π = ∅ **127,3239544.**

Avant même d'être né, le jeune dieu prouve à sa mère l'amour qu'il lui porte, avec le « 4 », cette circonférence sacrée dont il est issu. Le devoir qui est désormais le sien, consiste à boucler la structure ennéade pour envisager l'architecture infinie des nombres :

$$1{,}273239544 \div 4 = 0{,}318309886 \times \pi = 1$$

Ne lit-on pas dans les textes : « *Horus qui est en Sothis...* » Entendons par ce laconisme, l'étoile Sirius que représente **Isis** .

Le cercle compris dans le carré nous communique la valeur 5 le pentagramme.

Diamètre du cercle « 1 »

= 5 Gestation en l'étoile .

Côtés du carré « 4 »

Or, si un cercle a pour valeur symbolique 360, il a pour diamètre :

114,5915589 x 5 = 572,9577951. Si nous divisons cette valeur par l'ennéade ou encore *les 9 mois de gestation d'Horus dans le corps de sa mère Isis*, nous obtenons : **63,66197724** x 2 = **127,3239544**.

Nous entrevoyons là « *le rayon divin* » émis lors de la naissance de l'enfant. L'avènement ayant eu lieu, il s'ensuit une prise de conscience de l'entité horienne. Le cordon ombilical étant rompu, le jeune dieu se sépare de sa mère (la divine **Isis**).

« **Horus** de l'horizon » est en gestation , « **Isis** » est mère L'étoile est née , c'est un pentagone. L'étoile contient en son sein, les 5 x 2, le « 1 » et le « 0 » = le **10,** premier nombre, il boucle l'ennéade. *La pyramide* se compose de « 1 » sommet et « 4 » angles = « **5** », le nombre d'Horus **1,273239544** va servir à la construire.

Allons plus loin dans la normalité : diamètre de la clé 63,66197716 x 5 = 318,3098858 x 36 = 11 459,15588 x π = **36 000.**

Ce dernier nombre a un fort accent sumérien. À force d'émettre des bulles il se pourrait que ce poisson ait attrapé « le hoquet », en ce cas, ce serait un poisson « mage hic » ! Rappelons qu'il s'écrit en sumérien **36 000** . Le pictogramme ressemble fort à un vertébré aquatique qui aurait avalé quelque chose... le 14ᵉ morceau du corps d'Osiris peut-être ?

D'autant que le nombre **3 600** n'a lui visiblement rien avalé. Il faut souligner qu'en ces époques reculées où la « **mr** » était belle, *la pérennité de la connaissance* (sexe) n'était pas encore avalée par le poisson, la Grande Pyramide affichait fièrement, mais secrètement ses **3 600 m** de structure. **3 600** ÷ 9 = 400, ce nombre divisé par π, nous retrouvons le nombre d'**Horus 127,3239544**. Si la déesse **Nephtys** marque la fin de l'ennéade avec le chiffre 9, **Horus** marque le début du développement créatif avec le nombre 10. Les 3 premiers chiffres en témoignent, **127**,3239544, leur total :

1 + 2 + 7 = 10 = (le faucon égyptien)

Ce signe est similaire au hiéroglyphe = 10, l'entrée d'un sanctuaire, d'une grotte, l'orifice d'un antre à partir duquel nous pénétrons dans un autre univers.

Grâce au sacrifice du père, l'étoile est née, elle est porteuse d'espérance. **Osiris** 14 ÷ π = 4,456338407 que divisent « *les 7 étoiles d'Orion* » = 0,636619772 (rayon de la clé numérale).

Le Rayon Horien illuminera demain la création, nous allons voir pourquoi. Si ce « sacré » *Oanesse* (voir mythologie sumérienne) nous a visiblement fait le coup du poisson, c'est que bientôt peut-être, le poisson qui n'est autre que « l'**OA** nesse » doit refaire surface. Les deux jarres du « Verse eau » sont pleines.

Merveilleux « *présents* » ou redoutables « *cas d'eaux* », cela dépendra de notre comportement futur. Il est grand temps que nous mettions un peu d'Alpha dans notre Oméga et qu'**Horus** arrache les organes génitaux de **Seth**, même si cela doit lui coûter un 👁 (mythologie égyptienne). *La première réalité de la clé numérale* se manifeste par le « **1** » ÷ π = 0,318309886 x par les **4 bases** = 1,273239544 m.

Nous avons vu que la seconde réalité de la clé permet de découvrir les différentes hauteurs du monument en fonction des distances mesurées à partir des demi bases et inversement. Exemple :

Demi base roc 115,5570209 m x **1,273239544** = 147,1317686 m.

Cette dernière valeur correspond à la hauteur de l'édifice sur le roc.

La troisième réalité de ce parangon universel, nous révèle la ligature Terre – Lune par la simple mise au carré de ce nombre :

1,273239544 X² = **1, 621138936** (la ligature des diamètres Terre – Lune).

Il suffit pour cela de multiplier le résultat par 10 000 et de le considérer en kilomètres :

1,621138936 x 10 000 = 16 211,38936 km - **12 734,94192** km

(la Terre en son ∅ moyen) = **3 476, 447444** km (la Lune, ∅ moyen).

La quatrième réalité de ce nombre exceptionnel, support de l'alchimie traditionnelle, est de réaliser après nous avoir dévoilé la Terre et la Lune, **le Soleil**. Et cela dans la gloire de l'ennéade, principe natif de tous les nombres existants :

1, 2.3.4.5.6.7.8.9 (ennéade) ÷ **1,273239544** (la clé) = 0,969627354

x 2 = 1,939254708 √² = 1,392571258 x 1 000 000 =

(considéré en kilomètres) **1 392 571,258** km (∅ **du Soleil**)

La cinquième réalité, puisque nous sommes au registre du merveilleux, nous oblige à constater qu'une haute science numérique lie la Terre à la clé pyramidale, laquelle nous aide à ouvrir les portes secrètes de notre univers préhensible. Souvenons-nous :

1,273239544 + 0,0001273239544 + 0,0001273239544

grande clé + petite clé + petite clé

= 1,273494192 x 10 000 (considéré en kilomètres) = **12 734,9419** km.

∅ Terre aux pôles--------------------------- 12 713,5459 km.

∅ Terre à l'équateur------------------------ 12 756,33794 km.

∅ Diamètre moyen de notre planète : **12 734,94192** km.

La sixième réalité provoque la réflexion et engendre la perplexité :

Les « **7** étoiles d'Orion » se divisent en **3** (baudrier) et en **4** (étoiles-cadre).

3 x π = 9,42777959 x **4** = 37,69911184.

1,273239544 X² = 1,621138936 x π = 5,092958172

37,69911184 + 5,092958172 = 42,79207001 ÷ 2 =

$$\boxed{21,39603501}$$

12 734,94192 (la Terre ∅ moyen) moins **21,39603502** =

12 713,54589 km (distance de la Terre aux pôles)

12 734,94192 (la Terre ∅ moyen) plus **21,39603502** =

12 756,33796 km (distance de la Terre à l'équateur)

12 713, 5459 km (∅ de la Terre aux pôles) + 12 756,33794 km

(∅ de la Terre à l'équateur) + 12 734,94192 km (∅ moyen de la Terre)

= 38 204,82576 x π = **120 024** ou... **le jour** et **la nuit**.

Cette horloge emblématique n'est-elle pas la plus étonnante des circonférences ? À ce stade, tout scepticisme prend les accents d'une innocence, non condamnable certes, mais regrettable ! Voltaire lui-même s'en serait sans doute accommodé :

« *L'univers m'embrasse et je ne puis songer que cette horloge existe et n'ait point d'horloger* ».

La septième réalité du nombre pyramidal lève une partie du secret des « 14 morceaux » du corps tronçonné par le dieu Seth ou « 7 » :

14 (Osiris) ÷ π = 4,456338407 ÷ **7** (Seth) = 0,636619772

x (par les « 2 » antagonistes) = **1,273239544** (la clé).

Nous nommons parfois cette clé numérale « *Le nombre d'Horus* ». Le dieu, fils d'Osiris, ne rentre-t-il pas en lutte contre le dieu Seth avec l'espoir de venger son père ? La Tradition Primordiale veut que la Grande Pyramide soit dédiée à Osiris et par voie de conséquence à sa demeure l'étoile Al Nitak. Nous avons vu que sur un plan céleste, cette dernière représente le dieu, elle est détentrice du nombre clé.

La huitième réalité de ce nombre crucial implique le nombre des nombres « **360** », « sacré » entre tous, puisqu'il représente le cercle :

1,273239544 - 0,1273239544 x π = 3,60 x 100 (ou le sang du Graal, nous aurons l'occasion de réaliser pourquoi) = **360**.

0,1273239544 x 360 = 45,83662358 x π = **144** m, *nombre biblique et hauteur de l'édifice en mètres sans le pyramidion*.

La neuvième réalité nous retient par sa beauté numérique :

9 000, c'est l'ennéade plus trois zéros ou la création et la trinité de l'incréé – créé. Si nous ajoutons à ce « 9 000 » les décimales de π passage de la circonférence au diamètre, nous obtenons le nombre : 9003,141592653. Considérons qu'il s'agit là, d'un côté du carré, la diagonale de celui-ci divisée par 10 000 et multipliée par deux, nous livre une approche estimable de « *la clé* » : **1,273236494**.

Lorsque les cinq premiers chiffres s'harmonisent, ils s'affirment en tant que Grande Constante de l'Univers, c'est le cas du nombre clé 12732. 39544 ø de 4.

Enfin, **la dixième** et non exhaustive énumération possède les fruits de l'évidence même : Cotangente : 38°,146026 (pente de la Grande Pyramide) = **1,273239544**.

Si vous le voulez bien, joignons à ce panégyrique un tableau complémentaire de quelques données importantes caractérisant ce nombre. Nous avons là une évaluation caractéristique des composantes numériques qui sont censés relier les choses entre elles. Voyons en cette évocation les éléments dynamiques du lien :

1, 273239544 = La clé numérale de la Grande Pyramide.

1**27, 32**39544 = Jours de rotations de la Lune autour de la Terre.

1**27, 32**39544 = Jours de rotations synodiques des la photosphère solaire

1**273,2** 39544 = Le zéro absolu de Kelvin correspondant à - 273, 2 degrés Celsius.

1**273** 239544 = Jours de gestation dans le sein maternel.

OSIRIS son corps est tronçonné par le dieu Seth en 14 morceaux 14 ÷ π = 4,456338407 ÷ 7 = **1,273239544 x 360 = 458, 3662358 ÷ 10 x π = 144,4 mètres =**	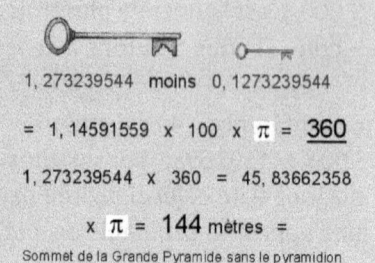 1, 273239544 moins 0, 1273239544 = 1, 14591559 x 100 x π = **360** 1, 273239544 x 360 = 45, 83662358 x π = **144** mètres = <small>Sommet de la Grande Pyramide sans le pyramidion</small>

Nous avons souvent évoqué le nombre 10 , (Ancien hiéroglyphe représentant le chiffre dix) premier des nombres émergeant à la suite de l'ennéade en la Genèse Égyptienne. Après le créateur « *Atoum O* »,  suivent donc les chiffres de 1 à 9 représentant les dieux traditionnels, en commençant par *Le Père des dieux* incarnant le « O » jusqu'à son arrière-petit-fils, le dixième élément, **Horus**. Rappelons que parmi les critères de la symbolique, *le zéro est tout sans être, tout en étant*, aussi est-il représentatif de *l'omniscience divine en la nature des choses*. Ne compte-t-il pas sans compter et n'est-il pas numériquement vertigineux en ses extrêmes ? Le « 0 » et non le « 1 » est représentatif de Dieu.

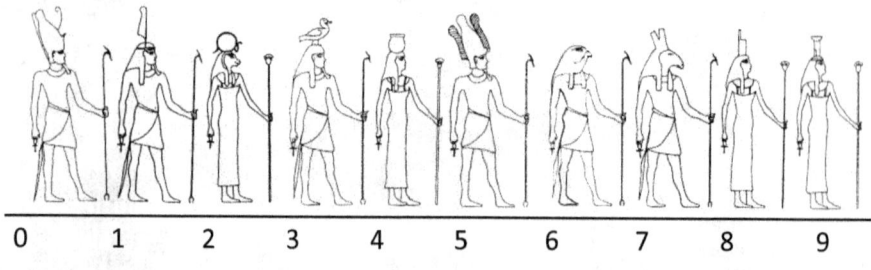

Le « 10 - Horus », premier nombre après l'ennéade est assimilable à une boucle, il est en cela comparable au 360° x 10 = **3 600,** en mètres le périmètre structurel de la Grande Pyramide, mesures prises à l'extrémité du fruit du socle ou encore 3 600 secondes pour 1 heure.

Les cercles en la nature se lient et se délient, ils sont symbolisés par *les deux serpents d'Hermès Trismégiste* **(**caducée obligeamment emprunté au Maître par les médecins occidentaux). Une représentation des deux serpents enlacés se trouve sculptée sur une coupe ayant appartenu aux Rois de Sumer, 2 600 ans avant notre ère. Sur l'illustration moyenâgeuse ci-contre, les deux serpents ne s'affrontent pas, ils lient leurs connaissances autour de l'œuf cosmique pour engendrer l'ellipse ailée de l'évolution des êtres sur laquelle trônent les astres.

Les « 4 fils » d'HORUS s'associent à une symbolique relevant de la Tradition Primordiale. Les 4 formes sont représentatives de la constellation d'Orion impliquée dans la construction de « *la Table d'Émeraude* ».

Le cerbère aux cinq mamelles avec l'échine en pente de pyramide, les quatre pattes juchées sur le socle, représentent la connaissance. Les quatre formes humaines représentent les étoiles-cadre d'Orion, les 3 premiers, nantis d'une croix, symbolisent les étoiles du baudrier, la quatrième Horus l'intelligence aux capacités de déductions. Le lotus porteur de lumière sur laquelle se tient l'intelligence, symbolise une portion de 30° du cercle ou les 12 signes zodiacaux du grand cycle de 25 920 ans inscrit en la pyramide.

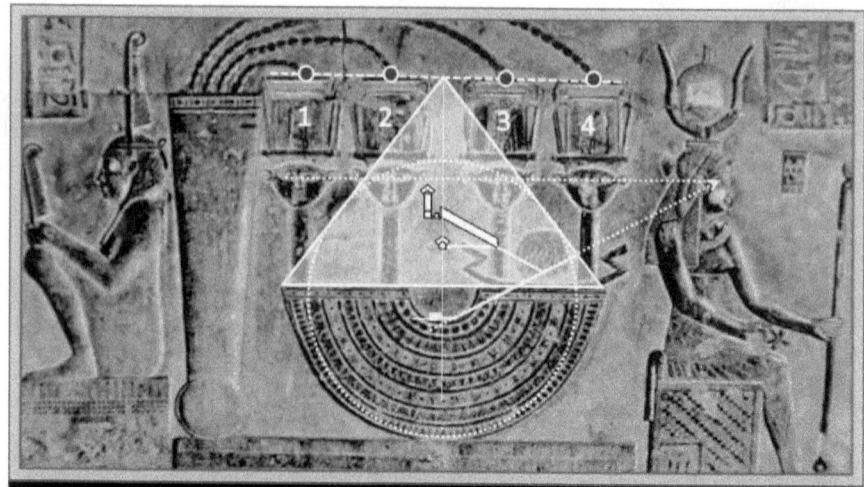

Le chiffre « 4 » est à la base de la réalité pyramidale.

Cryptes du temple d'Hathor - Ier siècle avant notre ère.

Quelques textes égyptiens nous content que Khéops faisait rechercher à l'intérieur des temples, vainement semble-t-il, des documents relatifs aux secrets de Thot, dieu de la connaissance. La Grande Pyramide n'a jamais été le tombeau de ce monarque, mais c'était un édifice qu'il se devait de restaurer et qu'il chérissait en mémoire des dieux. Voyons là une légitime attitude de la part de Khéops, le besoin de connaitre le plus de mystères possibles relevant de l'œuvre multimillénaire qu'il était appelé à restaurer.

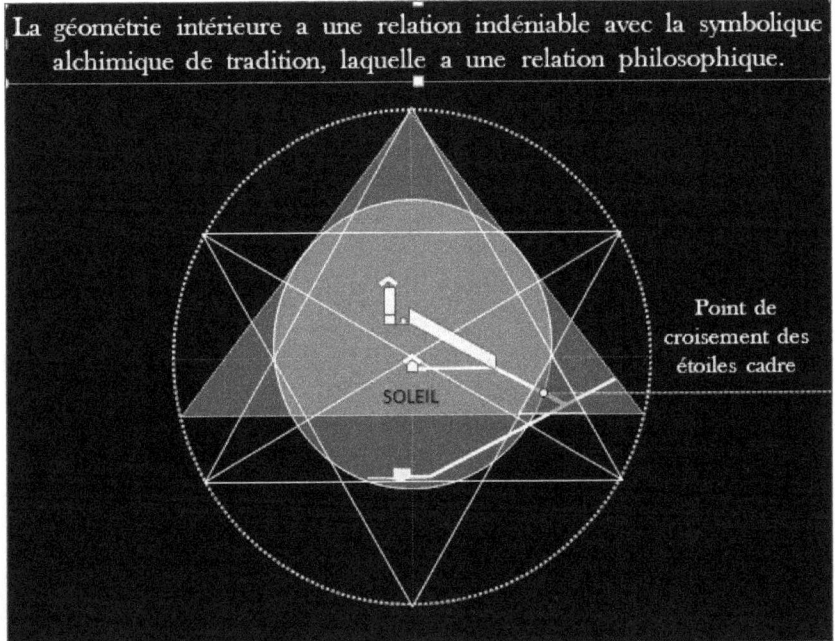

En cette réalisation, les diagonales de l'étoile de David nous donnent la chambre de la Reine. L'une des bases d'un triangle, la chambre souterraine, alors que le cercle du Soleil définit l'emplacement qui convient au croisement des étoiles-cadre. Il est important de préciser que l'étoile dite de David ou sceaux de Salomon, n'est pas une création de la religion hébraïque ou de l'état d'Israël. Ce symbole remonte dans la nuit des temps, il a été adopté par le judaïsme comme emblème de la nation.

Georges Vermard

Le message christique

C'est sous le règne de **Josias Roi de Juda**, en terre de Canaan, exactement en **630 av JC**, que furent compilés les textes mythologiques de considération historique, relatifs à la Torah. Les cinq livres composant « le Pentateuque » regroupent : *La Genèse – L'exode – Le Lévitique – Les Nombres – Le Deutéronome*, c'est à dire l'histoire des peuples de la Bible dont l'historique a servi de trame aux trois plus importantes religions de la planète.

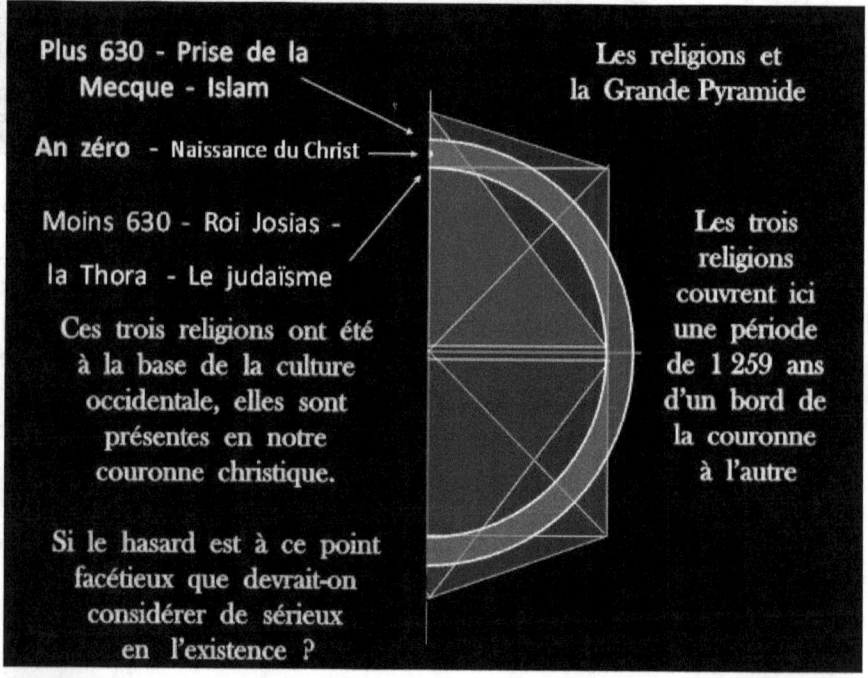

630 avant JC, c'est le siècle de rupture du cordon ombilical qui reliait jusque-là le peuple juif à l'Égypte traditionnelle. Cette date, symbolique entre toutes, se manifeste également par la disparition de *l'Arche d'Alliance*. Le prophète Jérémie n'ignorait rien de l'importance de cet événement et des déchirures que cela provoquerait dans les siècles à venir.

Entre **629** et **630** avant JC, c'est également la date qu'avancent les historiens pour la venue au monde de Zarathoustra, le Zoroastre grec. Rappelons que cet homme remarquable enseigna une religion d'amour où le feu purificateur, constitue aujourd'hui encore, une des traditions symboliques (bien que minoritaire) les plus marquantes de l'Iran.

Mais revenons en Égypte. Entre l'invasion assyrienne d'Assarhaddon en 671 avant JC et l'invasion des Perses avec Cambyse II en 525 av JC, les hiérarques furent contraints d'admettre que l'Égypte ne serait plus jamais ce qu'elle avait été. C'est ainsi que, parallèlement à l'apogée de l'Assyrie, on devait assister à la fin virtuelle de l'une des civilisations les plus remarquables de l'antiquité. L'Égypte sacerdotale procéda alors à un enfouissement concerté de *La Tradition Primordiale* dont elle était dépositaire. Les Grands Prêtres décidèrent de mettre *la clé* sous les ruines des temples et *la serrure* dans les religions nouvelles en émergence. Il y eut bien par la suite quelques tentatives hégémoniques dans la lignée de celles de Néchao II pour retrouver le prestige d'antan. Mais l'épopée se terminera lamentablement et « *La Grande Égypte* » se tapit sur les bords du Nil pour apparemment ne plus se mouvoir.

> **Le point - 630 avant J.C. nous indique la fin du carré base**
>
> **et le début de l'épaisseur de la couronne de quadrature.**
>
> **Cette dernière se trouve à l'intérieur du linteau de 144°.**
>
> La couronne possède une largeur circulaire de : 14,8351142 m
>
> ÷ 0,011785113 (année pyramidale) = **1 258,801184 années.**

Cette période de temps de **1 259** années aura vu éclore les esprits les plus brillants, dont l'Antiquité a éternisé le souvenir : de grands mystiques, de Bouddha à Mahomet en passant par Jésus, Zoroastre et Mani. Ceux-là ont profondément modifié les critères spirituels qui allaient engager les temps futurs.

Alors que des mathématiciens, des moralistes, des philosophes, de Pythagore à Proclus en passant par Confucius, Tsong-Khapa, Platon, Sankarâchârya ou Apollonius donnaient une impulsion cognitive à de nouvelles émergences. Sur un autre plan, des conquérants ou stratèges peu communs, tels qu'Alexandre, César, Cyrus ou Attila ont agité les frontières du monde antique.

Cet espace-temps d'un peu plus de mille années en corrélation avec l'épaisseur de la couronne aura engendré les plus grands génies, les plus éloquents mystiques, connu les plus grandes invasions et les plus notables déplacements humains dont l'histoire a conservé le souvenir.

Comment envisager de manière rationnelle que ces dates se trouvent ici, en bonne place, inhérentes au contexte et parfaitement intégrées, alors que des millénaires séparent leurs configurations de la réalité ?

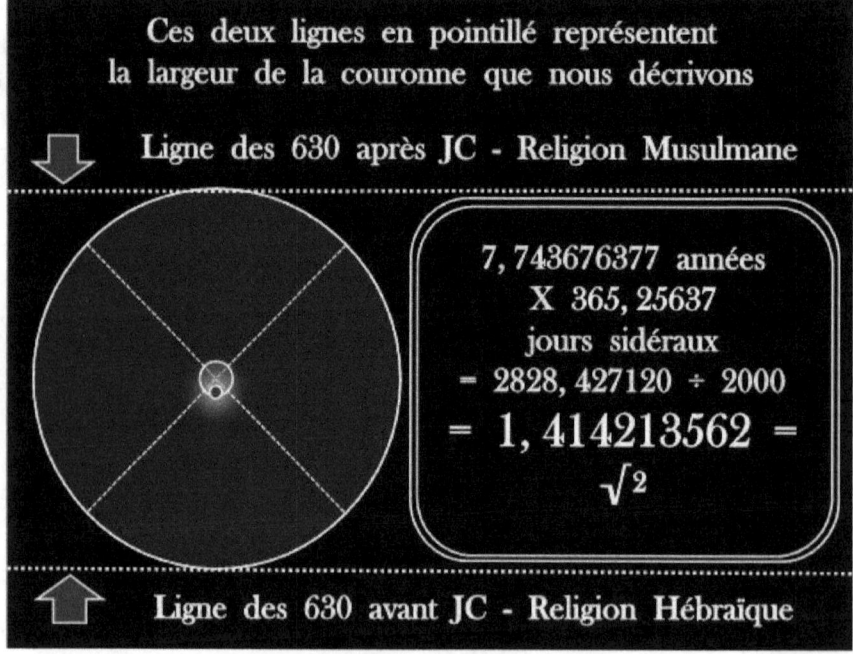

En 630 avant notre ère, une dialectique nouvelle semble s'imposer ; elle assure la prééminence de « *la cérébralité* » sur « *la conscience* ». Cette dernière est mise en état de fragilité par le bouleversement des mœurs, alors que jusque-là il apparaissait que l'une et l'autre bénéficiaient d'un équilibre satisfaisant. 630 avant notre ère, détail significatif s'il en est ; les premières pièces de monnaies sont frappées en Asie mineure, voyons-la un signe évident d'un changement d'époque.

En son point bas, la largeur de la couronne s'identifie avec le haut du carré-base. Elle constitue un pont, un anneau de lumière, une frontière au-delà du temps sacré mais aussi une béance ouverte sur le monde futur. Cette ascension sera principalement orientée sur l'épreuve des tentations morales, celle du pouvoir facilité par les échanges commerciaux, les conquêtes, la notoriété, tout ce qui va de pair avec l'appât du gain, cela, au détriment de l'ancestrale connaissance qui favorisait *l'ascension du soi par la quête spirituelle*. Nous, êtres humains, allions désormais devoir vivre à l'extérieur du cercle formé par la couronne. Nous allions devoir osciller entre une application dans le concret et la nostalgie d'un appel intuitif. Nous constatons que celui-ci est chaque jour plus évanescent, car chaque jour nous nous éloignons de ce paradigme « *couronné* » des 1260 années.

« Et la femme s'enfuit au désert où elle a un lieu préparé par Dieu pour qu'on l'y nourrisse pendant 1 260 jours. » Apocalypse 12,1 – 12,6

Sans en avoir vraiment conscience, l'humanité entamait l'âge des grandes épreuves psychologiques. Cet âge aujourd'hui est loin d'être achevé, il est seulement entré dans la phase aigüe de son dénouement.

Allégorie de la création du monde soutirée d'une bible en mauvais état datant de l'année 1602. Nous remarquons combien est présent en la mandorle, le triangle équilatéral fruit de nos recherches. Figurent, en juste place, la Lune, le Soleil et la diversité de la création à travers la pensée imaginale des rédacteurs bibliques. *Le Principe Créateur* évolue au centre d'une matière animée. Nimbé du triangle significatif de sa paternité, celui-ci symbolise la lumière aux origines numériques et géométriques du créé. Que devons-nous pressentir en cette imagerie ? Un touchant infantilisme pictural ou une transcendante connaissance voilée, l'art ne résiderait-il que dans l'interprétation ?

En pénétrant de bas en haut le triangle équilatéral du Graal, la diagonale (B–O–FH) ressemble fort à la lance du légionnaire (Longinus - l'homme à la Lance, de son vrai nom, croit-on, Caïus Cassius). Celui-ci aurait, toujours selon la gnose évangélique, percé le poumon droit du Christ. *Troublante similitude avec la médiane du triangle équilatéral !*

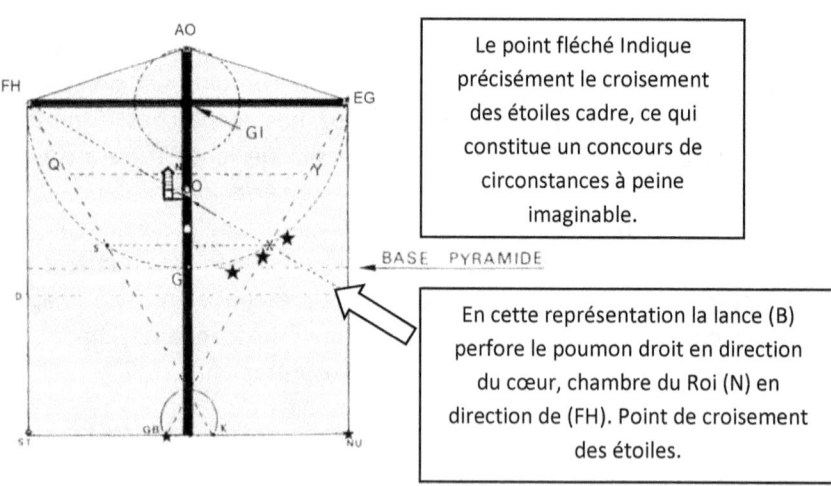

Le point fléché Indique précisément le croisement des étoiles cadre, ce qui constitue un concours de circonstances à peine imaginable.

En cette représentation la lance (B) perfore le poumon droit en direction du cœur, chambre du Roi (N) en direction de (FH). Point de croisement des étoiles.

Sans forcer notre imagination, nous voyons que **la croix christique** prend naturellement sa place au sein de notre schéma traditionnel. Qui plus est, cette trajectoire passe par le croisement de la constellation d'Orion, entre les étoiles Al Nilam et Mintaka et le côté droit du triangle, idem pour le couloir ascendant au carrefour de la syringe.

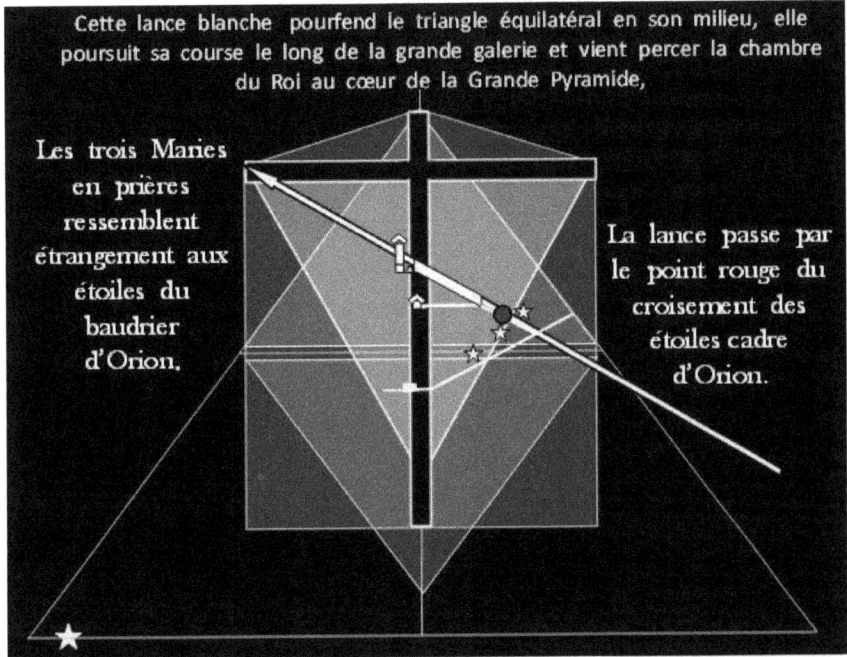

En fin de course FH, cette ligne atteint l'emplacement symbolique de la main droite du Christ. Le point GI marque l'endroit où se tient la tête couronnée du supplicié. Le crâne se trouve théoriquement placé entre le carré base et le cercle de quadrature (non apparent sur notre illustration) avec le point zéro de notre ère sur le front. Les pieds du Christ martyrisé se positionnent en haut de GB – K, au fond du vase Graal, sur le sommet du triangle solaire, la lumière constitue par ce fait, un support d'élévation.

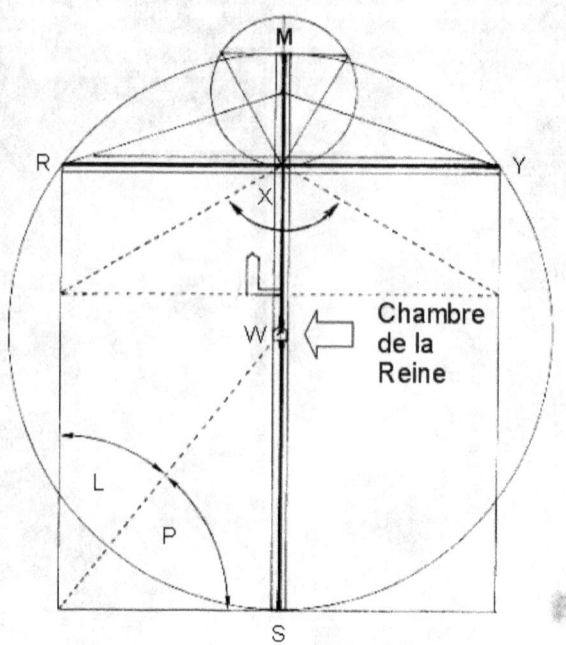

Sur cette illustration complémentaire, la grande circonférence englobe la croix christique, elle passe en M par le côté haut du triangle équilatéral. Le centre de ce cercle se situe sous le toit de la Reine. Les bras R - Y, plan horizontal de la croix, se juxtaposent au cercle, lequel rejoint la base à l'extrémité de la poutre verticale « S » du schéma. La surface « P » nous procure l'angle exact de la base 51°51'14'' 31 alors que la surface L détermine le demi-angle du sommet 38°08'45''69. Quant au point crucial « X » de la croix Christique, son rayonnement s'élève jusqu'à l'horizontal du *cœur du Roi* par **120°** d'angle. Nous pensons au Graal, au calice au *Sang + Vin* ; l'allusion prend ici toute sa signification. Mieux qu'une parabole qui n'aurait pas manqué d'être altérer par les effets du temps, « le **Père**, par son mandataire le Christ missionné » nous laisse ici un inaltérable message. À une échelle élevée de la symbolique cachée, il pourrait se traduire de la sorte :

« *Jadis, ne vous ai-je pas procuré l'intelligence ? En ces temps de grands périls, découvrez parmi les vestiges de* La Tradition Primordiale *les traces pérennes de ma présence parmi vous* ».

Ces traces prescrivent un amour universel par la référence que procure la loi des nombres et de la géométrie.

Au pied de la croix, les trois étoiles du baudrier ont cédé la place aux *mages* (visiteurs de la grotte) puis aux « *Saintes femmes* ». Celles-ci représentent les « *3 Marie* » de la tradition. Elles sont comparées à la **Terre** (pour le corps), à la **Lune** (pour l'esprit) et au **Soleil** (pour l'âme). *Marie* équivaut en Primosophie à **123** (résultat également similaire au verbe « aimer »). Non seulement « *la Tradition* » est présente, mais elle s'impose à notre entendement. Hélas, combien d'entre nous aujourd'hui vibrent à son message ? Les tracés architectoniques des églises anciennes permettent encore de différencier les lieux de culte, des salles des fêtes et supermarchés ! Qu'en sera-t-il demain... si demain, il y a ?

L'ankh, ce merveilleux symbole ☥ est à l'image d'une *intelligence cosmique* rayonnant d'espoir, de vérité et de justice. Il n'a qu'un lointain rapport avec « *la croix patibulaire* » qui a servi de supplice à « *Jésus le missionné* ». C'est pourtant cette croix que les hommes ont retenue en leurs louanges et suppliques. Dès lors, la chair et l'esprit martyrisés associent **Dieu** à notre désarroi intime. Après avoir vu s'éteindre *les Sages mystiques* et vu se dénaturer *la gnose* dans le secret des sectes, la croix du supplicié † s'est lentement imposée à l'esprit chrétien. Le dévot a progressivement assimilé la souffrance que lui procurait la disparition des valeurs traditionnelles à la souffrance (physique celle-là) de son rédempteur (sic). (croix cube ouvert)

Jésus-Christ, l'initiateur réformateur, a été symboliquement martyrisé au centre d'un *cube ouvert* (pierre cubique franc-maçonnique emblématique de la Terre) base de la pyramide sacrée, passage indispensable du parcours que les hommes ont tant de mal à franchir. L'autre référence, la croix patibulaire †, est le plus souvent adulée au premier degré. Les Templiers conseillaient aux néophytes de la piétiner car, disaient-ils : « *c'est là l'objet de la honte humaine...* ». En vertu de ce que nous connaissons, ne serait-il pas logique de penser, que le Christ ne s'est pas fait crucifier *pour* que subsiste en l'esprit une croix témoignage d'un martyre, mais *pour que perdure l'esprit de la croix cosmique indissociable de l'espérance*. De telle façon que cette croix s'érige en tant que symbole étoilé de la **Tradition Primordiale universelle** ? Ceci devrait constituer pour une conscience éclairée, une distinction substantielle. Le message se devait d'être fort, il le fut, c'est seulement son interprétation qui le dilua dans des références étrangères à sa destination !

« *Eloi...Eloi...lama sabachtani...* » Non, la volonté sacrificielle n'a pas été inutile, sans doute a-t-elle permis à des générations d'être sensibilisées à la notion de paix et de justice. Le sacrifice quel qu'il soit, aide à dominer le doute, à vaincre sa révolte intérieure pour enfin percevoir une *raison d'être*. C'est en franchissant les bornes de ce matérialisme débridé ancré à un hédonisme illusoire, que nous émergerons vers la lumière. Il serait souhaitable que cette prise de conscience se réalise pour chacun d'entre nous avant la fin de notre ère autodestructrice.

En dehors des aspects de la gnose chrétienne, nous pouvons constater le témoignage évident que procure le sacré dans *la tradition musulmane*. Ses volutes de faïence et ses arabesques de pierre au raffinement inouï ne sont que référence à *l'esprit de tradition théologale* lequel transparaît en chacune de ses structures géométriques. Soulignons parmi les merveilles exposées, le double quadrilatère ou étoile à 8 branches (mosquée de Cordoue), les coupoles hémisphériques et leurs nervures aux mille tracés, les tours et les spirales éloquentes. Les colonnades mais aussi les hauts de portes en arcs outrepassés, n'invitent-elles pas le visiteur à pénétrer la lumière ?

Le **nombre** est présent dans la multiplicité des **formes** que transcendent les couleurs.

L'hindouisme et le bouddhisme tibétain ont hérité tous deux de la tradition de base ; les mandalas donnent la note juste, l'iconographie est sérieuse comme le son des trompes et rieuse comme le safran des robes. En ces lieux de culte, nombres et formes sont constamment présents, mais ils ne s'imposent pas au regard, il faut faire l'effort de la démarche pour entrevoir les vérités cachées. Elles sont là ces vérités, à peine dissimulées en la pénombre de notre solitude humaine.

Nous occidentaux sommes plus pragmatiques dans nos démarches, moins enclins de manière générale au mysticisme qui désengage partiellement le phénomène de réflexion. L'alchimie convient assez bien à notre mode d'inspiration, encore faut-il que nous désirions faire l'effort de compréhension qu'elle nécessite.

Méditons donc, comme cet énigmatique oiseau (en bas à droite de l'image) sur les qualités cachées de l'androgynie alchimique. Les 13 parcelles du corps osirien, qu'Isis a retrouvé, ont germé en une matière panifiable. La quatorzième parcelle introuvable représente le sexe, témoin par son absence de la parfaite égalité devant Dieu du genre humain.

La Lune symbole d'argent est maintenue en équilibre sous les pieds de la royauté bicéphale, cet équilibre s'exerce par le haut, entre la coupe du trismégiste aux futures ailes et le serpent tentateur. Vaincre la tentation, c'est honorer la condition humaine. Soyons digne de ce qui nous a été donné, utilisons les ailes procurées par l'espérance, l'oiseau qui médite en sera témoin. Acceptons ces images alchimiques comme étant l'approche d'une psychoplasticité suggestive, apte à nous éclairer des domaines généralement non révélés de notre subconscient. Lorsque ces rapprochements se sont effectués, ils provoquent une mise en condition nouvelle de notre système d'éveil mental, lequel suppléait quelquefois à notre accoutumance existentielle.

Sur l'illustration suivante, il est nécessaire de nous remémorer les dispositions schématiques de base, pour pleinement apprécier la valeur de ces découvertes. Le départ de la constellation d'Orion s'effectue au centre mais, parvenue en haut de la pyramide que nous étudions, il n'y a qu'un demi-cycle d'accompli. L'autre moitié prendra naissance au sommet inversé de la pyramide virtuelle et ne prendra fin que parvenue au centre du schéma, là où commencera un nouveau cycle de 25 852,47453 années (cycle moyen).

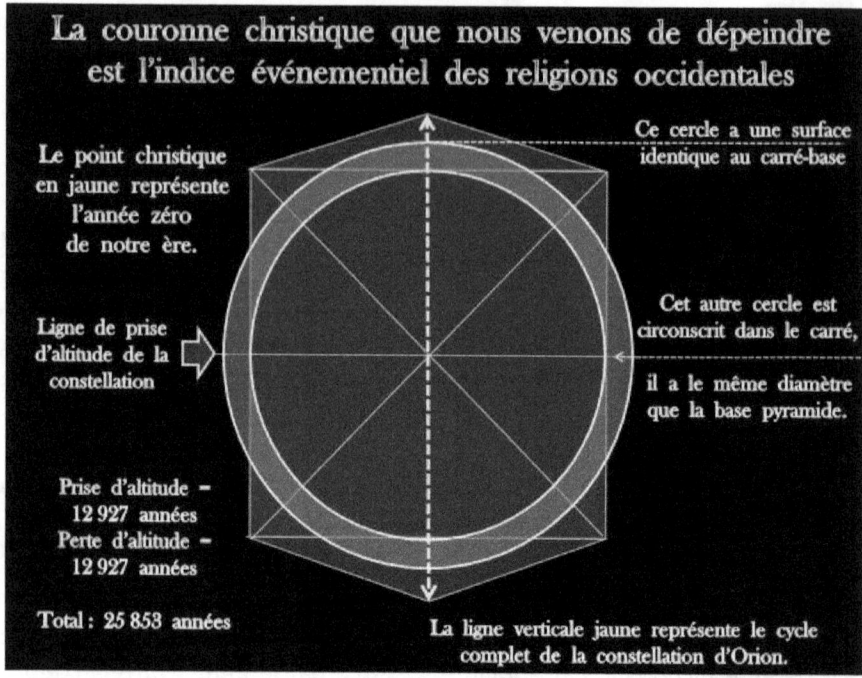

Le plus souvent et dans le but de faciliter les calculs, ce cycle est indexé à celui estimé le plus long de 25 920 ans. Beaucoup d'ouvrages affichent de nos jours 25 785 ans, avec des années en plus ou moins selon les pays, quand cette valeur n'est pas arrondie à 26 000 ans avec une généralisation un peu hâtive.

À notre époque, l'effet rétrograde est de 50''26 chaque année, mesurable en nos périodes de temps, ce qui signifie pour nous qu'il y a un cycle moyen d'un peu moins de 25 853 ans. Toutefois, celui-ci ne peut se calculer que sur des périodes de temps extrêmement longues, regroupant des dizaines de millénaires. Cette horloge céleste d'une immuable harmonie, s'étale sur des âges inappréciables à l'échelle humaine ; il nous faut donc procéder par les approches de données à caractère universel que nous inspire la pyramide.

C'est le début d'une série de coïncidences spécifiques à « *l'ère christique* ». Les singularités auxquelles nous faisons allusion, concernent les nombres, la géométrie, les aspects structurels et les fonctions astronomiques, toutes se rapportent directement ou indirectement au Christ, à son avènement ou *à son message*. Nous pourrions envisager une succession de coïncidences, mais ce serait faire fi des probabilités subordonnées à la raison, principalement lorsqu'elles se trouvent face à des problèmes de résolution en un espace défini. Les mesures que nous relevons ont donc une réelle portée psychologique, en vertu de leur spécificité bien évidemment, mais aussi et surtout par le cumul des données qu'elles nous livrent. C'est leur nombre qui provoque cette sensation ineffable de vérité.

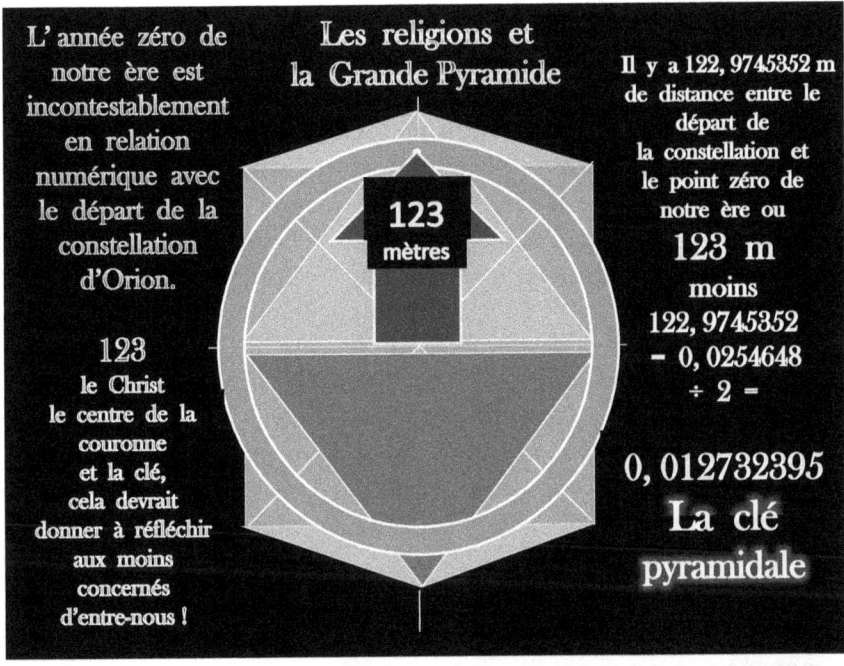

Sur cette illustration le nombre « **123** » apparaît avec une légère incomplétude décimale. Ce n'est là que singularité de « *la science universelle* » car nous le voyons, *la différence que nous aurions tendance à déplorer par désir de perfection, nous donne par deux fois la clé pyramidale, alors que le point zéro de notre ère se trouve au centre de la couronne.*

Ne pas être perplexe devant une telle démonstration signifie que rien ne peut nous ébranler, surtout pas la logique des choses. Pour beaucoup, la seule logique qui soit, c'est celle de la science du moment où celle plus prosaïque du « *monsieur qui cause le soir dans la télévision* », et s'il ne dit rien de cela, c'est qu'il n'y a rien à penser sur le sujet. Les propos du

« monsieur ou de la dame qui cause », représentent l'aune journalière de nos facultés mentales et par-delà même de notre évolution. Prenons pour exemple les 20 minutes d'antenne au journal du soir sur le décès d'un commentateur qui n'a fait durant sa vie que réaliser son travail comme chacun d'entre nous. Que ses collègues soient affectés, oui, quoi de plus humain, le non-sens, c'est qu'ils s'adressent à soixante millions de personnes ayant toutes connu un drame personnel, en imposant le leur à longueur de minutes dans une parfaite indifférence. L'audience est ici ramenée à un césarisme de l'image en abstraction complète de la diversité mentale des composants de la société.

À l'inverse de cette constatation, puisque c'est notre sujet, nous n'aurons rien sur une pyramide qui vient d'être découverte au fond des océans ou une autre qui jusque-là était considérée comme une colline. Parce que se placer au-dessus du quotidien risquerait de nous faire penser, ce qui est extrêmement dangereux, le décès du commentateur, lui, ne nous fait pas penser, il est à l'échelle de notre conditionnement. L'esprit de *« masse »* est un art qui se cultive, il doit prédominer, afin que les cohortes du lobbysme œuvrent comme vent sur dunes dans le désert des consciences. Aujourd'hui nous n'avons plus de chaines... *aux pieds*, mais les formes d'asservissement liées au conformisme sont pires que les servages de jadis, car elles n'offrent aucune possibilité d'évasion, même par les layons du rêve. Et ne vous demandez surtout pas pourquoi je passe de *l'âne au coq*, c'est celui qui éveille.

Nous l'avons vu, la couronne en question a une épaisseur qui lui est donnée par les dimensions respectives des deux cercles. Sur un plan spirituel, ces cercles affichent l'un comme l'autre une grande précision de dates. Ils soulignent les départs authentifiés des deux principales religions occidentales, en fixant en plein centre, par *hasard* diront certains, par *logique* diront d'autres, l'avènement christique. Ce n'est pas une interprétation, c'est un fait, qui n'a rien à voir avec les destinations données par les guides religieux ! Comment la simple coïncidence peut-elle tenir en cette schématique un rôle aussi subtil ?

Pour ce qui est du monde occidental, ces trois religions ont fait fonction des siècles durant de guide moral, dans une société perturbée par les conflits et les haines. Ces religions n'ont pas toujours été à la hauteur de leurs engagements moraux, elles ont largement contribué aux distensions des courants de pensées. Mais la question doit être posée : qu'en aurait-il été si prescriptions, dogmes et craintes spirituelles avaient fait défaut pendant des siècles ? Si vous croyez avoir la réponse, elle ne peut être que l'émanation d'une conviction personnelle, car nul ne peut le dire. L'idéologie et la réalité d'application sont choses incompatibles, le communisme ne nous l'a-t-il pas fait comprendre il y a quelques décennies. Quel est la personne en état de maturité qui miserait sur l'hypothétique sagesse de tous les composants d'une société ? Cela ne concerne pas seulement l'attitude religieuse, mais d'une façon générale toute inspiration idéologique lorsqu'elle est soumise à instrumentalisation.

Ces illustrations qui paraissent émergées d'un passé lointain pour venir bousculer nos convictions intimes, sont au contraire les éléments moteur de nos raisonnements en état de léthargie. Nous nous devons d'établir des probabilités, des analogies, des rapprochements avec ce que nous savons, pour tenter de comprendre pourquoi ces démonstrations viennent en notre temps, tenter de nous éclairer sur ce que nous sommes et sur ce que nous devrions être.

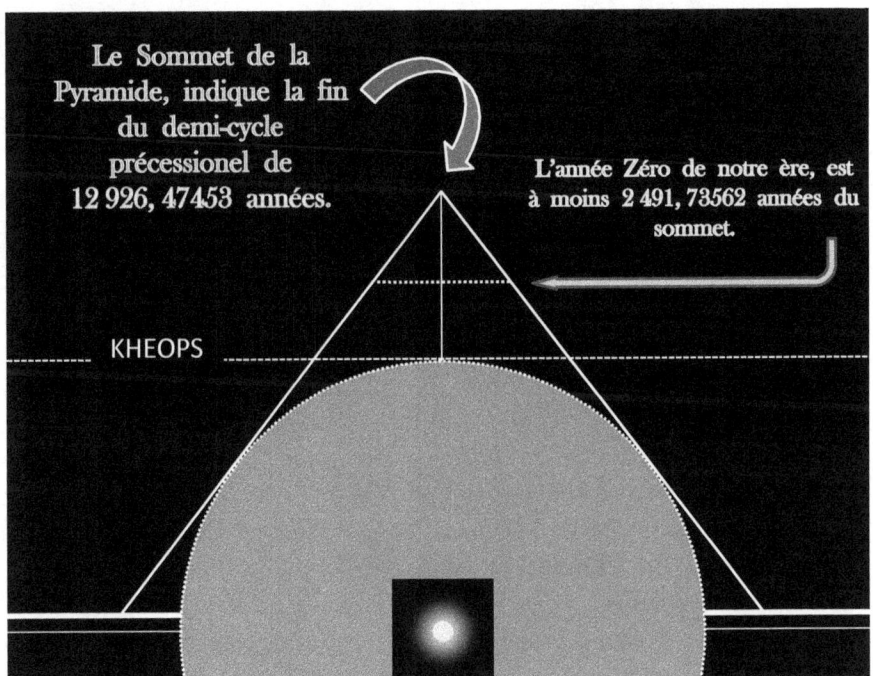

La hauteur du cercle dont la circonférence se juxtapose aux apothèmes, indexe l'ère de la restauration du monument sous Khéops. Nous le savons maintenant, il s'agit d'une œuvre spirituelle subordonnée à une Science Universelle. Elle a été mise en application par ceux à qui on prête le don de visualiser l'avenir. Ce genre d'assertion ne manquera pas de faire sourire des nuées d'innocents, mais peut-on leur reprocher cette ivresse du rien que procure le vide, lorsqu'il est en hésitation perpétuelle d'ameublement ?

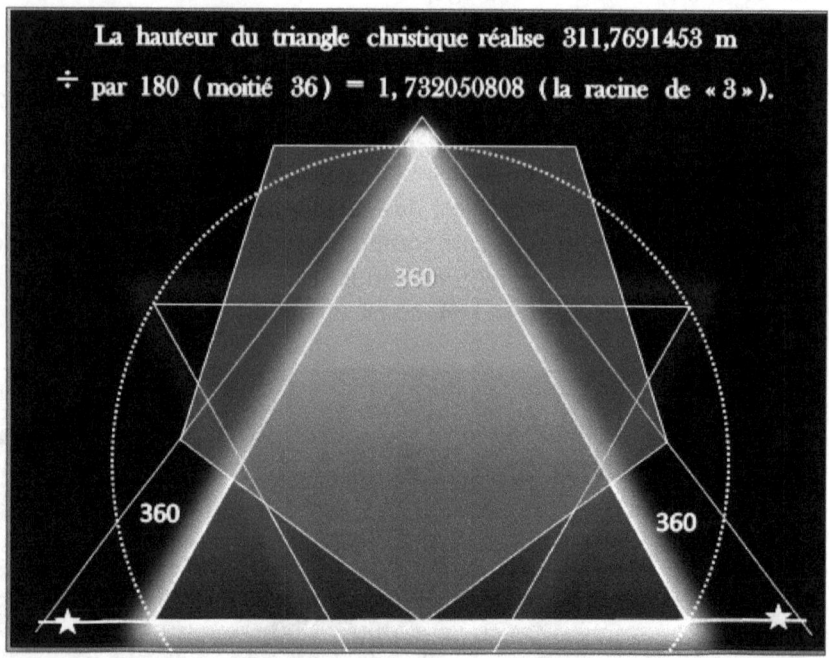

Un triangle équilatéral de 360 m de côté dont la pointe coïncide à la perfection avec *la conception du Christ* est à l'évidence peu banale. Aurions-nous là un signe du divin manifesté ? La question n'est pas inadéquate en vertu du contexte en lequel se trouve actuellement l'humanité. Que ce triangle étende chacun de ses côtés sur 360 m pour définir un point précis, se situant à des milliers de kilomètres de sa base et cela au jour près, relève du paradoxe si ce n'est du miracle.

Pourquoi ces réalisateurs étaient-ils motivés par le futur inconnu ? Pourquoi se sont-ils sentis tenus de nous léguer une connaissance ? Pourquoi ont-ils fait choix de ce mode de transmission par stèles explicatives ?

Le message est d'une infinie complexité, il est plus raisonnable de penser que nous ne possédons pas encore les capacités qui nous permettraient de l'appréhender à la dimension qu'il nous suggère. Mais nous avons aujourd'hui un pied dans l'entrebâillement de la porte des étoiles, elle ne peut se refermer sans nous blesser. Ce qui signifierait que nous sommes tenus de repartir à zéro, et si elle demeure entrebâillée, d'autres que nous un jour l'ouvriront.

Là encore, la voie cartésienne ne peut éviter les probabilités. Il existe des limites au mépris que l'on nomme insuffisance cognitive, autrement dit, l'incapacité de concevoir que « *la science* » n'est qu'un des aspects ascendants de l'époque où l'on vit. Considérer cette science indéfectible en ses principes et applications est manifestement déraisonnable. La science est perfectible à l'instar de l'homme en vertu de son évolution. Ce qui aujourd'hui fait office de référence avérée sera demain jeté au rebut des obsolescences. Souvenons-nous des Mages de l'histoire et du côté anodin des cœurs de palmiers de forme pyramidale, alors que la palme elle-même jouissait d'une grande symbolique en l'antiquité. La symbolique constituait le support de connaissance des peuples anciens et nous avons aujourd'hui beaucoup de difficulté à la déchiffrer.

Pour que ce ne soit point trop flagrant, le carré-base est devenu ici un rectangle, mais de précieuses indications ne laissent aucun doute.

Ici, nous ne pourrions voir qu'une fresque banale représentant un couple princier en train de se distraire par la passion du jeu (c'est généralement la version qui préfigure chez les experts). Mais cette figuration à peine exposée, une signification plus subtile apparaît, l'attrait de particularités qui nous sont désormais familières. Pharaon ôte le pion « 4 » qu'il retient dans sa main ; rappelons que ce chiffre est à la base des notions numériques de la Grande Pyramide. Il demeure sur le carroyage du jeu « 3 pions » représentatifs des trois étoiles du baudrier, d'où leur symbolisme. La main gauche qui tient un torchon signifie « *pouvez-vous deviner ce qui est effacé* ». La signature de l'hypothèse serait ces deux pyramides aux angles évocateurs, dont les bases siègent sous les monarques, comme l'évidence d'un principe sur lequel on trône, alors qu'au sommet du linteau « 7 *liens* » nous suggèrent les étoiles d'Orion. La connaissance passe fréquemment par l'office de nos yeux, mais elle est souvent trop éblouissante pour le frêle diaphragme de notre interprétation, alors nous détournons notre regard vers les réalités plus falotes de la vie au quotidien !

Les fresques égyptiennes témoignent de la connaissance à des niveaux différents d'élévation. L'imagerie que contemplait le profane se limitait au premier degré de compréhension, alors que pour l'initié aux mystères, la direction du regard, la position des mains, le croisement des sceptres, la disposition des objets, avaient un intérêt primordial à l'instar de la tradition enseignée.

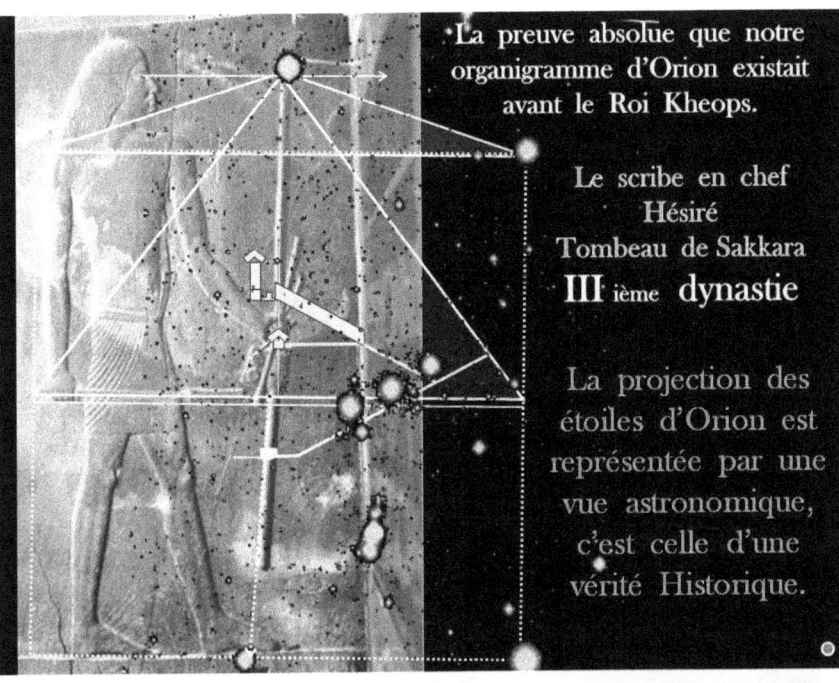

·La preuve absolue que notre organigramme d'Orion existait avant le Roi Kheops.

Le scribe en chef
Hésiré
Tombeau de Sakkara
III ième dynastie

La projection des étoiles d'Orion est représentée par une vue astronomique, c'est celle d'une vérité Historique.

Le kiosque aux méditations

Ces fresques murales nous sont communes, ce qui l'est moins, ce sont les critères géométriques rigoureux qui les composent.

Nous avons ici kiosque aux limites définies par une voute et deux sceptres ouas.

La Terre en cette organigramme occupe trois faces sur quatre, la quatrième nous est donnée par la circonférence de la Lune.

La Lune occupe le siège carré du dieu Horus, trône traditionnel de la royauté.

Un triangle équilatéral a sa verticalité qui coïncide avec l'œil d'Horus et le petit carré.

Georges Vermard

Pourquoi le Christ et ces interrogations ?

Depuis le début de cette chronologie, notre lecteur aura observé que ce sont les recoupements géométriques et leurs indices numériques qui justifient les dates que nous mettons en avant, celles-ci sont en rapport avec les faits historiques répertoriés. Lorsque dans la structure schématique une altitude pointée focalise un certain nombre de convergences, il y a tout lieu de penser qu'il s'agit là d'un fait important, plus important parfois que la notoriété qui lui est accordée. Pour ce qui relève du **Christ,** année zéro de notre ère, aucun point ne réunit autant de paramètres, si ce n'est peut-être, le croisement des étoiles cadre d'Orion ou le toit de la chambre de la Reine. À chaque altitude pointée, peut-être nous faut-il envisager un événement exceptionnel de l'histoire des hommes ?

> Toutefois : La question se pose, avec une acuité renouvelée : comment ces « bâtisseurs d'éternité » étaient-ils à même de prévoir un futur aussi lointain ? Comment pouvaient-ils envisager 10 000 ans avant notre ère contemporaine, que naîtrait un être d'exception dont l'existence serait l'objet d'une symbolique élaborée et d'une historicité singulière ?

Il y a grosso modo trois manières d'envisager la question :

La première consiste à ne voir là que sottises indignes d'un esprit rationnel dont l'attitude consiste à se détourner sans plus d'attention de ces déplorables balivernes !

La seconde manière est d'accepter tout d'un bloc avec la candeur frénétique d'un Piazzi Smyth mesurant la pyramide avec un mètre d'arpenteur et une lime pour faire concorder ses obsessions.

Si ces deux manières antithétiques ne nous paraissent pas très propices aux qualités que l'on prête à l'esprit, il nous faut alors opter pour une autre conduite : examiner au plus près les mesures, jauger des probabilités et des vraisemblances, établir des analogies, confronter les paramètres à des critères scientifiques, établir des plans à des échelles rigoureuses, explorer historicités et mythologies et ne pas accorder la moindre concession à l'arrangement ou à l'approximation.

C'est l'examen de ces paramètres qui établira selon nous, la plus probante impartialité, c'est aussi l'option que nous avons adoptée. Ceci n'exclut en rien les imprécisions de quelques dixièmes de millimètres sur des centaines de mètres. Cela peut résulter du degré de fiabilité des machines, du cumul des nombres, des reconversions de mesures, des choix de documents, autant de petits facteurs taquins qui ne sauraient altérer la crédibilité de la démarche.

Nous n'écrivons pas dans le dessein de faire l'apologie de la Grande Pyramide, même si ce monument mérite largement toute l'attention qu'on lui porte. Nous n'écrivons pas davantage pour susciter une adhésion quelconque à une doctrine, à un système, mais bien pour laisser au fond des filtres incrédules du mécanisme contemporain les traces aurifères d'un autre âge. La date christique en question occupe avec une précision bouleversante le centre de la couronne créée par le cercle de quadrature. Aussi est-il aisé d'en déduire que ce point *crucial* fut calculé par des êtres pourvus d'étonnantes facultés de connaissances.

L'épaisseur de cette couronne est de **14,8351142** m,

divisé par 0,011785113 (la clé chronologique) cela nous donne :

1 258,801184 années d'un bord à l'autre.

Curiosité : si nous multiplions l'épaisseur de cette couronne par π

nous réalisons : Ø 14,8351142 m x π = 46,60588577 m.

Avec « 1 » devant, nous constatons une approche à 2 m/m près de la hauteur sur le socle de la Grande Pyramide. Mais aussi et surtout, ce 46,60588578 m de circonférence est identique à la longueur de ce chef-d'œuvre intérieur de la Grande Pyramide qu'est *la Grande Galerie à encorbellements* menant à la chambre du Roi. Sur l'étendue de sa longueur au sol, celle-ci est donnée pour 46,61 mètres, mesure établie avec un rayon laser.

Autrement dit ; *la longueur de la Grande Galerie placée en cercle aurait pour diamètre la largeur de la couronne dont le point central représente l'année zéro de notre ère.* La valeur nous apparaît si précise qu'elle ne peut être que délibérée, c'est à dire, imaginée sciemment par les concepteurs. Une question alors impose sa logique : la Grande Galerie aurait-elle pour fonction de nous instruire sur cette période de temps exceptionnelle de près de 1260 années que connut l'humanité ?

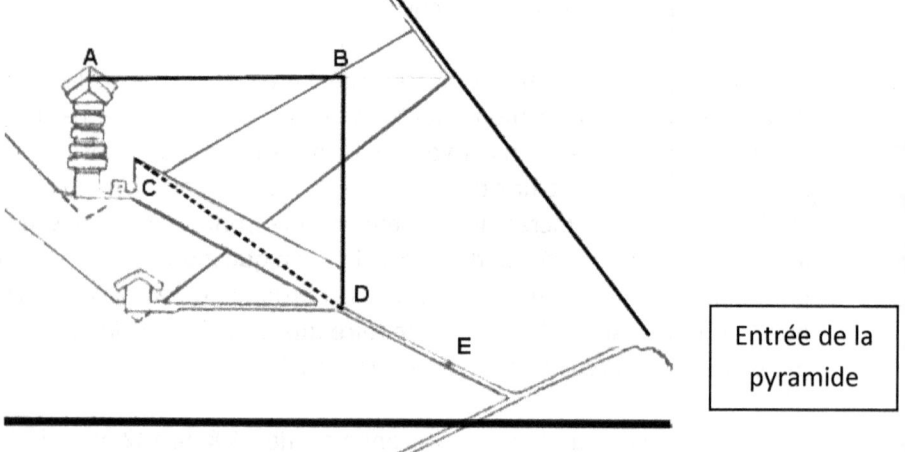

Longueur de la Grande Galerie en C - D = 46,605888577 m (les décimales sont bien évidemment théoriques)

Le point « E » sur le couloir ascendant représente le point de croisement des étoiles-cadre de la constellation d'Orion.

Nous avons vu que lorsque l'on abaisse jusqu'au *centre de la chambre souterraine* la hauteur de la Grande Pyramide, l'extrême pointe du pyramidion atteint le *centre de la couronne*, c'est l'avènement de *Jésus Christ* (an zéro de notre ère). Ce qui est révélateur et réellement prodigieux, nous l'avons déjà évoqué, c'est que la chambre souterraine en question est assimilable à la grotte de la nativité. Sur un plan symbolique, la vie de Jésus est alors figurée par l'élévation vers le sommet de la pyramide, autrement dit, l'ascension vers la couronne. Mythe et réalité ne peuvent être plus liés et plus explicites qu'ils le sont en cette démonstration !

La chambre souterraine est considérée par les spécialistes comme une pièce sépulcrale inachevée et sans intérêt particulier. Concours de circonstances : sous le règne du Roi Kheops (selon nous, le restaurateur de la Grande Pyramide), le centre de cette cavité (chambre souterraine) se situait à mi-hauteur du niveau qu'occupait la mer méditerranée par rapport au socle de la pyramide (environ 29 m de la surface de la mer et à environ 30 m de la base sur le plateau).

On pourrait en déduire qu'une emblématique « *naissance en la grotte* » symboliserait la théophanie (lumière divine en les ténèbres), alors que « *le milieu de la couronne* » symboliserait la crucifixion, mais aussi la sublimation (révélation transcendantale de la croix cosmique). En ce qui concerne la hauteur de la pyramide, elle pourrait représenter le parcours existentiel de la vie du Christ. Cette vision des choses est connexe au nouveau testament. L'existence du Christ est limitée à une période proclamée de 33 années, nous allons tenter de comprendre pourquoi sur le plan de la symbolique !

> Il ne s'agit pas d'adhérer inconditionnellement à ces faits amplement controversés, mais bien de savoir s'ils ont une réalité symbolique ou non. L'essentiel pour nous tient aux anagogies qui procèdent des croyances. Sont-elles ou non indissociables de l'esprit que l'on prête à « la Tradition Primordiale » ? Pour le « connaissant », la souveraine vérité ne peut pas être extraite de la foi par trop vulnérable, mais de la cohérence des preuves dans le contexte de phénomènes existants.

Au terme de sa courte vie publique rendue mémorable par la métaphore et le prêche, **le Christ** aura su raviver l'entendement des mythes, supports de la symbolique traditionnelle. Il aura aussi et surtout, enseigné l'amour divin à travers l'esprit de connaissance. Par son martyre réel ou partiel, mais délibérément ordonnancé, il aura souhaité nous montrer l'authentique chemin de *la quête spirituelle*.

La croix est à la base de la vie, c'est le premier symbole humain. Elle définit les deux dimensions, elle suggère l'ellipse chromosomique, la fonction des hémisphères corticaux, elle est le centre du cercle et du carré, elle matérialise les points cardinaux, la croisée des chemins, ses valeurs sont ascensionnelles et linéaires, abyssales et solsticiales. La croix est *un signe de connaissance, le triangle équilatéral est un signe divin, le premier indique le point nodal, le second le magnifie.*

Stèle de Teti XI dynastie.

Le tablier de connaissance est ici singulièrement apparent, il se résume à un triangle équilatéral, signe d'un degré relativement modeste.
Les personnages en second plan, sont les maîtres enseignants de Teti.

Nous les modernes avons tout exploité, tout risqué, tout rentabilisé, tout répertorié, tout compris... sauf, le chemin que le Christ nous montrait avec opiniâtreté, celui du *lien Terre – Ciel*. Au lieu de cela, nous avons démythifié la portée de cette symbolique, nous l'avons assimilée aux mythes populaires en galvaudant par le fait même l'esprit de connaissance. Vingt siècles plus tard, nous n'avons toujours pas saisi que ce n'est pas l'acte de crucifixion en tant que tel qu'il nous faut encenser de nos dévotions, mais l'acte de création accompli par « *le Principe Créateur* ». Ce leitmotiv inlassablement ressassé par le Christ : « *Père - le Père - mon Père* » allégorisait en un terme générique intentionnellement concis, une tentative de rapprochement de la créature vers son créateur. Autrement dit, la complexité était la suivante : comment inviter l'homme *à exalter de manière passionnelle la création,* afin d'entretenir un lien perpétuel et attentionné avec l'esprit ? Le terme le plus bref, le terme le plus simple pour des gens simples, était... *le Père*, sous-entendu « *la référence* ».

Voilà la voie salutaire que **le Christ** indiquait et persévère à nous désigner à travers des actes liturgiques ou métapsychiques. Hélas, alors même qu'il nous montre la Lune, nous, pauvres humains... avons l'œil rivé sur son doigt qui n'enserre nul dollar. La croix, oui, mais nullement celle du supplicié. Les Templiers, somme toute, l'avaient non seulement discerné mais reçu en tant qu'enseignement lors de leur « *Questre orientale* ». Les cathares également ne l'ignoraient point puisqu'ils se référaient de ce grand méconnu qu'était Mani ; c'est pour cela qu'ils sont morts martyrisés par une autorité imbue de pouvoir temporel.

Toute politique aujourd'hui est tributaire d'un lobbysme technologique qui ne diffère en rien des méthodes inquisitrices d'antan, si ce n'est qu'elle se tient sous le voile médiatique de l'apparence. Aujourd'hui nous nous montrons horrifiés par la torture du corps, alors que la torture de l'esprit n'est en rien plus secondaire, et elle est le fait quotidien de nos sociétés sans âmes. Jusqu'ici notre « chance » se concrétisait par un phénomène paradoxal : nous étions devenus des consommateurs et cet immense bouclier de sacs plastiques a protégé l'occident des affres de l'inconscience. Mais ce fourvoiement démocratique a une fin, ne doutons pas qu'il se consumera dans la fournaise spéculative que lui réserve ses cupides addictions.

Par l'abnégation significative de sa personne, le Christ nous indique depuis plus de 2000 ans le chemin, c'est celui des nombres et de la géométrie en passant par l'astronomie. Pourquoi ? Parce que ce sont là les témoins de la vérité. Ce sont des valeurs natives, authentiques, intraitables. Leurs résultats ne s'interprètent pas à l'infini comme l'intention philosophique ou la phraséologie dogmatique attachée aux religions. Les nombres sont ou ne sont pas et si *le divin est*... alors ami lecteur, il est grand temps que nous songions à réformer notre comportement. Plus de 2000 ans de réflexion cela devrait suffire à une option responsable, il y va de la vie d'une petite planète bleue, qu'un jour on nous offrit comme support à notre germinale verticalité !

33 ans (années théoriques d'existence de Jésus)

x 0,011785113 (clé chronologique) = 0,388908729 m

x 1000 = 388,908729 ÷ √2 1,414213562 = 0,**275**.

275 multiplié par la coudée pyramidale de 0,5236006 m =

143,9901648 m (ou le 144 biblique).

Soit exactement au millième de millimètre près, la hauteur en mètres sur le roc de la Grande Pyramide jusqu'à la plateforme. Au-delà se situe le pyramidion symbole du nombre pi et de l'intemporalité, la pyramide réalise alors 147,1317686 m. La différence nous est donnée par le nombre π, circonférence étalée dont le diamètre est « 1 ».

Cette plateforme exprime « *le temporel* » avec Pharaon, alors que le Pyramidion lui est d'ordre « *spirituel* » avec l'Our'ma et les 12 Grands Hiérarques. Rappelons que ce pyramidion ou gnomon, emblématisait hier encore l'âge d'Or. Malheureusement… il est détruit, et ce n'est pas seulement l'effet du hasard, nous verrons bientôt pourquoi ! La distance maximale relevée depuis la base du socle jusqu'au sol défoncé et bosselé de la chambre souterraine atteint la valeur théorique de 30,5738353 m. On comprendra que ce dernier relevé est à considérer à quelques centimètres près du fait de l'état des lieux (voir de 30 ou 40 centimètres dans le pire des cas).

D'après une synthèse de différents relevés, la hauteur de la chambre serait alors de 3,464101614 m (aux décimales évidemment théoriques), ce serait deux fois la valeur de **√3**. Ce qui fait que le milieu ou rayon de cette cavité peut être évalué à l'indice de **1,732050807** m (la racine de √3).

30,5738353 m + 147,1317686 m =

177,7056039 - 1,732050807 m

(demi-hauteur de la grotte) = 175,9735531

Ce qui nous incite à l'opération suivante : 175,9735531 m moins la distance séparant l'année zéro de *la fin du demi-cycle précessionnel*. Valeurs évaluées en mètres :

Orion et la Connaissance Perdue

175,9735533 m - 29,3653851 m = **146,608168 m**

(la hauteur de la Grande Pyramide sur son socle)

Ce résultat est tout bonnement merveilleux et les quelques dixièmes de millimètres en rapport avec la profondeur de la grotte ne changeraient rien à l'affaire. Notre lecteur aura remarqué que √3 et √2 jouent en nos calculs un rôle de première importance :

1,414213562 x π 3,141592653 = **4,442882936**

Par parenthèse : Un vieil initié sans âge aux cheveux de neige, nous à démontré qu'en Égypte protohistorique les écoliers se devaient de retenir les racines de √2 et √3 de la manière suivante :

« 1 x 8 √ ÷ 2 = **1,414213562** » « 1,5 x 8 √ ÷ 2 = **1,732050808** »

Les 146,608168 m de la hauteur sont pris à l'indice non de la coudée pyramidale de 0,5236006 m, mais à celui de la coudée ésotérique soit 0,523598774 x 280 = 146,6076567 m. Nous constatons qu'il y a une infime différence avec les décimales. Toutefois, ce genre de dissemblance numérale que nous appelons « *respiration* » est indispensable à la précision du calcul suivant :

146,6076567 ÷ 4,442882936 = 32,99831636 ou 33 ans.

Les 146, 6 076 567 m précédemment adoptés divisés par l'année pyramidale de 0,011785113 nous révèlent à l'échelle précessionnelle la valeur de 12 440,07222 années. Divisées par les 33 années christiques ou plus précisément 32,99831636 années que nous venons de trouver, cela fait des coupes de 376,9911193 années :

376,9911187 années ÷ π = **120** (le **sang** et **vin** de la coupe) x 3 = 360

Ce qui nous amène à préciser : **376,9911187** années divisées par les 12 disciples, signe prépondérant de la démarche christique, puis de nouveau par le « **10** » le premier nombre de l'Horus justicier = π

Rappelons les caractéristiques du 10 - dixièmes naissances après les « 9 » dieux de la Genèse - le 10 Ouroboros de l'ennéade - le 10 représente à la fois le **Un,** premier principe, premier des nombres, renforcé par le zéro d'Atoum, le zéro du *créé dans l'incréé* – Nous l'avons déjà vu : *Égypte ancienne, le hiéroglyphe d'un faucon avait pour signification le nombre 10.*

Pour autant ami lecteur, n'assimilons pas cette suite de résultats à une pensée *Créatrice Universelle,* non… non… ne soyons pas aussi crédules, vénérons plutôt le « *hasard* », celui-ci est si industrieux qu'il mérite bien une part de notre admiration.

La Grande Pyramide n'est pas l'insipide mausolée que l'on nous dépeint, l'histoire consensuelle en a fait une allégorie des âges, figée d'infertilité. La Grande Pyramide est un témoignage, un enseignement, une espérance, elle est une arche placée entre le Ciel et la Terre pour inciter l'homme à évoluer vers une hauteur à sa dimension.

Sortons de l'enfance en laquelle on nous tient, pour envisager un autre monde, celui attaché aux principes d'élévation et de pérennité.

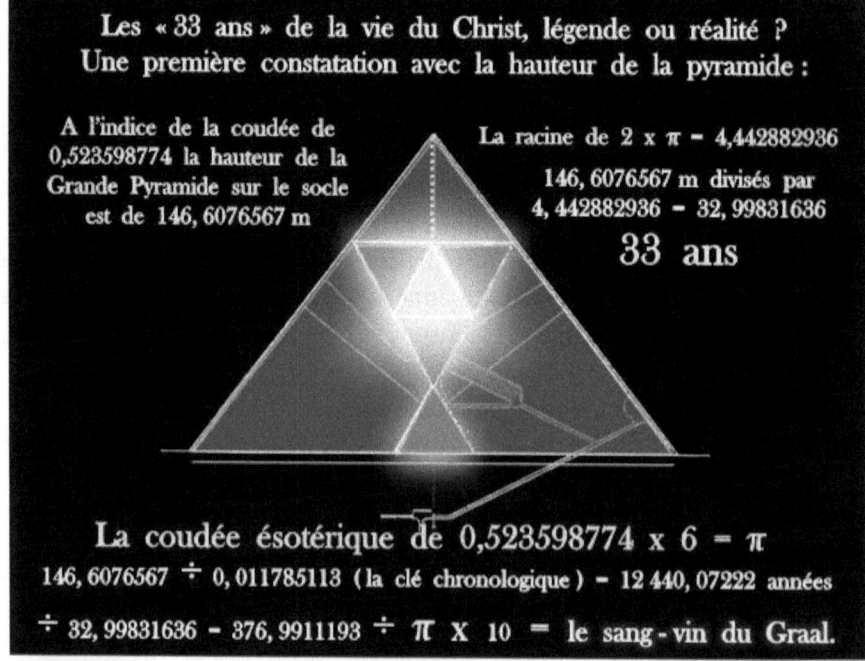

Orion et la Connaissance Perdue

→ *Fin du demi-cycle de la constellation d'Orion*

La circonférence terrestre moyenne a pour valeur 40 008 km. Si pour affiner les calculs nous ajoutons à cette immense périmètre la banale hauteur d'une Tour Eiffel, nous obtenons 40 008, 33401.
Le nombre d'années s'échelonnant entre la date de conception du Christ et la fin du demi-cycle précessionnel effectué par Orion étant de
2 499, 479233 années. 40 008, 3340 x 2 499, 479233 années.

Résultat : 100 000 000

Voilà bien une probante relation entre le cycle et la tradition.

→ *Année zéro de notre ère, départ du calendrier.*

→ *Année de conception du Christ 7, 743676377 AV notre ère*

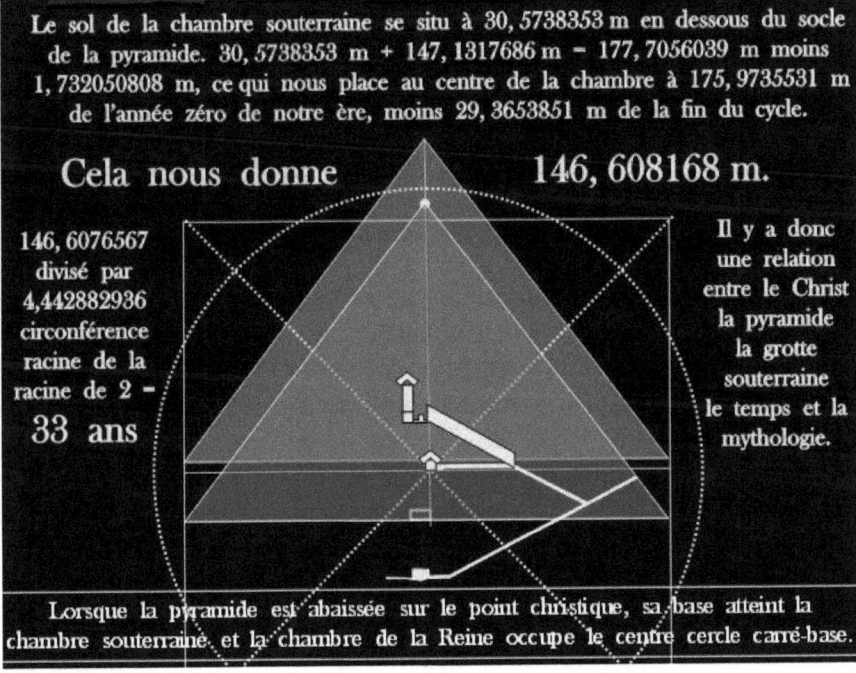

Le sol de la chambre souterraine se situ à 30, 5738353 m en dessous du socle de la pyramide. 30, 5738353 m + 147, 1317686 m = 177, 7056039 m moins 1, 732050808 m, ce qui nous place au centre de la chambre à 175, 9735531 m de l'année zéro de notre ère, moins 29, 3653851 m de la fin du cycle.

Cela nous donne   146, 608168 m.

146, 6076567 divisé par 4,442882936 circonférence racine de la racine de 2 =

33 ans

Il y a donc une relation entre le Christ la pyramide la grotte souterraine le temps et la mythologie.

Lorsque la pyramide est abaissée sur le point christique, sa base atteint la chambre souterraine et la chambre de la Reine occupe le centre cercle carré-base.

Lors du glissement vers le bas de la pyramide A son sommet vient se placer sur *la première année de notre ère*. Nous remarquons alors, que la chambre, dite de « *la Reine* » se place sur la ligne de départ de *la constellation d'Orion* au centre de la ceinture et son toit sur la base de la pyramide A. La base de la pyramide B vient alors se positionner sur la souterraine. Il n'y a plus beaucoup de références à la Grande Tradition parmi les œuvres qui nous sont contemporaines. Il en est cependant de méconnues du grand public.

Eglise de Josselin
Morbihan

La Grande Tradition resurgit parfois en des endroits inattendus avec cette note juste que confère l'universalité de la connaissance.

Le cercle de quadrature

Elles sont généralement l'œuvre de chercheurs d'une époque révolue, sculpteurs, maître d'œuvre, compagnons du devoir ou artistes travaillant sous la conduite d'un maître en spagirie. Ces rares évocations de la Tradition Primordiale méritent d'être soulignées. L'esprit de tradition nous a précédé sur le chemin de la découverte, mais le dragon matérialiste assoiffé de pouvoir, a eu raison de toutes espérances. Aujourd'hui, c'est l'ultime et dernière chance offerte à l'humanité, « *le siècle sera spirituel ou ne sera pas... !* ». Malraux ce grand penseur avait vu juste, en soulignant en une phrase la pusillanimité de notre élévation de pensée.

« Comme le feraient des millions de "support-Terre", inquiétons-nous un peu tout de même de cette blessure à la cheville de l'avant-centre du Réal

Madrid pour le match de dimanche. Sera-t-il en état de jouer ? Demandez à votre voisin ce qu'il en pense et renseignez-vous auprès d'un dirigeant sportif, voyez aussi son bulletin de santé sur Facebook. Et n'oubliez pas de charger vos batteries pour le concert de klaxons en cas de victoire. N'oubliez pas non plus, de laisser en permanence la radio allumée pour savoir le cas échéant, qui le remplacera ! » Quand ils sont cent milles du même acabit, ce n'est pas grave, c'est même tout à fait normal, quand ils sont des centaines de millions, c'est que nous nous rapprochons de l'esprit des deux bouts de bois entre lesquels essaie de passer le ballon.

Moralité, nous méritons nos politiques, nos amuseurs publics, nos désinformateurs, nos tueurs d'abeilles et nos empoisonneurs d'océans. Nous méritons nos comportements infantiles, nos cheminements scabreux, notre incapacité à évoluer au rythme de nos technologies. Notre dextérité est à l'échelle de nos facultés stratégiques, ne consistent-elles pas à rentrer à coup de centaines de millions un ballon entre deux bouts de bois, alors que d'autres ne veulent pas qu'il rentre pour autant de centaines de millions. On tue le temps et même les supporters parfois et on parie gros, avec les matchs truqués chacun a sa chance. Et puis notre fierté, c'est de payer offrande aux « dieux vivants », 10 000 fois plus en un jour que ces ouvriers exsudant dans les mines trous de rat de la république du Congo ou celles d'Afrique du Sud. Notre prouesse d'adultes responsables, c'est de pratiquer le vide par le vide afin qu'aucun vide ne vienne vider le vide qui est dans le vide, et nous réussissons, puisque tout est vacuité diraient les tibétains !

Ne nous méprenons pas sur la gratuité de cette ironie, ce n'est aucunement le sport en question qui mérite la moindre critique, c'est l'exploitation éhontée qui en est faite par l'assujettissement planifié de la candeur humaine. Alors même qu'une mobilisation de toutes les consciences s'impose en urgence pour tenter de sauver in extrémis la petite surface biosphérique de notre minuscule planète bleue.

La signature est là, elle est composée comme toujours par la géométrie et les nombres car ceux-ci ne s'interprètent pas, les résultats qu'ils nous donnent « *sont* » ou « *ne sont pas* ». Les jours sidéraux séparant le point zéro de la date de conception christique affichent clairement « *la racine de 2* ». Cette racine est l'une des grandes constantes de l'univers que le hasard (sic) a bien voulu placer en ce tombeau. Avec le triangle équilatéral, l'offre concerne également « *la racine de 3* » et, de surcroît, nous avons vu que la distance séparant l'année zéro de la prise d'altitude d'Orion indique « **123 m** ».

Si ces faits vérifiables, ne constituent pas une affabulation et que malgré ce constat l'humanité n'en tient aucun compte, c'est que l'humanité est dans l'incapacité d'un sursaut salvateur. C'est que l'humanité est réduite à la confusion par absence de facultés déductives. C'est que l'humanité n'a plus le désir de son évolution mais seulement celui de subsister au quotidien. C'est que la cérébralité affective est virtuellement éteinte avant même de tester la résolution d'un processus générateur.

Le point central (année zéro de notre ère) peut apparaître imaginaire alors qu'il est représentatif de l'entrée de Jésus dans l'âge supposé raisonnable de son époque et ce n'est peut-être pas si anodin. Ce deuxième âge donnait lieu à une cérémonie de passage qui marquait la fin de l'enfance et le prélude à un état responsable. Jésus le missionné allait quitter les siens pour évoluer jusqu'à l'âge de dix-sept ans sous la houlette disciplinaire de l'école essénienne à l'influence pythagoricienne (selon les néoplatoniciens, Pythagore vécu 22 ans dans les temples d'Égypte).

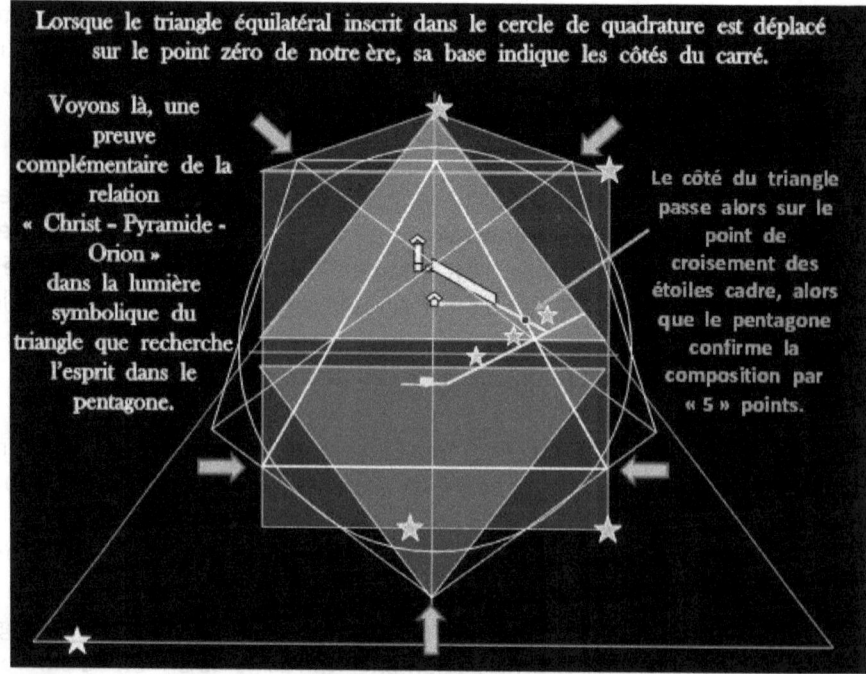

La satisfaction qui devrait résulter de cette étude dépend bien évidemment de l'intérêt que nous portons à ce mystérieux codex de connaissance. Considérée en sa conjoncture, cette figure symbolique devrait solliciter la sensibilité du visiteur. Si ce n'est pas le cas, la plus belle des choses, hélas, ne sera jamais pour lui qu'une curiosité.

Nous avons déjà vu cette animation extraite d'un logiciel d'astronomie, mais il nous parait important de la représenter dans son contexte christique. Cet aspect schématique pourrait passer pour une céleste demeure d'autant qu'à cette date précise l'organigramme structurant la constellation d'Orion se trouvait en parfaite équation de parallélisme avec l'évaluation du sol ; période très courte qui illustre à merveille l'instant solennel de l'avènement christique lors de son passage au méridien.

C'est la multiplicité des signes plus encore que leur importance qui devrait nous interpeler. L'éveil, ce n'est pas lorsque l'on met ses deux pieds hors de son lit, c'est lorsque l'on prend conscience des orientations de sa journée.

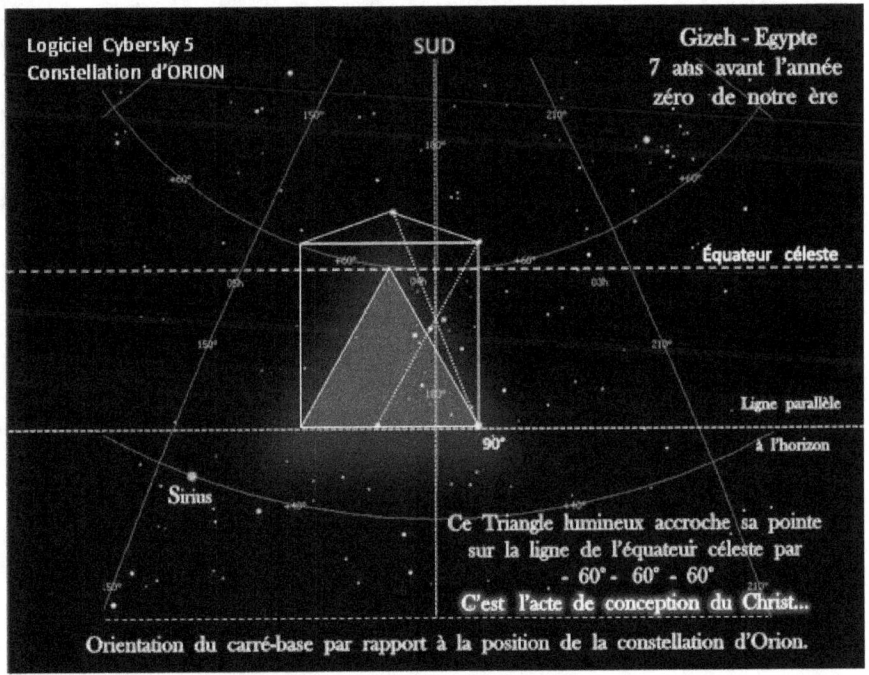

Orientation du carré-base par rapport à la position de la constellation d'Orion.

Nous retrouvons ici la même phase de circuit effectuée par Orion. Mais cette fois la constellation s'est redressée sur la ligne du méridien.

Notre groupe d'étoiles rectifie ici sa forme inclinée dans la course qu'il effectue vers le méridien, pour adopter à l'an zéro une position orthogonale. Autrement dit, 7 années avant l'année zéro de notre ère à l'époque de « *la conception du Christ* », la conformation se plaçait impeccablement droite sur la ligne d'horizon. Elle traçait le plus naturellement du monde le schéma de la Grande Pyramide car c'est en ces célestes lieux que se tient *le message du troisième millénaire*.

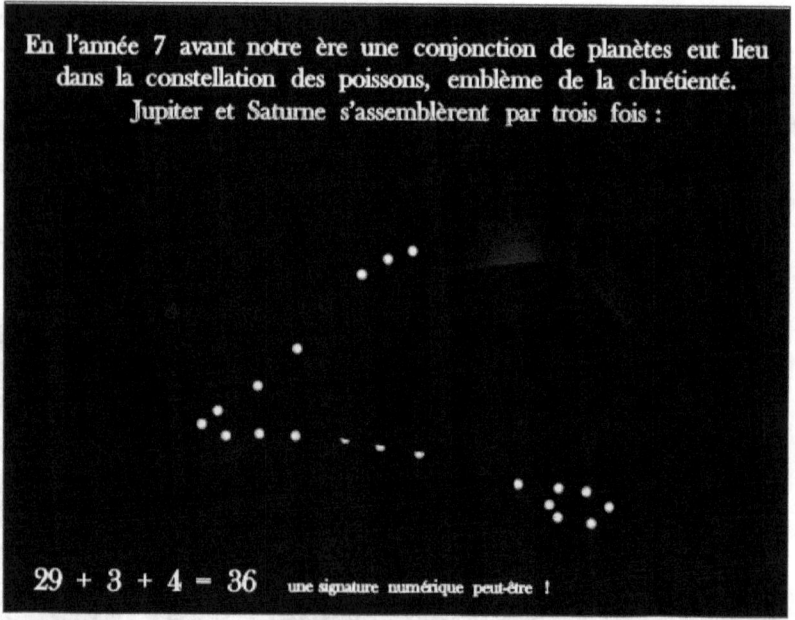

Certes, de telles affirmations invitent à des sourires dubitatifs, ils ne manqueront pas d'éclore à ces énoncés, car pour pénétrer les arcanes de ce niveau de compréhension, il faut adjoindre à des qualités de déduction des évaluations en probabilités qui ne sont pas le fait d'une multitude.

Soulignons au passage la corrélation de certains phénomènes célestes avec la date de naissance du Christ. Nous estimons que le cumul est troublant

Les poissons, nous l'avons mentionné à plusieurs reprises, alimentent la symbolique égyptienne et celle des gnostiques chrétiens (ébionites issus des sectes essénienne et nazaréens). Celui qui « *Verse l'eau* » sera-t-il au rendez-vous du passage zodiacal ? La constellation des poissons forme un triangle ou avec un brin de lyrisme, un vol de « *signes* » sauvages vers une mystérieuse destination, si ce n'est celle des fantaisies que l'on peut prêter à l'esprit. La multiplicité des résolutions symboliques est un facteur de certitude qu'un être réfléchi ne peut scotomiser lorsque se présente à lui des rapprochements événementiels cumulatifs. Une fois encore c'est bien l'accumulation des phénomènes constatés qui détermine l'intérêt que l'on porte au sujet. Que ce soit à l'origine une date, un point nodal, un lieu géographique ou un carrefour de lignes, la concentration et l'implication des événements si rattachant, focalise l'attention et incite à un examen plus approfondi. La croix d'Orion, les trois pyramides, le triangle équilatéral de lumière, la datation du cycle de précession, les concordances numériques et géométriques sont autant de facteurs troublants se rattachant à l'avènement christique. Oblitérer ces critères sans plus de considération, c'est récuser sans un réflexe de bon sens, les apports d'une pensée philosophique qui se trouve être à l'origine de notre cheminement humain.

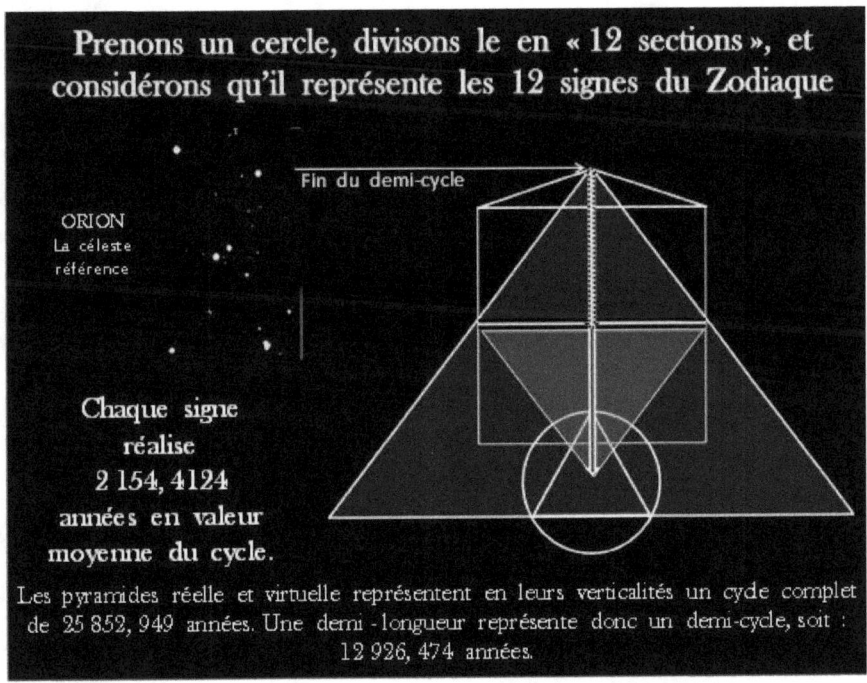

Il est impossible de dissocier du contexte christique l'aspect de la schématique générale, ce sont ces références qui nous servent de base de calculs. Nous en déduisons que ce cycle précessionnel dont nous sommes tributaires à l'échelle terrestre, a peut-être beaucoup plus de choses à nous apprendre sur l'histoire du monde que nous le pensons.

L'avènement christique

Le fait est suffisamment étrange pour être souligné : Il y a peu, des historiens se sont penchés sur le Ciel de Palestine afin de visualiser la position des astres à la date de naissance du Christ. Il se trouve que les étoiles du baudrier d'Orion affichaient à la méridienne un angle au sol de 51°51'. Soit l'angle exact de la Grande Pyramide, premier symbole spirituel au monde. Ce stupéfiant monument dont la masse défie le temps serait-il le résultat jumelé des œuvres humaines et divines ? Après ce qu'il nous a été donné de voir, la question se pose avec l'aide d'un logiciel d'astronomie et la courbe de la surface terrestre :

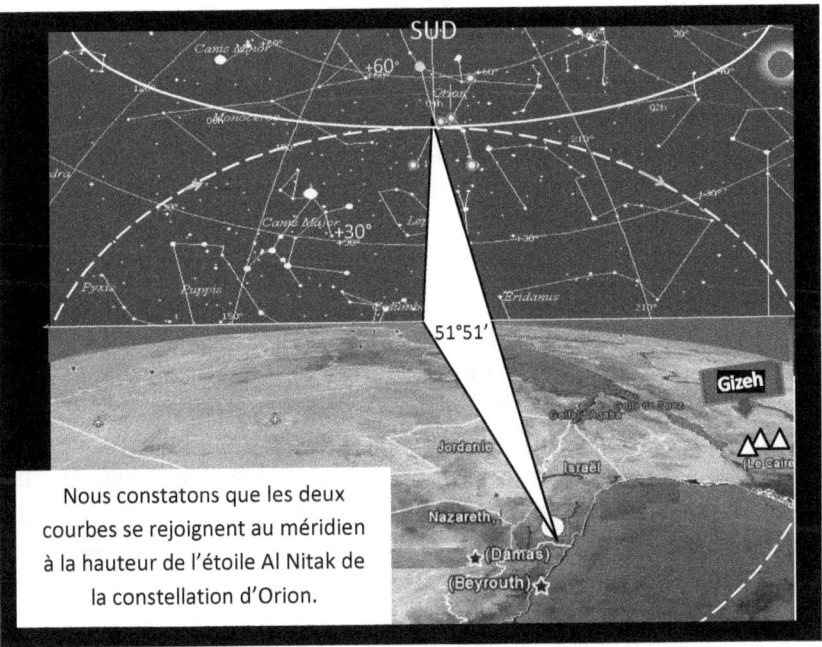

Nous constatons que les deux courbes se rejoignent au méridien à la hauteur de l'étoile Al Nitak de la constellation d'Orion.

Il y a donc une relation à établir entre ce monument et la présence à l'époque précisée, d'un être messager annonciateur d'une reconduction des conceptions morale. La constance de ce message, tiendrait-il au fait d'engager résolument la conscience humaine sur les chemins de l'évolution ?

Cette carte du Ciel extraite du logiciel Skymap-Pro, nous renseigne sur la position d'Orion à la naissance du Christ, 7 ans avant notre ère. Plus de 2000 ans après ce message qui se veut significatif, nous persévérons, sans tempérances, à utiliser les capacités cérébrales qui nous furent prodiguées à amasser quoi… des privilèges. Tel l'homme de Cro-Magnon amassant des dents d'ours et cela au détriment d'un équilibre planétaire doublé d'un grand désarroi communautaire. Certes, notre cerveau n'a pas évolué depuis cette époque et Cro-Magnon est tellement proche de Gros-Pognon qu'il est plus facile en matière d'évolution d'en changer les syllabes. Les maîtres du monde ont toujours souhaité que les moralistes soient évincés du cadre public, ces importuns dont l'audace est de souligner leurs lacunes. Aujourd'hui le mercantilisme a gagné ses légions d'honneur, le temps a épuisé les exhortations des prophètes, les hommes ne sont plus à l'écoute de quiconque, même pas d'eux-mêmes.

Le supplicié Jésus gravissant les pentes du Golgotha ne portait pas sa croix, il portait la poutrelle horizontale de cette croix, autrement dit : l'aspect temporel que nous avons tant de mal à assumer, le spirituel étant le pieu de souffrance verticale de l'esprit de tradition, celui qui est mentionné à l'origine des connaissances humaines. Cet aspect gémellaire représente le véritable point de croisement des religions, c'est le « didyme », l'ARN chromosomique, le taoma du nouveau testament. Le Christ n'a fait que ponctuer l'annonce initiale de *la Grande Tradition*. Les possibilités cognitives qui nous furent accordées aux origines devraient nous permettre de décrypter le message. Ce n'est pas lui, Christ, qui demandait à être adoré comme l'enseignent certains dogmes. Ce qu'il prônait c'est une manière d'être et de se comporter vis-à-vis du *Principe Créateur*. À notre époque, hélas, pour s'imprégner d'un courant philosophique en marge de l'enseignement conformiste dispensé, il nous faut y consacrer du temps et être pourvu de cette grâce que distille l'intuitif. Si nous sommes inféodés à un monde affairiste où rien de ce qui concerne la quête spirituelle n'est tenu pour crédible, comment accéder à la vérité ? Si par défaut de choix, nous nous trouvons placés à l'écart de ces deux courants de pensées, nous ne pouvons qu'être prostrés sur nous-mêmes ou encore, sacrifier toute dignité aux suppôts du superficiel. En ce cas, nous devenons des ombres en errance que la lumière ne connaît pas, si ce n'est celle de l'apparence.

Intéressons-nous un instant à l'illustration de gauche (page suivante). *Le hasard* ayant ordonnancé les chakras subtils, nous remarquerons que le *front* du Christ est placé sur le point indien, au centre de la couronne, le *cœur* est au niveau de la pointe du toit de la chambre du Roi, le *plexus* solaire est lui, à hauteur du toit de la chambre de la Reine, le *nombril* est sensiblement sur la ligne horizontale du croisement des étoiles cadre, le *sexe* est placé sur la ligne médiane au milieu du schéma, la situation de la grotte se trouve à hauteur des *genoux* (genou dévoilé des compagnons du devoir et des francs-maçons, synonyme d'humilité et de dépouillement matériel) alors que le croisement du Graal est aux *pieds* (avec le contenu du calice Graal).

En ces époques lointaines, la pierre cachée, dite noire (Kem), était directement assimilée à la référence universelle qu'était la Grande Pyramide (monos laos, la Seule Pierre). Ces « 7 » points, semblables aux 7 étoiles traditionnelles d'Orion, étaient intégrés en ce souverain message véhiculé à l'origine des temps par « *les devins maîtres* ».

À droite de cette figuration se trouve **Orphée** crucifié alors que brillent au-dessus de lui les 7 étoiles. Cette estampe sur pierre est de beaucoup antérieure à la période christique (objet visible au musée de Berlin). Certains prophètes et spiritualistes furent crucifiés, Orphée – Mithra – Adonis – Bacchus – Krishna – Jésus et peut-être Manès, avant qu'on ne lui ôte la peau du corps et ne la gonfle telle une baudruche. Faut-il voir là le sceau sévère mais inaltérable de la voie initiatique pérennisant la symbolique du sacrifice par la foi ?

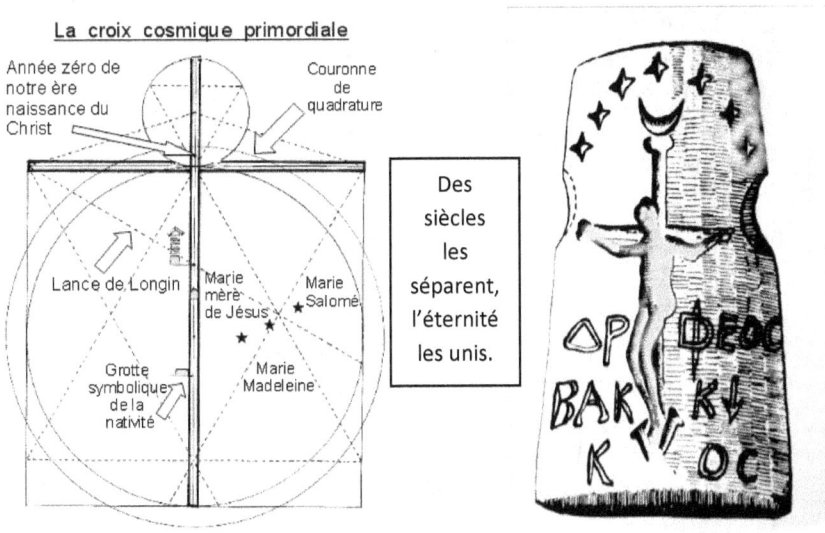

Selon les textes apostoliques, le Christ serait né en l'année zéro de notre ère et il serait mort à 33 ans. Certains historiens prétendent qu'il avait 35 ans, d'autres 31 ans et même qu'il approchait le seuil de la vieillesse (Irénée de Lyon). Des textes canoniques le font naître 6 ou 7 ans plus tôt (Mathieu), d'autres 6 années plus tard (Luc). Certains le font mourir au Golgotha, d'autres au Mont des Oliviers. Des exégètes le font échapper au martyre de la croix, d'autres lui font subir ce martyre et s'en rétablir in extremis afin de poursuivre son message dans le monde géognostique. Des textes apocryphes le font achever son existence en Judée à 56 ans, d'autres au nord du Cachemire au terme d'une vieillesse accomplie de 120 ans. S'agit-il d'un lamentable panachage de contre-vérités ou de confusions des genres en la symbolique de tradition ? Nous pencherions pour la seconde hypothèse, compte tenu à ces époques de l'espace culturel restreint des inconditionnels de l'orthodoxie et de l'emploi rébarbatif des numéraires. La foi ne saurait prévaloir sur la culture, mais elle la pousse à disséquer les retranchements dont elle se réfère.

Par convenance, nous ne rentrerons pas dans un débat d'exégèses intellectuelles, pour l'excellente raison que nous les jugeons stériles eu égard au temps écoulé et à l'absence de preuves irréfutables. Si nous devions nous fier aux textes, quels qu'ils soient, nous nous heurterions comme tant d'autres avant nous aux falsifications des IVème et Vème siècles précédents celles des moines copistes. Ces illustres inconnus à l'érudition discutable, animés du dessein, que nous espérons louable, de crédibiliser l'avènement, en ont profondément altéré le caractère historique. Il faut dire que ce terrain fut avant eux préparé par des lettrés, experts en interpolations tels qu'Eusèbe de Césarée, Tertullien, Irénée de Lyon, Jérôme, Épiphane, Ruffin d'Aquilée, et quelques autres tout aussi célèbres. Mais cela a peu d'importance au regard de ce qui nous importe de traiter.

Pourquoi ?

Eh bien parce que nous considérons qu'il y a des dates, des mesures, des distances qui nous sont livrées par le destin et que si l'on devait s'en remettre exclusivement à la mémoire des hommes, il y a fort à parier que la vie serait depuis toujours un grand foutoir, ce qu'elle est peut-être devenue (le tombeau de Kheops en est un exemple !). Le « mètre » que l'on pourrait considérer « *maître* » nous vient de la nuit des temps ; c'est un exemple avéré et comme il est en relation avec les temps passés et à venir, les décideurs de l'année zéro furent bien inspirés. Ce qui revient à dire que cette « *année zéro* » qui se trouve à la base de notre calendrier a une définition pratique et symbolique, à ces titres, elle est la plus crédible de toutes les hypothèses.

Si nous ne faisons pas fausse route, des indices révélateurs devraient nous confirmer ce choix. Quels seraient-ils ? En premier lieu, il nous faut examiner le nombre d'années qui séparent la venue au monde du **Christ** de sa fin tragique ou supposée telle.

Nous avons vu plus haut que cette fin serait intervenue à l'âge de 33 ans ou **32,99831618 ans**. Seconde constatation, la vie de Jésus, pour ce que nous en savons, s'écoule en trois temps :

1 - Naissance – Enfance, effacement graduel de la vie publique, études, selon toutes probabilités au sein de la communauté essénienne (donc pythagoricienne à Qumran). Enseignement effectué avec les Maîtres cités précédemment auprès desquels il ne serait pas incongru d'ajouter Hillel (Pharisien, homme admirable et prophète) – Adolescence, instructions rabbiniques (judaïsme) et philosophiques (grecque) à Alexandrie. Haute étude d'une vingtaine d'années en Égypte, enseignement ésotérique à un niveau sublimatoire (Héliopolis – Memphis) avec accès, sans l'ombre d'un doute, à *la Connaissance Primordiale* à l'aide d'enseignements privés accordés par les derniers hiérarques encore aptes à dispenser ces disciplines. Il se peut même en ce qui concerne le franchissement du temps, qu'il est eu accès à une métaphysique des champs unifiés que nos physiciens commencent seulement à subodorer.

2 – Réapparition à la vie publique, missionnée en Palestine – Prosélytisme populaire et idéologique à une population sensibilisée (les gentils ou non-juifs) - Enseignement hermétique à une élite nazaréenne (le nazaréisme) d'où le terme interpolé Jésus de « Nazareth » (Nazareth n'existait pas à la naissance du Christ) – Crucifixion, selon nous *« intentionnelle et symbolique »*, pour livrer aux hommes, non le supplice sanguinolent d'une victime innocente, mais, la présence assujettie du principe de la croix. C'est par l'étude de la croix sous ses aspects primaire et secondaire que le mental humain devrait engager sa conscience dans l'élévation - La disparition du Christ de la scène publique privilégia l'apostolat à l'étranger – C'est ainsi que des Desposiounoïs (ceux qui se réfèrent du maître) aux Ébionites, des Pauliens aux Marcionistes des Ophites aux Nestoriens, le

message parcourut le monde du premier siècle à nos jours - Le chiffre 3, nous incite avec la Croix à passer au 4 base de l'univers créé (incarné par Nout). Le Graal, le poisson, la colombe et l'agneau devinrent les vecteurs d'une symbolique spirituelle sur lesquels l'homme se devrait de méditer.

3 – Il est indéniable que le **Christ** est le symbole officiant de la croix cosmique et l'authentique prédicateur du message de tradition. Mais il vint se greffer, à partir du IVe siècle, une urgente nécessité de cohérence en ce qui concerne *l'historicité des actes vécus*. On impliqua donc dans le parcours christique l'odyssée du *pseudo messie zélote,* Jésus bar-Aba (Jésus-fils-du-père) qui, lui, mourut sur la croix en compagnie de ses deux lieutenants sectateurs. Nous saisissons immédiatement la transmutation du drame : alors que le Christ, sans échapper au sacrifice symbolique, échappait à la mort. Par la suite, il aurait séjourné en Syrie (grotte du mont Liban où des gnostiques ont signalé sa présence prophétique en divers écrits). À la fin de sa vie, il est question d'un séjour en Inde. Sa tombe se trouverait aujourd'hui à Srinagar au Cachemire indien, vénérée par de nombreux fidèles (sans certitude aucune pour ces assertions d'auteurs). Malgré le côté stupéfiant de telles révélations, certains exégètes penchent pour cette hypothèse. Cette échappée belle expliquerait l'exil de Ponce Pilate et beaucoup d'autres énigmes. La dernière étape de la vie du Christ en Palestine, que l'on peut assimiler à son ministère, dura selon la majorité des historiens et autres hagiographes de 2 à 3 ans. En vertu de ces informations, tentons de mettre en équations les différentes étapes narratives pour mieux en saisir, s'il y a lieu, la relation de caractère divin. Livrons-nous à une hypothèse à l'aide d'un cercle entourant le point zéro de notre ère : Départ du cycle d'Orion, 10 434,73898 années avant *l'année zéro de notre ère.* Nous devons ôter à ce nombre (voir graphique) les années précédant le ministère de Jésus, l'enfance, l'adolescence et la longue durée d'une vie estudiantine, soit 30,7389838 années théoriques. Il y aurait donc du départ du demi-cycle d'Orion jusqu'au début du rayonnement christique (début du messianisme) :

10 434,73898 + 30,7389838 = 10 465,47796 années.

10 465,47796 années, la racine de ce nombre, nous donne **102,3**

102 = Dieu (Primosophie) suivie du 3 résultat des 3 chiffres.

La vie christique de Jésus le missionné se résumerait numériquement de la manière suivante 30,7389838 années + 2,25933238 années de « messianisme » ou de prédications en Palestine = **32,99831618** années d'existence, attestées sur un plan symbolique. Ce qui revient à dire qu'il s'écoula, du départ du cycle à la mort supposée du Christ, une période de temps de 10 465,47796 + 2,25933238 = 10 467,7373 années. Ce nombre reconverti en mètres, lui aussi, nous donne une corrélation semblable. Voyons cela : 10 467,7373 x 0,011785113 (clé chronologique) = **123,364668** m. Cette valeur, **123** est égale à « Père – Mère – Fils » (trinité avant la virgule).

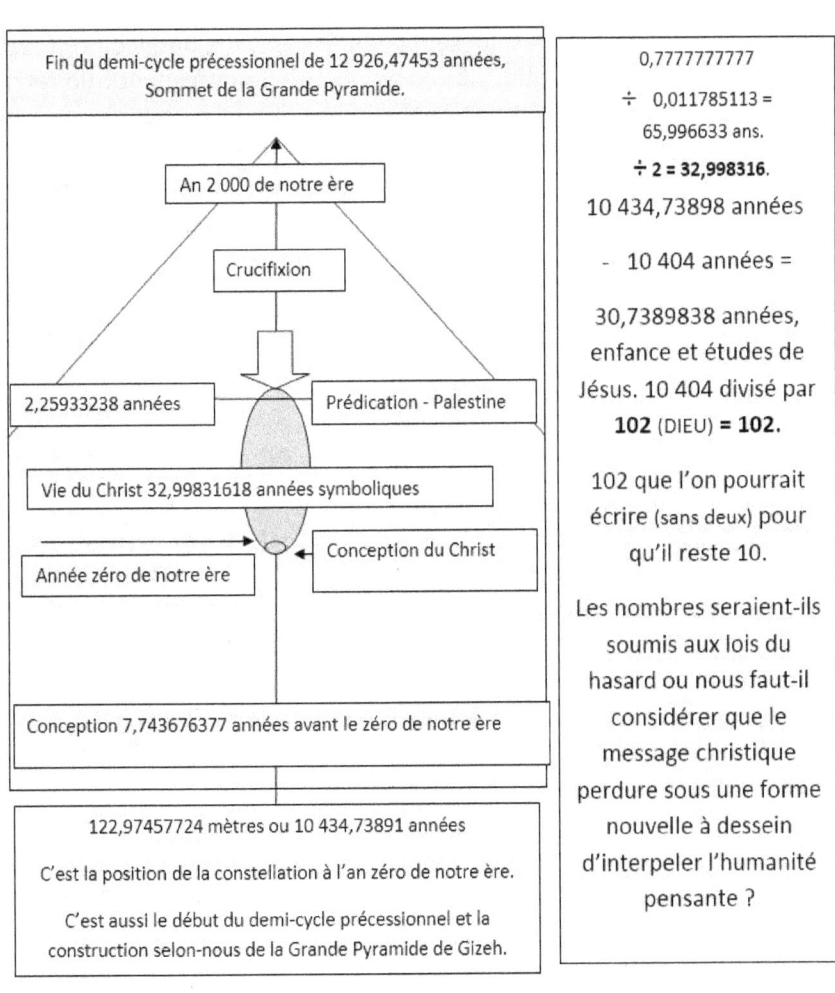

Pour ceux de nos lecteurs qui douteraient encore de la réalité Christique, reprenons les mesures ayant trait à la période de temps qui sépare la conception de Jésus du point zéro de notre ère. Nous avons exactement une différence en mètres, de 0,091260101 m. Si ce nombre ne nous dit rien, il nous faut le reconvertir à l'aide de la clé chronologique de 0,011785113 m = **7,743676377 années**.

Cette dernière valeur a un rapport avec **le temps**. Ne sépare-t-elle pas une date de **conception** de caractère « *divin* » d'une date de référence à caractère profane ? L'an zéro que l'on considère généralement être la date de naissance de Jésus est à l'origine de la civilisation occidentale. Ce double événement peut à lui seul justifier ces deux dates de références mais ce n'est pas pour l'instant notre propos, tentons plutôt de renouer avec les chiffres. À l'échelle de la planète sur laquelle nous vivons, il n'y a pas de meilleures références que l'année sidérale pour symboliser le temps, elle se définit en nombres de jours, d'heures, de minutes et de secondes. Sa réalité décimale affiche 365,25637 jours.

> 7,743676377 années x 365,25637 jours de l'année sidérale
> = 2828,427124 ÷ 2 000 = **1,414213562** la racine de ($\sqrt{2}$).
> Autrement dit, 2 000 fois la racine de deux insérée dans les jours avant l'entrée de notre troisième millénaire. Est-ce un présage ?

La racine de deux est à la base de la structure pyramidale, nous la retrouvons fréquemment dans les tracés géométriques et les infinités numériques. Rappelons que la distance de 0,091260101 m séparant l'année zéro de la naissance de Jésus, constitue le sommet du triangle équilatéral de **360** de côté. Ce n'est donc pas la seule référence, il y en a d'autres de moindres importances. En résumé, nous avons là une notion de temps, impliquée dans un contexte de codifications numériques que déterminent les lois physiques du créé.

Rendons une fois encore hommage au hasard et poursuivons notre quête sur les valeurs numériques attachées à l'avènement du Christ. Nous l'avons vu précédemment : Jésus le missionné, a connu des périodes d'évolution, particulières certes, mais tout à fait conformes à celles de la vie d'un homme d'exception :

Enfance imprégnée de la notion de devoir. Adolescence studieuse, formalisation d'un cursus en vertu d'une diffusion de préceptes spirituels orientés sur une aimante reconnaissance à *un Principe Créateur universel* simplifié sous la désignation de **Père**. Voyage initiatique en Égypte. Adoubement suprême par les Grands Hiérarques, **Jésus** le Chrestos (disciple) devient le Christos ou **Christ** (le Purifié). Retour en Palestine, terre natale d'incertitude et de souffrance. Redonner l'espérance mystique aux populations mises à l'écart (les non juifs, les gentils). Transmettre un message gnostique aux adeptes esséniens et nazaréens. Suggérer la symbolique cruciforme par le sacrifice. Préférer aux vecteurs existentiels normalisés l'ascendance de la conscience (bilan existentiel) vers « *l'âme* » (principe immortel dispensateur des qualités intuitives au cours de l'épreuve humaine).

Réintégrons notre quête et si vous le voulez bien, considérons que ces nombres véhiculés par les textes sacrés bénéficient d'une réalité mystique. Celle-ci n'est presque jamais adaptée à son contexte originel, peut-être pour que l'homme en sa démarche en retrouve le caractère sacré. Nous avons mémorisé que le Christ avait selon les sources symboliques 33 ans au terme supposé de son ministère, 32,99831618, comme nous venons de le voir. Nous avons également pris bonne note que le Christ a été conçu 7,743676377 années avant l'année zéro de notre ère.

7,743676377 années + 32,99831618 années = **40,74199256** années

Le Christ avait donc près de 41 ans lorsqu'il fut crucifié selon sa volonté, au terme de ses prêches publics. Reconnaissons que ce nombre a moins d'impact, a priori, que les fameux 33 ans des récits bibliques. Cependant, si nous cherchons à aller au-delà des apparences, nous allons découvrir que le nombre 40,74199256 recèle des mystères beaucoup plus importants qu'un simple panneau indicateur de piste. Ce nombre nous révèle la teneur du lien symbolique, qui devrait relier nos capacités de déductions au divin attribut des choses.

40,74199256 ÷ 8 (les 8 demi faces de la pyramide) = 5,09274907

x π = 16 √ = 4 = les branches de la croix

et la clé placée en circonférence de la Grande Pyramide.

Le diamètre de la circonférence de 4 nous procure la clé pyramide 1,273239544. Ce nombre, nous l'avons vu, nous permet d'établir des rapports d'harmonie avec les éléments de la structure. Les valeurs que nous exposons ne sont pas les produits d'une gratuité fantasmatique. Ces valeurs sont autant de pierres émergentes du torrent existentiel sur lesquelles nous pouvons espérer progresser. Rien ne peut être moins soumis aux cohortes de la suspicion que les lois numériques et géométriques seules capables de rasséréner l'esprit. Rappelons au passage que 1,273239544 placé au carré nous donne les diamètres moyens de *la Lune et de la Terre* au mètre près.

Les écrits, les paroles, les actes peuvent être subordonnés au doute, à la défiance, à la perplexité ou à l'interprétation. Les nombres et leurs résultats échappent à ces turbulences, ils ont le mérite *d'être ou de ne pas être* et c'est sans doute la raison de leur large diffusion en la Grande Pyramide. La géométrie elle aussi ne peut se plier aux fantaisies de ses exploiteurs, elle impose des normes qui obligent aux respects des formes et des volumes. C'est en vertu de ces critères que *le message des pyramides* est dispensé à la connaissance du public. Il est donc souhaitable que nous prenions en considération les données qu'il affiche.

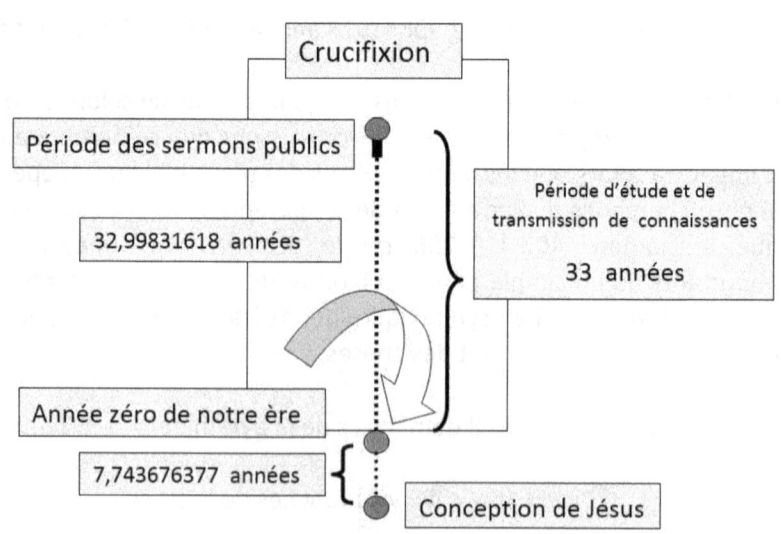

Ce graphique reprend le parcours existentiel de Jésus, de sa naissance à la fin de son « *mandat public* » le jour de la crucifixion. Nous pouvons considérer la période s'étendant de sa naissance à l'année zéro de notre ère comme étant représentative de l'enfance, comprenons une mise en éveil de la conscience. Maintenant tentons de regrouper les 14 éléments symboliques d'un chemin de croix à la gloire du « *Père Créateur* » et non à celle d'un homme innocent, martyrisé, qu'il nous faudrait déifier et plaindre :

S'il n'y a que concours de coïncidences, reconnaissons que celles-ci sont remarquables, elles pourraient faire l'objet d'une thèse, s'intitulant « *Les facéties du hasard aux services des affabulateurs* ». Un grand nombre de diplômés viendraient alors déverser leurs défiances en cet aven de dédain que représente l'incrédulité pour tout ce qui ne résulte pas de l'acquis. L'égo, voilà le mal. Il nous faudrait voir le monde avant de se soucier du monde qui nous voit.

Déplaçons notre curseur d'amour vers la nature des choses, vers *le Père du créé*, c'est ce que ne cessait de nous répéter le Christ.

> Le couronnement du nombre avec 123 – La croix impliquant le choix d'Orion – La circonférence Terre Lune avec le nombre 5,092958173 à x par 2000 – Le centre couronne, la quadrature et les rapports avec les trois principales dates religieuses – Le triangle équilatéral de lumière avec 3 fois 360 – Le chiffre (4) dont le diamètre représente la clé symbolique réalisant 1,273239544 m, base numérique de la Grande Pyramide - Le nombre π avec le périmètre - Les 365,25637 jours de l'année sidérale aves la racine de √2 - L'angle de la pyramide en Palestine – L'horizontalité d'Orion sur la méridienne à la date signifiée – Les 100 000 000 – Les relations avec la chambre souterraine - L'extraction avec les périodes de temps de la circonférence du Soleil – La schématique de la lance coupant au centre le triangle du calice et les trois Maries au pied – Le Graal.

Parmi les nombres rapportés par le Christ, les racines de **√2,** de **√3** et π constituent les éléments vecteurs d'une symbolique universelle. C'est celle que les concepteurs de la Grande Pyramide ont tenté de nous faire percevoir.

Le triangle équilatéral circonscrit dans le cercle a sa pointe haute sur l'année de naissance du Christ,
année moins 7,743298685 de l'année zéro de notre ère.

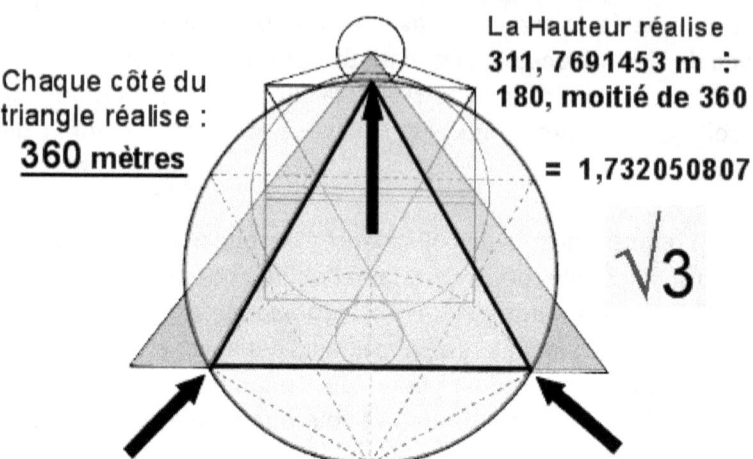

La base du triangle repose sur la base de la pyramide céleste

Cherchons à connaitre l'indice d'élévation que représente la naissance du Christ par rapport à la verticale matérialisant la montée en altitude de la constellation d'Orion :

Du point zéro de prise d'altitude, centre du schéma, au point sommet de la pyramide, il y a, nous le savons, 152,339963 m. Cette distance représente à l'échelle pyramide un demi-cycle précessionnel.

Le point zéro de notre ère se situe à 122,9745772 m de hauteur à partir du *centre schéma* départ de la constellation d'Orion. Si nous considérons ce départ à partir de la base pyramide, il nous faut ôter une demi largeur de ceinture soit : 5,2081944 m de 122,9745772 m ce qui nous donne = 117,7663835 m d'altitude jusqu'à l'année zéro de notre ère. Pour gagner le sommet de l'édifice représentant le demi-cycle, nous avons : 147,1317686 m moins 117,7663835 m, il reste donc 29,3653851 m. Entre ces deux distances se trouve, fatalement, à ce niveau, un périmètre constitué par le pourtour de la pyramide. Peut-être est-il intéressant de le connaître ? Car aucune distance se référant au Christ n'est anodine au sein de notre monument.

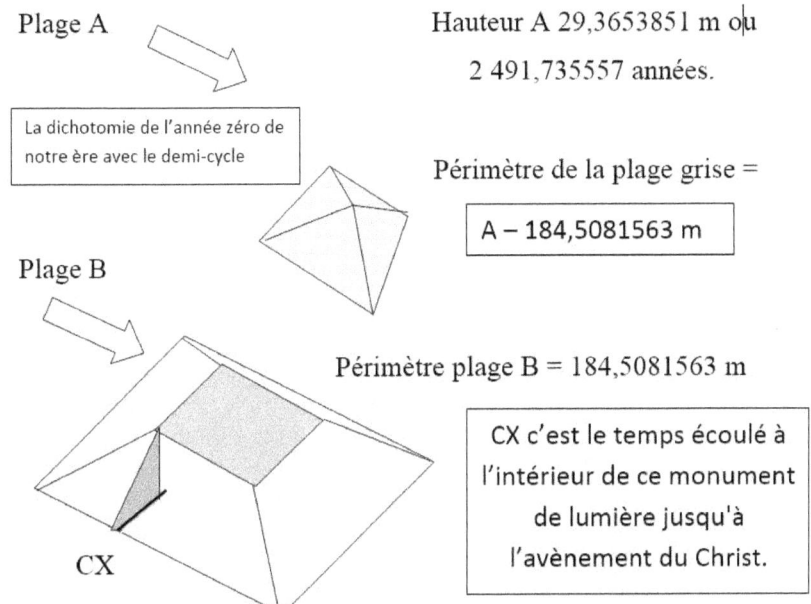

Le tracé « CX » nous donne la hauteur de la plage représentant sur la ligne du demi-cycle le zéro de notre ère, sa base repose sur le roc. Cette distance roc – plage zéro mesure en altitude 117,7663835 m.

La partie au sol qui va de la ligne verticale à la base pyramide, mesure 92,49350136 m, l'apothème qui rejoint les deux mesure 149,746385 m. Ses trois distances réunis nous donnent :

117,7663835 + 92,49350136 + 149,746385 = **360,0062699** m.

C'est le « 360 » de la lumière sacrée des critères universels.

Le but poursuivi est avant tout de démontrer que le Christ était bien programmé en années de vie et en pérennité d'existence à l'intérieur de la Grande Pyramide. Nous avons vu que les preuves schématiques sont impressionnantes, tant géométriques que numériques.

> Il y a une relation événementielle évidente entre l'époque que nous vivons et celle en laquelle est intervenu le Christ en Palestine dans les années zéro de notre ère. Même pression psychologique, même incertitude en l'avenir, même exploitation de l'être humain par une phalange dirigeante, même doute en l'intégrité des hommes de lois, mais aussi, même espérance de caractère divin. Nous nous devons de réfléchir à ces coïncidences qui n'en sont peut-être pas !

Avec la date de naissance du Christ et le nombre de jours, séparant cette date du point zéro de notre ère, nous venons de voir que le Christ, nous indique avec clarté la racine de 2, soit, 1, 414213562.

Maintenant buvons nous aussi symboliquement à la coupe que nous tend « le Seigneur ». En ancien égyptien, le mot « Seigneur » est représenté par l'hiéroglyphe d'une ⌣ coupe à boire.

Le Christ nous précise que cette coupe contient à la fois « le Sang et le Vin = 120 ». La racine de 2 divisée par 120, nous donne la clé chronologique de la pyramide **0, 011785113**.

Si vous n'étiez pas convaincus cher lecteur et si vous ne l'êtes toujours pas, face à cette profusion de concordances, alors pardonnez-nous cet ultime conseil : *Livrez-vous, corps et âme, à un matérialisme effréné... Ça sera toujours ça de pris... !* Par contre...s'il devait en aller autrement, ce que nous vous souhaitons ardemment, aidez-nous par vos actions, à effectuer une dernière tentative pour sauver la petite couronne de vie de notre minuscule vaisseau spatial qui s'avère en grand danger. Car on ne peut pas être convaincu d'une ordonnance spirituelle d'un indicible niveau et rester inflexible devant les nécessités du monde actuel. Cette passivité nous rendrait coupable, aux regards des instances divines.

La paix universelle n'instaurera ses valeurs qu'en popularisant les critères cachés du premier monument au monde. N'oublions pas que les 4 branches de la croix christique (étoiles cadre d'Orion) devront ouvrir aux hommes les voies de la *Tradition Primordiale*.

Ce qu'il est urgent de réaliser en notre civilisation d'aujourd'hui, c'est que nous avons besoin de preuves pour espérer un monde meilleur que le nôtre. Cela n'empêchera pas une majorité d'individus de renier ces preuves pour faire que se perdurent frasques et intérêts, car pour ceux-là, l'animalité est encore toute proche. Ils n'ont plus les griffes et les dents du bestiaire d'hier, mais ils ont la volonté de puissance que procure l'argent, et celles-ci les relayent habilement. Qu'importe mes amis, si ce n'est qu'une minorité de la population qui est sensibilisée par ces découvertes et commence à réfléchir à la finalité de cette œuvre régénératrice, vu le contexte que nous vivons et la ruine des états de conscience, c'est déjà beaucoup.

Nous pouvons alors espérer un renversement de la situation où nous sommes présentement impliqués. Lorsque notre choix s'exercera, non point seulement sur l'appât du gain, l'apparence, la tradition religieuse ou l'éducation reçue mais, sur le ressenti, le raisonnement par déduction, le désir communautaire d'évolution et la recherche spirituelle, nous aurons alors gravi une étape décisive. Cette étape que nous indiquent depuis des temps immémoriaux les messagers de la Grande Pyramide dans le dessein de nous faciliter l'accès à l'esprit de cohésion universelle que nous mésestimons par ignorance.

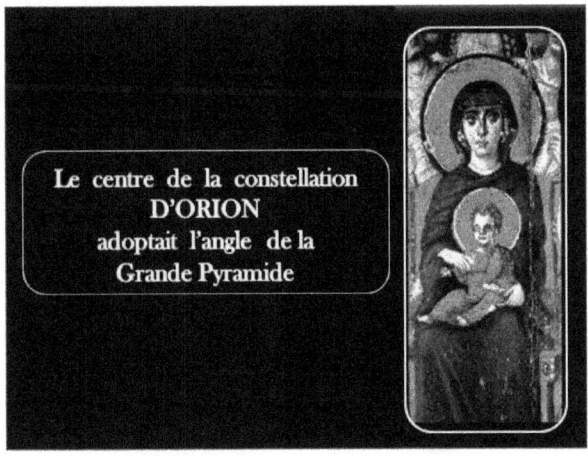

Comment imaginer sans l'assistance d'un concept créateur, qu'autant d'éléments fondamentaux aient pu se mettre en place avec une aussi parfaite harmonie ? Comment imaginer qu'un mégalomane transporté d'exaltation mystique ait pu conceptualiser un monument à sa gloire en regroupant des milliers de paramètres qu'aucun de ses sujets n'était en mesure de planifier ? Comment justifier par le simple raisonnement que des rapports astraux, géométriques et numériques, puissent sublimer de leurs manifestations des dates précises sans aucune démonstration de principe ? Enfin, comment ne pas admettre, sans quelques carences neuronales, que le concours de ces kyrielles de paramètres ne relève pas d'une intelligence à caractère intentionnel ; laquelle intelligence se serait fixée pour mission de diffuser en l'espace des temps futurs, une information en configuration d'examen de passage à un indice supérieur d'évolution ?

Ce qui nous apparait le plus étonnant en ces enchaînements de nombres ou de formes, c'est la multiplicité des aspects revêtus pour souligner une démarche spirituelle. Nous avons ici une conjonction de valeurs métriques pour une phase de temps évoquée de la vie du Christ. Et si nous sommes suffisamment attentifs, nous devons trouver un cheminement logique en cet apparent capharnaüm. Il pourrait se résumer d'une manière succincte en une phrase :

« Trouver en ces engendrements la logique d'équations et de translations géométriques validées par des connexions astrales, afin d'insuffler l'inclusion du spirituel dans le temporel ».

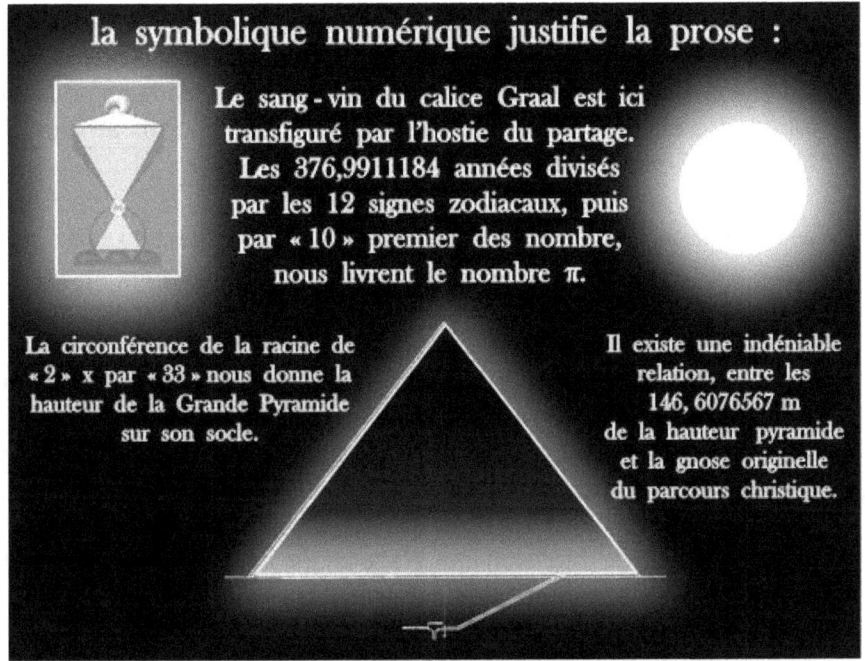

Langage confondant certes, mais combien représentatif du cheminement intérieur susceptible de nous conduire vers la lumière. Savoir évaluer les choses avec des mesures différentes que celles que l'on a acquises. Savoir opter pour des diagonales, savoir considérer que le haut n'est pas le sommet, mais qu'il est le seuil de ce que nous ambitionnons d'atteindre. En multipliant la coudée par 6, les années lumières de la constellation d'Orion ont atteint le nombre « pi ». En fait, les étoiles ne font que suggérer ce résultat ; c'est l'audace humaine qui concrétise le fait par la projection de l'esprit hors des limites qu'impose la statuaire du savoir. La vie pétille autour de nous sous les voiles de l'anonymat, sortons de cette tiédeur banalisée pour oser la marche stoïque de notre évolution.

Les concepteurs réalisateurs de la Grande Pyramide déconcertent les visiteurs par l'insipidité monolithique de l'œuvre qu'ils offrent à leur regard. Pour beaucoup d'inféodés à la culture contemporaine, cette projection titanesque vers les cieux est emblématique d'une volonté d'asservissement des populations. Mais si nous faisons fi de ces points de vue usités et caricaturaux, il n'y a pas en cet édifice un détail, une surface, un bloc, pas une marche d'escalier qui ne soit un trésor. Pour livrer ses secrets, la pyramide fait moins appel à la sagacité de l'esprit qu'à une démarche intuitive. Les concepteurs ont misé sur l'intelligence humaine pour que les découvreurs y puisent un pactole universel, apanage d'un stade d'évolution supérieur. Approchons-nous de ce stade ou nous faut-il attendre encore ? Nous nous devons d'exercer ce choix au plus vite. Aujourd'hui même il est bien tard.

Le Graal, le sang et le vin, l'élévation de l'hostie émergent du calice tel un soleil, les 33 ans, la grotte, la croix, la lance, les « 3 » Maries, le cercle, le triangle de 3 fois 360, les racines de 2, de 3, la clé pyramidale, l'angle de 90° de la constellation, les 123 de distance et le total des cent mille, les indices dans le ciel, les jours de l'année, l'équidistance Kheops fin de cycle et les approbations géométriques, voilà un salmigondis manifeste qui fait appel à un décryptage. Le jeu devrait séduire l'esprit car les gains sont à l'échelle de la démarche intérieure. Le rejet est injustifiable, non point lorsqu'il éclot du libre arbitre, mais lorsqu'il tourne la page sans examen. C'est l'attitude de réflexion qui élabore sur l'échelle des probabilités l'outil de l'éveil. L'homme se doit d'être s'il n'a été. Allons plus loin que la rumeur et faisons-la précéder de l'espérance.

Certains historiens ou exégètes spécialisés dans l'histoire des premiers âges de notre ère, présument que le Christ a pu être supplicié sur une croix dite de Saint-André aux branches en formes de X. Cet usage, il est vrai, était relativement fréquent à l'époque romaine et il n'est pas déraisonnable de l'envisager. Nous retiendrons en ce cas le double symbolique que cela peut inspirer. La croix ainsi décrite est évocatrice du croisement des étoiles cadre d'Orion. Mais elle évoque également les doubles lignes en diagonales de la racine de deux que révèle l'année sidérale ayant trait à la naissance de Jésus. Avec le carré, nous pourrions même ajouter le « 4 » base numérique de la Grande Pyramide.

Souvenons-nous que les « 4 branches du croisement des étoiles-cadre » réalisent 553,3822313 mètres, multiplié par les 8 demi-faces = 4 42705785 m divisé par « 36 » = **122,9738292**. Ce nombre représente la distance en mètres qui sépare la prise d'altitude d'Orion de *la conception du Christ*. Divisé par la clé chronologique de 0,011785113, il nous donne 10 434,67544 années, ce sont celles qui séparent la prise d'altitude d'Orion de l'année zéro de notre ère.

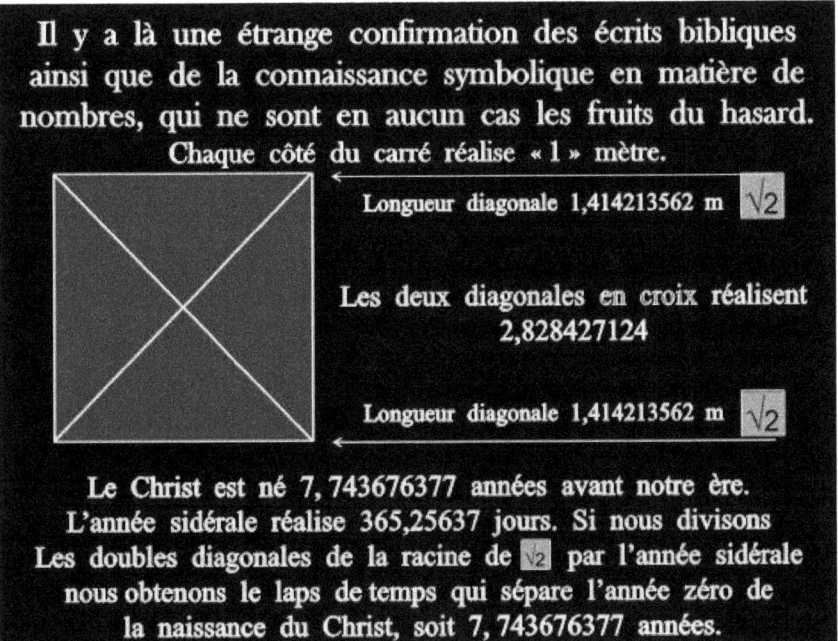

Ce n'est plus dans les légendes que nous devons rechercher la vérité spirituelle mais, dans les nombres, la géométrie et l'astronomie.

Ces similitudes avec les écrits évangéliques sont troublantes notamment lorsque la Grande Pyramide est abaissée au niveau du point central de la couronne, représentant l'année zéro de notre ère. Sa base alors atteint le centre de la chambre souterraine. Cette dernière par la description qui en est faite est réputée sans aménagement précis, aussi évoque-t-elle davantage une caverne, une grotte, une pièce refuge plutôt qu'une pièce de fonction. Si nous considérons qu'elle pourrait suggérer le lieu mythique de l'avènement christique (grotte), à l'opposé, le centre de la couronne serait le naturel accomplissement d'une mort symbolique. La distance entre les deux serait alors comparable au temps parcouru en une vie.

N'avons-nous pas pour longueur de temps les 146,608168 m de la hauteur pyramide, divisés par la circonférence de la racine de « 2 » 4,442882936 = les 33 ans des évangiles synoptiques ?

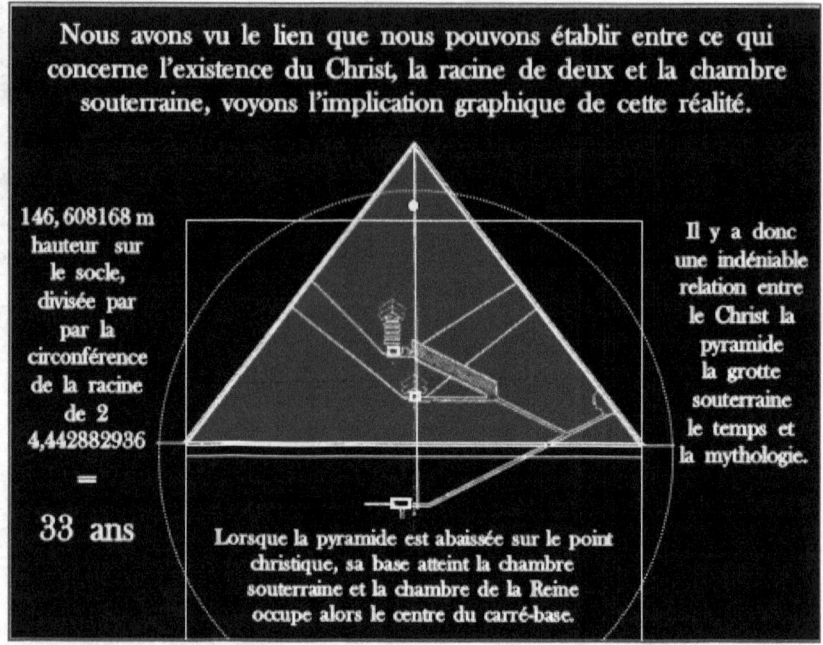

De telles analogies avec les écrits évangéliques sont troublantes notamment lorsque la Grande Pyramide est abaissée au niveau du point central de la couronne, représentant l'année zéro de notre ère.

Terminons par un sourire : celui que nous envoie la terre de Palestine en l'année de naissance du Christ. Dans la région de Sepphoris où résidait la jeune Marie, mère de Jésus. À l'époque de la naissance de l'enfant, l'angle formé par l'horizon et la constellation d'Orion affichait 51°51', l'angle même de la Grande Pyramide. Alors que notre schéma dans le ciel épousait avec Orion un parfait angle droit. Cela signifie que la tradition n'est qu'une, elle ne se dissèque pas, elle ne se dénature pas, elle ne s'altère pas, elle change seulement d'apparence comme l'on change de vêtement selon les âges ou les circonstances.

Parvenu à sa trentième année et au terme d'un long séjour en Égypte, Jésus n'ignorait rien de ce que contenait cet étrange monument. Toutefois, il ne pouvait réserver l'enseignement qu'il y avait puisé qu'aux gnostiques dont l'érudition et le ressenti permettaient le discernement. Les choses n'ont pas tellement changé de nos jours, il faut nécessairement des bases de connaissances pour pleinement apprécier cette découverte. Si nous n'avions pas dépassé toutes les cotes d'alertes et entamé notre processus de survie, ces travaux seraient restés dans l'ombre, seulement accessibles aux gens concernés par une démarche de connaissance. Hélas, les temps sont venus où ce message se doit d'être sur les étals des marchés, à la vue de tous pour que demain aucun être placé un jour devant l'évidence, ne puisse dire… *« je ne savais pas… ! »* Ce message se doit d'être abondamment diffusé en les états de conscience prédisposés à le recevoir. Il pourrait être un facteur d'émulation, mais aussi de reconditionnement pour une société laxiste et désabusée qui n'a d'autre ambition que d'élever les plus roués de ses composants au mépris des plus dignes. Vivre, c'est faire choix de nos capacités à être, nous pouvons exister en la passivité communautaire ou pointer notre solitude de penseur vers la lumière d'une réalité pressentie. Un tel déploiement de richesses en une seule œuvre réputée humaine laisse l'esprit dans l'expectative.

Tout humain doté de qualités pensantes devrait être bouleversé au plus profond de son être ! Hélas, ce serait oublier la réalité du monde… Les voies vers l'essentiel sont encore brumeuses et nos capacités de persuasions ne sont plus assez vives pour en dissiper les langueurs. Ceux qui seraient en mesure de changer le monde actuel dans le sens du bien, ne le peuvent pas. Ils sont tenus par un serment universel qui consiste à laisser évoluer les civilisations comme bon leur semble. S'ils intervenaient dans le processus de progression, ils modifieraient à jamais les critères d'évolution personnelle des états de consciences. Ils ne peuvent qu'évoquer, suggérer ou susciter, dans l'espoir que ceux que l'intuitif interpelle, opteront pour ces chemins de lumière.

Retrouvons une dernière fois notre schéma et ses évocations symboliques. Ce sont là autant de preuves concluantes d'une *« omniprésence »* qui se manifeste en l'harmonie des formes. Conformément au faux adage : *« on fait dire ce que l'on veut aux nombres »*, il est tout aussi déraisonnable de le prétendre pour la géométrie. Les indices de recoupements coïncident ou pas ! S'ils coïncident, c'est que la composition à une signification qui reste à discerner. Nous retrouvons cette évidence dans *« les mandalas »*, objet de méditation et d'inspiration dans le bouddhisme et le tantrisme. La réalité d'une présence christique au début de notre ère est un fait avéré ; il est amplement prouvé par la démarche que nous effectuons. Le côté stupéfiant de l'affaire, c'est que ces découvertes ne sont pas dissociables des révélations contenues en la Grande Pyramide. Ce ne serait pas étonnant puisque nous avons compris que le message est essentiellement destiné à la cause spirituelle.

Par contre ce qui est étonnant, c'est cet ahurissant anachronisme qui nous conduit à douter des ressemblances à moins qu'il nous soit permis de considérer que le temps est une valeur relative sur laquelle se déplaçaient allègrement, semble-t-il, les auteurs de cette dévolution. Voulaient-ils par ce fait marquer l'authenticité de la présence christique en les temps indiqués ? Ou voulait-il souligner qu'il existe une translation possible du temps selon le degré de connaissance auquel on peut prétendre ?

Cette suggestion nous amène à envisager qu'ils n'étaient pas sans ignorer à quel moment cette information serait livrée à la connaissance publique. Devons-nous nous en réjouir ? Oui, si nous avons l'intention de prendre ce message au sérieux et de le concevoir comme élément fédérateur d'un changement radical de notre mode de vie. Non, si nous voulons persévérer jusqu'à l'ineptie en une attitude d'irresponsabilité collective. Car désormais nous sommes informés qu'il existe une autre voie de salut et que nous serions doublement responsables de ne pas la suivre.

Méditons un instant sur ce qu'écrivait jadis Voltaire :

« *Dans le chaos des superstitions populaires, il y eut une institution qui empêcha l'homme de tomber dans un entier abrutissement ; ce fut celle des Mystères* ».

Voilà ci-dessous un exemple de ces mystères :

146,6081 mètres, nous le savons, c'est la hauteur sur son socle de la Grande Pyramide. Affinons ce nombre et divisons-le par « 10 », nous obtenons 14,66081809, multiplié par « 2 » égal **29,32163618 m.**

Cette dernière valeur est proche de celle qui sépare la conception du Christ de la fin du demi-cycle précessionnel (échelle pyramidale) **29,3653851 m**. La différence entre ces deux valeurs représente exactement **0,043748916 m**.

Résidu insipide s'il en est... pas si sûr... ! Puisque multiplié par « les 100 000 000 » que nous indiquions par ailleurs et considéré en kilomètres, ce nombre est celui de la *circonférence solaire* ou plutôt... de « *la lumière christique* » que nous hésitons à considérer depuis 2000 ans !

En reniant cet avènement, nous instaurons un outrage permanent à l'esprit de la création, esprit que les Anciens Égyptiens entretenaient de leur estime par le comportement.

Nous avons oblitéré cette noblesse de cœur qui consistait naguère à faire choix de l'épreuve pour offrir l'espérance à nos enfants. Devant nos problèmes de sociétés, nous sommes un troupeau éteint, épuisé, nos décisions sont puériles alors que les loups au sang vif happent nos brebis droguées qui ne leur implorent même plus la vie.

Est-ce la volonté de Dieu ou l'incurie humaine ? Si c'est la volonté de Dieu, alors persévérons en notre suicide collectif, mais s'il s'agit du comportement de l'homme, affectons de faire un dernier effort de lucidité pour lui faire présumer à ce « Dieu » que nous sommes dignes des êtres pensants issus de sa création.

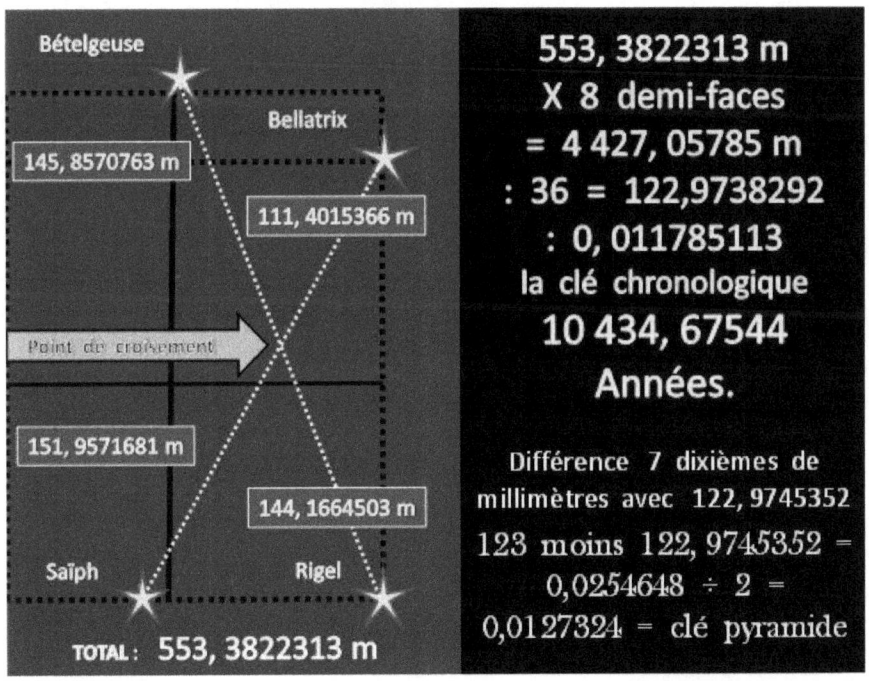

Georges Vermard

Les trois pyramides et les trois étoiles

Existerait-il un lien avec les « *3 pommes d'or* » qu'Héraclès demanda à Atlas, le porteur de Ciel ? Il remit ces précieux fruits à Athéna, laquelle les plaça dans le Jardin des Hespérides, (terme signifiant ; coucher de Soleil – Tradition occidentale). À l'orée donc, des étoiles naissantes de l'univers des dieux, admirons *de notre Terre* les 3 fruits dans le « *jardin des connaissances* ».

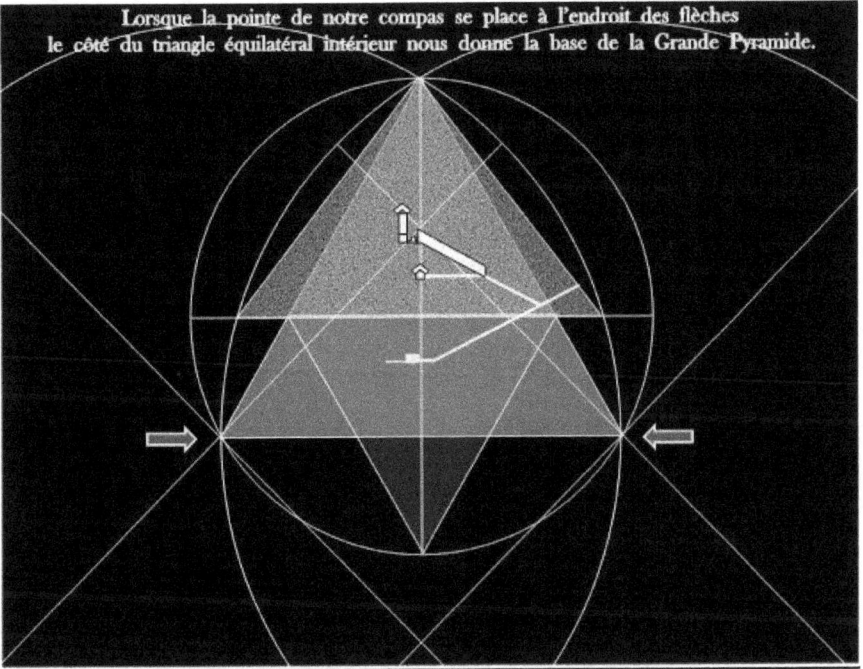

Osiris est le fils premier né du couple **Geb - Nout**, il est symbolisé ici par l'étoile **Al Nitak** (étoile à gauche du baudrier). Conformément aux descriptions mythologiques, le dieu (l'étoile) se tient sous le niveau du sol, lequel est matérialisé par la ligne médiane (là où la graine s'apprête à germer). Il en résulte que son royaume se trouve *entre mort et vie, entre Ciel et Terre,* entre haut et bas, entre réel et virtuel. Ne dit-on pas de lui, qu'il est « *Le Seigneur du respect entre les 2 tertres* ». Cette allusion se passe bien évidemment de commentaire. Ne nous étonnons pas qu'**Osiris** soit considéré comme l'intercesseur idéal. Le dieu procède au renouveau permanent des choses, il est au carrefour du monde, il est le pivot du secret, il maintient l'équilibre des plages équinoxiales. C'est aussi pour cette raison, qu'il est représenté sur le lit de **Sekmet** (la déesse lionne du solstice d'été). Tel le cœur en la poitrine, **Osiris** ne se situe pas au centre de la structure, mais son décentrement irrigue la vie. Sa position « in situ » est au sens étymologique *« cruciale »*. **Osiris** tourne autour du centre et le reste du monde tourne autour d'**Osiris**.

> Il nous faut admettre cette évidence, les étoiles selon leurs positions changent d'altitude en fonction des courbes orbitales, engendré par l'effet de rotation de la Terre sur son axe. C'est pourquoi les fenêtres ouvertes par les canaux indiquent d'âge en âge des étoiles à des élévations différentes. Cela devrait permettre des datations, à condition d'admettre la présence d'intelligences supérieures à une époque reculée de notre histoire. Ce qui est loin d'être le cas chez les partisans invétérés du tombeau sous la quatrième dynastie !

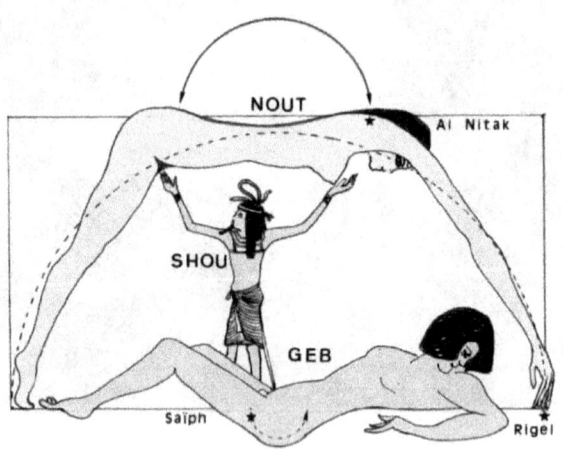

Al Nitak – **Osiris** est posé sur la nuque de sa mère Nout, à l'instar d'**Isis**, sa sœur épouse, sur le sacrum. Ces positions correspondent à une phase du rituel initiatique égyptien, dont se sont inspirés beaucoup de mystagogues à travers les siècles.

Rappelons au passage que le rôle de l'adepte n'est pas de porter le néophyte sur le chemin, mais de lui jalonner ce chemin :

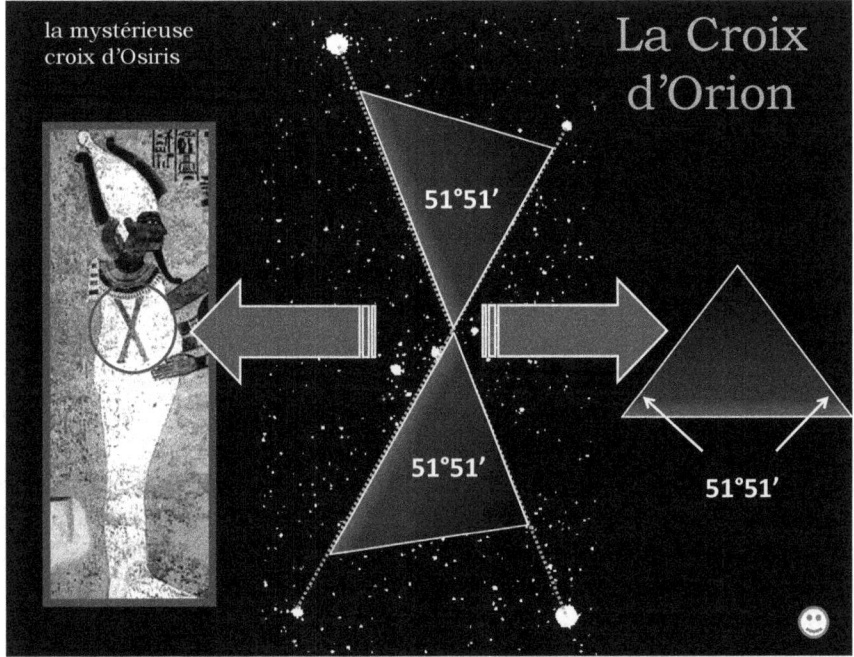

« *Chaque être se mérite, chaque être se doit d'évoluer par lui-même, non en une, ce qui serait profondément inique ou caricatural, mais en une multitude d'existences.* »

L'erreur fondamentale est d'estimer qu'au regard de cela, on peut se livrer sans discernement à un matérialisme exacerbé et remettre à plus tard (entendons en d'autres vies), ce que nous devons comprendre comme une élévation vers le divin. À l'encontre de ce bourlingage de terrain, il nous faut savoir qu'à la fin du parcours, la conscience corporelle rejoint l'âme entité, pour ramener auprès d'elle et s'il y a lieu, les fruits du vécu. Cette âme entité constitue notre seule et authentique individualité. En nous vautrant dans le concret, obnubilés par la possession, la délectation et le rang social, nous faisons taire en nous l'esprit conscience, nécessaire à l'évolution de notre état moral.

Parvenu à une certaine élévation, « *l'esprit – conscience* » atteint un point de non-retour, c'est alors qu'il perçoit **Maât**, *l'âme universelle*, la souveraine justice dans son indicible beauté. À chaque réincarnation l'être humain, brode la tapisserie de ses existences successives. Tapisserie qu'il aura signée de son sang et de ses larmes. À l'achèvement de celle-ci, il est à même de se retourner et de contempler l'œuvre en question, la sienne, celle qu'il a réalisée : de la négligeable poussière minérale à la rose, de l'insecte au goéland, du loup à l'homme, pétrie, modelée, façonnée par des millions d'existences dont aucune, pas une seule, n'a été stérile ou sans intérêt. Le simple fait de parvenir à l'état d'être humain, quand bien même celui-ci serait dévoyé, ne doit en aucun cas constituer un rejet. Les parcours en réincarnations de l'être en état de formation, devrait nous engager à l'estime plus qu'à l'indifférence et moins encore à la haine. Ce n'est pas rien, que de se hisser à la condition humaine et de s'y maintenir. Il est une période de mutation où sans l'aide des autres, il est impossible de persévérer en la peau de la bête verticale. L'intelligence naissante est fragile, elle se laisse facilement aimanter par les passions. Qui plus est, *l'intuition* à ce stade est nulle et *l'instinct* animal se dissipe dans les brumes du comportement, il n'est même plus là pour nous rappeler à la raison. Cette intelligence embryonnaire ne devrait pas être assimilée à un pouvoir de déduction raisonnable, elle est plus apte à copier qu'à traduire. Il faut des réincarnations, du temps et des souffrances pour accéder à une compréhension sommaire de l'existence. À notre époque, une absence de civisme engage les médias, eux, dont la fonction se devrait de dégager de la boue la morale publique. Ont-ils conscience que les gens simples suivent l'exemple qu'ils donnent d'eux-mêmes et de leur profession ? L'audience dont ils disposent implique leur responsabilité et j'affirme qu'il n'est pas d'attitude dont il ne sera un jour demandé compte. Lorsqu'enfin, après avoir triomphé des bas instincts, « **l'Uræus** » gagne la nuque puis le front, l'homme peut considérer être parvenu au terme de la lutte. Restent les ailes, elles représentent la plus belle surprise. On est tellement occupé à escalader la montagne des difficultés, que l'on s'aperçoit rarement de ces temps heureux où le duvet pousse. Ces ailes dont il est question, ont une particularité, celle de n'être visibles que par ceux qui en possèdent de plus grandes.

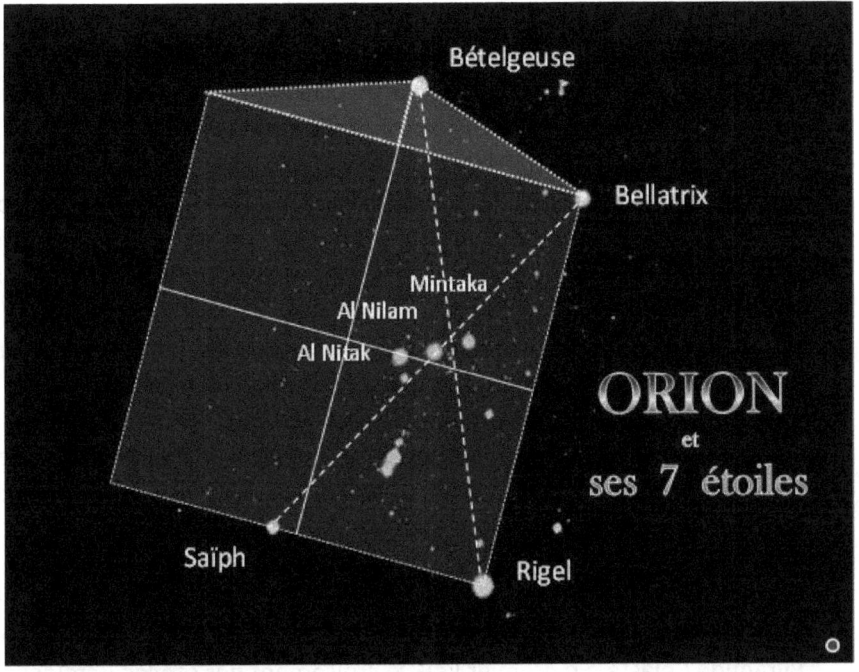

Le dieu Haroéris, second par sa naissance, incarne la raison raisonnable. Il est représenté par l'étoile centrale du baudrier d'Orion **Al Nilam**. C'est également l'étoile de la constellation la plus éloignée de la Terre, elle est à 1 341,15 années-lumière. La position du dieu sur le schéma indique clairement la base pyramidale, première assise posée sur le roc immuable de la tradition.

Seth, le troisième garçon du couple *Geb - Nout,* est incontestablement le plus turbulent, il est figuré par l'étoile **Mintaka** (étoile à droite du baudrier). Le dieu se tient avec ses frères sur une ligne parallèle à la syringe, cet étroit couloir conduit vers le bas la lumière du haut. Le dieu est ici le gardien du couloir ascendant, celui qui mène à la chambre dite du Roi. Sa circonférence passe par le carrefour des couloirs ascendant et descendant. Blotti en sa logette (la chambre de **Seth,** non encore découverte à ce jour) le dieu manipule les herses de clôtures. Par l'effet qu'il produit sur la pesante matière, il freine ou bloque l'évolution naturelle des choses. Mais le bon sens, la persévérance et la foi, parviennent à triompher de la plupart des obstacles qu'il déploie. À l'instar de Lucifer (201 en Primosophie), le dieu Seth est là pour lester toutes tentatives d'ascension humaine ? **Seth** est le principe stimulateur d'énergie ; déjouer ses ruses, vaincre l'inertie de la matière brute, c'est avoir droit au passage, c'est être en mesure de s'élever à une volonté nietzschéenne. Si tel est le cas, le dieu est tenu à livrer « *son laisser passer* » pour *la voie de la connaissance*, dont il a la garde.

L'auteur arabe Abdel Latif (1162 après JC), s'exprimant sur les pyramides de Gizeh, apporte cette troublante constatation au sujet de l'édifice pyramidal (Pyramide de Mykérinos) que nous attribuons au dieu **Seth** :

« *La troisième, qui est un quart moins grande que les deux premières, est construite en granit rouge tiqueté de points et d'une extrême dureté. Le fer ne peut y mordre qu'avec peine, celle-ci paraît petite quand on la compare aux deux autres, mais, lorsqu'on l'aborde de près et que les yeux ne voient plus qu'elle, elle inspire une sorte de saisissement, et l'on ne peut la considérer sans que la vue se fatigue* ».

Quant au point de croisement des étoiles cadres, proche des trois étoiles centrales, il affiche plusieurs particularités qui justifient sa position en la Pyramide Céleste. En premier lieu, le croisement des étoiles *Bételgeuse – Rigel avec Bellatrix - Saïph*. Le triangle ainsi réalisé couvre au sommet une valeur d'angle de **103,707948**, soit deux fois l'angle de base de la Grande Pyramide. Par voie de conséquence, le reste du cercle réalise deux fois le sommet ainsi que deux fois les angles. **Selon les relevés archéologiques officiels de l'Égypte**, les trois pyramides de Gizeh afficheraient actuellement les périmètres suivant :

Kheops : 921,48 m. **Khephren :** 861 m. **Mykérinos :** 413,6 m.

Nous prétendons que ces mesures, concernant les monuments en l'état actuel, ne peuvent être prises en considération. Ajoutons, pour ceux qui ont un petit doute, que « *le mètre* » était connu de la plus haute antiquité, son emploi était jugé superfétatoire pour un usage commun, mais à l'instar de la roue, connue mais cachée, il était sublimé par les hiérarques, initiés aux grands mystères. Cela, nous sommes à même de le prouver avec des dizaines de documents mathématiquement irréfutables.

En partant sur des considérations différentes, que celles dispensées par l'orthodoxie, nous suggérons de plus raisonnables approximations que celles que l'on nous prie de considérer.

Cela revient à dire que les trois gnomons, qui, selon toutes probabilités, surmontaient à l'origine les pyramides de Gizeh, avaient, à n'en point douter, des corrélations emblématiques d'ordre numérique et géométrique. Les trois hauteurs cumulées, afficheraient actuellement plus de 357 m. Aux origines, il ne fait aucun doute que les trois pyramides, nanties de leurs Gnomons et Pyramidions, atteignaient par leurs valeurs cumulées **360 mètres** (constante universelle.)

Pourquoi ? Et bien, parce que les concepteurs se devaient de magnifier ainsi, la première des constantes universelles. La Grande Pyramide recélant en son sein les données que nous exposons, il est logique d'en déduire, que les trois pyramides situées sur le plateau de Gizeh, étaient assujetties à une harmonie de dimension cosmique. Des recherches sérieuses dépourvues de préjugés inhibiteurs, prouveraient le bien fondé de nos assertions. Les pyramidions 3,141592653 m pour Kheops, nous suggérons 1,414213562 √2 pour Khephren et 1,732050807 m √3 pour Mykérinos. Le total de ces trois pyramidions, nous donnerait en hauteur

6,287857023 m, *divisé par les neuf chiffres placés en ligne* 1, 2 3 4 5 6 7 8 9 = 5,093164234 :

> 5,093164234 x 10 000, ces trois hauteurs nous révèlent la valeur moyenne en kilomètres des circonférences Terre - Lune. Avec une valeur au ø moyen exacte pour la Terre et une différence de 656 m au ø moyen pour la Lune. C'est une excellente approximation, mais si nous incluons la Grande Pyramide en ce résultat, sous la forme regroupée des angles décimaux des quatre faces 51° 51' 14'',
>
> nous avons alors le résultat suivant :
>
> 0,0000515114 x 4 = 0,0002060456 moins 5,093164234 = 5,092958188 x 10 000 = 50929,58188 ÷ π 16 211,38942 = ø moins la Terre 12 734, 94192 km = la Lune 3 476, 4474 km

Pharaon	Hauteur	Demi-base	Périmètre	Angle de base
KHEOPS	147,1317686	115,557020	924,45616	51, 853974°
KHEPHREN	144,066382	108,049786	864,39829	53,13010235°
MYKERINOS	65,6555849	52,3598774	418,879019	51,42788036°

Les trois pyramides avec leurs pyramidions réalisent en hauteur totale :

Pour Kheops = 147,1317686 m.
Pour Khephren = 145,4805956 m. Total **360** mètres.
Pour Mykérinos = 67,3876358 m.

Rappelons que le mot *"pyramidion"* en Primosophie (exemple en fin d'ouvrage) affiche **360**, les hauteurs des 3 pyramidions sont celles-ci :

— **Kheops** - Un gnomon en un cercle supposé **3, 141592653 m.**

— **Khephren** — Un gnomon hexaédrique avec √2 **1,41421356 m.**

— **Mykérinos** — Un gnomon tétraédrique avec √3 **1,732050807 m.**

> La distance, par nous calculée, entre le pyramidion de Khéops et celui de Mykérinos est de **951,9977708** m. Cela nous donne en coudées de 0,523598774 m (coudée dite ésotérique) un rayon de cercle de **1 818,181818** et un diamètre de 3636,3636363 coudées. Cette même distance divisée par la grande constante universelle de 360, nous gratifie du premier des nombre, soit **10,1010101010** coudées, voyons là une évocation binaire et une merveilleuse association numérique.

Le constat ci-dessus est surprenant de simplicité et de beauté, mais si nous soumettons ce résultat aux avis des experts en inhumation pyramidale, ce ne sont là qu'extrapolations hypothétiques. Pourtant, ces théories sont le fruit de décennies de recherches, dont les références ont été puisées parmi les nombres édificateurs du plateau de Gizeh. Les myriades de références compulsées sont autant d'incitations à élever nos possibilités de réflexion vers la lumière. Ces édificateurs auraient-ils eu pour ambition de tenter de bouter nos raisonnements « pragmatiques » au second degré de perception ?

Nous connaissons « la musique des sphères » y aurait-il une musique des pyramides !

Ces études ne relèvent pas de nos travaux, mais elles les corroborent par le sérieux des résultats obtenus. C'est pourquoi nous ne pouvons les passer sous silence, étant assuré du fait, que c'est dans le domaine du subtile que nous devons puiser la réalité de ces mystérieux édifices qui nous viennent du plus profond des âges. En des temps où le cheminement psychologique, la science et la morale étaient autres. D'après une étude scientifique instruite à l'échelle de la planète, des relevés ont été établis, ils prouvent sans aucune ambiguïté, que les pyramides émettent un bruit sismique différent les unes des autres. Ces recherches proviennent de **l'Institut National d'Astronomie et de Géophysique.** Ce qui nous fait espérer, que lorsque notre civilisation ne verra plus invariablement les pyramides comme les tombeaux du passé, peut-être les célèbrera-t-elle comme les symboles évolutifs du futur.

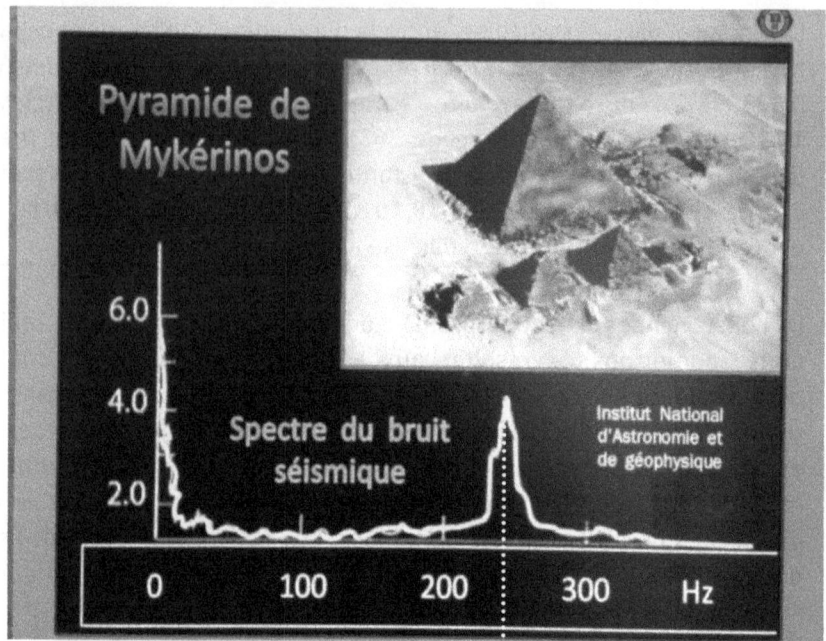

261 Hz est égal au « do » fondamental de l'octave inférieure.

Il va de soi que le concept envisagé par les édificateurs répondait à plus de sciences que le naïf précepte d'amoncellement pierreux que d'aucuns prétendent. Soyons indulgents et admettons que l'idée simplette du tombeau, aura participé au confort moral de plusieurs générations d'enseignants. Cette carence pourrait apparaître comme le facteur d'une évolution lente mais progressive, si elle ne constituait pas un illogisme déstabilisant, dans la mesure où notre époque se considère supérieure à tout autre, et que les étapes fixées par la paléontologie ne sont en rien discutables. Certaines de ces pyramides, telle celle rhomboïdale de Snéfrou, sont presque audibles avec 16,95 Hz. Rappelons que l'oreille humaine commence à discerner les sons aux environs de 20 Hz.

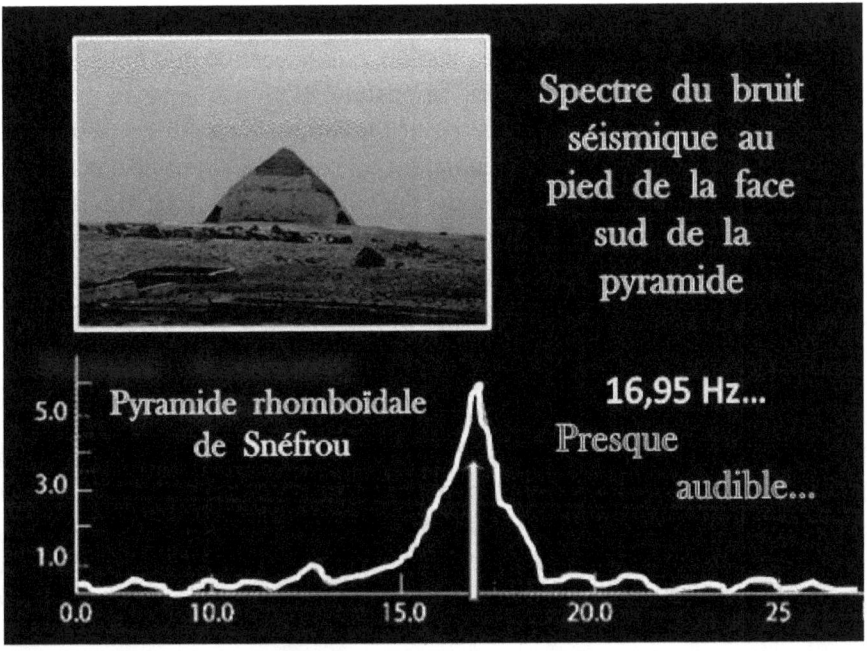

Reconnaissons que sur un plan structurel, nous sommes interpellés par de nombreuses analogies, les apports dominants du Soleil, de la Terre, de la Lune. Nous constatons leurs présences parmi les situations géométriques les plus inattendues. En tout premier lieu, bien évidemment, la mystérieuse constellation d'Orion où chacune des sept étoiles traditionnelles affiche, non seulement sa raison de figurer au sein de l'édifice, mais d'en tracer la schématique. Il en résulte que ce sanctuaire des âges est un corps vivant, une puissance à l'état latent qui revivifiera demain la conscience humaine en état de somnolence. Nous supposons qu'aux origines de son concept, chaque particularité, chaque disposition, chaque mesure, chaque composant avait une utilité de principe en conformité avec l'ordre universel.

Aujourd'hui encore, sur un plan qui ne peut être que théorique, certaines configurations numériques provoquent le mental à un indice que nous qualifierons de métapsychique. Avec une troublante efficacité, la Grande Pyramide capte et restitue des réseaux d'ondes complexes que la science actuelle, par défiance ou lacune, n'a pas encore explicitées. Des êtres humains sont réceptifs à ces expressions, à la façon dont les animaux réagissent aux phénomènes telluriques. Il ne fait de doute que des travaux scientifiques hors soupçon, s'il en existe, viendront un jour contredire l'ubuesque convention du tombeau. Mais pour la sérénité de notre époque, il est hors de question, que la version que nous exposons, vienne aujourd'hui désavouer ce postulat si bien adapté au principe de quiétude ? Voyons ! N'est-ce point Christophe Colomb qui a découvert l'Amérique (sic) ? Ce sera cependant au cours du XXIe siècle et contre la volonté des inconditionnels de l'acquis, que surgiront de la Grande Pyramide d'Égypte de transcendantes vérités, qui bouleverseront le monde des applications. Cela, malgré toutes les tentatives qui seront mises en œuvre, pour que la chose ne vienne pas perturber les préceptes dogmatiques *des biens pensants*.

Animés par un souci d'éthique, nous nous devons de préciser que les assertions affichées ci-dessous ne rentrent pas dans le cadre de nos recherches. Nous les mentionnons à titre indicatif, bien qu'il s'agisse rarement d'étude scientifique à caractère officiel, il en est cependant. La plupart du temps, ces données sont le résultat de chercheurs indépendants, décrédibilisés par leurs Pairs en titres, ce qui nous oblige à placer ces informations au conditionnel :

- D'importantes études auraient été effectuées à Gizeh par les plus grandes institutions scientifiques américaines, prix Nobel en tête, au cours des décennies 1965 – 1975. Ces recherches, très actives, furent principalement axées sur la pyramide de Khephren. Des résultats déroutants auraient été obtenus : « *défiant les lois de la physique* », selon les propres termes de ces opérateurs scientifiques.

Si nous en croyions les chroniques de l'époque, ces travaux étaient principalement axés sur la pénétration des rayons cosmiques, type (GLR – SEP – ACR) pour les spécialistes. Il en résulterait en ce qui concerne la particularité de ce monument, une déviation ou une résistance aux rayons cosmiques, qu'ils soient considérés solaires ou sidéraux.

Hélas, les rapports officiels de ces recherches qui se conjuguèrent sur plusieurs années, ne furent jamais révélés clairement au grand public, si ce n'est par bribes inintelligibles. S'il ne restait pas de larges articles de presse (photos à l'appui) dans les archives journalistiques des deux continents, ces affirmations même deviendraient douteuses. N'est-il pas de notoriété que le temps efface quand il ne peut réécrire ?

- Les cavités sous le Sphinx, découvertes dans les années 1 930, relèveraient aujourd'hui, et on ne sait pour quelles raisons, des mêmes « *oublis* ». Alors qu'ils existeraient encore des documents de presse prouvant ces assertions avec photographies du mobilier découvert.
- Les mêmes types d'interrogations se posent pour les multiples objets mis à jour dans la Grande Pyramide, (notamment à l'intérieur des conduits). Envoyés dans des laboratoires d'analyses, ils ne réapparurent pas et sont depuis déclarés perdus, égarés ou introuvables, alors que certains en bois pouvaient être soumis à l'étude du carbone 14. Seraient-ils devenus gênants par les datations affichées, auraient-ils constitué des preuves de l'ancienneté de ce monument au-delà des conventions admises ?

Ces quelques annotations sont loin d'être exhaustives, bien d'autres pourraient y figurer, ce n'est pas le but que nous poursuivons. Nous désirons souligner par là, l'estime que nous avons pour ces chercheurs qui ne sont pas inéluctablement des « pyramidios ». Terme d'une suffisance affichée qu'emploient les égyptologues orthodoxes à leur adresse, ce qui confirme que le peu de compétence que l'on accorde aux autres, est à l'indice de soi-même. Félicitons-nous plutôt de l'intérêt croissant que ne cesse de susciter ces monuments pyramidaux, l'Égypte des origines n'obtient-elle pas le record des parutions littéraires ? La chose n'est pas anodine, cela prouve, en dehors du caractère monumental de ces œuvres, que celles-ci dévoilent peu à peu ce qui est pressenti de l'étrangeté de ces monuments sans âge.

L'auteur de cet ouvrage se situe à l'opposé de toutes imbrications médiatiques, ce n'est donc pas de profitabilité ou de popularité dont il peut être question. Ce dont il est question : C'est d'un apport de connaissances insoupçonnées de nos contemporains, il est placé là, en ces monuments multimillénaires, pour témoigner d'une science universelle. Nous subodorons que ces mystères enfouis des millénaires durant modifierons profondément l'aspect sociétal du monde de demain. Si les forces d'oppositions se montraient par trop réfractaires et que « l'establishment » actuel s'employait à bloquer l'ultime possibilité de changement que représente cette vision des choses, alors le dernier espoir de redresser la gîte de notre vaisseau spatial, s'anéantirait avec le lien **Terre Ciel...** retrouvé. Alors même que la Grande Pyramide et le site de Gizeh dans son ensemble, n'appartiennent pas aux égyptologues, archéologues, paléontologues ou autres ethnologues, ce lieu est un patrimoine de l'humanité. À ce titre, nous nous devons de défendre l'humaine vérité qui en émane, contre toutes formes de conventions d'un caractère possédant. Une telle obstination dans la pseudo véracité d'un consensus constitue un outrage envers ceux qui nous ont précédés sur les sentiers de la connaissance. L'homme d'aujourd'hui s'estime supérieur par l'apport sustentateur des technologies, alors que sa moralité et ses inconséquences, véhicule déjà tous les symptômes de la déchéance ! La supériorité dans la recherche n'est plus celle du génie, c'est celle du nombre joint aux appuis technologiques, le résultat ne dépend pas de la réflexion, mais de la compilation. Les gros pouces, enfants des premiers jeux électroniques, sont maintenant responsables des instruments de l'avenir. Une chose leur est parfaitement étrangère c'est *la simplicité,* aussi retrouvons-nous dans tous les domaines les complications dont ils sont parvenus à triompher dans leur jeune âge. Faire simple est nul pour eux, ce n'est pas digne de leurs compétences, ainsi croulons-nous sous la confusion des termes et de concepts, qui n'ont d'objectif que la rentabilité. D'âge en âge notre pseudo modernité dégrade les mœurs avec une absence totale de discernement. Les sociétés d'origine ont pourtant été établies sur des principes de base, les bafouer, c'est conditionner de génération en génération les motivations fondamentales et livrer au futur proche, les affres de la désorganisation, prélude à la déchéance.

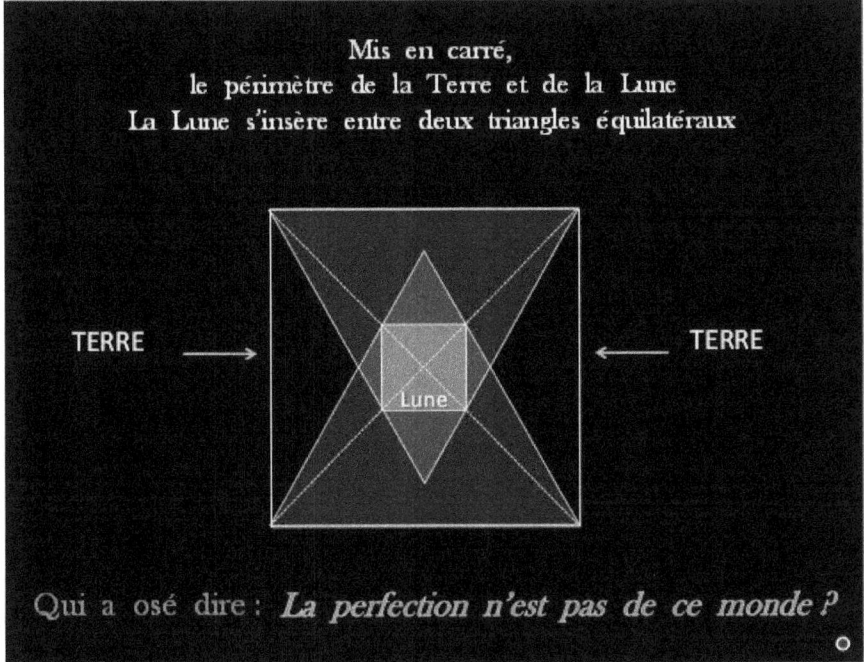

La perfection existe cependant, mais elle se défit de notre entendement, car elle considère que nous n'avons pas la pureté requise pour lui ôter ses voiles.

Le grand œuvre

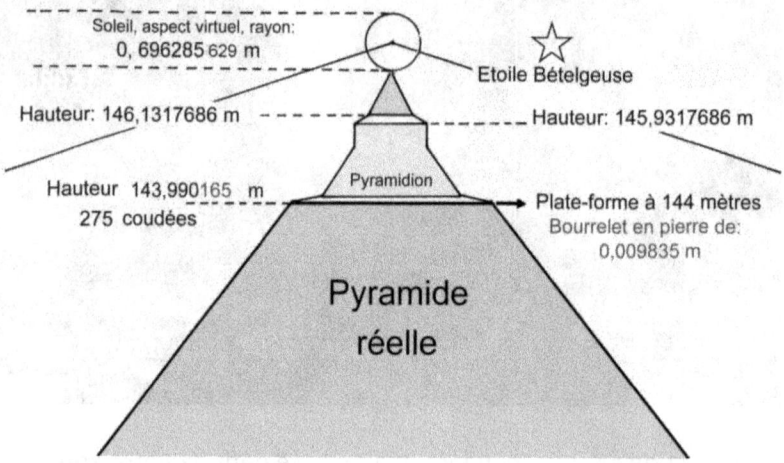

Pour un observateur placé à proximité de la pyramide, c'est la vision qu'il peut avoir de l'astre du jour, lorsque celui-ci en sa course journalière passe au sommet du linteau fictif que nous décrivons. Le pyramidion que nous avons déjà étudié, est le concept sommital de la Pyramide, il est remarquable, non seulement par le fait qu'en ses formes dépendent les mesures de la base, mais aussi par l'harmonie surréelle qui se dégage de sa géométrie. Situé sur la plate-forme à **275 coudées** de hauteur ou 143, 990165 m, le pyramidion a pour première base une petite assise, cette assise a une coupe en sifflet, elle mesure **0,141592653** m d'élévation, le zéro avant la virgule remplace le Pi. Sa base est égale à : **4,934802201** m. Le périmètre carré de la base du pyramidion posé sur la plate-forme est donc égal à :

4,934802201 m x (les 4 côtés du pyramidion) = 19,73920878 m ou

3,141592653 m (hauteur) x 2 = 6, 2831853 x π = **19,73920878.**

La base (X – Y page suivante) située immédiatement au-dessus de celle que nous venons d'évoquer, mesure en longueur 3,464101614 m. Elle constitue le côté d'un triangle équilatéral dont le sommet atteint la pointe du pyramidion en affichant la valeur de « **3 m** » juste.

Bénéficiant de la hauteur du dénivelé (X-A–Y-A) de 0,141592653, il accède alors à la valeur symbolique du nombre π **3,141592653 m**.

La circonférence qui cerne ce triangle de **3** mètres de haut a 24 coudées ésotériques et un ∅ de **4** mètres. Le fameux chiffre « 4 » est représentatif, nous ne l'ignorons pas, de la clé pyramidale, base de la quête primordiale (soit : 1, 273239544 m).

Le point « D » figure le milieu d'un cercle (non apparent sur le schéma) dont le triangle équilatéral circonscrit, mesure **1 mètre de hauteur**. C'est l'ultime élément du pyramidion, il englobe à la fois le mètre et la coudée, puisque sa circonférence divisée par « **6** » nous donne la coudée ésotérique de 0, 523598774 mètre.

IL (Dieu) nous dit-on, élabora la création en 6 jours (la coudée x 6 = π). Il va de soi que la circonférence développée du cercle englobant le triangle de « **1** mètre » de haut (D) nous procure à la fois, la hauteur du pyramidion et le nombre π en sa circonférence.

Le diamètre du cercle qui entoure le triangle équilatéral de « 1 mètre » de hauteur (D) a pour valeur 1,33333333333 m, divisé par « 12 » = 0, 111111111111. Alors que sa circonférence de 4,188790203 divisée par le 8 des demi faces, nous offre la coudée de **0,523598774** m.

1, 33333333333 ÷ π x 3 = **1, 273239544** m ou (le nombre clé de la Grande Pyramide). Il n'est donc pas étonnant que ce nombre soit situé au sommet, dissimulé à l'intérieur de son tabernacle numérique, alors que le » 4 » sa circonférence (symboliquement la Terre), stabilisent les bases quadrangulaires. Les valeurs affichées magnifient l'aspect synthétique d'une harmonie universelle.

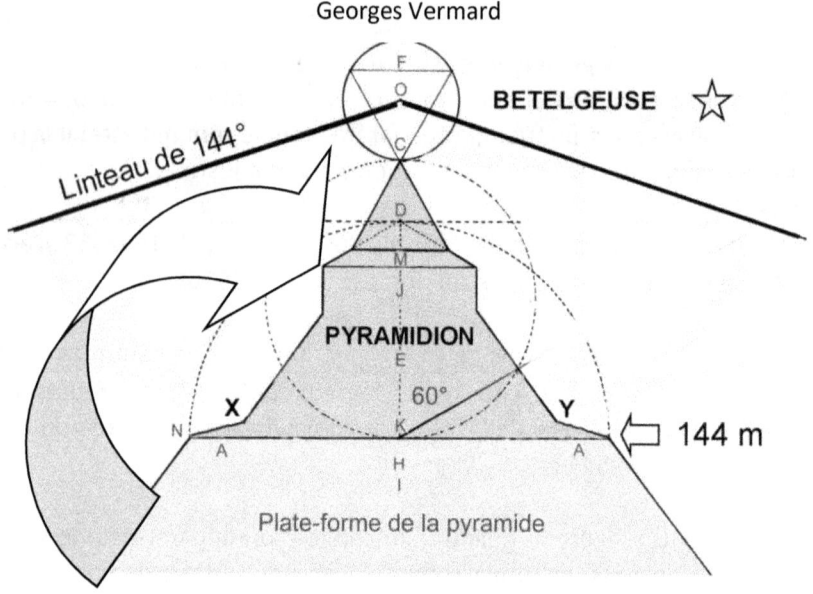

Chaque côté (D) de ce triangle de 1 mètre de haut, réalise 1,154700536 mètre, autrement dit, chacun des « 3 côtés » multiplié par 200, du vase « **Graal** » ou les « deux sangs » de son calice.

(200 mètres, c'est exactement la hauteur du vase, que nous aurons l'occasion d'étudier).

Les « 3 » pentes additionnées nous révèlent la √3 multipliée par 2, soit 3, 464101608. Nous savons qu'il suffit de multiplier ce nombre par « 100 » = 346, 4101608, puis d'ajouter **1, 2 3 4 5 6 7 8 9** pour obtenir 347, 6447186. Après quoi, nous devons multiplier ce résultat par « 10 » et le considérer en kilomètres, pour avoir au mètre près :

Le diamètre moyen de **la Lune 3 476,447286 km**.

En ce qui concerne **la Lune**, la chose est normale, puisque nous avons vu en nos précédentes démonstrations que le sommet est représenté par **le Soleil** et la base-pyramide symbolise **la Terre**.

N'est-ce point là, « *La pierre philosophale* » de l'alchimie traditionnelle ? Voyons ce point marqué « M » sur notre illustration, il est situé à **1,20 m** du sommet et à **145,9317686 m** de la base pyramide. Reprenons cette valeur de « **1,20** » et divisons-la par la coudée ésotérique de 0, 523598774 m.

Nous obtenons 2, 299831187 ÷ 2 x 100 = **114,5915593** ⌀ de **360**. C'est aussi la valeur attachée à l'ensemble des côtés du triangle de « **360** », cette triangulation numérique de trois fois « **120** », était tant appréciée des Sumériens, qu'elle tenait grand place en leurs écrits. Ainsi la forme sexagésimale retient en elle le principe décimal. Ce qui nous donne, entre autres merveilles le résultat suivant :

145, 9317686 (hauteur de l'assise en question) ÷ 114, 591559 x 10 000

= 12 734, 94923 km.

(En kilomètres, la Terre pratiquement au mètre près en son diamètre moyen).

12 734, 94 x π = 40 008 km ÷ 100 000 = **0,40008**.

Revenons au point marqué « D » ; il représente, nous l'avons dit, le triangle sommital de 1 mètre. Par déduction, la hauteur de la pyramide prise à sa base est de 147,1317686 - 1 mètre = **146,1317686 m**.

> **146,1317686 m ÷ 0,40008** ou la Terre divisée par 100 000 =
>
> **365,25637** jours sidéraux en l'année.

Le Soleil – la Lune – la Terre – l'année sidérale – le mètre – la coudée – le nombre π **- les racines de 2 et de 3 - le Graal, vase mythique** – Le tout regroupé au sommet du pyramidion en une indicible harmonie, voilà… le tombeau, pardon « *Le Grand Œuvre* » ! Sachez cher lecteur qu'il n'y a pas une seule mesure dans le concept pyramidal qui ne soit vecteur des plus grands principes. C'est le propre de cette architectonie numérique, mise en place il y a des millénaires, par une bien mystérieuse civilisation qui se référait d'une Tradition Primordiale.

Georges Vermard

Une Tradition Primordiale

Des preuves patentes ont été véhiculées par l'alchimie, les « Rose Croix » ou configurées sous le manteau en occident par des sociétés de compagnonnage. Cette eau-forte du XVIIe siècle en est un témoignage tardif, nous voyons là une allégorie du **croisement des étoiles d'Orion**. Nous retrouvons sur cette image certains éléments cryptographiques qui nous sont devenus communs. En haut de l'illustration les quatre lettres du tétragramme nous soulignant l'importance du chiffre « 4 », les « 9 »

angelots représentent la genèse égyptienne (ennéade), le masculin solaire et le féminin étoilé, les paons emblématisant la beauté ainsi que le sceau d'Hermès (le trois fois grand). Le phénix avec l'éternelle renaissance de la lumière, *la géométrie* des jardins à la française et bien évidemment une multitude de petits détails qui ne laissent aucun doute sur la finalité de l'œuvre. Cette gravure est attribuée à Athanasius Kircher, un jésuite allemand passionné de sciences ésotériques. Nous pensons qu'il s'agit là d'une gravure, conduite par un ami de Kircher grand initié, celui-ci l'aurait fait effectuer à son retour d'Égypte, sous l'égide de Ferdinand II de Habsbourg. Nous pourrions abondamment illustrer ces pages de preuves semblables, prouvant le bien-fondé de l'esprit de tradition, ce n'est pas le seul but de cet ouvrage.

Tentons plutôt de faire le récapitulatif des critères symboliques de la constellation **d'Orion,** nos bâtisseurs d'éternité n'ont-ils pas pris cet amas stellaire pour référence ? Il est incontestable que, vue de la Terre, c'est l'une des plus belles constellations du Ciel, peut-être est-elle aussi l'une des plus mystérieuses ? Elle se situe dans la zone équatoriale. Nous avons vu que sept étoiles, dites traditionnelles composent son aspect schématique dont 3 centrales en quasi-alignement, ce sont « **les 3 mages** » encore appelés « **les 3 Rois** ». Selon les légendes, ces trois étoiles constituent une Ceinture ou un Baudrier, elles sont encadrées au sens littéral du terme, par « 4 étoiles » renommées, ayant pour nom :

Bételgeuse – Bellatrix – Rigel - Saïph.

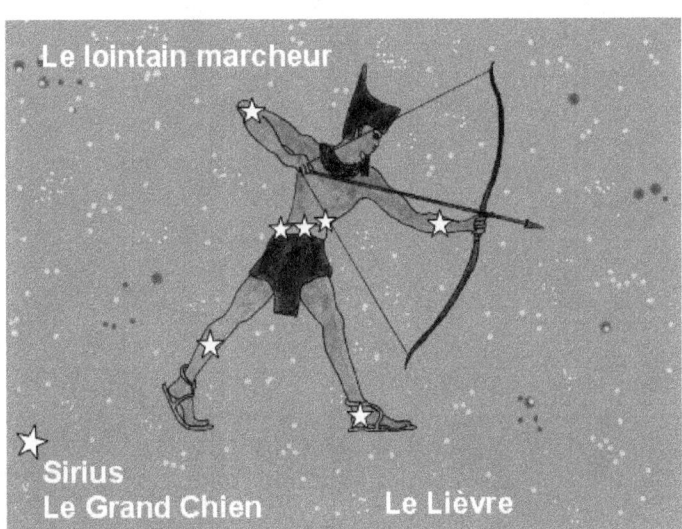

Orion est escorté en sa course par l'étoile « **Sirius** », cet astre célèbre est dédié à la belle Isis épouse d'Osiris. Les Anciens qui avaient de bien meilleures raisons que nous de s'intéresser au Ciel, portèrent en les temps les plus reculés, un véritable culte aux regroupements stellaires. Artémis chasseresse (la Diane romaine), aurait-elle de l'une de ses flèches, fixé à jamais le bel Orion en ses célestes espaces ? C'est ce que nous conte Homère. Il est vrai, que la constellation du **Grand Chien** suit le voyage précessionnel d'Orion, la constellation du **Petit Chien** s'évade elle vers le haut à gauche, alors que se tient aux pieds du chasseur Orion, **la Constellation du Lièvre**. Les Égyptiens appelaient **Orion** aux sept étoiles « **le lointain marcheur** » et les sandales que portait celui-ci n'avaient d'autre forme que l'Ankh miroir de vie. Réexaminons cette image qui illustre à elle seule les liens subtils qui liaient l'alchimie du moyen-âge et celle de la renaissance à l'Égypte ancienne.

Une curieuse confirmation nous est donnée par cette composition alchimique. Hormis les nombreux détails édifiants que recèle l'image, il est vers le bas de l'illustration une scène qui devrait nous interpeler. Sur la gauche un personnage initié aux grands mystères, guide un lièvre à pénétrer son terrier de forme pyramidale. Rappelons-nous que *la constellation du lièvre se situe sous la constellation d'Orion*. À droite de l'image se tient un personnage embourgeoisé dont le regard occulté, a pour interprétation de ne rien comprendre de l'attitude de l'initié. Celui-ci a visiblement axé sa vie sur d'autres agréments que ceux de pénétrer le

Grand Œuvre. C'est visiblement au-delà des mers que s'érige la vérité, la base d'un triangle équilatéral circonscrit dans le cercle, nous donne le niveau de l'eau derrière le monticule pyramidal. Il est flagrant que l'imagerie alchimique avait pour première intention de suggérer aux esprits curieux les cheminements vers la grande découverte, et non point celle de l'Or vénal, voie sèche et scabreuse de la connaissance.

Par parenthèse et depuis peu, dans l'histoire de notre modernité, des chercheurs tentent d'effectuer un rapprochement entre les motivations religieuses de la Haute Antiquité et l'univers stellaire apparent. Gageons qu'il n'y a pas de science plus prometteuse que « l'Astro - archéologie » que l'on pourrait appeler sans néologisme « Astro – mythologie ». Prions pour que l'élite officialisée continue d'absoudre ex-cathedra ces vénielles escapades dans les étoiles. Cela pourrait permettre à certains chercheurs d'aboutir à de surprenantes révélations au cours des années à venir. Notre lecteur comprendra que l'objectif n'est pas de lever un lièvre, fut-il osirien, mais bien de jeter un regard nouveau sur la question. Lorsque la vérité s'exprime en chiffres, « **Elle Est** » et cela exclut tout adjuvant hypothétique.

En préliminaire, essayons d'assimiler les diverses analogies que nous pouvons établir, entre **la constellation d'Orion** et l'aspect symbolique du mythe héliopolitain, « **l'ennéade » ou les 9 Dieux primordiaux :**

Aïeuls (Genèse Égyptienne)   **Parents** (Genèse Égyptienne)

Bételgeuse = **Shou**   Rigel = **Nout**

Bellatrix = **Tefnut**   Saïph = **Geb**

Les 3 enfants de sexe masculin occupent le centre de la constellation, ils représentent les étoiles centrales dites « **Ceinture d'Orion** » :

Zeta   Al Nitak **Osiris**

Epsilon Al Nilam   **Haroéris**

Delta Mintaka   **Seth**

Quant aux deux filles, elles se tiennent à l'écart dans la constellation du Grand Chien, elles sont symbolisées par deux étoiles jumelles.

Sirius - A - Isis	**Sirius - B -** Nephtys
La robe blanche de lumière.	La robe étoilée de la nuit.
« L'étincelante »	« La mystérieuse »

Conformément à la légende, les deux déesses se positionnent en bordure de **la Voie Lactée** (Nil Céleste). Elles recherchent l'unité corporelle d'**Osiris** défunt. Ces étoiles sœurs sont fidèles à la mythologie jusque dans leurs comportements, toutes deux apparaissent soit en conjonction, soit en opposition. Elles ont un temps propre dont l'activité diffère de la Constellation d'Orion, cette dernière n'étant soumise qu'aux mouvements apparents de la précession équinoxiale.

La constellation du Grand Chien, refuge stellaire des deux déesses, fait naître une étrange relation avec le dieu Chacal **Anubis**, fils de **Nephtys** et **Osiris**. Quant au fils d'**Isis** et d'**Osiris**, (le dieu Faucon) **Horus**, nous savons qu'il est appelé « celui qui est loin ». Aussi, faut-il le chercher dans les « Hyades » où il incarne l'étoile **Aldébaran**. Cette étoile est escortée de très près par quatre autres étoiles, ce sont les célèbres « fils d'Horus ». Quant au « **Petit Chien** », prolongement naturel du « Grand Chien », son pedigree ressemble fort au dieu « **Opuaut** ou **Oûpounaout, l'ouvreur des chemins** ». Certains textes affirment que lui aussi est fils d'**Osiris**. Nous constatons que la plupart de ces dieux aux attributs stellaires, se trouvent être juges, assesseurs, convoyeurs ou officiants de la phase principale de l'eschatologie égyptienne, la psychostasie ou « pesée des âmes ». Si nous ajoutons à cela, la proximité immédiate de « **la Constellation du Lièvre** », animal figurant dans le composé hiéroglyphique du nom d'**Osiris,** nous subodorons immédiatement le type de relation qu'il est opportun d'établir entre ces ensembles stellaires et « **la tradition théologale ancestrale** » dont nous allons évoquer quelques aspects.

Dans la mythologie Brahmanique, le mot « **Kâla** » a pour signification « temps ». **Kâla** est dit « Seigneur de la création et de la destruction », la valeur qui lui est attribuée est le chiffre (**3**). Le vocable « **Kal-purush** » que l'on traduit par « Temps - Homme » désigne **la Constellation d'Orion**.

D'après les mythes créationnistes Quiché « 7 dieux » créèrent le monde et chez les Aztèques, leurs ancêtres émergèrent d'un lieu appelé Chicomoztoc, « les 7 cavernes » mais aussi « la maison des miroirs ». En vertu de ces formulations, nous conviendrons à de bien troublantes similitudes !

(1) Bételgeuse - Shou. *« Je suis le dieu **Shou** qui, dans les régions des dieux lumineux, attire vers lui l'air de l'océan céleste ».* Chapitre LV, livre des morts égyptiens

Le dieu Shou, émanation première du principe créateur Atoum, est représenté sur notre schéma par l'étoile « **Bételgeuse** ». Cette étoile est l'une des plus brillantes du Ciel. C'est l'allégorie même de la lumière. Tel un faucon, elle se tient en vol stationnaire au-dessus de la Grande Pyramide, (nous avons vu que l'étoile est au niveau du Soleil et quelle voisine la pente du fronton de 144°). Lorsque cette forme triangulaire se trouve placée au-dessus d'une porte, on la nomme fronton ou linteau. Son faîte représente le sommet de la Pyramide. Nous aurons l'occasion de constater qu'**Isis** et **Nephtys**, les étoiles jumelles symbolisent l'angle de base de la pyramide, le complément naturel du schéma primaire.

Vu sur un plan astrologique, le contexte stellaire proche de l'étoile Bételgeuse « dessinerait » dit-on, dans le Ciel de nuit, la lettre « **G** ». La 7e lettre de l'alphabet, se trouverait-elle inscrite au centre de l'étoile, dite « Flamboyante » des francs-maçons ? Si nous nous attardons un instant sur le tracé géométrique de la lettre « **G** », nous constatons que c'est après le 9e mois de gestation de l'effet rétrograde que le 10e dieu de la généalogie divine « Horus », voit le jour. Et quel jour... ! Puisqu'il s'agit d'une fenêtre ouverte sur l'aube naissante.

Atoum. Dieu des dieux. L'ineffable, l'inexprimable, l'incognoscible.

Shou. *Père des dieux. Première émanation du Principe Créateur.*

Râ. *Roi des dieux. Le Soleil, lumière, nature, principe de vie.*

Le mot « **GOD** » (Dieu en Anglais) comprend la lettre « **G** », le cercle « **O** » et le demi-cercle de Nout « **D** ⌒ », ce qui n'est pas tout à fait un hasard ! Il en est de même en la langue germanique « **GOTT** ». Pour le « **T** », il s'écrit « **TAU** », se prononce « **TO** », se dessine Ciel ⌒ et

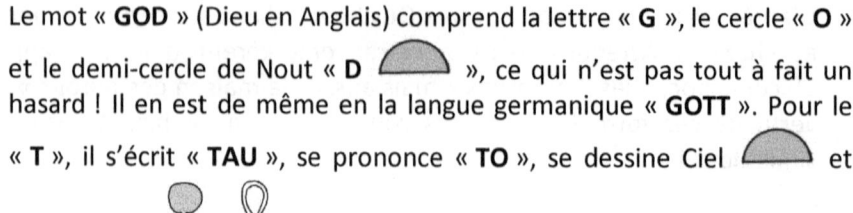

s'interprète vie. Ainsi, pouvons-nous conclure, que dans toutes les langues du monde, le mot « **Dieu** » a son mystère. En France nous savons que c'est le nombre « **102** » de la Primosophie.

(2) Bellatrix - La déesse Tefnout, représente la géométrie, seconde émanation du Principe Créateur après le nombre. **Tefnout** unit le linteau au carré avec un angle de 108°. Déesse mère, Tefnout symbolise l'étoile pentagonale par excellence « **Bellatrix** ». Cette étoile se situe au début du débordement du socle de la Grande Pyramide, à exactement 0,41123494 m de l'extrémité ou à 0,581574029 m en diagonal. Tefnout incarne le carrefour matriciel autour duquel se positionne « **L'œuf Cosmique** ». Le mot « matrice » nous rappelle « Mâtrika », mot Sanskrit qui signifie « **Mère Divine** ».

Sa valeur « **7** » regroupe les « **7 aspects** » des énergies féminines (géométrie astrale). **(3) Rigel - Nout - La déesse Nout** symbolise le Ciel, fille de **Shou** et **Tefnout**, mère des **5** enfants divins, qui ne sont autres que les cinq polyèdres réguliers. Elle est représentée par **l'étoile Rigel**. En tant qu'étoile, « Nout – Rigel » occupe l'un des angles droits, à droite du carré base de la Grande Pyramide.

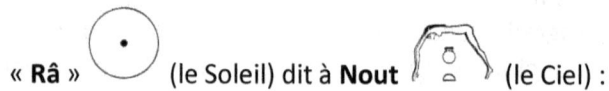

« **Râ** » (le Soleil) dit à **Nout** (le Ciel) :

« *Je me tiens sur ton dos pour être plus haut...* »

Alors que le dieu **Geb** (époux de Nout) représentant **la Terre**, se trouve allongé sur le sol en proie aux tergiversations humaines, **Nout**, la déesse, semble lui indiquer la seule voie acceptable, celle qui passe par l'amour divin. La déesse incarne **la spiritualité** par une triple symbolique, celle de l'arche avec la forme, celle du Ciel avec le vase contenant et celle de la création avec « le **Nou**... de Nout ». Le corps étoilé de la déesse du Ciel, se trouve en position arquée au-dessus du corps allongé et quelque peu alangui de son époux **Geb**. Sur notre schéma, la déesse effleure de l'extrémité de ses doigts « **l'étoile Rigel** » symbole de sa présence entre **Ciel et Terre**. L'un de ses fils tendrement aimé, **Osiris** (étoile Al Nitak), se tient à la base de sa nuque, alors que le point virtuel de cet emplacement est le sacrum, partie du corps (demi-cercle fléché) que les égyptiens tenaient en considération. Les reins de la déesse paraissent évoquer une pyramide tronquée.

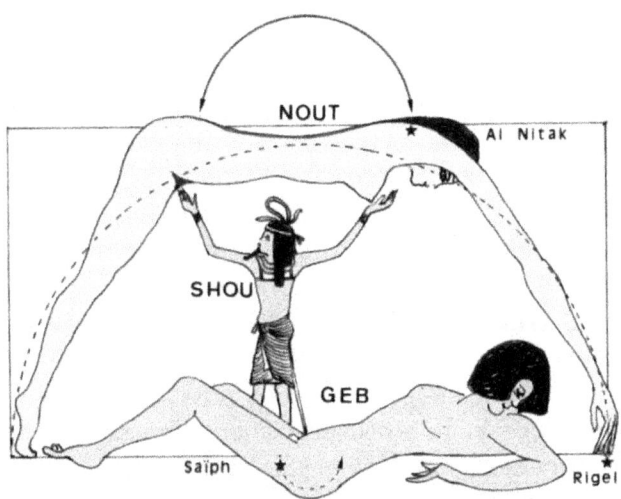

L'iconographie égyptienne représente en ce duo, une troisième entité le dieu **Shou**, père de **Nout**, dont on dit de lui qu'il soutient le Ciel. Hormis le fait que le Ciel n'a nulle nécessité à être soutenu, nous constatons que le dieu **Shou** n'a rien d'un tuteur. En l'imagerie égyptienne, l'effort physique n'est pas apparent.

Aussi est-il logique d'en déduire que le rôle que s'assigne le dieu, est celui de lier en une étreinte affectueuse les pyramides réelles et virtuelles, le **Ciel et la Terre**, représentés par les époux **Geb** et **Nout**. On pourrait qualifier de « tantrique » cette pratique, si on considère que le dieu **Shou** maintient un espace symbolique entre la déesse et son époux. Le but n'est point d'empêcher que s'effectue à échéance, l'union des corps, mais de modérer l'ardeur intempestive, tout en exacerbant les sens, lorsqu'il y a tendance aux conduites passives. Dans la relation Ciel – Terre, il est un régulateur philosophique, trop de puritanisme entrave le déroulement de la vie, trop de doute et d'incrédulité génère de fatales dérives.

Il nous faut comprendre que l'attitude séductrice de la déesse devrait stimuler le désir de **Geb**. En d'autres termes, pour « pénétrer » la forme radiante du Ciel, il serait souhaitable que l'homme terrestre, sorte de sa torpeur actuelle, se redresse et fasse se lover « l'objet » de son amour. D'aucuns appellent ce désir « élévation », ce que ne désavoue pas l'iconographie classique. Remarquons au passage que la chambre souterraine se situe au niveau de l'abdomen de Nout. Il s'agit de l'omphalos des Grecs, le Nemeton des Celtes, le Béthel des Hébreux, le centre secret du monde. Pour ceux qui verraient un prosaïsme douteux à caractère érotique entre le Ciel et la Terre, nous plaiderons qu'il est essentiel de placer les mythes en leur contexte. Ne nous faut-il pas considérer que l'attrait passionnel qui résulte des conditions sexuelles de l'homme et de la femme, était pour les Anciens, l'allégorie même de l'attirance par effet de complémentarité et de réciprocité.

(4) Saïph - Geb dieu de la Terre, (matière naissante en évolution) est père des 5 enfants divins. Le dieu est représenté par l'étoile **Saïph** (GB). Son émergence à la lumière est laborieuse. Aussi, est-il maintenu au sol par ses velléités fugaces ou ses tergiversations empesées. Malgré les efforts de **Nout** qui ne cesse de déployer ses charmes (stellaires), **Geb** a du mal à s'extirper de sa gangue terrestre. L'obélisque a ici un double aspect : phallique à la base et solaire à l'apex, d'où certaines représentations de **Geb** en situation ithyphallique. La mythologie ne cherche-t-elle pas à mettre l'accent sur le comportement humain, et ses aspects obsessionnels, en confrontation avec des sentiments plus nobles, et moins tributaires des bas instincts ?

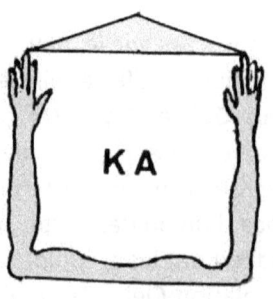

Nous remarquerons que la parfaite conformité du hiéroglyphe « **Ka** » avec le carré base et l'ouverture vers le haut. Les deux mains ne viennent-elles pas « chapeauter » le fronton ?

Si **Geb** a perdu la tête, peut-on dire pour autant que son « **Ka** » est désespéré ?

*« **SHOU**, tu crachas, **TEFNET** tu expectoras,*

*tes deux bras l'enlacèrent comme les bras d'un **KA***

*pour que ton **KA** en eux se trouve ».*

Texte des Pyramides (1652).

Énigmatique ! Certes, mais le mystère n'a-t-il pas sa logique que la logique ignore !

En Égypte Ancienne, les coffres à linge ainsi que ceux réservés à d'autres usages (bijoux, denrée alimentaire) étaient parallélépipédiques avec des appendices de formes selon l'usage.

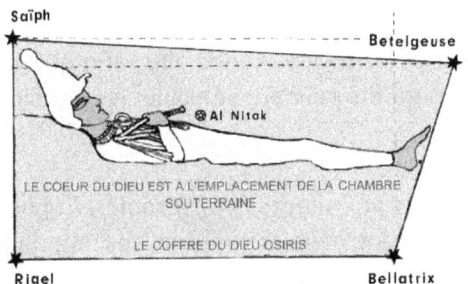

Mais les coffres à bijoux ou les coffres contenant des objets sacrés étaient pour la plupart renflés sur leur couvercle par un côté seulement, les exemples de

ce type abondent. **Osiris** mort, sa présence implicite en toute chose, devient incontournable. Son rôle désormais consiste à faciliter le lien, la plénitude de l'état de conscience avec l'évolution de chaque être.

- **Le lien**, entre le Ciel et la Terre, la secrète connaissance et le savoir.

- **La plénitude,** de la verte germination à la moisson panifiable.

- **L'évolution**, selon les progrès de la conscience, l'impératif des réincarnations à travers les périodicités naturelles des cycles.

> « Je suis **Osiris**, Maître des Sources Premières de Vie... Puissants sont mon dos et ma poitrine, ma force génératrice pénètre partout où habitent les hommes. Je suis « **Orion** », qui, passant devant les innombrables Années des Etoiles, parcourt les régions du Ciel ».
>
> Livre des morts Égyptiens, chapitre LXIX

L'énumération ci-dessous, devrait nous permettre de mieux saisir les abstractions relatives aux mythes traitant des généalogies, le « 1 » **Principe Créateur** a imaginé les règles du jeu. Il aurait dit-on, soliloqué avec **le temps** (son soi-même), pour le persuader de prendre **la lumière** pour épouse, afin que de cette union naissent **les dieux**.

« 2 » **Les dieux** façonnèrent les éléments du jeu. Après quoi, ils remirent solennellement le produit de leurs méditations aux héros.

« 3 » **Les Héros** distribuèrent et répartirent géographiquement les pièces du jeu à l'aide desquelles ils s'évertuèrent à instruire les Rois.

« 4 » **Les Rois antiques** initièrent les futurs grands élus, afin qu'en tous lieux et en toutes langues, ces derniers puissent véhiculer les principes du jeu.

« 5 » **Les Grands Élus** enseignèrent aux adeptes ; ils déroulèrent pour eux le tapis des légendes et colorièrent avec la lumière des nombres, la passion du jeu.

« 6 » **Les Adeptes** confectionnèrent la table ronde des mythologies. Tout autour, ils placèrent les sièges des religions et prièrent les hommes de prendre place à la table de jeu.

« 7 » **Les Hommes** alors, soucieux d'affirmer leur réalité n'eurent d'autre possibilité, que de... **jouer le jeu**. Mais... s'agit-il vraiment d'un jeu ?

Ces références pourraient paraître iniques envers les hommes, si de temps à autre, un être parmi eux ne se montrait apte à égaler les dieux. La chose est parfaitement permise dans le code existentiel, elle est même incluse dans « **les règles du jeu** ». Pour cela, il nous suffit de remonter les 6 échelons qui nous séparent du divin.

Nous trouvons naturel que l'enfant joue sans se soucier beaucoup des règles qui régissent le jeu. Toutefois, il est permis de s'interroger ; pourquoi parvenu à l'âge adulte, ce comportement souvent persiste-t-il ? Il en résulte que peu d'entre nous, se montrent capables d'avoir une vision différente de celle que nous offre le quotidien, obnubilés que nous sommes par la voluptueuse ellipse de l'illusion matière. Indispensable certes, à l'équilibre de base, à condition de ne pas y perdre **l'intuitif**, pilote salutaire de notre réflexion. Pour les autres, refermons doucement le coffre, de manière à ce que l'appel d'air ne les décoiffe pas. Puis laissons-le flotter, ce coffre, sur les eaux limoneuses et fécondantes. Un jour viendra où la terre d'Égypte, la terre **noirO'd - d'Orion** révélera ses trésors contenus. Interrogeons-nous toutefois, restera-t-il un homme lucide et digne pour s'en émerveiller ? Ce n'est pas si sûr ! Fasse alors que la symbolique éternelle ne se trompe pas :

Homme   **Grand**   **Ciel**

Si « l'imagerie virtuelle » aujourd'hui nous invite à douter du plausible, qu'en sera-t-il demain, lorsqu'il nous faudra trancher entre un matérialisme obnubilant et la survie du genre humain ? Déjà nous nommons « culturelles » les séquelles de la « fricophagite viscérale » dont nous sommes tous atteints. La peste devient fléau lorsque les médecins sont victimes de ce qu'ils sont censés combattre. Nous évoquons le

« jeu », ce n'est pas fortuit. Si la recherche de connaissances est faite de hardiesse et d'espérance, c'est qu'elle est pour l'essentiel liée au raisonnement et à l'intuition. Nous n'avons pas manqué d'observer que pour tracer le schéma pyramide, il nous faut inclure l'image réfléchie de l'une de ses faces, ou encore, le côté visuel inversé de sa forme triangulaire. Ce qui a pour effet de dessiner un **losange**. Nous avons placé au sommet de la pyramide le linteau de 144° à l'extrémité duquel trône le dieu **Shou** = Principe Premier = Nombre, symbolisé par l'étoile Bételgeuse. Or, il se trouve, qu'en la tradition de la vieille Chine, le mot **jouer** se dit « loung » et se traduit par le signe ci-contre. De surcroît, nous

noterons que **compter** se dit « **souan chou** ». Plus de coïncidences provoqueraient l'annulation de cette coïncidence et le retour à la case départ. Rappelons que selon les critères académiques, il n'existe pas d'équation algébrique dont π soit une solution. Nous pouvons donc nous livrer à nos fantasmes, les plus obsessionnels, sans risque d'ébranler les cartésiennes

assises sur lesquelles repose notre civilisation. Nous verrons dans le chapitre suivant comment les choses se présentent, sans nous départir de l'aimable concours de « la coïncidence » en dehors de laquelle, rien de ce qui échappe à la science n'est possible.

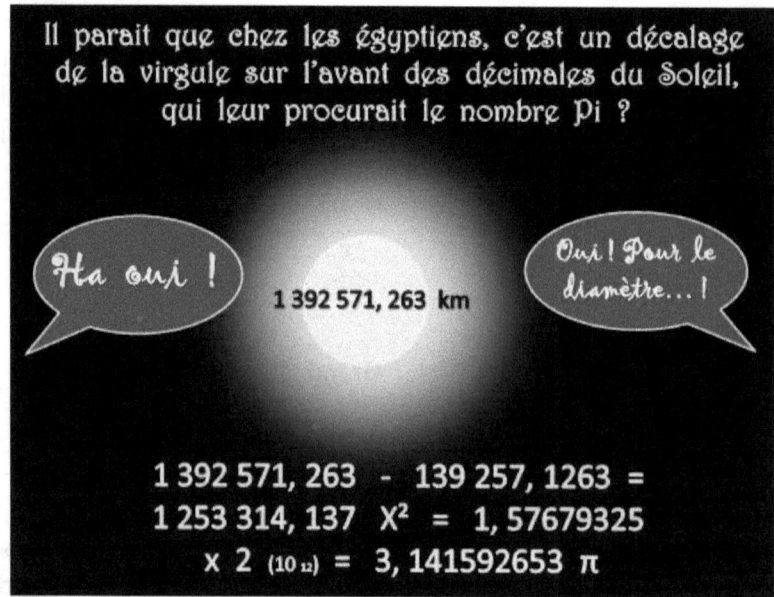

La structure de la Grande Pyramide

Évoquons une fois encore ce sommet de la Grande Pyramide que nous avons laborieusement reconstitué. Il ne fait aucun doute que ce Gnomon détient en ses flancs les arcanes de la tradition cachée. Nous allons survoler de nouveau le pyramidion et tenter de définir les relations qu'il établit avec la base de l'édifice. Si nous envisageons de débuter par le sommet, il nous faut prendre en considération la hauteur maximale sans l'apport de l'émeraude. Attention, la valeur de l'angle de la base sur le roc diffère avec l'apport du fruit du socle, elle est alors de 51°,49'13''62. Il s'agit là, de l'extension maximale de la Grande Pyramide, sa base englobe alors les 0,1392571262 m par demi-base du fruit du socle. Les données sont les suivantes :

Hauteur sur le roc.	Demi-base sur le roc.	Base sur le roc.
147, 1317686 m	115, 696278 m	231, 392556 m

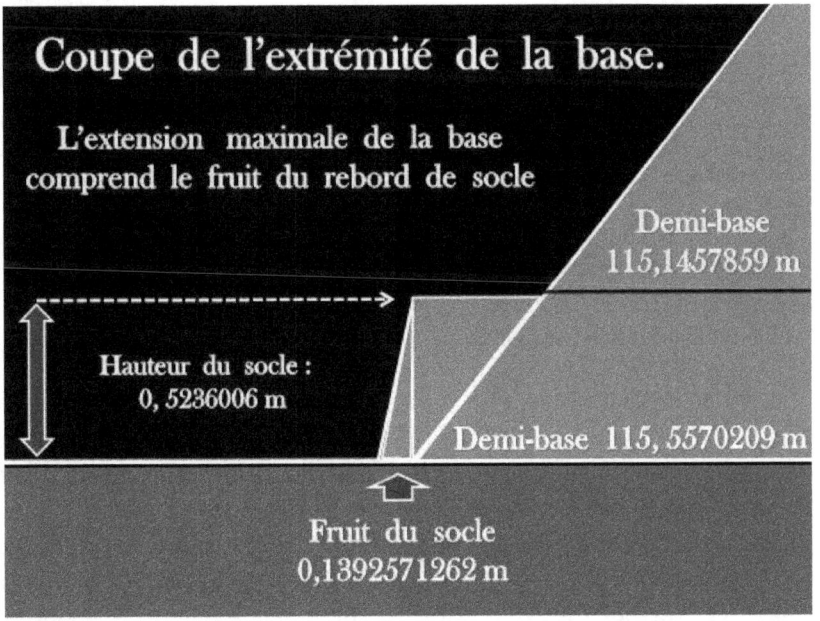

La demi-base maximale justifie sa longueur avec **le fruit**. On observera que cet appendice va au-delà de la demi-base réelle sur le roc, sa valeur est celle du **diamètre solaire**, ramenée à une échelle métrique et divisée par 10 millions. Au milieu des faces où le creusement est le plus large, « le fruit » (F. B) change de valeur, il mesure alors :

0,1570796326 m x 2 = **3,141592653 m**.

Voilà comment (page suivante), se présente la base avec et sans le creusement des faces. Par ailleurs, nous avons vu que la demi-base avec le fruit du socle constitue l'aspect structurel des **3 600 m** de pourtour. Cette valeur englobe les 8 demi-faces, les apothèmes théoriques et la hauteur sur le roc. Ce montage numérique constitue une preuve manifeste de la destination spirituelle de ce monument.

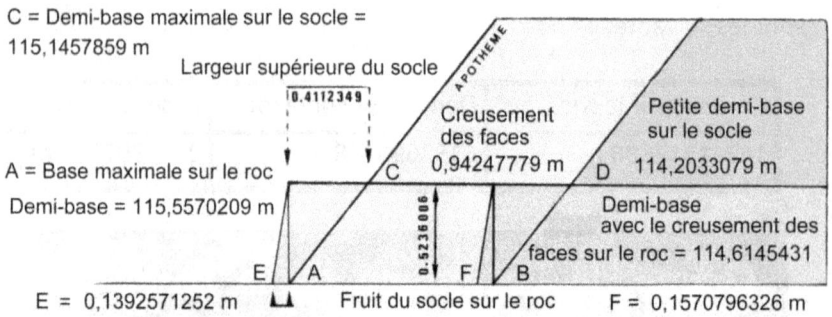

Hauteur sur le roc	Demi-base sur le roc (sans le fruit du socle).	Base sur le roc (sans le fruit du socle)
147,1317686 m	115,5570209 m	231,114041 m

Il s'agit là de la hauteur réelle à partir de la base sur le roc, elle détermine la pente de 51°,853974 en décimales ou **51°51'14"30**. Rappelons au lecteur, qu'en multipliant chaque demi-base par la constante du nombre d'Horus « **1,273239544 Ø de 4** », nous obtenons les diverses hauteurs de l'édifice sur le pyramidion et inversement. Ce qui équivaut à 280 coudées + 1 (la hauteur du socle est d'une coudée) = 146,608168 m ou pour la hauteur sur le roc 281 coudées pyramidales de 0,5236006 m = 147,1317686 m.

Hauteur sur le roc, moins 1 mètre.	Demi-base sur le roc.	Base sur le roc.
146,1317686 m	114,7716227 m	229,5432454 m

Au niveau de cet indice, 146,1317686 m, ce que nous remarquons, immédiatement, c'est que la différence avec le sommet de l'édifice sur le roc équivaut à « **1 mètre** » juste. L'unité métrique représente la hauteur d'un triangle équilatéral, dont le sommet symbolise l'extrême pointe du pyramidion, sur laquelle est placée « l'émeraude ».

Ce triangle de « **1 mètre** » de hauteur a des côtés de **1,154700538** m, le carré de cette valeur nous donne le diamètre de son cercle.

1,154700538 m x 3 = 3,464101614 m x 1000 (en considérant le résultat en kilomètres), nous obtenons 3 464,101614 km, si nous ajoutons l'ensemble des chiffres à cette valeur en situant la virgule après 12, nous obtenons : **12, 3.4.5.6.7.8.9 = 3 476,447292 km.**

C'est le diamètre moyen (au mètre près) de notre satellite « **La Lune** ».

Pourquoi « **12** » ? $3,464101614^2 = 12^2 =$ **144** (les degrés du linteau.)

Avec ce nombre biblique, nous avons là, l'annonce évidente du sommet triangulaire du pyramidion. Un mètre juste de hauteur, et la circonférence cernant cette hauteur, nous livre le nombre **π 3,141592653** m. L'un des côtés de ce triangle divisé par deux, proclame la racine de 3.

$$3,464101614 \div 2 = 1,732050807 \text{ m} = \sqrt{3}$$

À son point sommital, ce triangle, évoque : Le Soleil, par l'extrémité de sa pointe qui effleure son diamètre.

La Lune, puisque nous venons de voir qu'il la porte en ses flancs.

La Terre, avec la hauteur de sa base, divisée par l'année sidérale.

146,1317686 m divisés par **0,40008** (la circonférence moyenne de la Terre) divisés par 100 millions = **365,2563702 jours**. Soit : avec toutes ses décimales, la valeur exacte de **l'année sidérale**.

Le cercle cernant les extrémités du triangle affiche en sa circonférence 4,188790199 m, divisé par le « 8 » représentant les demi-faces pyramidales, il nous révèle la coudée de **0,523598774 m**. De la plus longue demi-base 115,5570209 m aux 114, 7716227 m que nous étudions, s'étale une plage de **0,7853982 m**, multipliée par les 4 faces, nous retrouvons : **π 3,141592653,** circonférence de « **1** ». Puisque nous avons le nombre π et que les chiffres vont, de 1 à 9, intéressons-nous à ce qui suit :

L'ennéade « 9 » x √2 1,414213562 = 12,72792205

La √² du nombre **π** 3,141592653 = 1,772453849

1,772453849 ÷ 12,72792205 = **0,13925712**

Nous avons bien là, **le fruit du socle,** ce qui nous donne multiplié par 10 millions et considéré en kilomètres, le diamètre exact du **Soleil**.

Le Soleil – La Lune – La Terre – Le Mètre – La Coudée – Le Nombre π - La racine de » √3 » 1,732050807 – La racine de « √2 » 1,414213562 - L'année Sidérale 365,25637 jours –
Et la beauté du triangle équilatéral de hauteur « 1 ».

Nous conviendrons que pour un mausolée de mégalomane extraverti, ces fioritures numériques pourraient apparaître superfétatoires. Mais, pour un message à caractère divin, appelé à franchir les millénaires, cela a probablement une signification, à nous de la trouver !

Hauteur.	Demi-base sur le roc.	Base sur le roc.
145,9317686 m	114,6145431 m	229,2290862 m

La demi base de 115,5570209 m sur le roc étant la plus longue, sans le fruit du socle, la valeur qui apparaît entre cette dernière et la demi base de 114, 6145431 m que nous affichons plus haut, est exactement de **0, 94247779 m, il s'agit là du creusement des faces.**

La Grande Pyramide

Sur le revêtement se produit un éclat aux solstices et aux équinoxes.

La Grande Pyramide n'étale pas rigoureusement ses faces à angle droit, chacune d'elle à un enfoncement de 0, 94247779 m en son milieu. Cette différence ne se discerne pas à l'œil, sauf aux équinoxes, le 21 Mars, à 18 heures par exemple. Lorsqu'un phénomène d'éclair se produit, on distingue nettement une zone de clarté et d'ombre. Généralement considérée pour drainer les eaux pluviales, cette bizarrerie architecturale à bien d'autres raisons à la fois plus ambitieuses et plus secrètes.

0,94247779 m

÷ π = 0,3 x 4 (les faces de la pyramide) = 1,2.

Or il y a **1,20 m** entre le sommet de la pyramide et la hauteur que nous affichons, 147,1317686 m - 145,9317686 m = **1,20 m**.

1,20, c'est exactement l'idéogramme, signifiant « **trône** » chez les Sumériens. Si nous admettons cette valeur, comme étant la hauteur d'un triangle équilatéral, le diamètre théorique du cercle qui devrait le circonscrire, afficherait **1,60 m**. Le périmètre du triangle divisé par 2,4 nous donne **√3 1,732050807**. Nous avons là une notion de cercle et une évocation de temps :

0,9424777989 x 8 (demi faces) = 7,539823956 ÷ π = 2, 40 x 10 = **24 heures** (jour solaire – temps moyen). Les réalisateurs de ce concept architectural, ne résonnaient pas à l'aide d'une science expérimentale, mais à l'aide d'une science universelle. **0,9424777989** ÷ 4 (faces) = 0, 235619448 x 100 = **23 h 56' 19448** (jour sidéral – temps moyen).

0,94247779 m ÷ 0,3 = **3,141592653 m**.

0,94247779 m ÷ 0,523598774 m = 1,8 coudée x 4 = **7,2 m**.

Souvenons-nous que le dieu **Osiris** (dieu de la renaissance) a été enfermé dans un coffre ajusté à sa mesure (espace pyramide) par les « **72** » acolytes de **Seth** (dieu du désert, mais surtout de l'épreuve) et que cela a bien évidemment une signification, sachant qu'au cours d'une année, il y a 72 nuits où l'on constate l'absence de la Lune, attachée au mythe.

12 734,94192 km étant le diamètre moyen de **la Terre**, multiplié par **360** (nombre sacré), cela nous donne 4 584 579,091, divisé par les 4 faces de la pyramide = **1 146 144,774**. Divisé par 10 000 ce résultat (à 6 centièmes de m/m près) s'avère identique à la demi-base sur le roc avec le creusement des faces, soit 114,6144773 m pour 114,6145431 m.

> **145,9317686 m** (la hauteur que nous étudions) divisés par le diamètre de 360, soit, **114,59559 m**, nous révèlent le diamètre moyen de **la Terre**, 1,2734925. Il nous suffit de le multiplier par 10 000 = **12734,94192** et de le considérer en kilomètres, pour qu'il est une signification.

Comment expliquer de façon rationnelle ces multiples et curieux jeux numériques ? En admettant que ce ne soit là que conjonctures, en ce cas, comment justifier que les coïncidences s'y rattachant, puissent bafouer les probabilités aléatoires, pour afficher que de logiques enchaînements à résonnance symbolique ? Auraient-elles pour mission, ces coïncidences, de provoquer nos qualités d'esprit ? Mais alors, peut-on raisonnablement continuer à les considérer comme des coïncidences ?

Hauteur (pyramidion)	Demi-base sur le roc	Base sur le roc
145,4081678 m	114,2033079 m	228,4066158 m

Cette hauteur est parfaitement justifiée par l'apport de la coudée pyramidale. 145,9317686 m - 145,4081678 m = **0,5236006 m.**

Rappelons que 280 coudées de 0,5236006 m, font 146,608168 m.

115,1457859 m est la demi-base prise sur le socle, se rapportant à la hauteur de 146,608168 m, (généralement la seule hauteur prise en considération par les égyptologues), 115,1457859 m - 114,2033079 m = **0,94247779** m, cette valeur est celle du creusement des faces.

114,2033079 m (la plus petite demi-base de la pyramide) x 1,273239544 m (la clé numérique), on obtient la hauteur de 145,4081678 m (indice du plus faible niveau). Cet exemple constitue le dernier report de l'architecture de base en relation avec les valeurs du pyramidion. La plage sur laquelle est posé le pyramidion se trouve à **143,990165** m de hauteur ou 275 coudées, pour atteindre les 144m (symboliques). Là, se trouve un bourrelet d'une hauteur sensible à celle de l'émeraude, il est exactement de 0,009835 m.

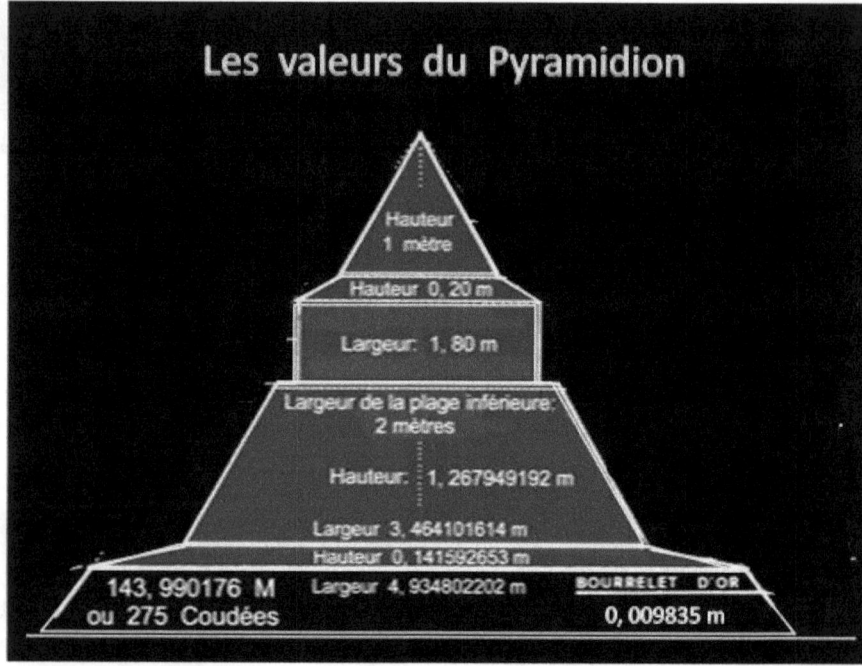

Il suffit donc d'ajouter **3,141592653** m, l'équivalent de 6 coudées aux 143, 990165 m, pour atteindre le sommet de la pyramide et du pyramidion.

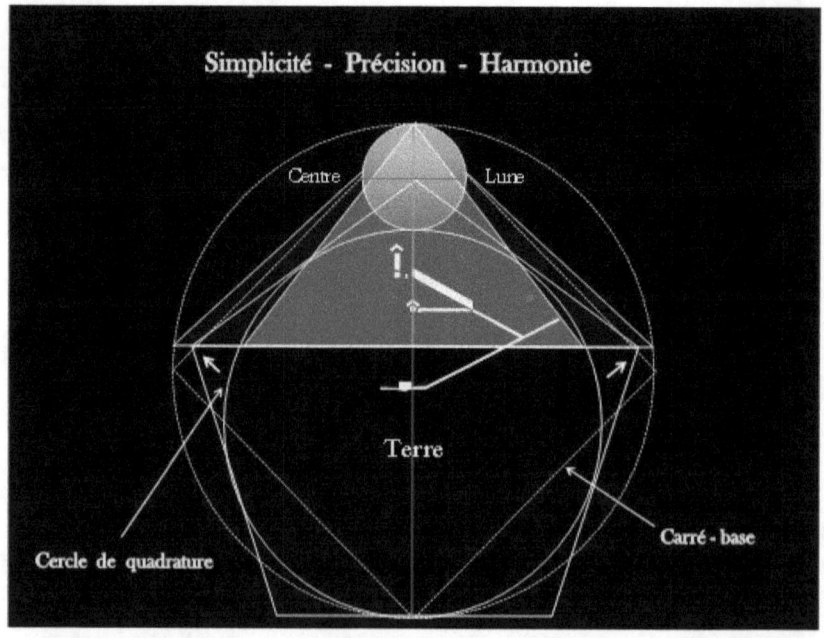

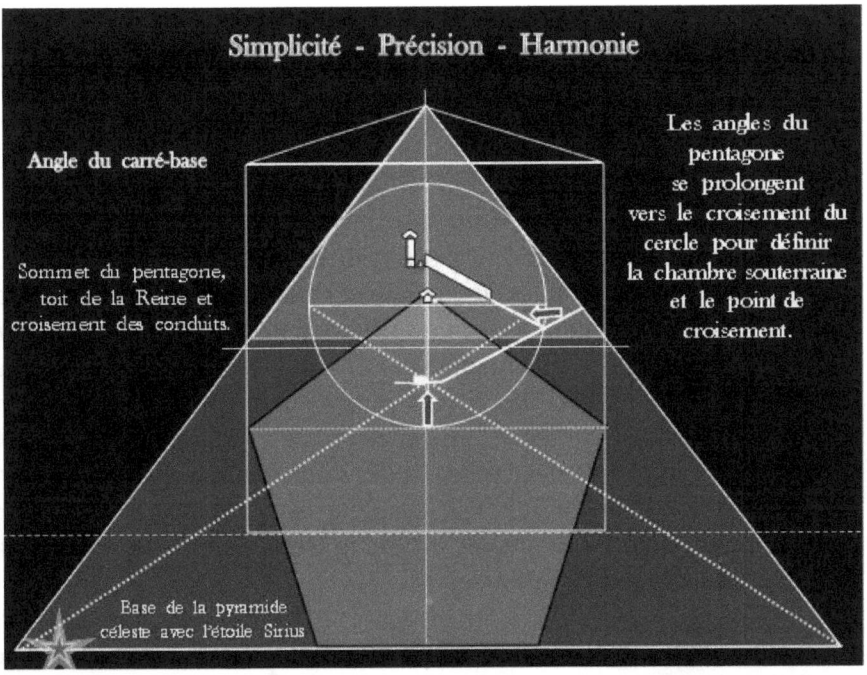

Georges Vermard

L'édifice et la Terre

Voyons ce qu'il en est de cette *Connaissance Initiale*, affectée aux mesures de notre édifice. S'il est relativement aisé de constater des combinaisons numériques sur la disposition au sol de certains temples, il en est tout autrement au sein de **La Grande Pyramide**. Il s'agit là, d'une véritable synthèse géométrique et numérique relevant d'une **Tradition Primordiale.** Ces concepteurs inconnus et insoupçonnés des émissaires actuels du savoir, enseignaient que « **l'esprit** » se devait d'être soutiré de la nature des choses, qu'ils nommaient « neterou ». C'est à l'intelligence humaine, dont le souffleur est **l'intuition**, d'extraire cet esprit de la matière commune, afin de le transcender en une expression solidaire de caractère universel.

Imprégnée de cette maxime, la plage que nous allons devoir situer est donc un espace intermédiaire entre un monde et un autre, entre le profane et le sacré. La flèche de la balance Osirienne ne convoite-t-elle pas le juste milieu ? En admettant que les architectes constructeurs aient souhaité que le périmètre du rebord du socle coïncide en valeur avec la circonférence terrestre, il y aurait depuis toujours « secret de polichinelle », ce n'est pas le cas ! Alors, abordons les choses par une autre voie et commençons par jeter notre dévolu sur « **le fruit du socle** ». Celui-ci, nous venons de le voir, marque de sa prépondérance le pourtour du monument, il se positionne comme la pointe d'un pied dépassant le volume d'un corps. Par déduction, c'est donc en son centre que la graine de la symbolique doit exercer sa poussée.

Si nous visualisons la Pyramide vue du haut, autrement dit, à l'aplomb du Pyramidion, nous découvrons un quadrilatère que deux lignes transversales coupent en son milieu, formant ainsi une croix dite de « **Saint André** », c'est également le croisement des sceptres.

Cette croix accompagnait **le Graal**, nous avons de bonnes raisons de penser qu'elle fut transmise par Josèphe d'Arimathie en Grande-Bretagne au cours de l'émigration ébionite (les pauvres) du début de notre ère. Ainsi associées, ⊗⊕ croix de Saint-André et croix christique, ces deux symboles détermineront plus tard le drapeau des anglo-saxons. Au-delà de ces deux diagonales et de leurs angles, s'étend *« la projection sidérale »* du site de Gizeh, extension certes captivante mais pour l'instant hors de notre propos. Le point de recherche qui nous préoccupe se trouve donc entre l'angle intérieur (base de la pyramide) et l'angle extérieur du monument, matérialisé par la bordure externe du fruit du socle. Ces raisons, pour surprenantes qu'elles apparaissent, répondent à la logique ésotérique des Anciens et nous y adhérons entièrement. La graine de la connaissance génésiaque ne se tient-elle pas paisiblement au centre du fruit ?

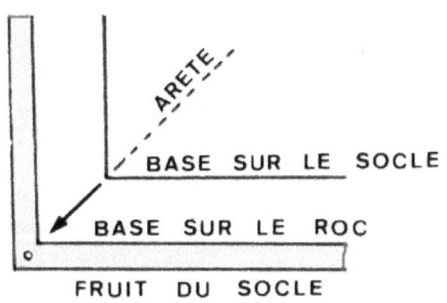

L'illustration ci-contre nous montre les limites extrêmes de l'arête avec le fruit du socle. Ce sont ces mesures que nous allons mettre en relation pour découvrir le diamètre moyen de notre planète.

Grisés par les fumées de l'athanor, nous n'évoquerons pas les génies propices aux faiseurs de mystères, plutôt en appellerons-nous à l'esprit immortel de nos Sages Ancêtres. Passons si vous le voulez bien à la phase concrète de l'œuvre :

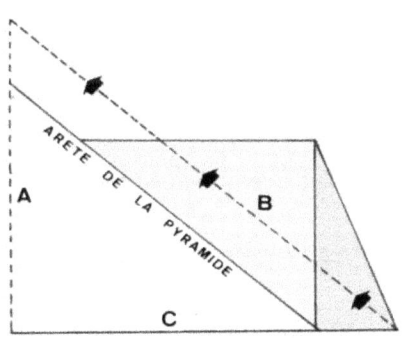

Angle de l'arête théorique de base, **avec** le fruit du socle 41°, 96291285 (degrés déci)

41° 57'46''49 Angle de l'arête effective de base, sans le fruit du socle :

41°, 99722395 (degrés déci) **41° 59'50''01**

« **A** » Hauteur totale du monument.

« B » Arête théorique – sommet - extrémité du fruit du socle.

« C » Demi-diagonale - centre pyramide - extrémité du fruit du socle.

Hauteur	Arête théorique	Demi-diagonale
147,1317686 m	220,0432112 m	163,6192454 m
Total : **530,7942252 m.**		

Hauteur	Arête réelle	Demi-diagonale
147,1317686 m	219,8968109 m	163,4223061 m
Total : **530,4508856 m**		

Le premier : **530,7942252 m**

Le second : **530,4508856 m**

La valeur cumulée des deux triangles (A – B – C) est donc :

Total : **1 061,24511 m**

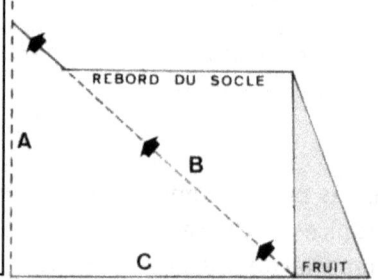

« A » Hauteur totale du monument.

« B » Arête réelle depuis l'extrémité de la base vers le sommet.

« C » Demi-diagonale - centre pyramide - extrémité de la base.

Il faut multiplier le résultat acquis par les 12 éléments (angles et lignes)

$$1061{,}24511 \times 12 = \mathbf{12\,734{,}94192\ m.}$$

Reconvertis en kilomètres, la valeur moyenne de notre géoïde au mètre près, puisque la valeur officielle généralement admise nous donne :

12 734,930 km, soit une différence de 11,32 m.

Amusante comparaison : juste la moitié de la hauteur de l'obélisque de la concorde par rapport au diamètre de **la Terre**.

Nous avons là, parmi tant d'autres, un exemple de la mise en œuvre de ce concept général, et par le fait même de sa destination à des fins didactiques. Pouvons-nous raisonnablement imaginer que le Roi Khéops, se soit inquiété de la transcendance de son sépulcre, au point de faire figurer en ses angles, les mesures de la Terre au mètre près ? Et d'ailleurs, comment aurait-il fait puisqu'il était censé ignorer le mètre et la sphéricité de la Terre ?

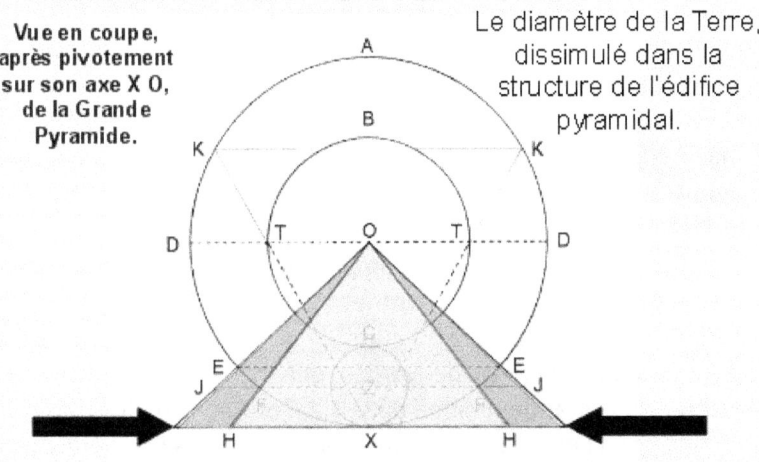

Parties des angles pris en considération

Montrons-nous indulgents, quant au fameux « hasard » révélateur de toutes les énigmes et inspirateur de toutes les solutions. Merleau-Ponty crut bon de préciser dans « *Éloge de la philosophie* » :

« *Le hasard ne prend figure que lorsque nous renonçons à comprendre et à vouloir...* »

Oui, à condition de considérer que l'aventure intellectuelle prévaut sur le confort que procure l'acquis.

Mais ne le critiquons pas trop, ce hasard, sans lui, comment pourraient dormir les êtres qui ne vivent qu'en fonction de ce qu'on leur a appris et non en vertu de ce qu'ils ont cherché à découvrir par eux-mêmes.

« *Deux excès*, prônait l'intuitif Pascal, e*xclure la raison, n'admettre que la raison* ». Si, à l'époque de nos allants novateurs immodérés, nous prenions le temps de méditer un tant soit peu, nous pourrions réaliser que « **nos raisons** » n'ont strictement rien à voir… avec **la raison**.

L'homme contemporain croit nécessaire pour assumer sa nature expansive, de se fabriquer une logique modulable qu'il applique volontiers à son mode de vie. Il l'érige ensuite en des dogmes médiatiques qui ostracisent tout autre point de vue, ne tenant pour vrai que ce qui s'y réfère. Il relègue en des espaces qu'il qualifie d'irréalistes ou de subversifs, ce qui viendrait à compromettre cet ordre fictif par lui établit. À l'encontre de cette façon de raisonner, demeure « le mystère » que rien ne peut banaliser. Le secret de l'être est attaché à l'âme, comme l'imagination peut l'être à l'esprit et la jouissance au corps. Gardons-nous, en voulant démystifier cette âme de mystifier l'esprit !

L'être humain ne saurait être comparé à un logiciel à usage spécifique, c'est un microcosme qui détient les clés de l'univers sensible. L'intuitif, musique sur l'arpège de nos états de conscience. Nous sommes tous détenteurs de parcelles de vérités que nous devrions être à même d'insérer en la grande fresque de la vie. Pour ce faire, il ne nous faut pas sommeiller en l'esprit collectif, mais nous éveiller à la réalité individuelle. Sachons placer notre cœur en état de réceptivité.

Le divin parle à celui qui l'écoute. Si nous désirons voir notre vraie demeure, ne nous contentons pas de grimper sur la colline voisine, élevons-nous en pensée à 36 000 km, et admirons notre belle planète bleue. C'est précisément à cette altitude que nous pourrons la découvrir en sa demi-sphéricité. Lors du voyage d'Apollo 10, le spationaute Tom Stafford s'exprimait ainsi :

« *D'en haut, vous ne regardez pas le monde en tant qu'Américain, mais en tant qu'être humain* ».

Nous avons vu au cours de cet ouvrage l'importance que l'on devait apporter aux nombres : 3,6 - 36 - 360 - 3 600 - 36 000 – 360 000, etc.

Cette puissance numérique représente incontestablement la divine spirale. **36** et **24** par exemple, confirment 2 fois le cercle. 1 heure de 3 600 secondes multipliée par 24 est égale à une rotation complète de notre planète. Le format 24x36 fut longtemps considéré comme étant le rapport idéal de cadrage. Pour ce qui est de la valeur du jour, un petit tableau nous rappellera ce que nous avons déjà vu :

Diamètre de la Terre à **l'équateur :**   12 756,33794 Km.

Valeur intermédiaire :   12 734,94192 Km.

Diamètre de la Terre **aux pôles** :   12 713,54589 Km.

Total : **38 204,82575 km**. x π = **12 0 0 24** (en cercle).

Ou encore ; divisé par « 3 » la circonférence de la Terre.

12 h et 24 h que séparent ostensiblement les deux zéros du « créé incréé ». Devant un tel résultat, le lecteur comprendra qu'il est superflu de tenter la moindre argumentation, sans dévoiler des faiblesses d'arguments.

Si nous divisons ce nombre 24 par 18 (moitié de 36), nous obtenons la promesse de **Nout**, cela nous donne pour valeur 1,333333333 dont la racine carrée est **1,154700538**. Ce nombre représente la pente du triangle équilatéral de hauteur « 1 », placé au sommet de l'édifice pyramidal. Pour nous résumer, nous avons pu apprécier au chapitre précédent cette dernière valeur :

> **1,154700538** x 3 = 3,464101614 x 1000 + **12, 3.4.5.6.7.8.9** =
>
> **3 476,447292** en kilomètres, le diamètre de « **la Lune** ».

Lorsque ce nombre 3 476,447292, représentant le ∅ de « **la Lune** », notre satellite, se trouve lié à « **la Terre** » que nous venons d'extraire du fruit du socle, autrement dit du « **Soleil** », cela nous donne :

> 16 211,3896 (diamètre Terre-Lune) x π = 50 929,5817 ÷
>
> 444,4444444 = **114,5915584** (Diamètre de **360)**.

Il est évident que nous avons là, les prémisses cachées d'une tradition hermétique de haut niveau. Si nous nous autorisons aujourd'hui à en dévoiler de modestes fragments, ce n'est, certes, pas par irrévérence à la gnoséologie des hautes époques.

Il nous faut réaliser que les temps que nous vivons, et plus encore, ceux que nous sommes appelés à vivre, sont aventureux, pour ne pas dire angoissants. Seules les réalités numériques et géométriques sont à même de nous faire prendre conscience d'une intelligence subtile essaimée dans la nature des choses. Nous atteindrons bientôt, si ce n'est déjà fait, **le point critique du non-retour.** Avant que la déchéance amorcée ne devienne un fait irréversible, il serait souhaitable que nous nous hâtions de créditer « **la science théologale des Anciens** », ultime ressource en nos conditions de naufragés.

Espérer, non en un démiurge acariâtre et revanchard, mais en un **Principe Créateur Universel**, dont nous avons ici les preuves patentes, ce serait déjà placer sur les chemins scabreux de l'avenir, des garde-fous. Nous sommes convaincus qu'aucune force matérielle au monde n'est aujourd'hui en mesure de redresser la moralité défaillante due à un ultralibéralisme pernicieux. Un état de droit se montrerait peu efficace et engendrerait des conflits stériles, seul un mouvement ascendant d'inspiration spirituelle, reposant sur des bases concrètes, peut, s'il est bien perçu, porter ses fruits. Nous pourrions nous passer de ces commentaires qui entachent quelque peu la sublimité de ces divulgations, mais nous manquerions alors à notre devoir, en confiant aux seuls diffuseurs stipendiés les rênes du devenir.

La montagne aurifère d'où nous puisons ces richesses, n'est pas entamée pour autant. Est-il besoin de préciser que ce que nous cherchons à faire valoir ne vise aucunement à discréditer les religions, à distinguer une race ou encenser une quelconque élite. Notre démarche ne saurait avoir un caractère réformateur, plutôt s'attacherait-elle à être un signal, si elle ne peut-être un éveil. Aucun changement d'envergure ne pourra s'effectuer hors l'esprit attenant à « **la tradition théologale universelle** ». Tout avis contraire ne peut que contribuer à une dramatique perte de temps et... nous n'avons plus le temps ! Notre belle petite planète bleue recèle encore bien des mystères, que ce cache-t-il vraiment en ses dimensions que nous croyions bien connaitre ?

Notamment en ce qui concerne sa consistance globale, ses rapports aux astres, sa nature en l'espace et surtout... sa raison d'être.

Nous ne savons plus apprécier les choses naturelles de la vie, nous ne savons plus puiser l'essence de leur caractère et moins encore leur quintessence. En notre vivre ensemble, nos actes se doivent d'être rentabilisés, toute pensée, toute action, doit engendrer un profit. Notre épicurisme n'est pas philosophique ou idéologique, il est devenu un hédonisme viscéral, phagocyté dans la crainte que ne disparaisse avant nous...cette apparence qui se vêt de nullité.

1- Prenons un cercle réalisant un diamètre de « 10 » (premier nombre). Sa circonférence sera π x 10 = 31, 41592653.

2 – Éclatons ce cercle en « 4 morceaux » et prenons la courbe de l'un d'eux pour en faire un diamètre.

3 - À l'intérieur de la circonférence de son cercle inscrivons un triangle équilatéral. Les deux côtés de ce triangle réalisent chacun la valeur de **21,36832034,** que nous considérerons en kilomètres.

4 – Rappelons-nous le ⌀ moyen de la Terre :

12 734,94192 km. Ajoutons à ce diamètre la valeur de notre premier côté du triangle, nous obtenons 12 734,94192 km + 21,36832034 = **12 756,31023 km, c'est le ⌀ équatorial de notre planète.**

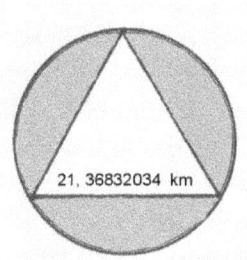

5 - Procédons de manière inverse pour les pôles : 12 734,94192 km - 21,36832034 km = **12 713,5736 km**. En ce qui concerne notre globe

terrestre, c'est ainsi, que l'on peut justifier d'une manière ésotérique la différence existant entre les pôles et l'équateur, cela... au mètre près !

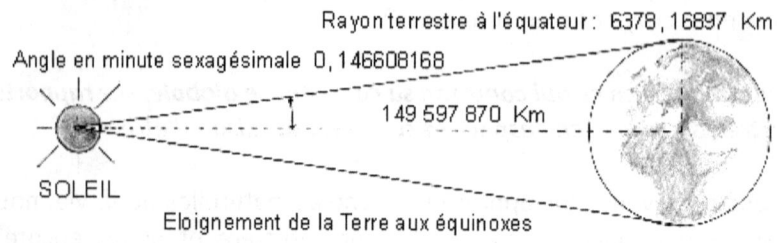

L'angle qui détermine le rayon équatorial de la Terre vu du centre du Soleil est de 0° 0′ 8″ 79, reconverti en minutes sexagésimales, cela représente 0,146608168. Soit en secondes, le nombre de mètres qui convient à la hauteur de la Grande Pyramide sur son socle.

Coïncidence... cela va de soi, qu'auriez-vous envisagé d'autre !

Le dessin et les valeurs ci-dessus qui ont suscité notre réflexion résultent d'une étude préalable faite par M. F. Dupuy-Pacherand – **Atlantis** N° 382. Nous les mentionnons par respect pour l'auteur, car ils confortent en tous points nos propres travaux.

Le « 360 » et la Symbolique

L'architecture éclatée de la Grande Pyramide révèle **8** triangles formant les demi-faces, **1** carré base, soit mis à plat **9** éléments structuraux, plus **1** pyramidion qui doit être considéré comme un monobloc. Nous avons vu que les **4** faces de la Grande Pyramide possèdent en leur milieu **un creusement**, les dissociant en **8** demi-faces. Admis sur le plan conceptuel pour drainer les eaux pluviales, le creusement des faces est par nous évalué à **0,9424777959** m. Il s'agit là d'un étalement théorique des valeurs décimales, le lecteur comprendra que l'on ne peut concevoir raisonnablement en cette énumération une valeur pratique. Dans le meilleur des cas, la réalité se voulait approchante au dixième de millimètre, ce qui constituait pour l'époque une incontestable performance.

0,9424777959 m (valeur du creusement des faces) ÷ π = **0,3 m**
Le zéro précède l'aspect trinitaire, répond à la symbolique numérique d'Atoum ; 1 – 2 = 3 pour les 4 faces.
0, 3 ÷ 0,523598774 (coudée ésotérique) = 0,572957796
x 2 x π = **3,6**.

Rappelons que cette conception atypique mis en œuvre par le creusement des faces, indiquait de surcroît, **solstices et équinoxes**. À titre d'exemple, on peut observer ce phénomène sur la face Sud, le premier jour du printemps, le 21 mars aux environs de 18 heures, lorsque le Soleil rasant décroche l'ombre sur une demi-face, (consomption de l'ombre) alors que demeure dans une clarté temporaire la seconde demi-face qui lui fait écho. Oublions un instant l'indigence mentale que nous prêtons à ces anciens égyptiens, dont les plus savants, ne connaissaient ni mètre, ni roue, ni pi, ni racine, ni astre sphérique, mais le façonnage de grands tombeaux pyramidaux, qu'ils concevaient comme des engins spatiaux. Revenons à Hérodote (patron des journalistes, en un reportage qui ce veux exhaustif 2000 ans après les faits) troquons-lui ses « **stades** » contre des « **mètres** », nous ne devrions pas y perdre au change. N'écrivait-il pas… notre Hérodote :

*« Quelque beau que soit le labyrinthe, le lac que l'on appelle lac Mœris réserve bien d'autres surprises, il a **3 600** stades de tour… »*

Le « Père de l'histoire » fait-il allusion aux tours qu'il a dans son sac… ? C'est possible ! Le parallèle est si frappant que l'on pourrait supposer, qu'au sortir du labyrinthe, on risque de tomber dans le lac du « tombe…eau » lequel reflète quoi ? … **La Grande Pyramide**.

Imprégnons-nous du fait de ce que nous avons déjà souligné ; aucune mesure, aucune valeur d'angle, aucun débord, aucun bloc et aucune rainure n'exerce un rôle de gratuité à l'intérieur comme à l'extérieur de la Grande Pyramide. Observons bien cette illustration. La ligne en pointillés qui longe l'apothème relie le fruit du socle à l'extrême pointe du Pyramidion, elle englobe ainsi la totalité de l'édifice pyramidal. La demi-base sur le roc à laquelle nous faisons référence est de **115,5570209** m, **sans** le fruit du socle.

Avec le fruit du socle, 0,1392571 m (diamètre solaire). Chaque demi-base réalise alors 115,5570209 m + 0,1392571252 m = **115,696278** m. Si nous désirons obtenir le périmètre de cette base, il nous faut multiplier cette valeur par les 8 demi-faces, nous totalisons alors = 925,571024 m. Pour mieux nous pénétrer de cette démonstration, visualisons une vue en coupe de ce qui constitue la base de la Grande Pyramide. Le fruit du socle est un débordement qui existait à l'origine (sens pratique envisagé, pour reposer les talons des gens assis sur le rebord du socle). Une reconstitution a été faite sur quelques mètres au pied de la base pyramide.

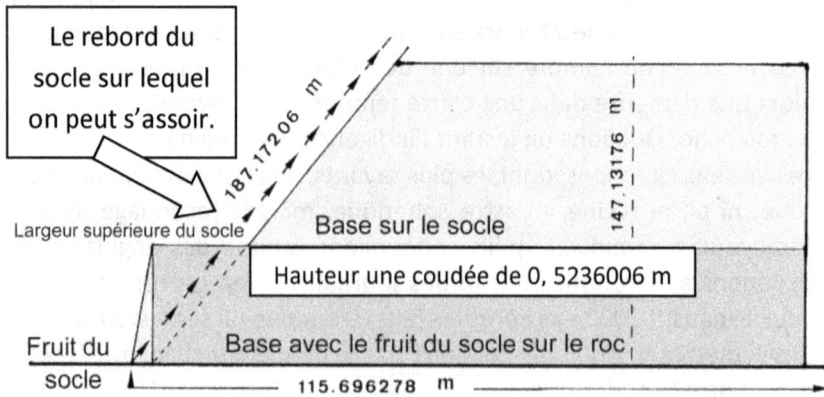

Demi-base : 115, 696278 m, (longueur **avec le fruit du socle** sur le roc.)
Hauteur : 147, 131768 m. (Hauteur totale depuis la base sur le roc.)
Apothème : 187, 17206 m. (Pente théorique **avec le fruit du socle**, sur le roc.)

Total : **450, 000106 m.**

> Ces **450,000** m, multipliés par les **8** demi-faces, nous donnent :
>
> **3 600** mètres.

Il se peut que notre lecteur ne saisisse pas immédiatement la portée d'une telle révélation ? Elle est pour nous, chercheur de l'impossible, la consécration de l'édifice pyramidal. Nous attachons à ce nombre autant d'importance que pouvaient le faire en Égypte Ancienne les Grands Hiérarques, souvenons-nous ; les Suivants d'Horus initiés du Zep Tepi, (le Premier Temp). Ce nombre 3600, confirme toutes les mesures que nous prêtons à ce monument, il en est la synthèse, la signature 3,6 – 36 – 360 – 3 600 – 36 000.

Si nous étions des harpédonaptes royaux animés du funambulesque dessein de cheminer en l'itinéraire précité, nous devrions ainsi parcourir **3 600** m en une heure, soit **1 m** par seconde. Voyons là un excellent prétexte pour rendre hommage aux dieux inspirateurs de l'édifice. Rappelons que plus de trois millénaires avant Jésus-Christ, les Mages de Mésopotamie vénéraient ce nombre : **3 600**. Nous avons vu que les initiés Sumériens écrivaient ce nombre sous la forme d'un ◯ cercle. Ainsi, 36 000 ne se différenciait guère du cercle que par un point central ⊙ (Ré, Soleil chez les Anciens Égyptiens). Avec l'apport de l'écriture cunéiforme, cette évocation « primitive » évolua vers un tracé de plus en plus « poissonneux » ⟁ 3 600, pour aboutir à : ⟁ 36 000. Cela diffère fort peu de l'archaïque mot « poisson » lequel est, si l'on peut dire, tiré à la ligne ⟨✕. Souvenons-nous de l'initiateur sumérien du genre humain, le dieu ichtyforme « **Oannes** ». La coïncidence, toujours elle, veut que la racine soit issue d'un mot maya « Oaana » dont la signification est, « *l'être qui vit dans l'eau* ». Il n'est d'ailleurs pas interdit de lire « *espace* » en lieu et place du mot « *eau* », simple question « d'onde » ! Précisons que le signe alchimique signifiant : « **Soleil** » ou « **OR** » s'inscrit parfois avec un cône d'ombre, évocateur de l'alevin (petit poisson) pris dans un reflet de Soleil. Nous l'avons vu précédemment, les raisons justifiant le rejet de l'usage de la roue par les Anciens Égyptiens étaient dues au fait, qu'ils attribuaient une valeur symbolique transcendantale au **cercle,** lorsque celui-ci était nanti d'un **point** central.

Peinture 3 000 av - JC

Les Grands Hiérarques partaient du principe que tout dans la nature s'agite, vibre, frétille, marche, galope, trottine, court, bondit, glisse, saute, rampe, nage, vole, mais… ne roule pas. D'où la méfiance à l'égard de la roue, qui par ailleurs semblait se complaire en la lumière du Soleil déifié. Tout rond, tout cercle était alors suspecté d'entretenir un lien caché avec le divin et l'empreinte même que pouvait laisser un sein moulé dans la glaise ou le sable, était considérée comme la représentation de ce Soleil nourricier.

Exemple, le mot « *élever* » 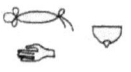 était ainsi figuré par un mamelon placé en empreinte. Il est un fait avéré que la concordance des mots avec ce qui relève des formes de la nature est parfois troublante. Pourquoi ne pas admettre que des relations subtiles, puisse s'établir, entre les noms donnés aux choses et les choses elles-mêmes ? Cette observation est confirmée par l'étrangeté de certaines conjonctions. Nous devrions nous imaginer une sorte d'onde capable d'influer sur les structures moléculaires et par extension sur quelques domaines sensibles de la cérébralité. Depuis peu, l'inverse n'est-il point dûment prouvé en physique quantique, la matière réagit entre-elle ?

Atoum – adjectif **tem** est symbolisé par le chiffre « **O** », parfois même, nous l'avons vu, par le double zéro, l'existant et l'inexistant, le chiffrable et l'inchiffrable, le créé et l'incréé, le **Nou** et le **Noun**. Il est d'ailleurs

fréquent que le mot « *existant* », ait en différentes langues, cette double signification. L'Esprit Créateur de toute chose. Il (DIEU) engendre deux principes : le **1, Shou**, positif, sec, numérique et masculin, le **2, Tefnout**, négatif, humide, géométrique et féminin. Ce sont là les trois premiers

principes divins de l'**ennéade O - 1 – 2** – 3 – 4 – 5 – 6 – 7 – 8 – 9. En se combinant à l'infini, les chiffres ne sont-ils pas aptes à former tous les nombres ?

À gauche, **Atoum - Dieu** Principe Créateur, Maître de l'Univers. Au centre, **Shou : le Premier Principe,** le masculin, le nombre, le sec, l'air, le feu, le point au centre du cercle. À droite, **Tefnout : le Second Principe,** le féminin, la géométrie, l'humidité, la rotondité, c'est l'onde lumineuse entourant le cercle. **Shou,** émanation d'**Atoum (premier principe,** le nombre). Le dieu du souffle assume avec le verbe, le hiéroglyphe « R » ◆ la bouche, d'où émane le son, porté par l'onde ⋀⋀⋀⋀ , laquelle onde (espace) instaure les limites du verbe. Sur un plan purement physique, l'air réputé sec, se charge d'humidité, les ions équilibrent et neutralisent la nature de l'atmosphère.

Tefnout, la déesse de l'humidité (**second principe,** la géométrie) gère l'O de l'eau, elle peut adopter les formes de tous les contenants, **l'O et l'onde**, cercle concentrique vu en plan ◎ le même, vu en coupe ⋀⋀⋀⋀ (eau en égyptien) ⋀⋀⋀⋀ . C'est pourquoi le dieu Khnoum, divinité de l'Ile Éléphantine contrôlait le niveau du fleuve, il était associé au Soleil - Ra ⊙ comme créateur du monde, sur son tour de potier ⊙ (axe du monde et cercle du cycle) les êtres émergeaient du néant.

En Primosophie, code mystique des nombres premiers, nous aurons l'occasion d'aborder cet étude en fin d'ouvrage, le mot **OR** se traduit par = **102**, ce métal réputé divin est numériquement égal au mot : **Dieu = 102** et le pyramidion réalise lui : **360**.

Le cercle évoque **la roue du potier**, le dieu « **Khnoum** » signifie, « celui qui s'unit à… », à qui s'unit-il, si ce n'est au dieu 3 en 1 △, **Hrw – Khnoum – Khoufou**. Khnoum est le lien, le principe de cohésion, le potier, le premier artisan. Il est chargé de faire en sorte que l'œuvre se maintienne en son **contenant**, et par le fait même, de veiller à ce que l'homme ne trahisse pas le choix divin du « **NOU** primordial ». Par son labeur, le dieu Khnoum devrait permettre à l'intelligence humaine (Horus) d'appréhender les raisons du **contenu**.

 Lorsque l'action du **feu** aura durci la **terre** argileuse, celle-là, cernée par l'**air**, pourra contenir l'**eau** en son volume. La synthèse des quatre éléments (en Primosophie = 1234).

Il va de soi que le Roi Khéops, (restaurateur de la Grande Pyramide), tenait à s'assurer des bonnes grâces du dieu Khnoum « *Khnoum – Khoufou* ». Khéops n'a jamais été le mégalomane que l'on nous dépeint complaisamment. C'était un Pharaon inspiré par les devins Hiérarques, lesquels savaient discerner en les agencements stellaires les dispositions du futur. Aujourd'hui, **Khéops** est « **le Roi blessé** » des légendes Arthuriennes. Les deux structures schématiques des pyramides réelle et virtuelle, placées bout à bout réalisent, nous venons de le voir, un périmètre de 7200 m. Le Soleil mythologique des légendes égyptiennes « Râ » ne revendique-t-il pas « 72 » noms secrets ? Ajoutons symboliquement à cette mesure, notre archétype chiffre « 4 » (base du concept pyramidal), nous obtenons un total de 72 004 m (pyramides réelle – virtuelle). Ainsi, pour un seul monument **36002** m. Divisons ce dernier nombre par les décimales du **diamètre solaire**, soit 1,392571252 = **25 852, 89618**. Il s'agit de rien moins que du nombre d'années correspondant au cycle précessionnel défini par le mouvement stellaire de la constellation d'Orion, (la différence est de quelques heures sur près de 26 000 ans.) En résumé :

> Le périmètre schématique de la Grande Pyramide, divisé par l'ordre numéral du **diamètre solaire**, nous procure converti en années, la valeur du **cycle précessionnel**.

Nous faisons figurer en notre schéma le cycle précessionnel sous forme de deux demi-cycles. Ils nous sont donnés par la plus basse altitude de la constellation d'Orion, environ 9° au-dessus de l'horizon de Gizeh. Le départ du cycle se fait avec la reprise d'altitude de la Constellation au centre du schéma à 152,339963 m du sommet de la pyramide ou 12 926,47453 années (le demi-cycle). Nous le savons, ce départ de la constellation est fictif, car en vérité c'est la Terre en se mouvant lentement autour de son axe qui nous donne cette impression. Il est toutefois à signaler que cet instant est d'une importance capitale puisque tout tourne autour de lui en ces recherches.

A la base de la Grande Pyramide se trouve le socle d'une coudée juste de hauteur.
Si nous prenons l'extrémité du fruit du socle, et tirons une ligne imaginaire jusqu'au sommet de la Pyramide, elle affiche alors avec le périmètre de ses 8 demi-faces 3 600 m.

Une coudée 0, 5236 m

Périmètre d'un quart de volume 8 fois reportés sur le carré-base = 450 m x 8 = 3 600 m.

Pyramide avec le fruit du socle
Hauteur : 147, 1317686 m
Apothème : 187, 172076 m
Demi-base : 115, 6962778 m

8 faces triangulaires
+ 4 arêtes

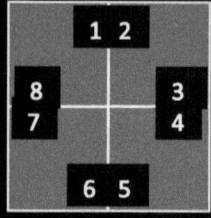
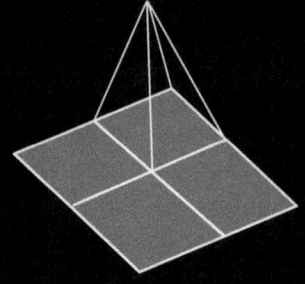

Il y a 3 600 secondes en une heure de marche de 3 600 mètres

Orion et le concept pyramidal

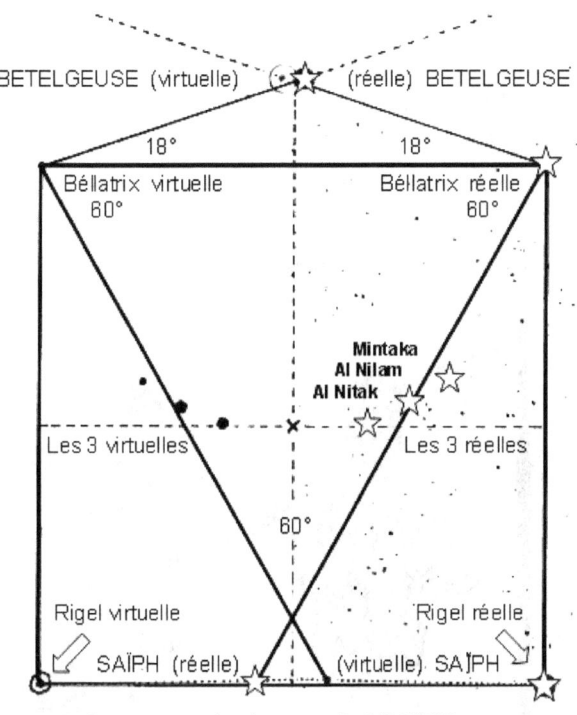

Creusement des faces = 0,94247779 m

L'illustration ci-dessus (côté droit) est une reproduction (cliché négatif) de la portion du Ciel, concernant la constellation d'Orion.

Il s'agit de l'emplacement réel des étoiles. Trois phénomènes structurels en cette illustration, devraient attirer notre attention.

En partant du haut :

(**1**) La position légèrement décentrée de l'étoile **Bételgeuse**.
(**2**) Le contenant du **Graal** et sa rigueur géométrique.
(**3**) Les situations particulières des étoiles **Al Nilam** et **Saïph**.

La situation décentrée de l'étoile Bételgeuse est à elle seule une énigme céleste. Pour élucider cela, il nous faut utiliser les outils égyptiens, notamment « l'ankh ». En sa symbolique, la croix ansée possède le don de refléter le « destin » ou en quelque sorte, l'autre côté de la vie. En la considérant judicieusement du côté miroir, *« la croix de vie »* nous renvoie une autre image de nous-mêmes, à la fois différente et au combien semblable.

Temporel – intemporel, masculin – féminin - jour et nuit - Soleil et Lune, sont les évocations supplétives de l'œuvre alchimique. Une iconographie référentielle de cette connaissance ancestrale circulait dans les écoles de pensée à la fin du Moyen-âge.

Sur cette illustration nous voyons figurer « *l'échange des rameaux* » entre le Roi et la Reine. Sous un aspect puéril, se dissimule une symbolique, répondant aux plus hauts critères de connaissance qu'il nous soit donné de percevoir. Le miroir humain illustré ci-contre par le Roi et la Reine, ne témoigne rien moins que du croisement des étoiles cadre.

Nous devons également l'associer à l'architrave dominante, propre à « *l'union des genres* », les Égyptiens la nommaient, « *Sema-taouÿ* ».

Ce n'était pas seulement cette « *alliance des deux terres Nord - Sud* », mais celle du concept **Ciel – Terre**, que concrétisaient « **Sah et Mer** »

ORION et PYRAMIDE. Nous découvrons que les bras et les mains unis du couple royal, dessinent un épistyle, que nous appelons couramment « *linteau* » dont les lignes se prolongent avec l'apport de rameaux. Au-dessus de ce croisement de faisceaux, un **Phénix** apporte la ramille verticale qui va permettre de faire se miroiter la partie étoilée sur la surface opposée. L'allégorie est évidente, le Soleil et la Lune – le jour et la nuit – le Roi et la Reine. Pour corroborer le tout, au-dessus de l'oiseau fabuleux, se tient **une étoile** ; elle souligne, s'il en était besoin, le caractère céleste de l'affaire.

Au sortir du Moyen-âge, l'alchimie demeurait en occident l'unique voie référentielle de **la Tradition Primordiale**. Certains y virent la façon de se procurer de l'Or ou à défaut une réputation à bon compte, d'autres un levier de puissance pour thaumaturge en herbe, d'autres encore, une chimie primaire rembrunie de combines ensoufrées.

Alors que l'alchimie était avant tout spéculative, tout en n'excluant en rien la forme opérative. L'alchimie aujourd'hui, demeure le lien, certes altéré par le temps, mais malgré tout expressif d'une tradition perdue. Elle est l'ultime témoignage d'une connaissance supérieure que l'arrogant savoir en son appétence à paraître, n'est plus en mesure de discerner, par absence de liens intuitifs.

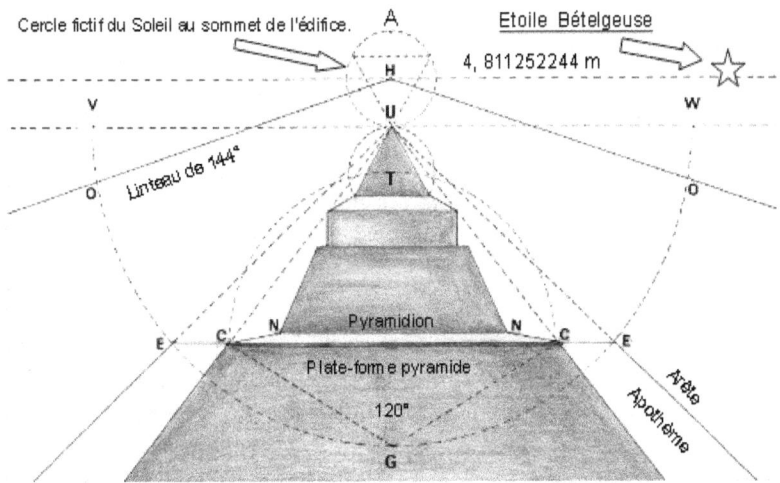

Quittons l'image médiévale, pour nous replonger en nos graphiques. **L'étoile Bételgeuse** est située sur la ligne du rayon solaire (H) au sommet de l'édifice. Elle se trouve décalée de 4,811252244 m, par rapport à l'axe vertical. Nous observons également, qu'elle se situe non sur la trajectoire des 18°/144° du linteau (O . O), mais placée sur l'horizon du rayon solaire. Cette position se justifie pleinement, nous aurons l'occasion de comprendre pourquoi. Sur ce graphique, nous voyons le (V) rejoindre en une arabesque élégante le (W) de la ligne horizontale. Ce demi-cercle passe en (E E) par les arêtes esquissées de la masse pyramidale à l'endroit précis où se recoupe la ligne de base du pyramidion. Nous remarquons que le point bas de cette coupe (G) étale un 120° en direction des extrémités (C – C) base du pyramidion. Ces deux angles-base (C – C) forment eux-mêmes une coupe inversée dont le sommet en (T), atteint le centre du triangle équilatéral de « **1 mètre de hauteur** ».

La seconde observation tient à la conformation du calice **Graal** au sein de la Grande Pyramide. Ce graphisme du vase mythique dépend de deux valeurs inhérentes à la base, ainsi que de l'angle formé par la diagonale **Bellatrix – Al Nilam 30°,** à faible distance de l'étoile **Saïph**. Répercuté par l'effet miroir sur la partie gauche, cet angle nous trace le triangle équilatéral du calice Graal.

La position de Saïph suggère une adaptation structurelle de première importance, d'autant que sa situation au sein du schéma engendre des rôles multiples ; entre autres, son alignement souligne la paroi extérieure verticale de la chambre du Roi. Là aussi l'effet miroir remplit radicalement sa fonction, le point de croisement pied – calice que l'on pourrait juger sans intérêt particulier, relève en fait de paramètres géométriques inattendus. Un exemple : Le canal sud de la chambre du Roi, passe par le point central du toit de la Reine et le centre de l'étoile Al NitaK. Sur cet esquisse ci-dessous, nous comprenons que cette même ligne **(A – Y)** détermine le point de jonction calice - pied du Graal, matérialisé par l'horizontale (Y – Y).

Les logiciels d'astronomie nous donnent un angle droit parfait entre les étoiles Bellatrix – Rigel – Saïph. Mais paradoxalement, sur certains clichés pris au sol de la constellation, il semble qu'il y ait un infime décalage qui serait dû à un phénomène atmosphérique d'anamorphose, mais sans réelle conviction pour cette hypothèse. Quoi qu'il en soit, nous ne nous en peindrons pas, puisque ce léger retrait configure comme nous le savons, le creusement des faces, cet étonnant indicateur des solstices et des équinoxes.

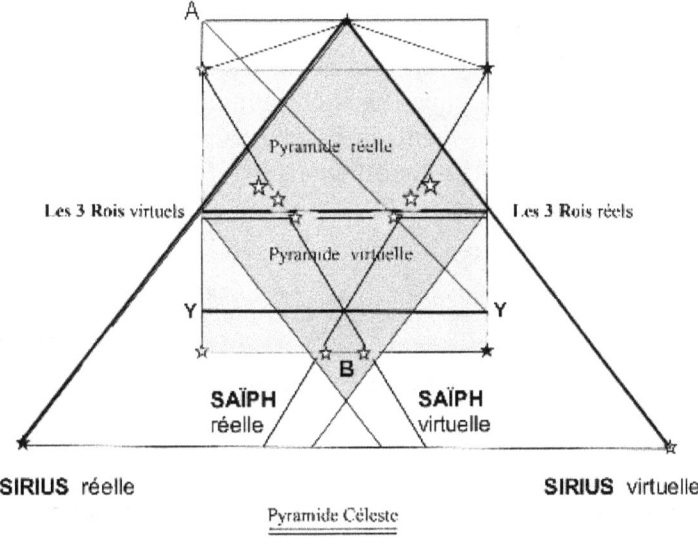

Ce qui pourrait s'avérer une anomalie fâcheuse dans un contexte géométrique aussi parfait que celui que nous mettons en évidence, se révèle au contraire d'une portée imaginative essentielle.

Ce retrait intérieur de l'étoile Saïph, imperceptible à l'œil (plage B), tant sur le terrain, que sur un plan à échelle réduite, témoignerait de l'enfonçure de la base, par l'effet dit du « **creusement des faces** ». La situation de l'étoile, en retrait infime par rapport à l'angle de 90°, a pour effet pendant quelques minutes, de provoquer cette fameuse consomption de l'ombre aux équinoxes.

En sa partie la plus large, cette enfonçure est de **0,94247779** m = 1, 8 coudée sur une étendue de 231,1140418 m. 0,94247779 m ÷ π = **0,3 m.** Nous allons constater que l'étoile en question, joue un rôle plus subtil que nous l'imaginons. Sur notre illustration ci-dessous, nous faisons figurer cette profondeur par deux lignes en pointillés, lesquelles rejoignent les positions réelles et virtuelles de l'étoile. Les géomètres ont relevé un décentrage, lequel provoque une asymétrie du creusement des faces de la Grande Pyramide ; il serait de 14 coudées. Notamment, sur la face nord où l'axe de la descenderie serait déporté en direction de l'est de 7,33 m ou 7,50 m. La plupart des égyptologues spécialisés supposent une utilité pratique à ce genre d'anomalie. Selon eux, les constructeurs auraient voulu éviter que la chambre souterraine ne soit inondée par forte pluie. Il peut en effet cascader jusqu'à 2000 mètres cubes d'eau par gros orage, ce qui expliquerait cette précaution. Il se pourrait cependant que ce ne soit pas là l'unique raison de ce choix, et qu'il y ait eu à l'origine le désir de rejoindre l'emplacement de **l'étoile Saïph**, elle aussi déportée par rapport à l'axe central de l'apothème.

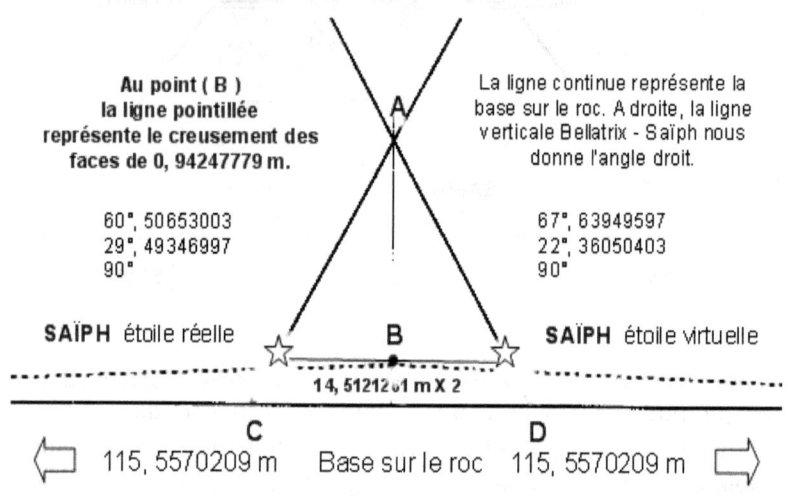

Rappelons qu'à l'équinoxe de printemps, la face sud de la Grande Pyramide se coupe littéralement en deux sous l'effet du rayonnement solaire. Aux environs de 18 heures le 21 mars, pendant quelques minutes, sur la face sud, avec la réaction combinée du creusement des faces et de l'orientation du monument, il se produit un phénomène ponctuel d'ombre et de lumière. C'est sans doute là, le plus beau rôle de l'étoile **Saïph,** rendre lumineux (au sens propre du terme) le domaine des nombres et de la géométrie. Pour un observateur qui se trouverait à la place de l'étoile Rigel, (angle à droite de la base,) cette enfonçure de 0°, 31' 40" 61 par rapport à l'angle droit de 90°, correspond grosso modo au plus petit diamètre apparent du Soleil, et au diamètre moyen de la Lune. Ainsi, en parfait accord avec l'étoile Saïph, la Lune (reflet de l'âme) miroir du Soleil en ses tons blafards, insère son disque lumineux entre la ligne pointillée en *(B)* et le trait plein, matérialisant l'angle droit de la base. C'est cette base, peu souvent citée, avec ses 231,1140418 m sur le roc, qui est l'une des références de la relation Terre – Ciel.

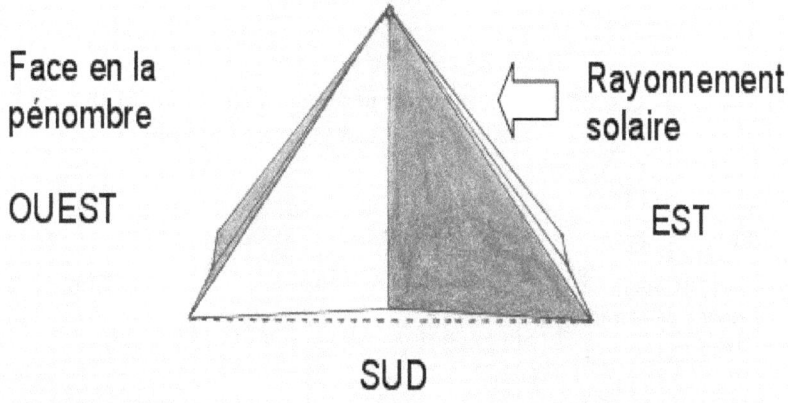

Pendant quelques minutes aux équinoxes et aux solstices, la demi-face sud de la Grande Pyramide est éclairée par le Soleil, alors que l'autre demi-face demeure dans la pénombre. Quant à l'étoile **Saïph**, il va de soi que cet imperceptible décalage par rapport à l'angle droit, reproduit in situ par nos « *bâtisseurs d'éternité* » justifie sa position sur le plan céleste. Voyons à l'aide de ces deux graphiques, le décalage imperceptible de l'étoile Saïph par rapport à l'angle droit déterminé par l'étoile Rigel :

Avec son déplacement sur la gauche, par rapport à l'axe central, de 15,11224388 m, **l'étoile Saïph** symbolise, selon toute probabilité, un enfoncement « théorique » intra-muros de 1,061032954 m. Cela nous donne 2,00351075 m à partir de la perpendiculaire sur le roc. Ces données ne peuvent être qu'approximatives, car elles sont très difficiles à évaluer avec précision. L'essentiel réside dans le fait, qu'un tel décalage produit des effets numériques de grande importance et qu'il nous faut chercher à définir à quoi ils correspondent.

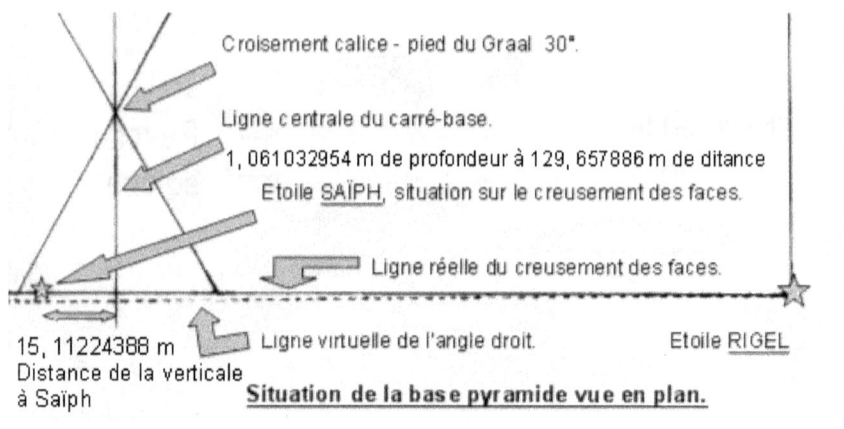

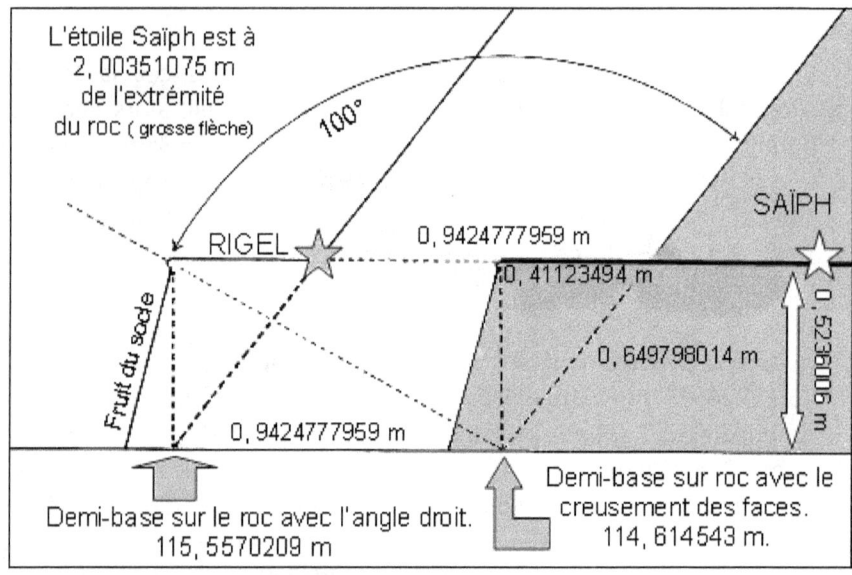

La vue en coupe nous permet de mieux visualiser la position sur le socle de ces deux repères d'étoiles et de comprendre qu'elles définissent avec Bellatrix les bases de l'édifice. En résumé, l'étoile Rigel nous donne un parfait angle droit 90°, alors que l'étoile Saïph infléchit la ligne sur plus de 115 mètres de 0,94 ou environ de 0°30. Cela nous permet une autre comparaison forte intéressante avec la présence du Soleil.

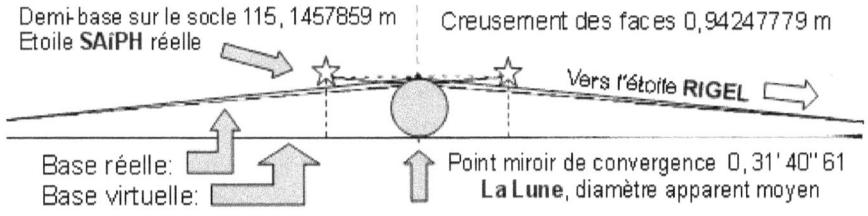

Avec le retrait de 0,9424777959 m, nous avons 115,5570209 = 0°28'02"28, avec l'apport du fruit = 1,081734921 = 0°32'10"08

Le diamètre apparent moyen des deux astres.

Peut-être en allait-il autrement à l'origine, mais aujourd'hui, lorsque le visiteur se trouve au pied de la Grande Pyramide, il lui est impossible d'estimer le creusement des faces le long de la base. Quant à ces énigmatiques constructeurs, s'ils étaient en mesure de vérifier un détail aussi infime, que l'imperceptible retrait de l'étoile par rapport à l'angle droit, dès lors, la logique voudrait que nous leur accordions d'autres instruments que ceux qu'il nous est commun de leur consentir. Ils étaient censés, ces constructeurs, n'avoir aucun moyen de reproduction, et cette légère différence n'est évaluable qu'à l'aide de logiciels, de relevés numériques, de photos-projections à grande échelle, en y consacrant beaucoup d'attention. Pourtant, ils l'ont calculée et retranscrite sur leur monument, témoin de **l'harmonie universelle**. Peut-être l'ont-ils fait, pour qu'un jour dans les âges, des êtres appartenant à une civilisation en état critique de dégénérescence, s'en saisissent comme d'un outil intellectuel, pour élaborer avec plus de discernement leur concept de société ?

Rappelons cette singularité : Sur certaines **cartes astronomiques**, réputées rigoureuses, un angle droit de 90° est tout à fait probant entre Bellatrix – Rigel – Saïph. Faut-il en déduire que l'effet de retrait que l'on prête à l'étoile, serait dû aux couches atmosphériques ? Si ce n'est le cas, le résultat interpelle. Reconnaissons cependant, que la plupart des **logiciels d'astronomie**, mettent en évidence une infime différence, entre la position de l'étoile Saïph et le parfait angle droit du carré base. Nous adhérons à ce minuscule retrait, qui ne fait que renforcer l'idée d'une **indicible harmonie à caractère universel**, insoupçonnable et généralement insoupçonné.

C'est parfois à l'aide d'infimes détails que l'architecture sacrée se plait à nous désigner le sens caché des choses et à nous révéler leurs significations. Non seulement ces détails disséminés, peaufinent le montage de la structure avec une rigueur toute cartésienne, mais par leurs situations et emplacements, ils conditionnent les rapports de distances. Ce sont le plus souvent ces types de particularités, qui soulignent l'harmonie numérique et géométrique de la Grande Pyramide. Un exemple nous donné avec le bourrelet théorique, qui devait se situer à l'extrémité du rebord de socle. La nuit des âges a effacé celui-ci à nos regards, mais une certaine logique nous le fait réapparaitre en la structure.

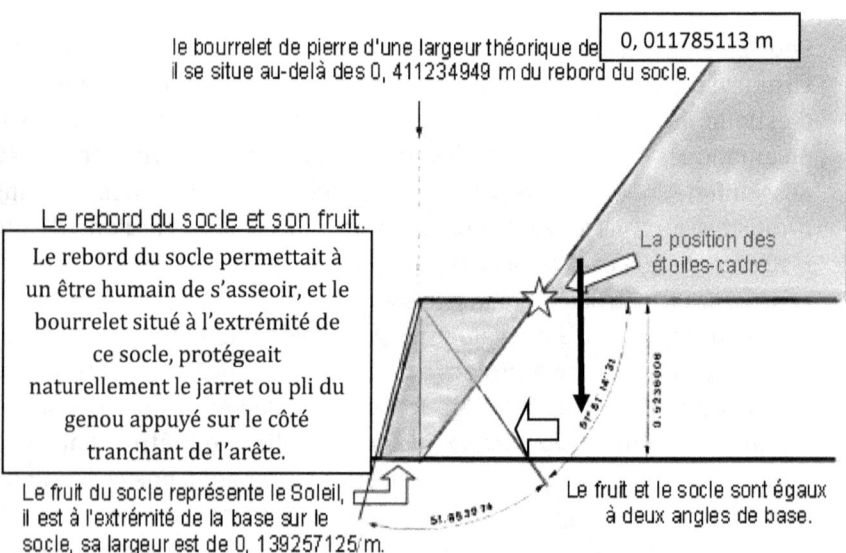

À l'extrémité du rebord de socle, nous subodorons manifestement la présence d'un petit bourrelet d'environ 12 m/m de large, pratique, mais pas seulement ! Selon toute probabilité, le rebord du socle se terminait par un gracieux petit arrondi, peut-être empêchait-il de se taillader les jarrets sur le rebord vif de l'arête. Si, sur un plan concret, cela ne représente qu'une insignifiance, sur un plan numérique, le résultat est admirable. Compte tenu de ce que nous savons sur l'harmonie de l'ensemble, nous pouvons considérer une telle éventualité comme étant tout à fait plausible, si ce n'est rationnel. Autrement dit, l'ajout à l'extrémité de la demi-base, d'une valeur théorique de 0,011785113 m (emplacement de la petite flèche noire verticale sur l'illustration). Le rebord de socle et cet insignifiant appendice appellent alors à cette constatation :

Demi-base = 115,5570209 + 0,011785113 = **115,568806** m.

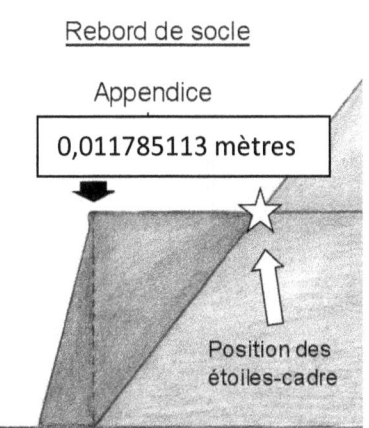

Cet anodin supplément de quelques millimètres ne saurait être sous-évalué. Multiplié par les 8 demi-faces et considéré en demi-minute sexagésimale, son apport nous procure le diamètre de la **Terre aux pôles** 12 713,481 km, ceci, à 6 mètres près de l'évaluation que nous connaissons. Inutile de préciser que cette distance aux pôles a une importance symbolique des plus représentative. N'est-ce point l'axe autour duquel tourne notre planète en 24 heures ?

Nous ne nous étonnerons pas de trouver en cette valeur affichée, **la clé chronologique** de 0,011785113, celle-là révèle, sur la verticale du schéma, l'ensemble des datations dont nous nous référons. Cette suite numérale possède la vertu de changer les mesures métriques de la structure en années, mois et jours. Elle nous communique l'année zéro de notre ère avec une précision stupéfiante, nous l'avons vu et nous aurons encore l'occasion de le constater. Vu en plan de l'un des angles de la Grande Pyramide. Le bourrelet que nous évoquons se trouve à l'extrémité du point (C), il s'applique sur le rebord du socle et court sur l'ensemble du périmètre. Il est question ici de la demi-base sur le roc, illustrée en (B C). Le rebord du socle mesure 0,411234 m. **La demi-base sur le socle** point (A niveau étoile), est définie par le report de **280** fois le rebord du socle, soit 0,41123494 m x 280 = 115,1457857 m. Ce sont également **280** coudées de

0,5236006 m qui nous procurent la hauteur sur le socle, soit, **146,608168 m**. **La demi-base sur le roc** point (B C) à un report de 281 fois le rebord du socle, soit 0,411234949 m x 281 = 115,5570209 m. Avec une opération identique à la précédente, **281** coudées de 0,5236006 m nous renseignent sur la hauteur maximale de l'édifice, soit : **147,1317686 m**.

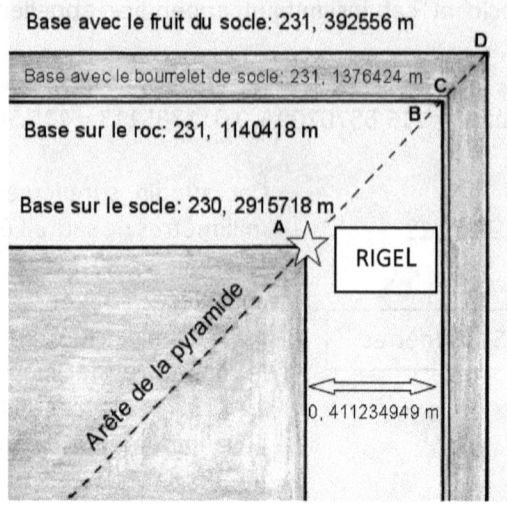

En allant plus loin dans le raisonnement, nous allons utiliser la valeur sur le roc ci-dessus exposée et considérer plus attentivement ce bourrelet de pierre situé à l'extrémité du rebord du socle. Ajustons sa valeur théorique de **0,011785113** m à la valeur de la demi-base sur le roc, cela nous donne 115, 568806 m. La logique veut que nous multipliions cette demi-base par les « 8 » demi-faces de la pyramide, nous obtenons un total de 924,5504481 m de périmètre. Si nous considérons cette valeur comme étant une demi-minute sexagésimale, nous avons 1 849,100896 à la minute. Multipliée par 60 minutes, puis par 360°, cela nous donne 39 940 579, 36. Divisée par 1000 et considérée en kilomètre, il s'agit rien moins que de la méridienne ou circonférence de **la Terre aux pôles**. Le ∅ affiché est alors à **12 713,48127 km**, un tel résultat se situe à quelques mètres près des relevés officiels. Nous ne manquerons pas d'annoter le rapport très subtil de **la clé chronologique de** 0,011785113 avec **le temps** occasionné par le mouvement de giration de la Terre sur son axe polaire ! Nous admettrons l'impossibilité des œuvres du hasard en la matière, car cela signifierait que celui-ci est doué de raison, et que nos vies heureuses ou malheureuses en sont tributaires. Le fait que ce soit à l'extrémité du socle, que cette notion d'axe de rotation et d'indice de temps se manifeste, n'est assurément pas fortuit ? Par ses 4 faces la pyramide symbolise la Terre de tradition, et par ses mesures, la relation que l'on peut établir entre le concret et ce qu'il est convenu d'appeler « la métaphysique ». Certains diraient plus modestement entre le Ciel et la Terre, lien ténu certes, mais précieux, que nos Grands Anciens ont cultivé des millénaires durant, dans le souverain dessein de participer à l'harmonie universelle !

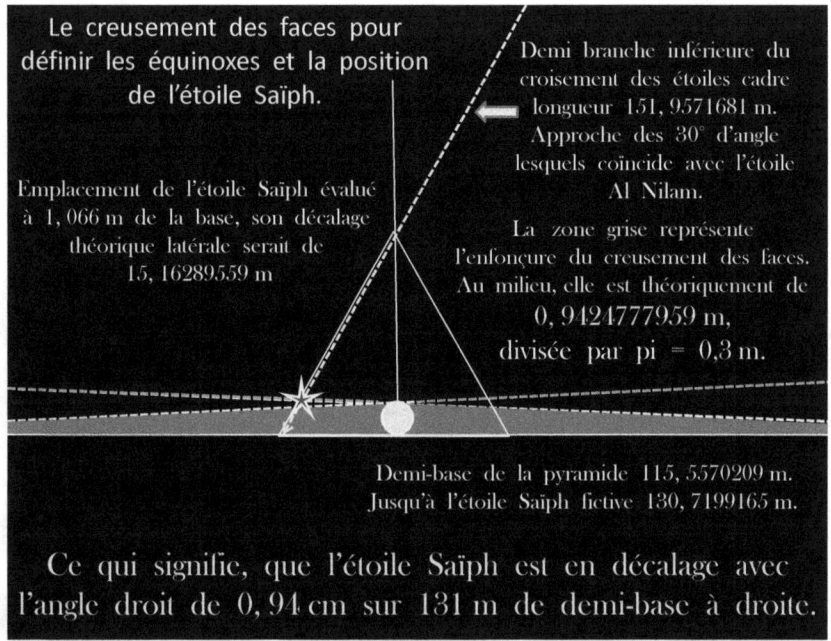

Ces ajustements techniques sont établis aux mieux des données que nous possédons, ils ne sont pas exhaustifs et ne peuvent représenter qu'au décimètre près les références que nous citons. Cela, du fait des difficultés de projection, des logiciels et des dissemblances résultant des moyens de contrôles. Il faut donc s'en tenir aux graphismes lesquels demeurent suffisamment explicites pour une approche sommaire de ces merveilleux engendrements.

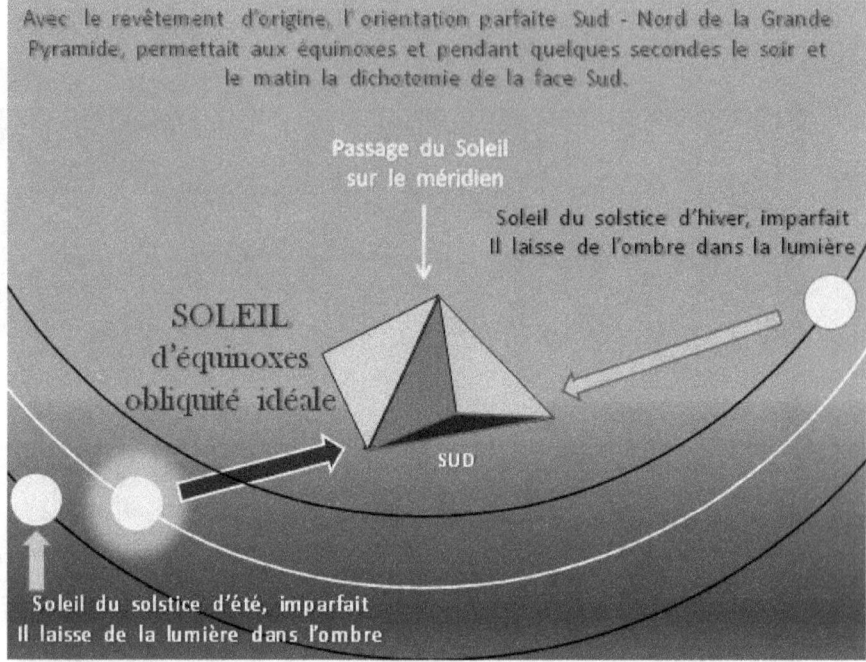

Avec le revêtement d'origine, l'orientation parfaite Sud - Nord de la Grande Pyramide, permettait aux équinoxes et pendant quelques secondes le soir et le matin la dichotomie de la face Sud.

Passage du Soleil sur le méridien

Soleil du solstice d'hiver, imparfait
Il laisse de l'ombre dans la lumière

SOLEIL d'équinoxes obliquité idéale

SUD

Soleil du solstice d'été, imparfait
Il laisse de la lumière dans l'ombre

Le creusement des faces est à prendre en considération pour une autre raison, il y a 0, 94247779 m de retrait par rapport au plan rectiligne. Cet espace vacant à fait l'objet d'une étude intéressante Le creusement des faces, nous procure la vision du Ø apparent de la Lune à une période précise de l'année. Le diamètre apparent du Soleil 32' nous est donné par l'étoile Saïph.

Demi-base : 115, 145786 m. Vue schématique en plan de la base

Un observateur placé à l'angle sud-est de la pyramide, pourrait avoir par rapport à la ligne droite, la vision dimensionnelle apparente de la Lune à quelques secondes près, soit 28' 80 pour 29' 30 minute d'arc.

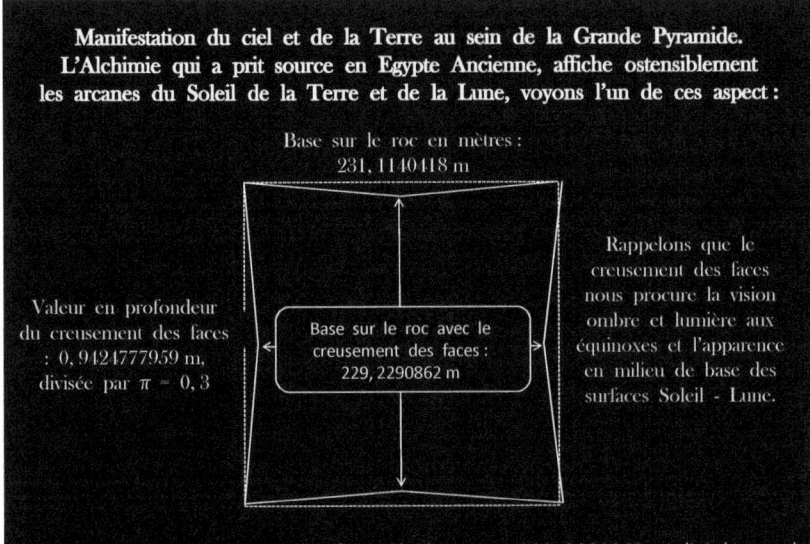

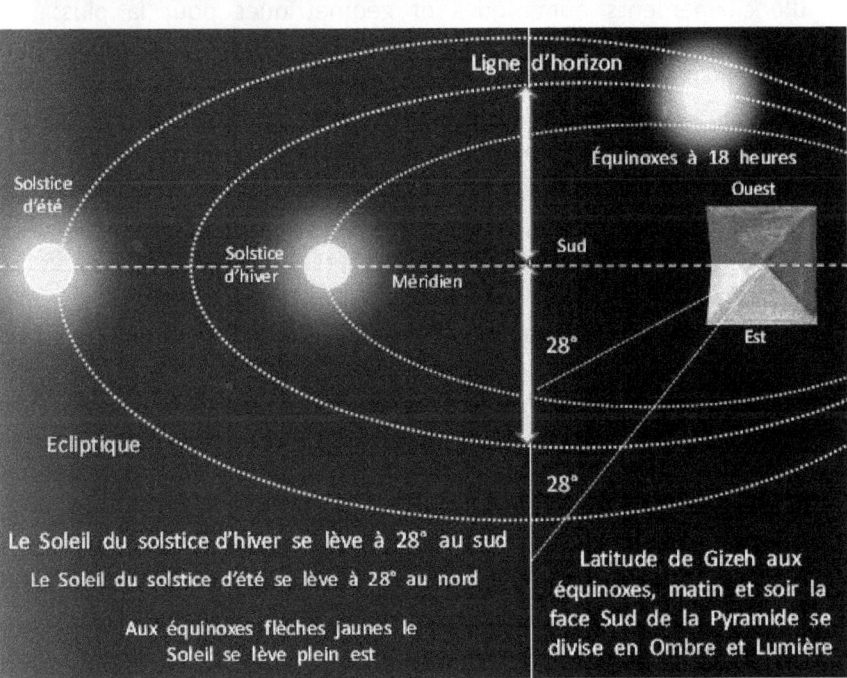

Georges Vermard

Le cycle et sa schématique

C'est avec l'aide d'un collaborateur talentueux, après avoir consulté des dizaines de relevés astronomiques, comparé des mesures, vérifié de nombreux paramètres, cela pendant un nombre appréciable d'années, que nous soumettons ce résultat au lecteur.

Pour autant, nous ne saurions prétendre à une résolution accomplie ne souffrant aucune critique. L'hypothèse selon laquelle, la Grande Pyramide aurait été construite par des dieux, n'implique pas forcément qualité similaire aux découvreurs que nous sommes. Toutefois, si erreurs il y a, en nos évaluations, celles-ci ne peuvent porter que sur des décimales à raison de quatre ou cinq chiffres après la virgule. Ce qui nous est apparu acceptable. Les données que nous faisons figurer, satisfont à une pluralité d'enchaînements numériques et géométriques pour la plus grande satisfaction de « l'esprit ». Le lien Terre – Ciel perdu depuis des millénaires serait-il en voie d'être rétabli ? Nous nous réservons le droit de le penser, si victime d'un dédain catégoriel, on nous objectait de ne pouvoir le prouver, alors même que nous le prouvons. La première démarche, en ce qui concerne les étoiles-cadre, consiste à définir avec précision leur point commun de croisement. Ce point indique par ses degrés haut et bas, les angles des apothèmes. Alors que les côtés à gauche et à droite du point de croisement représentent l'angle du sommet, ainsi que les deux angles complémentaires des bases. Le croisement des étoiles-cadre d'Orion constitue à lui seul un véritable prodige céleste, qui implique à l'échelle humaine, une élévation de l'état de la pensée. Mais il faut pour cela non point bruler ses livres scolaires, mais les relativiser, comme on le fait pour les jouets du Père Noël quand l'un « de la cour des grands » vous a dit que ce n'était pas lui !

À l'effigie des emblèmes royaux que maintient sur sa poitrine le dieu Osiris, la croisée des sceptres, ne se limite pas à symboliser l'ossature pyramidale, elle la pérennise par la rigueur de l'orthodoxie et le mystère qui la précède.

Prenons pour référence la ligne horizontale séparant en son milieu le carré – base de la pyramide. Sur la vue partielle ci-dessous, il s'agit de la ligne que cernent deux bandes blanches placées au centre du rectangle que nous avons déjà étudié. Traçons une autre ligne horizontale (S – A) plus haute que celle préalablement définie à exactement **18,18** m à l'échelle pyramidale.

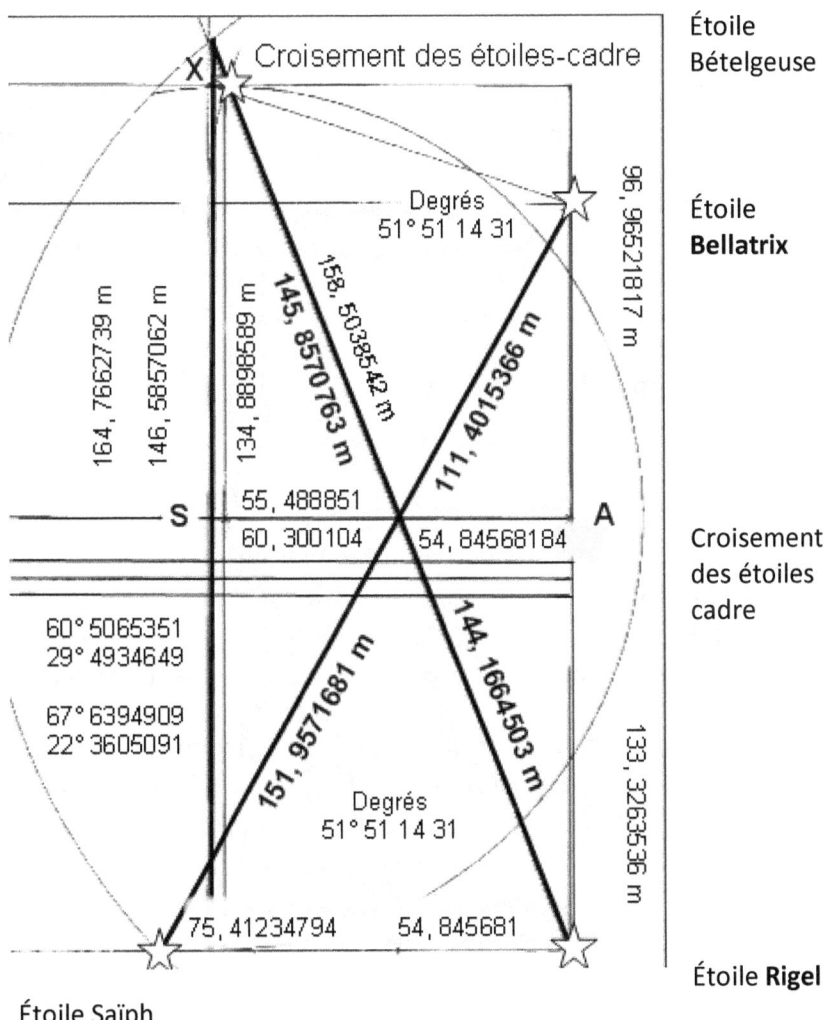

Deux astres déterminent la structure générale et par répercussion conditionne l'ensemble des mesures. Ce sont les étoiles **Bellatrix** et **Rigel**, elles se trouvent positionnées aux extrémités de la verticale placée à droite du schéma. Ces deux étoiles définissent le côté du carré base. L'éloignement de l'une par rapport à l'autre est de **230, 2915718 m**, mesure prise sur le rebord du socle, à la naissance de l'angle de pente. Complétons si vous le voulez bien, ce que nous savons déjà sur le creusement des faces et plaçons notre équerre le long de cette ligne verticale **Bellatrix – Rigel**.

Nous enregistrons que l'étoile Saïph (en bas à gauche) se trouve positionnée à 54, 84568184 m de la ligne verticale de croisement plus 75,41234794 m de ce même croisement, soit 130,2580289 m ou à **15,1122431** m de la ligne centrale. Les demi-diagonales qui caractérisent ce croisement, sont inscrites en mètres sur le graphique, ainsi que les différentes hauteurs. Nous avons vu que l'étoile conditionne l'étalement de la lumière solaire aux équinoxes et aux solstices, sa présence draine au centre les eaux pluviales, elle indique le diamètre apparent de la Lune, ainsi que le plus petit diamètre du Soleil. Convenons que cette étoile a une position conforme à l'harmonie générale. Aussi sommes-nous par ailleurs peu surpris de la voir figurer à l'emplacement du sarcophage de la chambre du Roi.

Quittons momentanément l'étoile Saïph et poursuivons avec l'étoile Bételgeuse. À première vue, sa position est paradoxale, plus encore que Saïph. L'étoile n'est pas franchement au sommet, elle n'indique pas précisément la base du pyramidion, elle n'est même pas sur la ligne des 144° du linteau. Alors, à quoi sert-elle, me direz-vous ? Probablement à inciter nos capacités de déductions à plus de discernement ! À y regarder de plus près, ce décalage ne laisse aucune place à l'interprétation du fait que nous sommes tributaires des angles rigoureux du croisement des étoiles-cadre. Et que ces angles comme nous le savons, déterminent ceux de la Grande Pyramide.

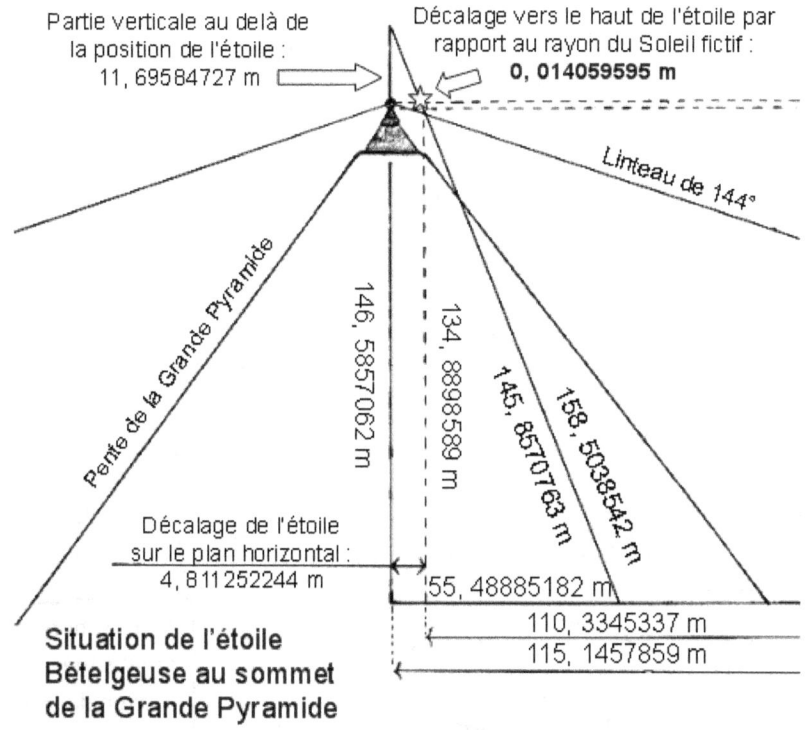

Situation de l'étoile Bételgeuse au sommet de la Grande Pyramide

Nous aurions pu tenter de rectifier et déplacer celle-ci sur la diagonale, mais cette ordonnance astronomique se présentait comme un agencement impératif et nous obligeait à un respect extrême de la position. La marche accordée avait l'étroitesse d'une fissure sur une potiche. À contrario, nous le savions, tous les paramètres dépendaient de la précision d'un seul. Nous aurions souhaité, à défaut des divers points énumérés plus haut, que l'étoile se place sur la ligne horizontale émanant du rayon solaire. Cette espérance s'avéra elle aussi, illusoire, que pouvait donc représenter Bételgeuse ? La situation de Bételgeuse est conforme à la diagonale du point de croisement, bien que l'étoile se trouve en légère élévation par rapport à la ligne horizontale matérialisant **le rayon solaire**. Une ligne discontinue définissant sa position se discerne au-dessus du point central à 0, 03417798 m, la distance en largeur est de 0, 014059595 m. Nous retiendrons le nombre osirien « 14 » signature du dieu. Ce Soleil fictif élève le rayon de son cercle à 0, 696285626 m au-dessus de la pointe du pyramidion.

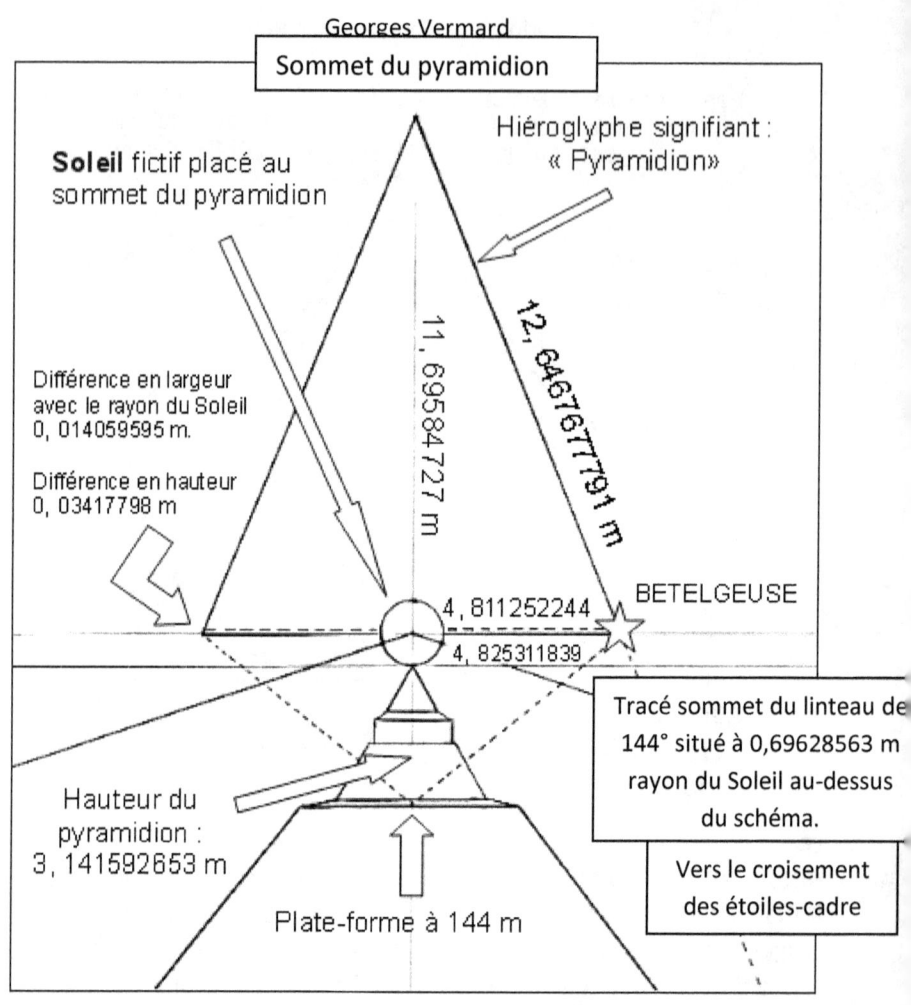

Avec l'inévitable effet miroir gauche – droite, cette structure géométrique ⬡ (Gizeh) dessine une sorte de pain de sucre triangulaire (pain blanc ou épine). Ce tracé a pour signification spd (Égypte étoile Sirius), c'est également un hiéroglyphe signifiant « **pyramidion** ». Qui plus est, lorsque celui-ci est maintenu à l'intérieur d'une main tendue, « dy ou redy » il signifie « *offrande ou donner* ». Pouvons-nous rêver formule plus appropriée aux aspirations du moment ?

Quant à la distance de l'étoile par rapport à la verticale du schéma, elle est de 4, 811252244 m x 2 = 9, 622504488 m ou la base d'un triangle équilatéral dont la circonférence en laquelle il se trouve inscrit possède un diamètre de 5, 555555555 x 2 = **11, 111111111111 m**.

Signalons que la circonférence de ce nombre fabuleux, est à comparer à la densité moyenne de la Terre, soit 5, 5555555, la densité de l'eau étant égale à « 1 ». Le Panthéon Taoïste regroupe des entités divinisées, celui-ci vogue de palais célestes en constellations.
Le regroupement « *La Trinité Pourpre* » comporte
55 555 myriades d'assises où travaillent
55555 myriades de divinités parées de **plumes vertes**.

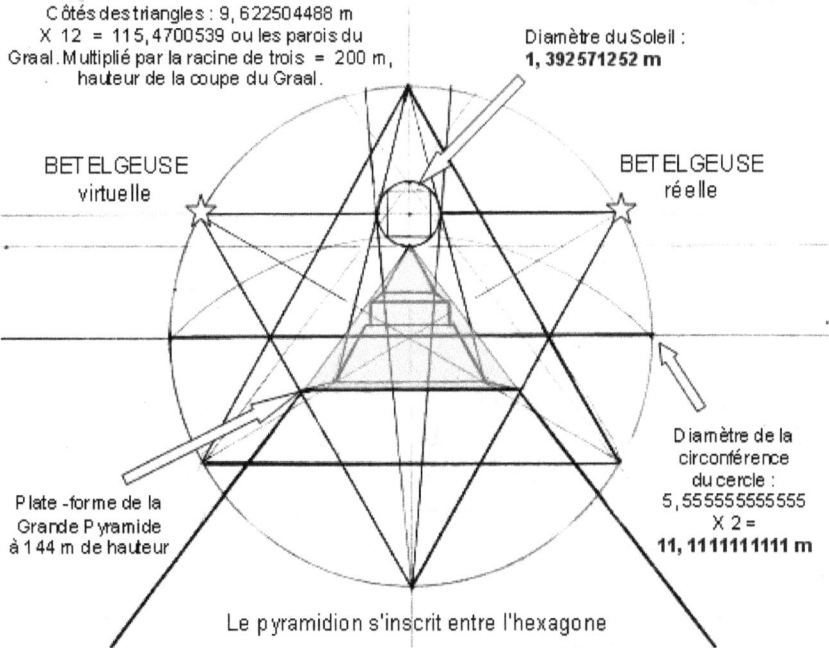

Ces divinités et ces assises, forment 111111 éléments. Curieusement c'est la symbolique de notre cercle sommital, multiplié par le premier des nombres. Lorsque nous dessinons autour du rayon solaire la base d'un immense triangle équilatéral et que nous le doublons pour former une étoile à six branches, nous constatons que la structure géométrie du pyramidion vient naturellement se placer à l'intérieur de l'hexagone. Les paramètres inhérents à cette harmonie sont suffisamment significatifs pour que nous ne les énumérions pas ici. Signalons toutefois la correspondance avec l'aspect structurel que nous prêtons au pyramidion reconstitué. Lequel nous le savons, a disparu depuis de nombreux siècles, laissant la pyramide amputée de sa chronologie finale.

Nous ne le dirons jamais assez, le croisement des étoiles-cadre est à la base de l'harmonie générale de la Grande Pyramide. Pour ne pas lasser le lecteur avec des détails qu'il pourrait juger superfétatoires, nous nous en tenons à des généralités structurelles. Si nous devions donner un seul exemple de ce que représentent ces détails, nous choisirions celui-ci : Nous l'avons vu précédemment, sur la face Nord, l'axe de la descenderie est déporté officiellement de 7, 32 m à l'Est du plan méridien. Souvenons-nous, la version émise pour justifier cette asymétrie, est que, lors d'abondantes chutes de pluie, les eaux devenues torrentueuses auraient pour conséquence d'inonder l'orifice d'entrée et par-delà même la syringe intérieure. Nous ne saurions réfuter le bien-fondé de cette constatation, toutefois, la chose ne se limite pas à cela.

Nous constatons que 7, 50 m x 2 = 15 de décalage (diagonal), par effet de réciprocité 15,1122439 m. C'est la distance qu'observe l'étoile Saîph par rapport à la verticale du schéma. Pour conclure avec le merveilleux, totalisons ce que nous avons déjà vu, les « 4 » branches des étoiles-cadre en procédant par cumul allant du point central à l'étoile.

Bellatrix – centre du croisement = 111, 4015366 m.
Rigel – centre du croisement = 144, 1664503 m.
Saïph – centre du croisement = 151, 9571681 m.
Bételgeuse – centre du croisement = 145, 8570763 m.
Total des quatre branches des étoiles-cadre : **553, 3822313 m.**

553, 3822313 m multiplié par les 8 demi-faces = 4 427, 05785 m, divisé par **36** = 122, 9738292 m, divisé par **la clé chronologique** de 0, 011785113, nous obtenons, **10 434, 67544** années.

C'est le nombre exact d'années, séparant le centre du schéma, point le plus bas atteint par la constellation d'Orion au cours de sa perte d'altitude, et... **l'année zéro de notre ère.**

Cela signifie en clair que le Christ nous montre l'agencement pyramidal, que celui-ci nous révèle la croix, et que cette dernière nous indique l'année zéro de notre ère, avec une précision de seulement quelques heures sur plus de 10 000 ans.

Cette relation entre le temps lumière symbolisé par le nombre « 36 », les huit demi-faces de la pyramide qui caractérisent la structure, la naissance du Christ et la croisée des étoiles-cadre, ne saurait nous laisser indifférent. Nous pourrions à plus d'un titre établir des jonctions à caractère philosophique sur de telles concordances, mais nous préférons laisser à notre lecteur, le soin d'évaluer lui-même ce qu'il est logique d'en déduire.

Les symboles de la Passion caractérisent notre quête se trouve à la chapelle de Notre-Dame de Pitié - Figeac-

7 barreaux d'élévation
7 étoiles de connaissance

Beaucoup de sculptures, de vitraux, de dessins, de mosaïques, relatent à travers les siècles, la symbolique de cette quête primordiale des connaissances. Ces manifestations sont parfois difficiles à déceler à l'ombre des églises ou des chapelles, sous le couvert des chapiteaux, sur les hottes des cheminées médiévales. Cependant, la symbolique est là, en l'attente d'un regard expert qui rendra un secret hommage à l'initié ou à l'artiste inconnu qui discrètement témoigna de l'œuvre antique.

Un exemple nous est donné avec cette échelle aux « 7 » barreaux (7 étoiles) et le croisement des étoiles-cadre, la pointe de la lance outrepassant Bételgeuse. Nous l'avons vu, les distances en mètres qui furent octroyées aux étoiles-cadre pour qu'elles convergent, à l'échelle de la pyramide vers le point central, ont pour finalité le rayon lunaire. Il ne fait aucun doute que le résultat répond à une haute symbolique.

553, 3822313 m (croisement étoiles) x 3, 141592653 = **1738, 501552**

Considéré en kilomètres nous avons là, à un deuxième étage près de tour Eiffel, *le rayon moyen de l'astre des nuits*. Notre satellite naturel, **la Lune** est par définition, le miroir du Soleil en l'obscurité. C'est elle qui nous permet encore de pressentir les choses, son pouvoir de changement était assimilé au destin d'Osiris. La Lune sollicite notre imagination, stimule nos ressources assoupies, et provoque nos facultés d'investigation. Par interposition des phénomènes de connaissances, c'est ce que nous signifie, entre autres choses, le croisement des étoiles-cadre d'Orion. Cette croix mystérieuse nous contraint à appréhender autrement l'ordonnance de la matière physique établie par le savoir humain. Lequel ne peut être que limité en ses possibilités d'information, donc… de déduction, la science n'est-elle pas évolutive ? **Osiris** (nombre 14) dieu oscillant entre deux natures Isis et Nephtys, la lumière et les ténèbres, la vie et la mort.

Osiris maintient **les sceptres d'Orion** « le 2 est en 4 », ce sont là les divins emblèmes de la transcendance spirituelle, que nos facultés intelligentes se doivent de faire se corréler.

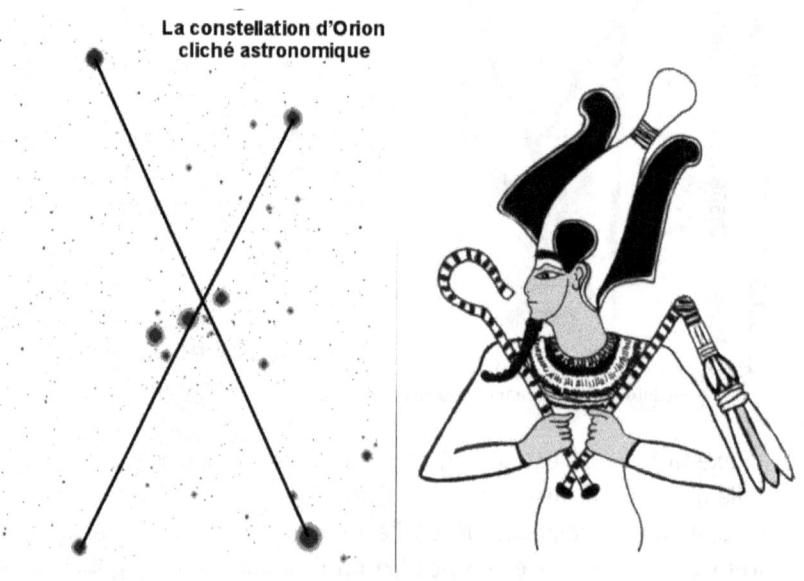

La constellation d'Orion
cliché astronomique

Évoquons de nouveau à notre lecteur que ce sont les angles, produits par le croisement des étoiles-cadre, qui nous permettent de définir avec une infinie précision, les angles structurels de la Grande Pyramide, dédiée au dieu Osiris (étoile Al Nitak précisément).

Orion et la Connaissance Perdue

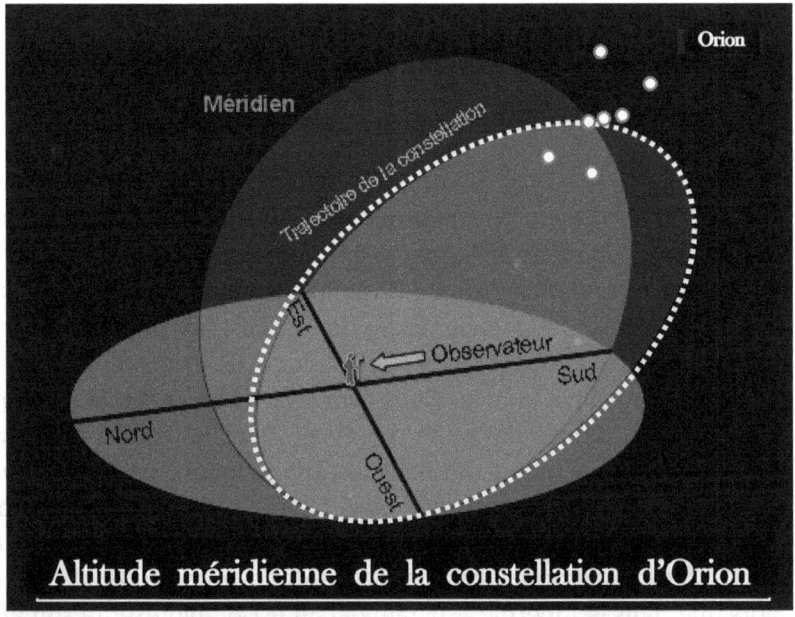

Altitude méridienne de la constellation d'Orion

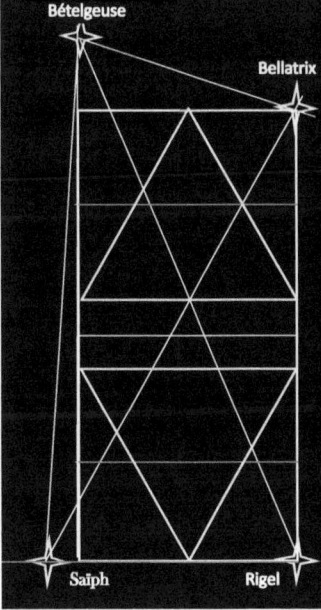

L'angle droit des étoiles cadre de la Constellation d'Orion, engendre une parfaite harmonie.

Considérons que ces deux triangles équilatéraux, de la valeur de la demi-base, se trouvent à environ 4 cm de chaque bord.

115, 4700539 m (le Graal)
La hauteur des triangles,
nous donne 100 mètres
115,4700539 x 3 ÷ 200 = √3

Nous remarquons que le triangle équilatéral du haut applique sa base sur le point de croisement des étoiles.

Georges Vermard

Les supports du Graal

Si vous le voulez bien, revenons aux trois tables porteuses du Graal que nous avons évoquées précédemment. Le Graal est indissociable du message que contient la Grande Pyramide. Nous ne prétendons pas qu'il recèle l'ensemble des connaissances dont celle-ci est possédante, mais à la façon d'un « *messager* », il indique que la diversité des sciences exprimées se trouve en elle. Nous avons vu que « **Le Graal** » comporte trois manières de manifester sa présence : Dans les contes et légendes, mais de façon plus populaire dans les arts lyriques, issus d'inspirations venues de l'intuitif ! En tant que pièce d'orfèvrerie, le calice, symbolise l'esprit des philosophies, il catalyse autour de son aspect concret, les manifestations cultuelles attachées aux mœurs et coutumes des peuples. Alors que dans le tabernacle pyramidal où est omniprésente son effigie, toute une spéculation mathématique et géométrique se manifestent sous le voile de la symbolique. **Le Graal** serait le témoin idéogrammatique de ce qu'il est convenu d'appeler, **La Tradition Primordiale Universelle.**

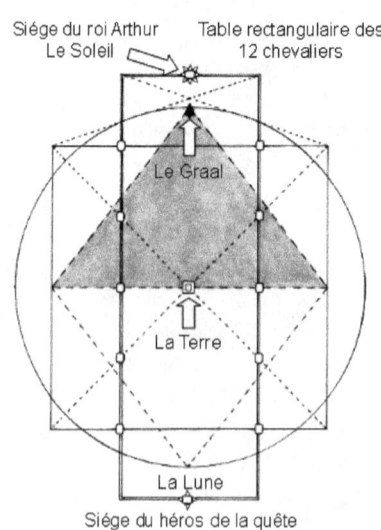

Siège du roi Arthur – Le Soleil
Table rectangulaire des 12 chevaliers
Le Graal
La Terre
La Lune
Siège du héros de la quête
Imbrication des trois table de périmètre identique

Nous avons découvert que les mesures des 3 tables faisaient partie intégrante du concept structurel. Maintenant, nous allons avoir un aperçu de ce que ces tables véhiculent en associant leurs formes légendées aux principes de connaissances. Pour apprécier ces révélations, il nous faut superposer leurs géométries - ronde – carrée – rectangulaire, de manière à ce qu'elles forment une structure cohérente autour du triangle pyramidal.

La table ronde : Son rayon est celui de la hauteur pyramide. Lorsque ce rayon est divisé par « *100 ou le sang graélique* », il affiche la largeur de 1,

471317686 m. Valeur à multiplier par 2 pour connaître le diamètre de la table. Pour un édifice tel que la Grande Pyramide, l'appréciation de la hauteur n'est-elle pas la première notion à déterminer ? Il en résulte que la table ronde, semblable à l'anneau de Wotan, célébré d'un coup de lance, est une heureuse association entre le disque irradiant (Rê) et la rai de lumière noire, entendons caché de la connaissance.

La table carrée : Souvenons-nous, il suffit de prendre la circonférence de la table ronde, puis de la diviser par « 4 » pour obtenir la longueur de chaque côté du carré, soit 9, 244561665 m ÷ 4 = 2, 311140416 m de côté. Cette table carrée nous procure la valeur des bases de la Grande Pyramide. La hauteur est représentée par le rayon du cercle, il est donc vain d'aller au-delà du milieu du carré matérialisé par le rayon de lumière.

La table rectangulaire : Nous pourrions la considérer comme étant la plus banale, si elle ne corroborait des phases importantes de la connaissance occultée. N'oublions pas que c'est au sein d'un *Osireions* égyptien que se révélaient les secrets inhérents à la grande initiation, dispensée par les maîtres « *Imakhou* ». Le bassin autour duquel, et en lequel, s'effectuaient les phases du rituel, était rectangulaire. Par définition, le périmètre de cette table est semblable aux deux autres tables. Lorsque les trois sont ainsi superposées, elles nous offrent d'étranges similitudes avec ce que nous subodorons du sens crypté des légendes arthuriennes. En nous attardant un instant sur l'illustration précédente, nous découvrons que face au siège du « Roi pêcheur », se discerne l'emplacement de ce qu'il est convenu d'appeler » *Le Saint Vaissel* » (flèche blanche), il indique le point sommital de la pyramide. C'est de ce point précis qu'émane le rayon vert de l'émeraude placée au sommet du pyramidion (terme totalisant 360 en Primosophie).

Ce rapprochement n'est pas inopportun, si les deux premiers chevaliers à droite et à gauche du Roi formaient la base d'un triangle équilatéral, le Graal en serait le centre. Les 12 chevaliers ont 120 doigts, (sang vin unités en coupe). C'est la base assise du triangle de **360** de périmètre que nous dévoile le Christ en la trinité 120 x 3 = 360.

Découvrir l'axe des recherches qui sied à la « *sublime quêstre* » c'est aussi percevoir l'azimut vers lequel il faut nous faut tendre. Pour l'occident christianisé, il n'y a d'autre destination, que celle de la Jérusalem Céleste. Avec cet indice du triangle sacré, empli de trois fois « *sang vin* » (nous verrons plus loin, qu'il s'agit là de la naissance du Christ), les chevaliers du Graal vont entamer leur périple. Le plus valeureux d'entre eux se devra de soutirer du calice ouvragé les principes fondamentaux de la « quêstre ». Les légendaires 12 chevaliers de la table ronde ont donné lieu à d'autres interprétations, nous tenons à souligner que celle-ci ne sont nullement en dissentiment avec la teneur de cet ouvrage.

Les chevaliers de La Table Ronde à la cour du Roi Arthur, le Graal est au centre.

Nous ne saurions ignorer les 12 signes du zodiaque, les 12 apôtres, les 12 lunaisons, les 12 travaux d'Hercule. Le « 12 » est un nombre mystique important, fréquemment cité dans les textes sacrés. Concédons que la légende du Graal a une réalité cachée au sein de la Grande Pyramide, et que pour d'autres raisons cette dernière s'harmonise avec le contexte stellaire, 12 = 1 + 2 = 3, couvercle, calice, pied du calice. Une configuration apparaît alors au regard curieux des observateurs que nous sommes. De par la magie du nombre, les 12 chevaliers deviennent comparables aux 12 astres recensés et dépendants des jonctions astronomiques avec la Grande Pyramide (directions des conduits dits d'aérations). Considérons pour la circonstance, l'aspect de la table rectangulaire, ainsi que la position de ces preux, héros de la mythologie symbolique.

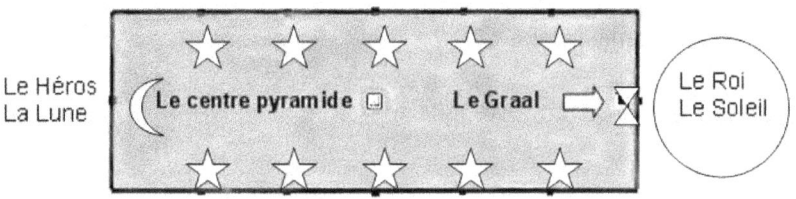

Le centre pyramide représente *la Terre mère*, prépondérante en la quête. Suivent deux luminaires dont les données sont incluses dans la structure générale. Il s'agit du Soleil, représenté par le Roi et de la Lune symbolisée par *le druide Merlin, Héros de la quête*. Trois étoiles sont dans la ligne de mire des quatre canaux directionnels (dits d'aérations) Sirius – Alpha du dragon – Beta de la petite ourse et Al Nitak appartenant au baudrier de la constellation d'Orion. Ces étoiles ont servi de plan structurel pour l'élaboration de l'architecture interne.

Nous le subodorons, la forme pyramidale est à l'origine d'une connaissance atavique, une sorte d'allégorie archétypale profondément enfouie en nos chromosomes. Cela n'exclut en rien le fait, que ce monument et les deux autres qui l'accompagnent, ont été conceptualisés par des êtres appartenant à une civilisation inconnue, imprégnée d'une *culture universelle*. Le schéma des « 3 tables superposées » classifierait-il les différents rôles attribués aux particules élémentaires qui composent la matière ? Ce n'est qu'une suggestion, mais voyons ce qu'il en résulte, en considérant trois forces principales : **La table ronde**, c'est le **photon,** il est représentatif du Soleil Rê. Nous n'ignorons pas que de lui, émane **la lumière**, cette mystérieuse particule est vectrice de la force dite, électromagnétique.

(1) Le photon maintient les électrons autour du noyau et relie les atomes aux molécules.

La table carrée regrouperait **les bosons**, chacun des 4 côtés de la table engendrerait une force d'interaction dite faible :

(1) La force « faible » w +, w - et zo..

(2) Une forme de désintégration radioactive.

La table rectangulaire emblématiserait **les gluons :**

(1) C'est l'interaction forte, elle regroupe les quarks dans les protons et les neutrons.

(2) Et l'ensemble est réuni au sein du noyau. Il existe 8 types différents de gluons.

Leptons (Fermions) électron négatif – Muon 200 fois plus lourd

Tau - lourd et instable.

Les leptons (Fermions) - particules élémentaires :

Neutrino (électron) - Neutrino (muon) - Neutrino (tau) -

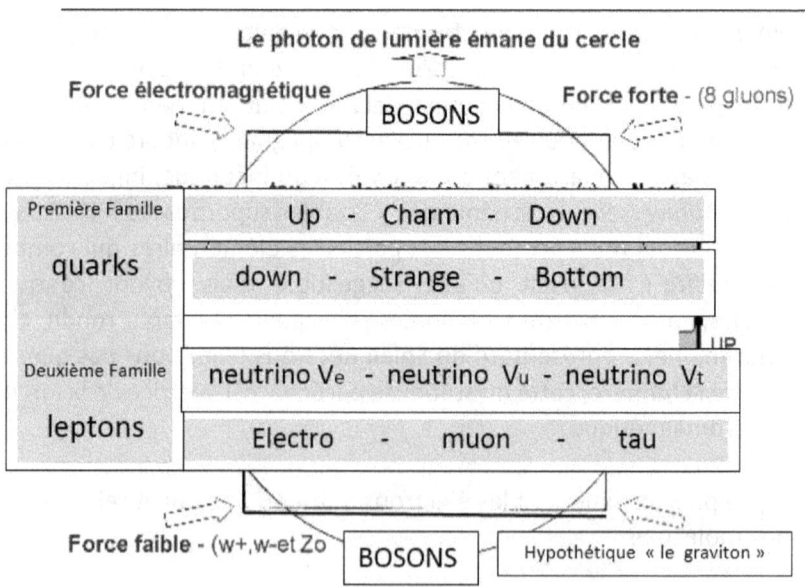

Les quarks. Particules dites, de matière élémentaire : Up - Down - Charme - Strange - Top - Bottom - Nous conviendrons qu'il est pour le moins étonnant, qu'en réunissant les 12 chevaliers autour des 3 tables superposées de la légende, nous obtenions le schéma conceptuel

de la matière universelle. Celles bien évidemment préhensiles aux capacités intelligentes de la nature humaine ? **Le Graal** support mythique, serait-il d'inspiration divine ou devrions-nous voir là, qu'une suite infinie de... coïncidences ?

Le Graal serait-ce l'image cachée du boson de Higgs ?

Comment la racine de $\sqrt{2}$ moins la $\sqrt{3}$ peut elle, multipliée par 40 000, donnée en kilomètres, le diamètre de la Terre tournant autour de son axe ?

2 - 1,414213562
moins
3 - 1,732050807

Diamètre : 12 713, 49 km

Georges Vermard

Que tentons-nous de démontrer ?

Nous tentons de démontrer que les concepteurs réalisateurs de ces édifices sacrés, ont utilisé le système métrique au même titre que d'autres systèmes de valeur. Le mètre était en application chez les Sumériens, il était connu sous l'appellation de **double-kush,** (10 000ième partie du ¼ de la circonférence terrestre.) La Grande Pyramide n'est pas un tombeau, mais une glyptothèque numérique à caractère universel. Le Roi Khéops n'est pas le constructeur, mais l'un des restaurateurs ! Peut-être fut-il contraint de refaire en 20 ans, la totalité du parement avec les moyens de l'époque et sans l'apport de la roue. La Grande Pyramide est beaucoup plus ancienne que les égyptologues orthodoxes nous l'affirment sans examen probatoire, avec cette assurance feinte et cet aplomb sans vergogne qu'autorise le diplôme, qu'ils placent au-dessus même de la raison.

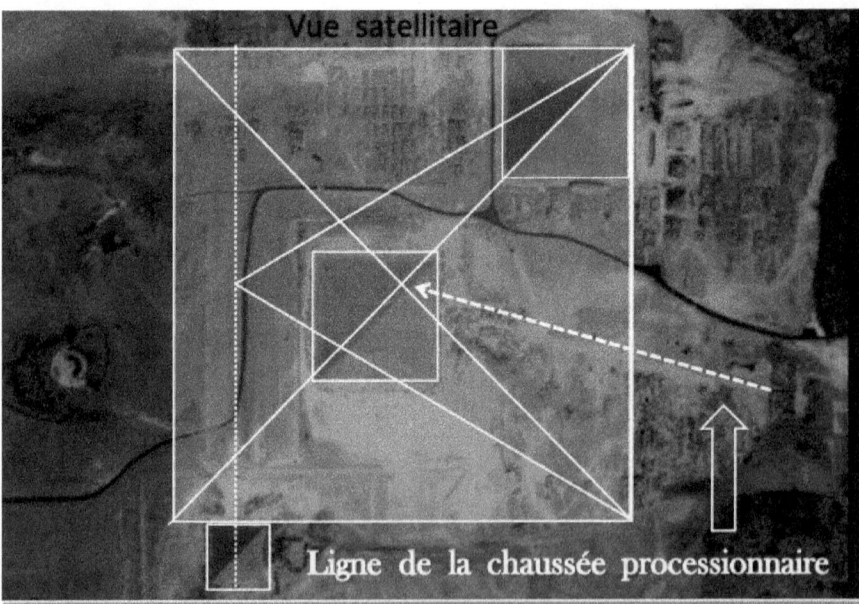

Le carré représente la Terre, Khephren représente la Lune, le triangle équilatéral représente la pyramide de Mykérinos.

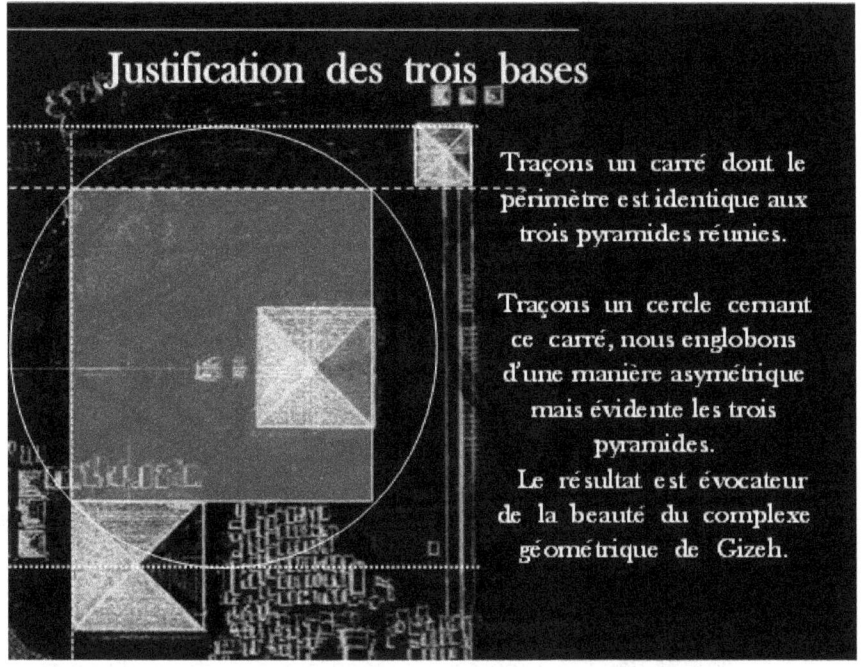

Nous tentons de démontrer que l'ensemble du plateau de Gizeh répond à des critères géométriques, numériques et astronomiques, lesquels ont peu de rapport avec ce que l'on attend d'une nécropole. *Laquelle nécropole n'est pas la cause mais la conséquence*. La constellation d'Orion est à la base du concept structurel de la Grande Pyramide. Son cycle apparent a conditionné l'architecture interne. L'emplacement de chaque étoile qui la compose occupe une place distincte et manifeste, dans un contexte d'ordonnance transcendantale. L'étoile **Sirius** est impliquée dans cet aspect schématique, par son temps propre de déplacement et son tracé cyclique dans l'espace.

Nous tentons de démontrer que nous avons là, une glorification du nombre pi, des racines de deux, de trois, de cinq et de quelques grandes constantes universelles. La croix de Saint-André formée par les étoiles cadre d'Orion, définit les angles de l'édifice et par voie de conséquence la structure générale, qui dès lors, ne dépend que du volume qu'on lui donne. Les trois chambres intérieures répondent à des critères logarithmiques, aussi transcendent-elles par leurs positions schématiques l'ordonnancement des étoiles d'Orion. L'arc-en-ciel aux mentions bibliques s'implique dans la loi des nombres, ses indices de réfractions sont en rapports d'angles avec les valeurs structurelles du monument. Les chiffres « 3 - 4 - 5 » président aux données numériques de la Grande Pyramide. Le chiffre « 4 » est spécifique à la Terre et à la Lune, son diamètre et sa circonférence constituent la clé des rapports structurels et chronologiques. Le cycle précessionnel constitue la colonne vertébrale de la plupart des diagrammes et les valeurs du Soleil illuminent les aspects numériques.

Nous tentons de démontrer que le site de Gizeh, le plateau sur lequel sont construites les trois pyramides, est un immense ensemble géométrique, d'une pureté et d'une complexité jamais égalé, dont nous apportons les preuves irréfutables. Les données scientifiques résidant en la structure interne de la Grande Pyramide sont clairement stupéfiantes et pas toujours à la portée de nos humaines perceptions, si ce n'est de nos capacités à concevoir. Cette pyramide a selon toutes probabilités, été édifiée avec le projet de perdurer en ses formes et mesures jusqu'à la fin du demi-cycle précessionnel de 12 926, 47453 ans. Il semble que l'on ait assigné à cet édifice de divulguer un message d'espérance aux générations à venir. Ce message répond aux conditions d'une science universelle, non expérimentale comme peut être la nôtre. Par la précision et la subtilité de ses données le message établit un lien cognitif avec ce qu'il est convenu d'appeler « *le ciel* ».

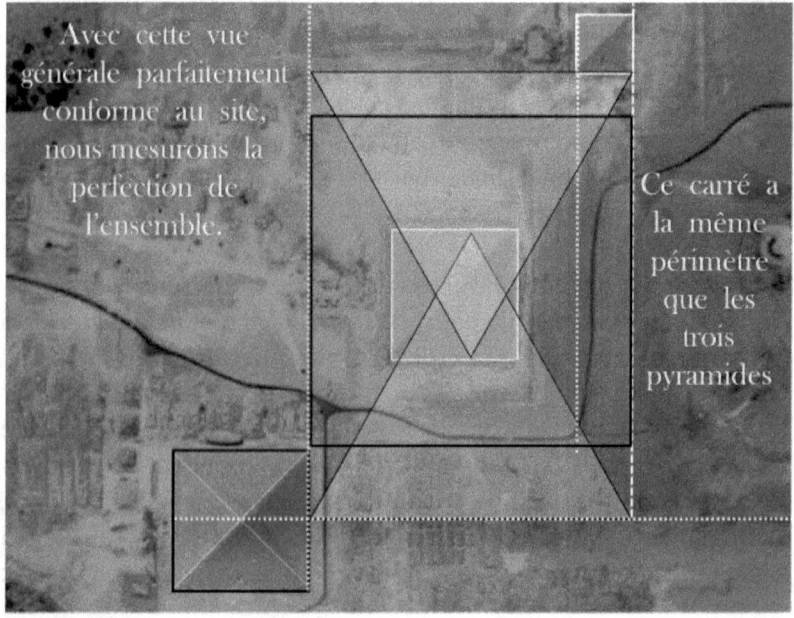

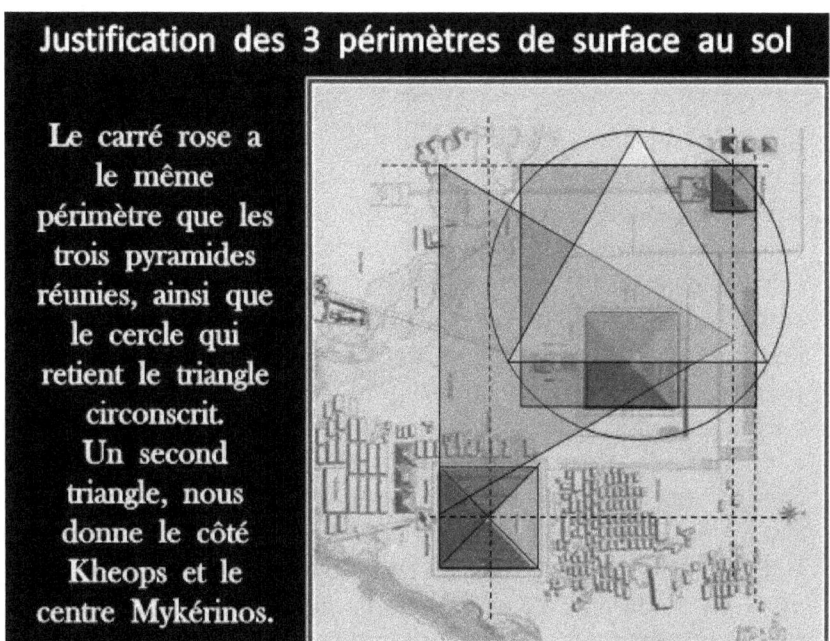

En vertu de ces paramètres, nous osons prétendre :

Que la Grande Pyramide constitue un lien entre Ciel et Terre, elle est le véritable « **sema taoui** » des textes anciens. Elle est une référence mythique de l'hénothéisme égyptien, dont la symbolique est en état de résurgence, non par effet de mode, mais par absolue nécessité dans notre civilisation altérée par l'amoralité ambiante. Lorsque les individus parviennent à un stade d'absence d'autocontrôle moral, la communauté humaine ne peut perdurer que sous la forme fascinante de la répression. Toutes autres configurations impliquent un état de conscience en évolution, si celui-ci fait défaut en démocratie, c'est que « *les droits de l'homme* » ne sont plus que des termes sans significations et que le danger de désagrégation est immense. Ce que nous révèle aujourd'hui *le message des pyramides* est apte à générer un redressement des consciences. Devant ces arguments exposés, les égyptologues orthodoxes répondent en louvoyant, avec cette attitude arrogante que leur inspire « l'acquis ». Mais en ce qui concerne les pyramides, ils n'apportent pas la moindre justification rationnelle aux théories qu'ils enseignent. Ils se réfugient derrière un consensus collectif, professionnellement confortable, en refusant par le fait même, toute incursion en terrain contestataire. Pourtant, ce que nous exposons à l'orée de ce troisième millénaire, deviendra incontournable avant que nous atteignions le milieu du 21ième siècle.

Nous démontrons que la somme des révélations, la rigueur des exposés, la concomitance des mythologies sont des faits avérés. La dénégation ou la mise en cause de coïncidences, qui justifierait de ces découvertes, relève de la mauvaise foi, si ce n'est de l'insuffisance, comprise à des échelles diverses ! À ce stade de notre quête la question se pose sans ambigüité ; Y aurait-il un **Principe Créateur Omniscient et Universel** ? S'il devait en aller autrement, que l'énorme masse de ces calculs relève de simples coïncidences, *alors ce serait plus extraordinaire encore.* Le message serait à même de prouver aux habitants de la planète Terre, que « le hasard » est pourvu d'intelligence, ce qui modifierait considérablement et à jamais, son rôle de phénomène anodin issu de l'intangible. Dès ce moment-ci, il nous faudrait envisager de rendre un culte à ce phénomène « *hasard* » peut-être de le coter en bourse, temple de notre modernité. Et comble de la condescendance, élever en son honneur des pyramides en lieu et place de celles existantes, ces dernières auraient l'indéniable vertu d'être le fruit de notre discernement.

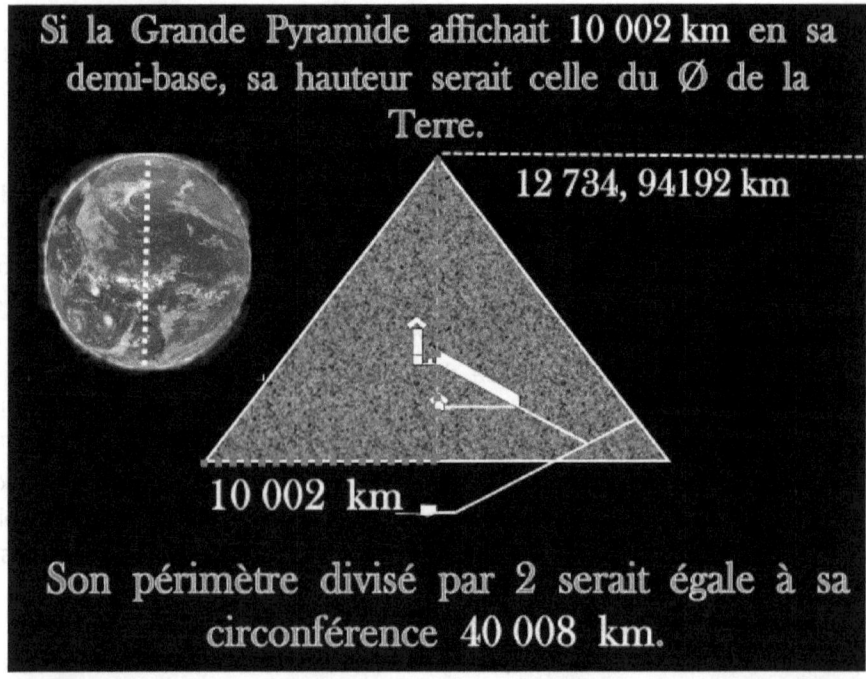

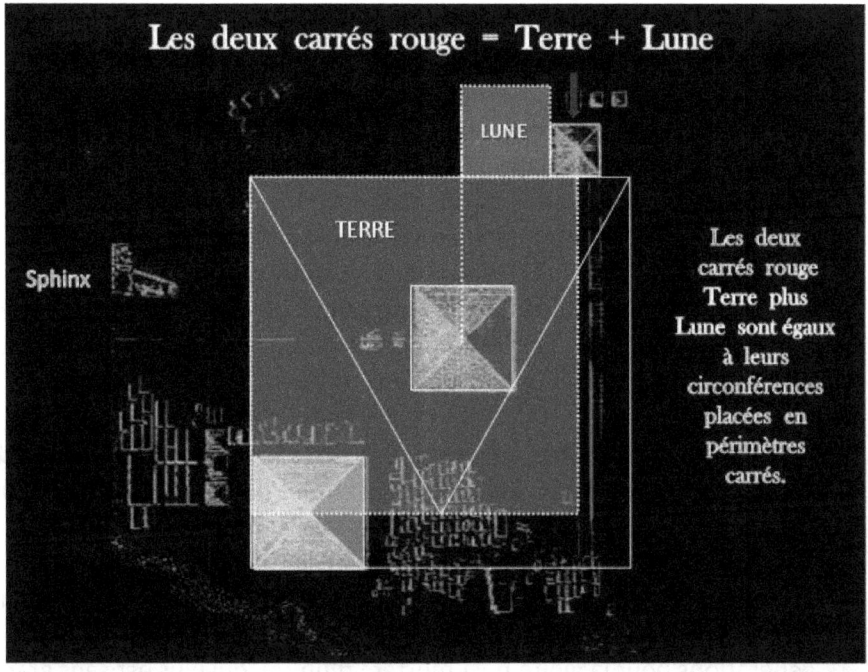

Les mesures officielles relevées sur la Grande Pyramide, sont attestées par des comités scientifiques internationaux. Lesquels sont pourvus en notre ère contemporaine de technologies sophistiquées, lasers métriques, géo-radars, radiobalisages, relevés satellitaires. Les rapports qui résultent de ces études, sont en concordances parfaites avec nos propres estimations. Pour une hauteur de 146 m, nos mesures diffèrent de quelques dixièmes de millimètres avec les données officielles, et pour les 231 m de la longueur de base, la différence est d'une vingtaine de centimètres. Encore quelques années et ces mesures officielles s'ajusteront parfaitement aux nôtres, car elles ne sont pas issues des mesures théoriques, mais d'un raisonnement conséquent à nos découvertes. Les propos « sacralisés » d'Hérodote ne peuvent en aucun cas être pris au pied de la lettre. Rappelons que « *le patron des journalistes* » a effectué son reportage, plus de 2000 ans après l'érection supposée de ce monument. L'épisode concernant la prostitution de la fille de Khéops pour terminer le financement de la pyramide de son père, en est sans doute l'exemple le plus abracadabrantesque qui soit pour douter de l'authenticité des narrations de ce chroniqueur. Il ne fait aucun doute qu'il y a une nette confusion entre la *construction* de l'édifice et son admissible *restauration*.

Nous ne devons pas ignorer que le seul rhabillage du parement, nécessiterait actuellement la mise en place de 115000 blocs d'albâtre, ajustés au dixième de millimètre. Ces blocs pesant alors entre 4 et 16 tonnes, auraient pu à eux seuls, occuper des milliers d'ouvriers en de pénibles travaux pendant 20 ou 30 ans. Ce chantier véritablement pharaonique, aurait alors, largement légitimé le ressenti de plusieurs générations à l'encontre de Khéops, comme cela semble avoir été le cas. La rancœur et la pénibilité des tâches, justifierait après 2000 années de « *on dit que…* » la dilution dans le temps du qualificatif de « *restauration* » en celui de « *construction* ». Comparons de nos jours les zones d'ombre qui stagnent sur le parcours, il y a deux mille ans, de Jésus le galiléen !

Que penser d'un monarque portant le titre de « **premier serviteur des dieux** », lequel aurait eu l'ostentatoire fatuité de se faire construire une chambre sépulcrale dont le volume tiendrait aux environs de 8000 fois dans la structure qui l'abrite. C'est le cas de la chambre du Roi par rapport au volume de la Grande Pyramide, alors que des monuments dédiés aux dieux étaient en souffrance de restaurations. Le sacrifice de plusieurs générations pour la gloire post mortem d'un roi, qui plus est sans grande notoriété. Cette hypothèse hasardeuse ne cadre pas avec la déontologie religieuse de l'ancienne Égypte, et moins encore avec l'esprit régnant des premières dynasties.

Pour le Roi et ses sujets, ce n'était pas le corps physique qui se présentait devant le tribunal divin, lorsque survenait la mort, c'était l'enveloppe éthérique du corps physique, représenté par le « **ba** ». Voyons-là un état de « *conscience* » plus ou moins élevé, qui résulte de la vie passée sur Terre. En d'autres termes, afficher insolemment sa puissance régalienne au-delà de l'existence physique, dans le dessein d'influencer la décision des dieux, aurait été interprété comme un outrage à peine imaginable.

Les inscriptions particulières que l'on trouve à la gloire d'un sujet, tout comme le mobilier funéraire attaché à son nom, répondaient à d'autres critères que ceux réservés à la spiritualité. C'était aussi le but que l'on assignait aux momifications royales avant qu'elles ne se généralisent, par dénaturation des principes originels. L'objectif poursuivi était de fixer le « ka » le plus longtemps possible parmi les références dont ont besoin les hommes, nous dirions aujourd'hui, la renommée, ce qui est assimilable sur un plan technique à la rémanence.

En ce qui concerne les civilisations que nos sociétés considèrent primitives, les experts ont du mal à différencier, les prérogatives accordées au divin de celles qui concernait la monarchie sacralisée. Les monarques avaient pour devoir de d'immortaliser leurs actes lors de leur passage sur terre. Ils les rendaient pérennes avec l'apport de ce qu'étaient les arts, la culture, les fêtes, les événements marquants de leur époque. C'est ce qui justifiait les fresques et objets découverts dans les tombeaux. Mais les privilèges qu'ils étaient susceptibles de s'octroyer à eux-mêmes, avaient, contrairement à ce qu'il est dit, les limites de la décence. De ce point de vue, la Grande Pyramide en tant qu'œuvre humaine, érigée à la gloire d'un personnage, fut-il roi, aurait été perçue comme une impertinence à peine imaginable et aucune précellence sacerdotale d'alors, n'aurait permis d'en entreprendre l'édification. Il y a deux termes aujourd'hui que nous avons du mal à distinguer, dont les anciens égyptiens pratiquaient la différence au quotidien « *adoration* et *vénération* ». On vénérait des hommes mortels en vertu de leur naissance, de leur comportement moral ou de leurs faits marquants, mais on n'adorait que les dieux... immortels, omniprésents, éternels et souverains de toutes choses. Contredire ce fait, n'est que fausse interprétation des textes ou obnubilation sans examens d'idées reçues. Si l'on admet qu'il n'y avait aucune différence entre les rois et les dieux, pourquoi ne trouve-t-on pas des noms royaux dans les actions que l'on prête aux dieux et pourquoi leurs palais érodables n'ont laissé aucune trace, alors que ceux des dieux perdurent parmi les siècles ? Ce qui n'exclut en rien le fait, que des êtres d'exception sont appelés à marquer leur époque en prévision d'une évolution des qualités humaines. Sous la monarchie de Kheops, les temps étaient venus où des transformations devaient s'exercer, elles étaient fonction de critères subtils saisis parmi les astres par les grands devins. Nous en avons ici un aperçu schématique parmi la convergence des phénomènes relevés à cette période du cycle, *une restauration des édifices divins s'imposait,* Kheops n'avait pas le choix. Le premier de notre ère se situe rigoureusement à mi-chemin, entre l'époque de Kheops et la fin du demi-cycle.

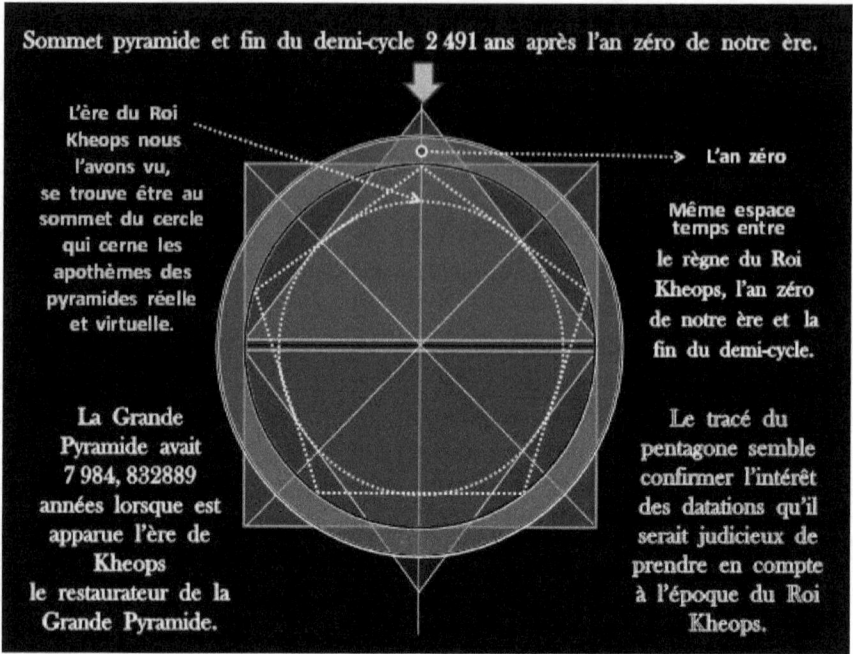

En l'Égypte de la IV dynastie, un ordonnancement sacerdotal exerçait une influence permanente sur les décisions temporelles susceptibles d'influer sur le cours des choses. Les Hébreux qui se sont profondément imprégnés de la conception égyptienne n'agissaient pas autrement, de même que les religions qui ont suivi la leur. En France la séparation de l'église et de l'état ne remonte pas aux calanques grecques. L'autorité religieuse ne s'octroyait-elle pas un droit de regard sur toutes résolutions importantes ? Soyons persuadés qu'il n'en allait pas autrement sous la IVe dynastie, à l'époque de Khéops où de surcroit, les Rois en ce temps-là, étaient initiés à un très haut niveau de connaissance. Ce n'était certes plus le cas sous la XVIIIe dynastie où le souverain devait avant tout, être garant de la sécurité du royaume. La question se pose alors simplement, comment ces grands hiérarques de l'époque de Khéops, auraient-ils pu rester indifférents à l'annonce d'une aussi titanesque entreprise que la construction de la Grande Pyramide, et ne pas en mesurer les conséquences, tant sur un plan psychologique que sur un plan concret ? Comment auraient-ils pu considérer, que ce monarque sans distinction, méritait ô combien un tel hommage au détriment des dieux, confinés en leurs modestes temples ? Cela cher lecteur, l'histoire ne le sait pas et moins encore la logique, mais les égyptologues orthodoxes, eux, savent que c'est le tombeau de Khéops… c'est leur petit doigt qui leur a dit !

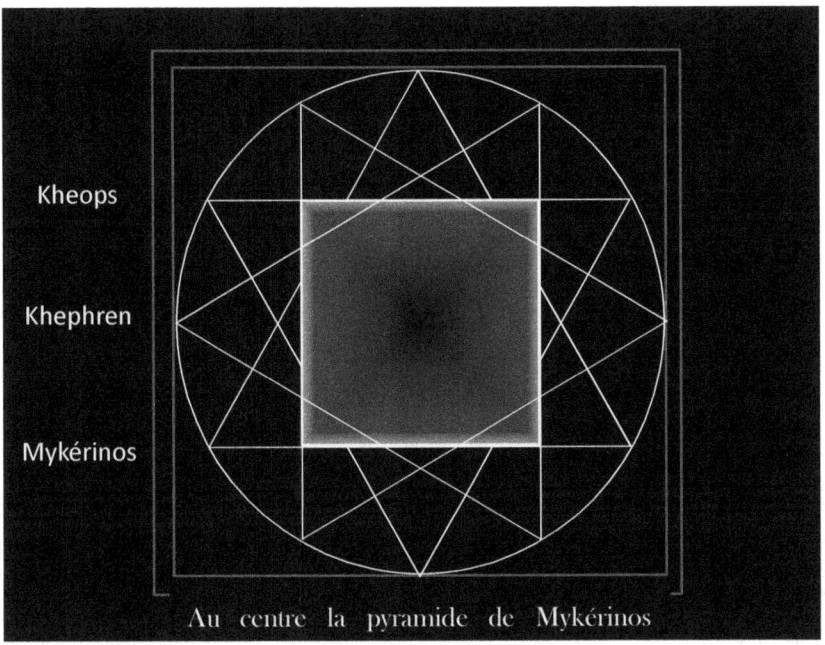

Georges Vermard

Les Pyramides de Gizeh et la Géographie

Se pourrait-il qu'il ait existé une civilisation des pyramides ?

Quelle idée absurde ! Non, bien évidemment, puisqu'elles sont toutes datées, répertoriées, localisées et pour la plupart... attribuées.

Un tel « emballage » d'experts n'est pas très satisfaisant pour un esprit curieux, et moins encore pour un chercheur épris d'authenticité. Pourquoi, ne nous parle-t-on jamais de ces très anciennes pyramides découvertes en Europe, d'autres par centaines localisées en Chine ? Des dizaines répertoriées, mais recouvertes par la végétation en Amérique du Sud ? Pourquoi ne fait-on jamais allusion à celles dissimulées sous forme de tumulus sableux, herbeux ou boisés, en divers lieux de la planète ? Sur des iles lointaines ou au fond des mers ? Et de toutes celles qui aux cours des siècles, ont été démontées pierre par pierre pour servir à la construction d'autres édifices ? Après le séisme qui ravagea la ville du Caire en 1301, plus de 11 hectares de blocs de parement furent ainsi ôtés aux pyramides de Gizeh pour satisfaire à la reconstruction de la cité. La mosquée du Caire fut pratiquement édifiée avec ces énormes blocs, qu'une frange intégriste considérait comme étant d'essence profane.

En ce qui concerne la dissémination des pyramides de par le monde, pouvons-nous risquer une comparaison avec les situations mégalithiques que nous connaissons ? Oui et non, oui, parce que la répartition en des lieux parfois atypiques nous y engage, et que les systèmes de mesures ont une origine commune, ainsi que la prise en considération des même symboles universels telle la constellation d'Orion. Non, par le caractère spécifique de ces structures géométrisées, supposées plus fonctionnelles que cultuelles, mais cela reste à définir, les preuves sont contradictoires.

Que devons-nous penser des affectations attribuées à ces imposants monuments ? Étaient-elles ces pyramides, des édifices funéraires, des mausolées érigés à la gloire de quelques divinités, des cénotaphes attribués à des monarques en mal de reconnaissance ? Des greniers à grains, des centrales d'énergie, des balises stellaires, des lieux de culte, des réseaux initiatiques, des recueils encyclopédiques ? Ou encore, avons-nous à faire à une acupuncture des sols pour stabiliser, si ce n'est diriger, les énergies telluriques vagabondes ?

À notre avis, il faudrait des décennies d'études pour se faire une opinion, non sur l'ensemble des monuments répertoriés, mais sur un seul de ces édifices. Au terme de plus 45 années d'études, nous pouvons affirmer que la Grande Pyramide, objet de nos recherches, n'a jamais été un tombeau. Nous pouvons dire que sa structure générale répond à des impératifs d'une très haute connaissance, qu'elle était destinée à franchir les millénaires, qu'elle détient en ses flancs, le message d'une **Tradition Primordiale** insoupçonnée de nos contemporains. Qu'elle fut par le passé et en de solennelles occasions, un lieu de regroupement sectaire relevant d'une démarche de connaissance. Enfin qu'elle était et demeure, un fanal pour la libre intelligence dépouillée de ce carcan que représente aujourd'hui le conformisme de convention.

Lorsqu'on se permet d'avancer de tels arguments, il faut que ceux-là soient étayés par des preuves factuelles, sans ambiguïté. Seuls les critères géométriques, mathématiques et astronomiques, sont aptes à valider ce que nous avançons, c'est l'objet de cet ouvrage. Une centaine de pyramides sont recensées ou supposées, sur le sol d'Égypte, beaucoup sont à l'état de ruines, certaines ne rassemblent que quelques pierres ou briques éparses, une quinzaine peut-être justifient encore la forme qu'on leur avait donnée à l'origine. Moins d'une dizaine sont immédiatement identifiables, davantage si l'on tient compte des monuments satellites.

La Chine est peut-être le pays qui recèle le plus grand nombre de pyramides sur son territoire, une centaine affirme-t-on et plus encore, bien qu'il soit aujourd'hui impossible de se livrer à une estimation raisonnable. La pyramide blanche à Qin Chuan voisinerait les 300 m de hauteur ? Trois pyramides viennent d'être découvertes au fond d'un lac de grandes profondeurs, lequel est mentionné sur les cartes les plus anciennes. Les pyramides de Chine sont parfois regroupées comme c'est le cas sur le plateau de Gizeh en Égypte, d'autres sont isolées au milieu d'immenses plaines, tels de mystérieux points de ralliement. Le monde rural, en lequel elles se trouvent généralement implantées, à parsemé leurs pentes et surfaces de plantations diverses. C'est ainsi que l'on peut découvrir sur leurs flancs des allées de pinèdes, des étalages de fleurs ou des rangées de choux. Leurs sommets sont le plus souvent tronqués, alors qu'apparaissent aux grés des parcelles de végétation, des murs de soutènement ou des cavités. L'apparente déconsidération dont fait preuve la Chine, par rapport à ces monuments, pourrait susciter des critiques, si ce n'était le fait, que pour ce pays en pleine expansion, ouvrir ses portes à une ingérence étrangère envahissante et difficilement contrôlable, représente un écueil d'insécurité que les dirigeants préfèrent sans doute éviter.

Une dizaine de pyramides sont recensées en Europe occidentale. Les plus représentatives à ce jour, sont situées près de Sarajevo à Visoko. L'une d'entre-elles aurait la taille d'une colline, avec ses galeries, cavités et murs de soutènement. Est-ce une authentique pyramide ? Nous aimerions répondre par l'affirmative, mais les experts en la matière se jalousent, se soupçonnent, se taxent de faussaires, se font valoir sur le plan médiatique. Cela au détriment d'observations que nous souhaiterions scientifiques impartiales et désintéressées. Hormis ces navrants conflits de diplômés, les premières expertises attribuent plus de 20 000 ans à ces pyramides. De surcroît, il a été trouvé dans la région des sphères en granite, dont la plus imposante d'entre-elles, ne mesurerait pas moins de 5 m de diamètre.

Des monuments de forme pyramidale se remarquent sur des îles lointaines, d'autres émergent des déserts de sable, d'autres encore, sont enfouies sous les mers ou dissimulées par l'abondance végétale des forêts sud-américaines. Les pyramides de Mésopotamie et des anciens territoires d'Élam étaient appelées « Ziggourats », voyons là des monuments cultuels dédiés aux divinités des lieux. Les pyramides d'Ur, d'Aqar Quf ou de Choga Zanbil près de Bagdad, avaient de nettes corrélations religieuses. La Tour de Babel ne relève-t-elle pas du babylonien Bâb-île, *la porte du dieu* ? Quant à la ziggourat de Babylone elle était appelée « Etémenanki » ou *le fondement du ciel et de la Terre*, ce qui relève d'une indéniable affiliation à caractère spirituel.

Après l'Égypte, ce sont les pyramides d'Amérique centrale qui retiennent l'attention. Le Mexique d'abord, avec la diversité des formes et des volumes. Ces pyramides sont datées bien évidemment, mais peut-on être sûr de ces datations, alors même que des points d'interrogation persistent sur leur destination. Un exemple nous est donné avec la pyramide de Cuicuilco près de Mexico, elle était à l'origine recouverte d'une couche de laves solidifiées de 8 cm d'épaisseur. Le plus troublant, c'est qu'aucun volcan ne se trouve à proximité du lieu de ses fondations, le plus près est à 40 km, ce qui rend les géologues perplexes. Sa structure formée par quatre plateaux circulaires est étagée à la manière de la pyramide de Djoser à Saqqarah, des autels placés en élévation, laissent supposer un culte rendu à Huehueteotl dieu du feu. Les pyramides de Teotihuacan ne peuvent que retenir l'attention, la pyramide du soleil, celle de la Lune, émergent de ce gigantesque complexe urbain, parsemé d'édifices de tailles plus modestes. Cholula est une des plus anciennes villes d'Amérique, elle possède la pyramide identifiée, comme étant la plus volumineuse au monde. Cinq superpositions de structures, recouvre ses 18 ha au sol et sa base réalise 350 m de côté. Nous citerons Chichen Itza (Yucatan), pyramide Maya Toltèque, elle possède des plateaux représentant l'Ennéade ou les neuf chiffres composant tous les nombres. Elle possède un escalier de 365 marches, autant de marches que de jours dans l'année. Aux équinoxes de printemps et d'automne, un immense serpent de pierre semble se mouvoir sous les effets procurés par l'ombre et la lumière. Le sanctuaire placé au sommet souligne sa céleste destination. La pyramide de Palanque est considérée en tant que monument funéraire, mais paradoxalement, la plupart des archéologues estiment que l'édifice en question est de beaucoup antérieur à la fonction qu'on lui octroie aujourd'hui. Avec ses neuf étages et son temple des inscriptions, la pyramide de Palanque est l'un des plus beaux témoins de l'art antique. Dans sa crypte, une dalle de pierre aux motifs énigmatiques, recouvrait un sarcophage, alors que les bas-reliefs représentaient les neuf seigneurs de la nuit. Le roi Paca inhumé en ces lieux, jouissait de son vivant d'une grande notoriété due à son charisme et à sa ferveur spirituelle. C'est le seul exemple connu, qu'une pyramide ait jamais abrité un corps putrescible, alors même que, selon des comptes-rendus scientifiques, ce n'était pas sa destination première. Cette constatation n'exclut en rien le fait, que de nombreux squelettes furent découverts aux alentours des pyramides, pour l'excellente raison, que ces dernières, représentaient un faisceau d'influx supposé rédempteur, dont les âmes défuntes nourrissaient l'espoir d'être bénéficières.

En résumé, si on ne peut affirmer avec certitude qu'il ait existé « *une civilisation des pyramides* », on peut supposer une référence archétypale liée à un phénomène d'élévation à caractère spirituel. Leurs arêtes se rejoignent vers le haut, leurs lignes fuyantes laissent derrière elle la terre des tourments, pour gagner la sérénité du ciel. Mais il apparaît hypothétique si ce n'est simpliste en vertu du caractère religieux dominant, de considérer que les édificateurs plaçaient des dépouilles mortuaires sur ces hauteurs pour que celles-ci soient plus proches des étoiles, comme souvent il en est fait mention. Le fait aurait constitué une offense aux dieux. Considérons plutôt, qu'il aurait été impudent et blasphématoire de chercher à s'élever plus haut que les monuments destinés aux divinités. Les Anciens savaient cela, ils étaient respectueux des dogmes qui animaient leur rythme existentiel. Les pyramides étaient, pour les non-initiés, les liens qui unissaient les consciences à l'intemporalité du monde divin. Elles étaient ces pyramides, le témoignage mystique, l'espérance, le soutien permanent de l'esprit humain livré aux légitimes interrogations de l'existence. C'est à ce titre que ces « **vaisseaux des âges** », traversèrent les siècles de l'histoire, en tant que témoins d'un ailleurs en conformité avec l'expansion de la pensée.

Notre société occidentale s'étant à juste titre prononcée pour la laïcité, il est pertinent d'ajouter, que nous risquerions sans tolérance, de scotomiser le reflexe spirituel pour ne garder que celui de l'ordre social. Gardons-nous de distiller en nos consciences que l'exclusive nébuleuse du droit, cela au détriment de cette notion culturelle de la diversité des genres et des espèces, stimulant nécessaire à la réflexion.

TEOTIHUACAN (Mexique)

La métropole vue de la pyramide de la Lune, au loin sur la gauche, la pyramide du Soleil.

Construction ou Restauration ?

> *L'histoire est un tissu de mensonge, sur lequel tout le monde est d'accord !*
> **Napoléon.**

En Égypte ancienne, des mystères tels que l'ignorance prétendue de la roue, ne peuvent que laisser perplexe l'homme de bon sens. L'égyptologie traditionnelle admet que les Égyptiens utilisaient des tours de potiers avec un axe central, cela des millénaires avant les premières dynasties recensées. Rappelons que d'énormes roues à broyer les céréales furent découvertes un peu partout, ainsi que des jouets d'enfants munis de roues. La brouette n'est-elle pas réputée plus intelligente que le traineau, lorsqu'elle n'a pas bu et que le terrain est sec ? Le problème réside dans le fait, que notre raison actuelle façonnée aux techniques d'assistance en tout genre, ne peut concevoir que des êtres aient pu connaitre la roue et ne pas s'en être servir. Il n'y a guère d'explication concrète, si ce n'est de rappeler que les Égyptiens d'alors vivaient entre deux mondes, temporel et spirituel. Il nous faut donc concevoir les choses avec une souplesse d'esprit qui va dans le sens des réalités cachées.

Avec les données que nous fournissent les logiciels d'astronomie nous sommes à même de certifier la fiabilité des recherches que nous effectuons. C'est ainsi que nous pouvons faire figurer, au jour et à l'heure voulue, la position exacte des étoiles objets de notre attention. D'étonnantes révélations sont ainsi venues corroborer l'ensemble de nos travaux et plus précisément, ceux ayant trait à la prise d'altitude de la constellation d'Orion. Nous sommes désormais capables d'expliquer pourquoi, il existe une légère différence voulue par les constructeurs, entre la troisième pyramide dite de Mykérinos et le reste du complexe géométrique. Aussi en déduisons-nous que ce sont des données numériques et astronomiques qui définissent les positions des monuments sur le site.

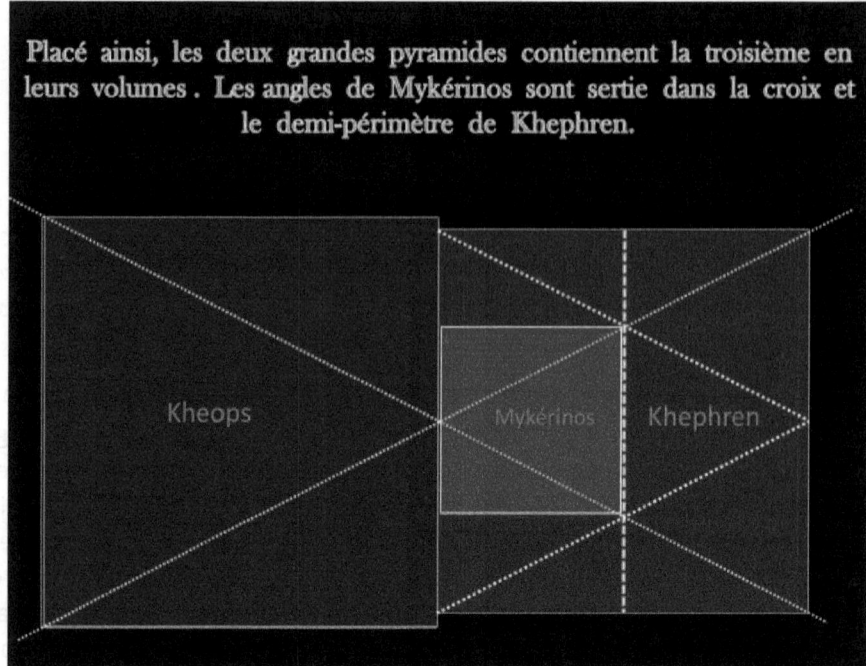

Placé ainsi, les deux grandes pyramides contiennent la troisième en leurs volumes. Les angles de Mykérinos sont sertie dans la croix et le demi-périmètre de Khephren.

Le point atteint par l'altitude maximale de la constellation d'Orion est en accord parfait avec notre clé chronologique de 0,011785113 ou √2 divisée par 120. Ce point précis nous est donné par le croisement des étoiles-cadre franchissant le méridien céleste en 2491,735557 après JC, il s'agit là de la fin du demi-cycle précessionnel. Curieusement, si nous ajoutons à cette valeur, les moins 7,743298685 années avant notre ère de la conception du Christ, nous obtenons 2 499,478856 années ou 2 500 à quelques heures près ! Face à ce type de révélation, d'une précision à faire rentrer en ébullition un esprit cartésien, comment ne pas envisager une fois encore, une notion cohérente d'harmonie universelle entre **les nombres, la géométrie et l'astronomie** ?

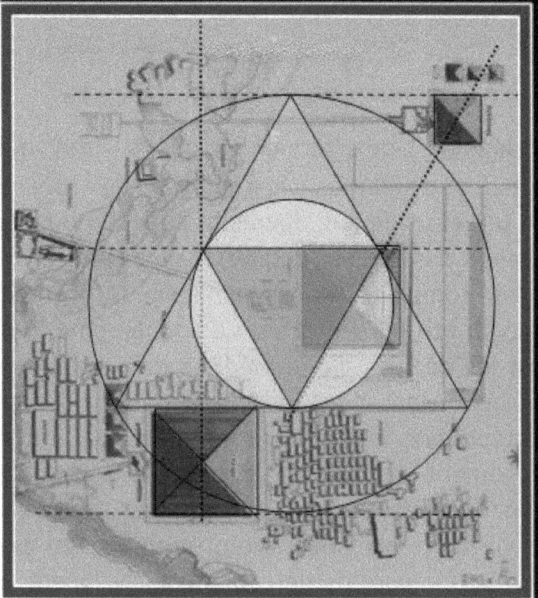

Gizeh - Rigueur et simplicité = beauté

Le diamètre du cercle englobe la largeur occupée par les trois pyramides. Les triangles corroborent le tout avec les tracés côté pointe sur les deux sommets.

Georges Vermard

L'hypothétique Construction

Ainsi exposées, les données que nous évoquons provoquent généralement des attitudes prudentes, lorsqu'elles ne sont pas dubitatives. Alors que de tels états de fait, devraient pour le moins nous émouvoir, s'ils ne parvenaient pas à nous éduquer. Mais à dire vrai, il est peu probable que ce type de comportement se manifeste. Nous sommes devenus au fil de notre modernité, les spectateurs du doute, pour tout ce qui n'est pas clamé dans les dédales d'une médiatisation subtilement conduite ! Nos cerveaux, qui dit-on, n'ont pas été mis à jour depuis le paléolithique, n'ont pour épreuves qu'un mode de déduction primaire, aussi, sont-ils quotidiennement pris en relais par des technologies compensatrices de leur dérèglement. Et si certaines contraintes requièrent encore un savoir-faire, elles nécessitent de moins en moins d'approfondissement et moins encore de perceptions encyclopédiques. Aussi, nous exhorte-t-elle, cette cérébralité, à un reflux prudent, pour toute nouveauté non médiatisée. Les médias sont devenus nos censeurs, ils pensent pour nous, nous incitent à telle action, nous conseillent sur tel sujet. Nous ne cuisinons plus, ils nous préparent les plats et leurs appréciations sont les nôtres. C'est ainsi que le plus salutaire des messages ne sera pas pris en considération, s'il ne rentre pas dans l'esprit préfabriqué de ce grégarisme comportemental. Nous nommons cela « *évolution* » à défaut d'une vision plus lucide de cette pathologie technocratique !

Construction ou rénovation ?

À l'instar des égyptologues spécialisés en matière de pyramide, si nous nous bornons aux assertions d'Hérodote, 450 avant JC, que pouvons-nous conclure des énoncés de ce chroniqueur ? Selon le père de l'HISTOIRE, la Grande Pyramide a été construite par cent mille hommes en 20 ans de labeur. Cela, pour la gloire post mortem d'un Roi mégalomane de la IVe dynastie du nom de Khoufou, nommé par le révisionnisme grec, Kheops. À la suite de quoi, une première question, toute simple se présente à l'esprit : Est-ce qu'à l'époque considérée, une telle entreprise était envisageable, eu égard aux répartitions de populations et aux périodes de temps cités par l'historien ? N'oublions pas qu'il s'agissait de conceptualiser, d'outiller, d'extraire, de tailler, d'acheminer, d'élever, d'ajuster plus de 2,5 millions de blocs de pierres parfaitement calibrés. Notre réponse est catégorique...non ! Non, la chose n'était pas concevable à cette époque, elle pourrait tout juste l'être à la nôtre, avec d'innombrables problèmes qui n'auraient pas tous leur solution !

Selon les ethnologues la population humaine de la planète s'élevait alors, au mieux à **30 millions d'individus,** nous sommes aujourd'hui 230 fois plus nombreux. Ta Meri ou l'Égypte Antique, aurait pu, selon l'avis des experts les plus enclins à l'évaluation optimale, abriter un million quatre cent mille personnes. Selon d'autres plus circonspects, la population ne pouvait dépasser sept cent mille personnes sous la IV dynastie. Montrons-nous magnanimes et optons pour la position intermédiaire d'un **million d'individus**, avec une préférence logique pour le moins. Gardons en mémoire, que les nilotes sont répartis sur une distance de plus de 1000 kilomètres, des premières cataractes Nubiennes aux rives de la méditerranée.

En considérant ce « million » supposé d'êtres humains, il nous faut naturellement retirer les femmes pour les travaux de gros œuvres. Ne représentent-elles pas la moitié de la population, non que certaines, n'aient été aptes à effectuer de pénibles besognes. Mais en vertu de critères traditionnels, les tâches humaines incombant aux deux sexes étaient judicieusement réparties dans l'ancienne Égypte. D'autres nécessités, d'ailleurs toutes aussi astreignantes, composaient l'apanage du sexe dit faible, les soins à apporter aux enfants, aux vieillards, aux malades, l'entretien des potagers, la traite des animaux domestiques, les corvées de bois, la préparation des repas, la cueillette, la fabrication de la bière, du pain, le moissonnage, le broiement des céréales et mille autres tâches, des plus ingrates aux plus harassantes, en passant par celles qui étaient assujettissantes au quotidien.

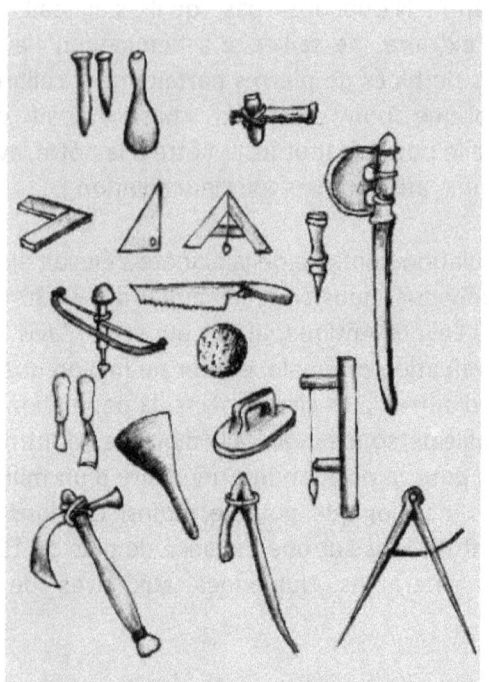

Les femmes étant soustraites de ce décompte, il reste donc dans le meilleur des cas 500 000 mâles ou considérés tels ! Car il nous faut immédiatement déduire, les vieillards, les enfants, les trop jeunes adolescents, les malportants physiquement ou intellectuellement. C'est ainsi que les hommes valides en état d'effectuer un travail efficace et laborieux, auraient pu au mieux, s'élever à 200 000 milles individus. Ces hommes, certes, sont aptes à travailler, oui, mais pour une grande partie d'entre eux, ils sont non disponibles pour effectuer des tâches collectives d'intérêt privé ! Tracteurs, pelleteuses, grues et autres bulldozers étant encore dans les limbes, il fallait pallier à ce vide mécanique par des moyens humains conséquents. Les outils nous le savons étaient rudimentaires. Les tâches étaient effectuées en vertu d'impératifs de toutes sortes, labour, récolte, abattage, soins du bétail en itinérance, entretiens des canaux d'irrigations, maintien des demeures, des temples, des murailles, des pistes d'accès noyées ou ensablées, des voies navigables d'acheminement. Ajoutons à cette liste, les exigences de la noblesse de districts et des législateurs, ils revendiquaient des gens de maison, des gardes de terrains et de troupeaux. Les effectifs régionaux de police, indispensables au maintien de l'ordre public, les bateliers en grand nombre. Viennent se greffer en plus faible proportion, les scribes ou leveurs d'impôts, les artisans de première nécessité, les pêcheurs ravitailleurs, les prêtres éducateurs, ainsi que les services publics, médecins, vétérinaires, embaumeurs.

Cette énumération non exhaustive a pour but de souligner combien l'organisation communautaire aurait été à brève échéance compromise si les prélèvements de population avaient été plus importants. Autrement dit, si ces divers effectifs avaient été enrôlés, il s'en serait suivi une désorganisation complète du système sociétal. Les deux bandes de terre restreintes sur lesquelles ont toujours évolué les nilotes, rendent leurs rapports humains tributaires de longues distances à parcourir, que ce soit sur pistes ou voies fluviales. Hormis le fait capital que **les inondations paralysaient tout trafic plusieurs mois dans l'année**, l'ensemble de ces constatations, nous amènent à prélever un effectif minimal indispensable de 100 000 hommes sur les 200 000 précédemment recensés. Répartie aux kilomètres carrés, cette estimation représente la fixation de 50% des individus, pour assumer en urgence des taches imprévues de tous ordres, sans lesquelles l'organisation se détériore par défaut d'organisations structurelles. Il reste donc, dans les conditions les plus optimistes, 50000 travailleurs pouvant être réquisitionnés pour s'atteler à l'œuvre pharaonique du soi-disant « *dieu vivant* ». *Curieusement, nous retrouvons à ce stade la moitié de l'effectif originel prévu par Hérodote* ! L'inconvénient, c'est que nous n'avons pas encore commencé la construction. L'armée de métier, protection des frontières oblige, va nous prélever un minimum de 20 milles hommes, (cela fait une quarantaine de soldats par zone de terre habitable de 100 Km², répartis sur 55 400 km²), reste donc 30 000 travailleurs disponibles. Avant toute velléité d'action, nous conviendrons qu'une telle entreprise nécessite un outillage approprié. Les égyptologues orthodoxes nous avancent, sans le moindre clin d'œil facétieux, que pour construire la pyramide, les outils étaient en cuivre, maintenus par des ficelles de lin ou de raphia. Bien, alors à la mine Messieurs, les outils en cuivre même trempés à l'arsenic, s'usent rapidement et d'énormes quantités de minerai sont nécessaires pour leur renouvellement. Les carrières ne sont pas à proximité, il faut des quantités de bois pour alimenter les fours et extraire le métal. Soyons conscients, que depuis des millénaires déjà, le bois noble est devenu rare en Égypte, il demeure à cette époque des palmiers doums, des acacias, des sycomores, des perséas et quelques autres espèces. Hélas, ces bois tendres, se désagrègent sous la charge et ne peuvent supporter des poids à répétition. L'extraction du minerai nécessite des milliers d'hommes répartis sur des dizaines de sites. Ceux-là sont employés à des tâches multiples en dehors de l'extraction proprement dite. Il faut certes des spécialistes pour changer le minerai en métal, mais cela oblige à une quantité de services annexes indispensables, coupeurs de bois, ravitailleurs, experts en fourneaux, fondeurs et des centaines d'artisans pour confectionner les outils adéquats, ainsi qu'une nombreuse intendance. D'autres tout aussi nombreux pour entretenir le lien entre ces chantiers primaires et les lieux d'emplois. Cette première mobilisation

est telle, qu'elle absorbe, logistique comprise, la moitié des effectifs restant, soit 20 000. Il reste 10 000 travailleurs pour s'atteler à la construction proprement dite de la pyramide. Il faut pour cela et avant tout assemblage, soutirer de la carrière les pierres en question. Non seulement extraire ces énormes blocs, mais les tailler avec une précision jamais égalée. Rappelons que les ajustements relèvent du dixième de millimètre (nous en avons l'exemple à l'intérieur des chambres de la grande pyramide). Cette opération spécifique, avec ses indispensables cortèges sanitaires et auxiliaires en tous genres, ampute l'effectif, au bas mot, de 15 000 travailleurs, restent alors…moins 5000. Des milliers d'entre eux sont astreints à naviguer pour ramener du Liban ou de Nubie le bois nécessaire à la construction des traineaux, des rampes d'accès, des échafaudages et autres engins d'élevages. Autant d'ouvriers sont employés à la confection des navires hauturiers indispensables pour l'arrimage des grumes de chantiers. Ces navigants répartis sur des centaines, si ce n'est des milliers de kilomètres amputent notre effectif fictif de plus de 10 000 hommes. Reste… moins 15 000.

Hélas, ce n'est pas tout, il faut maintenant acheminer les blocs ainsi équarris, jusqu'au chantier de la pyramide, cela quelle que soit la distance, les vents de sables, les pistes inondées, par traîneaux, bateaux ou rouleaux de charges. Nous comprendrons que ce type de labeur réclame un effectif important de manœuvriers. Compte tenu de l'effectif en soustraction, nous engagerons seulement à cette tâche hollywoodienne, et hormis les garde chiourmes et autres pères fouettards, que 10 000 manœuvriers sur un effectif indisponible. Ne leur faut-il pas tirer les chariots, mettre en place les énormes charges, les caler, les glisser, les rouler sur les supports mobiles, ensuite les acheminer laborieusement sur les pistes, avec ou sans coups de fouets. Sans ignorer que certains blocs de granite rose pesant 70 tonnes proviennent de la frontière nubienne située à plus de 800 kilomètres de là et qu'il faut élever ces blocs à plus 50 mètres de hauteur. Comme si l'on assistait à la levée par une grue de 100 de nos voitures actuelles. Nous conviendrons que la logistique ne peut être absente d'une telle organisation, car sans elle, plus de nourriture, plus de linge, plus de logements, plus d'hygiène, plus d'approvisionnements, plus de soins médicaux. L'intendance, prise dans un sens large, représente 20% d'un l'effectif opérationnel ! Les chefs et autres maîtres d'œuvres sont indispensables, même s'il est unanimement reconnu qu'ils ne font que donner des ordres, sans oublier la chefferie de conseils des princes, aux prêtres architectes. Cet ensemble persona grata, augmente sensiblement l'effectif humain d'une entreprise comme celle-là. À ce stade de notre décompte, nous n'avons pas encore entrepris la construction, mais il n'est pas interdit de considérer les choses avec humour, n'est-il pas l'exutoire naturel de toutes les sottises ?

Afin d'écourter l'histoire, cher lecteur, disons que les femmes viennent d'attraper un homme qui voulait se soustraire à la tâche. Celui s'engage donc par la force des choses pour 7300 jours de travail. Cet homme courageux devra hisser jusqu'à 147 m de hauteur les blocs de pierres qui lui parviennent de tous côtés et les ajuster au dixième de millimètre, ceci pendant 20 ans et à raison de **103 tonnes de pierre par heure… !** Après quoi, si Pharaon n'a pas regagné son tombeau, il lui sera décerné la médaille d'Osiris, ainsi qu'une retraite anticipée avec un minimum vital.

Notre lecteur comprendra que nous avons volontairement laissé un individu, pour ne pas totalement désavouer les égyptologues spécialistes, mais à dire vrai Mesdames et Messieurs, à dire vrai… il ne restait d'hommes valides que dans la tête d'Hérodote. Par contre, **les 103 tonnes de pierre par heure** sont bien réelles, pour construire la Grande Pyramide en 20 ans, cela représente, selon les normes officielles, à raison de 9 heures de travail par jour, la nécessité d'élever et d'ajuster 404 m3 de pierre. L'équivalent de 100 camions de 10 tonnes arrivant chaque jour sur le chantier avec les déchargements manuels et les innombrables piétinements dans la gadoue nauséeuse qui accompagne ce divertissement.

Si nous refusons cette vue Hollywoodesque avec ses milliers d'esclaves battus à mort, la chose devient une fresque ubuesque au détriment de démocrates en mal de tyrannie historique éhontée. Lui au moins ce démocrate, n'est pas roué de coups, il peut jouir à satiété de ses aspirations hédonistes, celles par exemple que procure l'indice du CAC 40, élévateur de banques et non de pyramide tombeau pour mégalomane extraverti ?

*Y a-t-il une hypothèse moins fantaisiste que celle-là ?
Oui, celle que nous suggérons !*

Mais avant de l'aborder, faisons un rapide récapitulatif des solutions que l'on nous prône :

- C'est incontestablement le tombeau du roi Kheops !

- Cette construction a été réalisée avec les moyens de l'époque !

- Ce monument a été érigé en 20 ans par 100 milles hommes ou peut-être 360 000 comme l'avance Diodore de Sicile !

En résumé, cela signifie *officiellement*, que la construction de la Grande Pyramide nécessita l'apport de 2 521 000 m3 de pierres. A raison de 20 ans de travaux, comme l'affirme Hérodote, avec 312 jours ouvrables à raison de 9 heures de travail, cela fait 404 m3 par jours. Ou l'équivalent jour, de 930 tonnes que distribueraient 93 camions de 10 tonnes. Or, nous avons vu, que de par les contraintes qui en résultent, ces trois affirmations sont antithétiques, fausses et déraisonnables. Des scientifiques ont calculé qu'à raison de 25 blocs de trois ou quatre tonnes élevées par jour et cela avec des moyens rudimentaires, il aurait fallu pas moins de 274 années pour construire la Grande Pyramide. C'est par ailleurs ce que nous estimons à quelques dizaines d'années près. Un tel chantier ne pouvait pas aboutir en 20 ans et par définition Khéops ne pouvait pas envisager ce type d'édifice pour son repos éternel, qui plus est, pour son fils et son petit-fils.

En trois générations, il n'aurait plus été un homme valide capable de tenir sur ses jambes en Égypte. En admettant que les critères de répartitions des tâches que nous avons exagérément voulues empiriques, soient plus justement répartis, en admettant qu'un effectif suffisant demeure sur le chantier final, le problème reste le même ! Moins de personnel à l'extraction, moins de personnel à la taille et moins de personnel au transport ont pour résultat de reculer la date du chantier final. Pis, ce manque d'effectif à tous les niveaux, fait qu'il devient utopique et dangereux d'extraire de tailler, de véhiculer et d'ajuster au dixième près, une pierre en moyenne toutes les 2 minutes, comme cela s'avère nécessaire pour boucler un tel chantier en 20 ans.

Si par obstination comptable nous tentons de résoudre la question par une supposition inverse et considérons que la population est par un coup de baguette magique « suffisante », soit 10 millions d'individus. Il en résulte et pour cause, que les divers chantiers sont alors correctement approvisionnés en effectif humain.

Toutefois, d'autres problèmes qui n'apparaissaient pas se font jour. Se pose alors la sérieuse question du ravitaillement, en bois, en nourriture, en vêtements. Le barrage d'Assouan n'existait pas, les eaux du Nil se répandaient plusieurs mois dans l'année. Sur les rives l'herbe disponible pour les ovins et bovins ne croît pas en fonction des demandes alimentaires de la population mais en vertu de critères immuables. Le dernier arbre aurait été coupé pour alimenter les fours, confectionner les traîneaux, les rampes d'accès, les barges et navires de grande capacité. Les moyens de transport font défaut. Les moissons et récoltes ne suffisent plus à faire vivre cette surpopulation. Par leur nombre excessif, les gens se gênent sur les chantiers, des centaines de milliers pataugent dans une gadoue innommable de sang et d'excréments, entravant le rendement espéré, tout en favorisant les pires fléaux épidémiques. La désorganisation est totale, nous engageons des pères fouettards, car malgré le nombre et l'apport des matériaux, il y a impossibilité à positionner et ajuster plus de 400 m3 à la journée. Cela en surcroît des impératifs architecturaux, angles, conduits, chambres, devers de pentes et autre calibrage des blocs.

Pour conclure, et sans ajouter au ridicule, il est chimérique de penser qu'il s'agit là du tombeau d'un quelconque monarque. Comment celui-là, aurait-il pu omettre de laisser un cartouche à son nom, alors même, que cette œuvre mégalomaniaque était dédiée à sa gloire ?

Si nous oublions ces mesures irrationnelles et tentons d'opter pour une densité moyenne de population, nous l'avons vu, il y a impossibilité de réaliser en 20 ans, un édifice d'un tel volume. Ce qui signifie que Kheops, second Roi de la IVe dynastie ne saurait en être le commanditaire, même si par esprit faraud, les hyper spécialistes lui prêtent une telle inspiration. Cette hypothèse même est irréaliste sur le plan des mœurs, puisque en tant que Roi, il était le « hem neter », c'est dire *le premier serviteur des dieux*. Il ne pouvait donc se faire construire un monument à sa propre gloire, plus haut et plus volumineux que ceux des dieux, sans risquer de s'attirer le bannissement général, joint à toutes les foudres du ciel, ce qu'il craignait le plus.

Tentons de ramener les choses à de justes proportions, c'est en 200 ans minimum que **la Grande Pyramide** s'est construite, et à ce rythme de travail l'entreprise demeure **une option pharaonique**. À titre de comparaison, la cathédrale Notre-Dame de Paris a nécessité 170 années de construction, celle de Lyon 500 ans avec il est vrai des interruptions. Imaginez un instant que vous êtes architecte maître d'œuvre, et qu'il vous faille impérativement élever à des hauteurs de cent mètres et plus, chaque jour, cela sans l'apport de la roue, sans traction mécanique, 42 m3 de pierre s'échelonnant de 2,5 à 70 tonnes. Qu'il vous faille ajuster ces blocs à la perfection en tenant compte d'un plan structurel rigoureux et cela pendant 200 ans. Même si vous disposez de la main d'œuvre nécessaire, cela ne serait pas forcément une sinécure, n'est-ce pas ! Cependant, en ce laps de temps, ce tour de force reste à l'échelle humaine, mais Kheops est mort depuis 180 ans et ce ne peut être son tombeau.

Notre lecteur aura compris, que l'on retourne la situation comme il plaira, le problème reste le même, il y a impossibilité par défaut total de vraisemblance. Sauf… pour les experts égyptologues **orthodoxes**, animés par cette foi jusqu'auboutisme que procure le diplôme, solennellement remis par les Pairs du Consensus !

Rendons toutefois à César… ! Il demeure des preuves historiques incontestables, évoquant à l'époque de Kheops, un vaste chantier sur le plateau de Gizeh. Des tombeaux d'architectes dans la nécropole, des graffitis sur des pierres de chantiers, des contes populaires, des signes sur ostraca, des échos d'intenses travaux sous la quatrième dynastie rapportés par des voyageurs Grecs. Tous ces faits ont un indéniable rapport avec la Grande Pyramide et l'époque du Roi Kheops. Il y a donc des événements notables concernant ce monument, qui se sont passés sous le règne du monarque en question. Cela, non seulement nous ne le nions pas, mais nous ne tenterons pas de minimiser la chose, bien au contraire.

Alors de quoi s'agit-il ? C'est là que nos recherches impartiales nous ont aidé à mieux comprendre. Nous nous empressons de souligner que l'hypothèse que nous émettons, demeure une hypothèse. Nous n'allons pas verser dans les mêmes excès équivoques que nous reprochons aux spécialistes accrédités. Ce qui revient à dire que nos recherches et déductions reposent sur les raisons suivantes :

Instruit par la haute prêtrise de son époque, Kheops fut placé dans l'obligation d'entreprendre la restauration de la Grande Pyramide. À l'instar de son père Snéfrou et plus tard de ses fils et petit-fils, il s'agissait pour eux, en un temps englobant plusieurs générations, de restaurer un groupe de 14 pyramides aux caractéristiques sacrées. L'étude des conjonctions célestes à laquelle se livraient les devins hiérarques, ne laissait aucun doute sur l'imminence de la décision imposée par « **Le Grand Cycle** ». Une restauration complète et impérative du complexe pyramidal incombait aux dynasties futures, cette décision éreintante pour les manœuvriers, ne pouvait que s'avérer à la longue impopulaire. La seule Grande Pyramide exige pour le renouvellement de son parement, **115 000 blocs de pierres**, dûment taillés et ajustés. Si d'aventure, comme nous le pensons, le Roi Kheops s'est attelé, par charge royale à cette tâche titanesque, il n'est pas étonnant qu'il ait mis 20 ans pour la mener à bien. Et on ne s'étonnera pas davantage qu'à la suite de telles contraintes, il ait été frappé d'impopularité. Point étonnant, qu'on le qualifie d'usurpateur ou qu'on lui prête des aspirations post mortem, que la religion en vigueur ne lui permettait aucunement d'envisager. Cette restauration du parement d'albâtre, comprenant la taille, l'élévation et la mise en place, sans moyens mécaniques élaborés de 65 tonnes de pierres par jour pendant 20 ans, représente une véritable prouesse, à peine vraisemblable !

Si Kheops a réellement réalisé cette performance, alors tout semble rentrer dans l'ordre. Son impopularité légendaire, due à sa volonté de mener à bien l'œuvre entreprise, l'importante mobilisation des effectifs humains, les 20 ans d'édification d'Hérodote, que celui-ci avance pour la construction de la Grande Pyramide, les graffitis, les tombeaux d'architectes à proximité du chantier d'extraction, la période de restauration et bien d'autres points de détail. Tout s'explique avec l'époque, le secret, l'intransigeance et la nécessité, il n'y a nulle utilité d'avoir recours à un consensus académique pour se tirer d'affaire. Une bonne analyse de la situation, jointe à une probité scientifique, suffisent pour présenter cette hypothèse à une population en droit de savoir. Mais l'égyptologue orthodoxe s'attendrait alors à une autre question, de la part des non-experts que nous sommes ;

« Qui l'a conceptualisé et qui l'a construit ? »

À ce stade, la modestie d'un égyptologue orthodoxe à ses limites, elle lui défendrait de dire :

Nous ne savons pas, il y a seulement des hypothèses !

Enfin, ultime argument, la mystique antique érigée en croyance dogmatique ne permettait pas à l'époque du Roi Kheops cette liberté de décision que l'on octroie si facilement à ce monarque. La religion en vigueur considérait que le corps humain était accompagné de « 9 enveloppes visibles et invisibles ». Cinq d'entre elles étaient considérées corruptibles, quatre passaient pour incorruptibles et intemporelles.

Les enveloppes corruptibles après la mort, sont au nombre de 5 :

Le Khat – Enveloppe corporelle, structure osseuse et chair du corps putrescible.

Le Sekhem – La chimie interne, le sang, les organes corporels vitaux.

L'Ib - Le cœur physique, mais aussi siège de l'activité créative cérébrale chez les anciens égyptiens.

Le Ren - Le nom temporel ou identité sociétale de l'individu que l'éloignement des âges efface à jamais.

Le Shuit – L'ombre, la partie potentielle et résiduelle de l'être.

À l'inverse du « Shuit » un être pleinement réalisé, est un être de lumière, il ne possède pas d'ombre. À l'image du soleil irradiant, sa lumière révèle l'ombre des sujets qu'il illumine.

Notre corps ou plus précisément les organes qui le composent, se reproduisent intégralement tous les sept ans. Cela s'effectue sans notre intervention consciente, à l'aide d'une codification interne, autonome et cohérente.

L'indéfinissable coordinateur d'une telle merveille, portait un nom en Égypte Ancienne, c'était le « Sekhem ». Il était symbolisé par le sceptre pharaonique, plus couramment appelé « *casse-tête* » entre les mains du Roi. La comparaison est ambivalente, car cette force de cohésion est à manier avec précaution. Elle doit impérativement garder au cours de la vie, son pouvoir de rassembler, mais aussi de trier, d'éliminer, de maintenir des éléments distincts, pour que s'accomplisse cette cohérence intrinsèque qui témoigne de la vie. « Le Sekhem » est bien évidemment corruptible, il disparaît avec l'enveloppe corporelle que représente le « khat » avec lequel il est intimement lié. (Le Sekhem est également le « sceptre » emblème de puissance.)

Les enveloppes incorruptibles après la mort, sont au nombre de 4 :

Le Ka – C'est la conscience corporelle de l'individu. La parcelle missionnée pour activer la vie du corps et tenir ses fonctions en éveil. C'est la référence inaltérable de l'être, homme ou femme en l'absolu. Il est à considérer en un effet miroir avec « le Khat » ou les éléments corruptibles du corps. S'il est sollicité, le » K » peut demeurer en errance quelque temps après la mort.

Le Sahu – Il représente la symbolique inhérente à l'entité humaine, c'est le témoignage du divin, la signature du **Principe Créateur**. Le « Sahu » à un lien avec le « Ren » le nom identitaire de la personne.

L'Akh - C'est le corps de lumière activé, la partie déjà « réalisée » de l'être où plus prosaïquement, il s'agit de « **l'âme** ». Il y a un lien entre « le Shuit » l'ombre, la partie corruptible et non réalisée de l'être.

Le Ba - C'est l'identité paradoxale, le ba et témoin de « *l'État de conscience* » du sujet au cours de la vie qui s'achève. Le ba va rejoindre l'Akh *(l'âme)* à la mort du corps physique. C'est le « ba » qui va être l'objet du jugement osirien. Sa parcelle s'ajoute ou non à « l'Akh » pour déterminer sa place en les prochaines réincarnations. Le « ba » a un lien avec « l'Ib » le cœur corruptible.

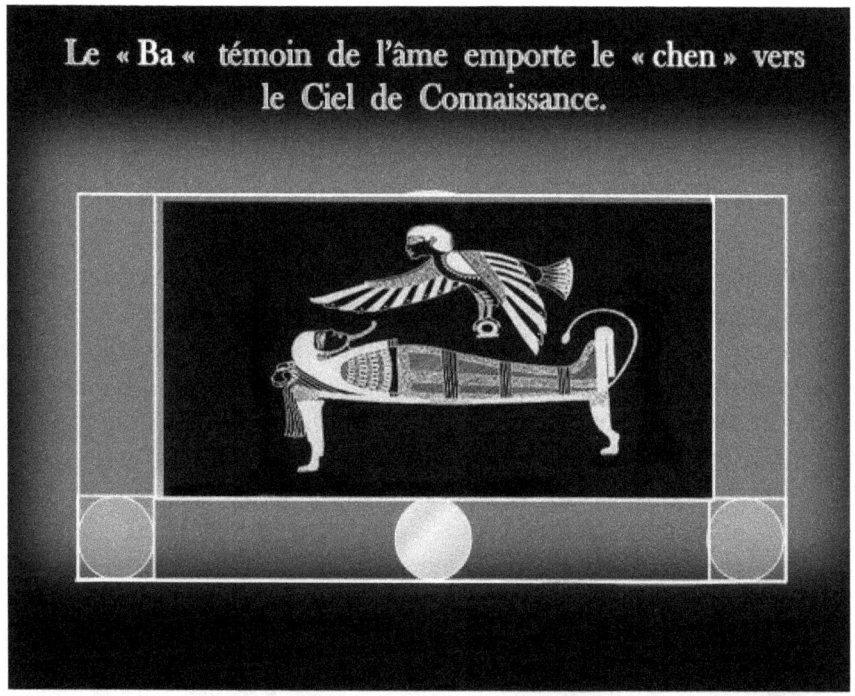

Le « Ba « témoin de l'âme emporte le « chen » vers le Ciel de Connaissance.

À la lumière de ces définitions, il n'est nul besoin de commenter l'improbabilité pour Khéops de hisser son corps « putrescible » au sommet d'une pyramide pour se projeter vers les régions célestes. Il est incontestable, que le fait de monter sur une table nous rapproche des étoiles, mais tout de même, n'est-ce pas prendre délibérément ces gens pour d'obscurs crétins, ce qu'ils étaient loin d'être. En dehors de l'aberrance attachée à ces fantasmes, le sarcophage royal n'aurait pu être acheminé à travers les dédales de la Grande Pyramide. Ce bloc de granite évidé que l'on nomme sans preuve aucune, sarcophage, a été mis en place lors de la construction même du monument, et cela dans un tout autre dessein. Les Rois qui ont précédé ou suivi les trois dynasties des « constructeurs de pyramides » (sic), se sont fait inhumer en profondeur, en cherchant à dissimuler au mieux l'entrée de leur tombeau. Nulle corrélation avec Khéops qui aurait ostensiblement cherché, **lui**, à s'élever vers les célestes régions, afin de glorifier son ego auprès des dieux ses pairs ! Craignons d'appliquer à cette société antique, les mœurs émoussées de nos temps interlopes relaps au sacré. Aurait-il eu, ce Roi, l'intention qu'on lui prête, de sacrifier plusieurs générations à sa gloire personnelle ? Les Grands Prêtres horrifiés, auraient sans doute approuvé avec une déférente apparence cette décision insane, tout en lui faisant offrir un de ces bouillons amers qui vous retourne l'estomac en même temps que la vie. Car ils avaient, ces Grands Prêtres, le sens du devoir envers le peuple et celui confondu du respect des valeurs. Cénotaphes ou mausolées étaient à cette époque avantageusement remplacés des millénaires durant par toute une statuaire, celle-ci était à même de satisfaire l'égo régalien sans déplaire aux dieux.

N'oublions pas que les palais royaux étaient érigés en briques friables, alors que les monuments dédiés aux dieux, étaient en pierre inaltérable. Les premiers étaient à l'image de la temporalité, les seconds se voulaient éternels. Ceux d'entre nous qui ont visité les tombeaux de la vallée des Rois, témoignent de l'abondance des fresques, dessins et hiéroglyphes dans toutes les tombes. Alors que le plus prétentieux d'entre les Rois, n'aurait même pas eu le réflexe, de faire buriner un cartouche à son nom, sur son propre monument, le plus grandiose qui soit. Cette « omission » est grave, suspecte et injustifiable !

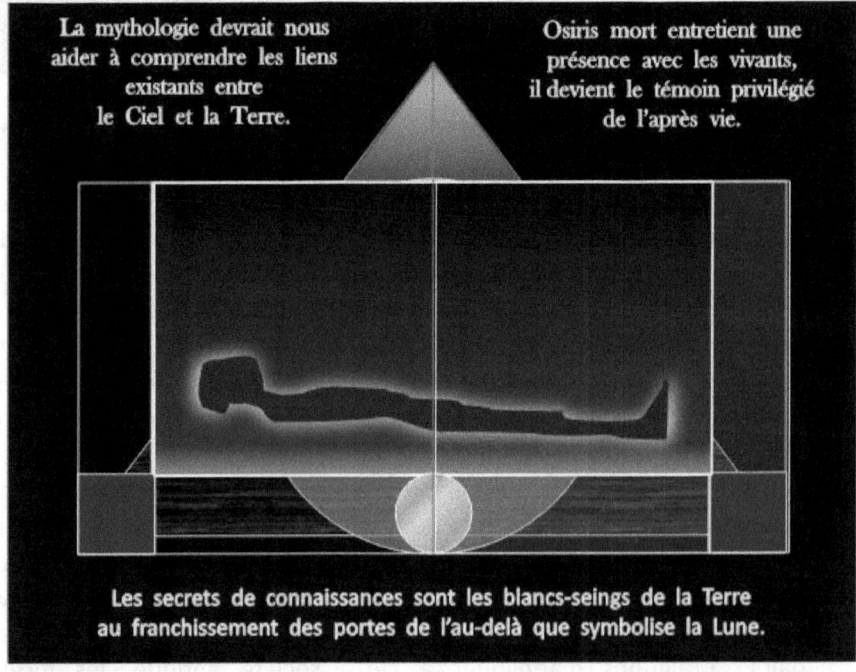

Oui, toute cette mascarade frauduleuse est un non-sens, sauf pour ceux, que cet agencement atypique arrange dans le respect du conformisme en usage. Mais le jour viendra où **la vérité** toute nue, mettra bas les tiares dominatrices des façonneurs de dogmes, et nous conjecturons que leurs noms n'auront pas sur la pierre, la pérennité des monuments qu'ils outragent. Il n'y a pas de nuit qui n'ait vu l'aube d'un jour.

Le triangle équilatéral de caractère implicite qui se trouve ici représenté, a un périmètre de 3000 mètres. Il est bon de s'attarder un instant sur les ramifications occasionnées par « *le hasard* » cher aux orthodoxes égyptologues. Ce triangle intégré nous trace l'ensemble du site de Gizeh et l'emplacement des monuments avec des mesures répondant à la plus grande précision et la plus haute symbolique. Le site est ainsi explicité par les nombres et la géométrie, dans sa manifestation la plus simple.

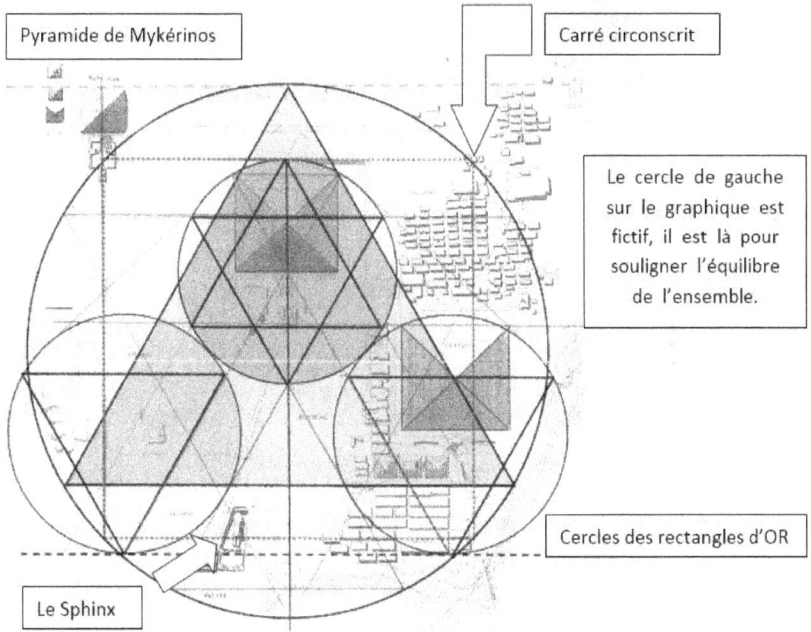

« *Ces trois cercles placés en triangle me sont apparus au matin d'un jour d'hiver, dessiné sur l'une des vitres de ma chambre où je séjournais. Cette chambre était face à la montagne du Bugarach dans l'Aude. J'ai vu cela grâce à la buée matinale. Il s'avère que le tracé que je décris est* **incrusté** *dans la vitre et que nul détergent à ce jour ne l'a effacé. Les autres vitres étant intacts, l'ami qui m'hébergeait, un chercheur du CNRS n'en revenait pas. Il suffit de créer de nouveau de la buée pour que les motifs*

réapparaissent, ce qui, pour les matérialistes purs et durs que nous sommes... est étrange ! »

Cette précision de l'auteur n'est certes qu'anecdotique, mais elle laisse entrevoir, pour ceux qui pressentent les mystères du monde, la pérennité de ce message à caractère universel ! Il se manifeste au gré de nos inspirations intuitives, là où on ne l'attend pas, mais où il sait que l'on ne l'oubliera pas.

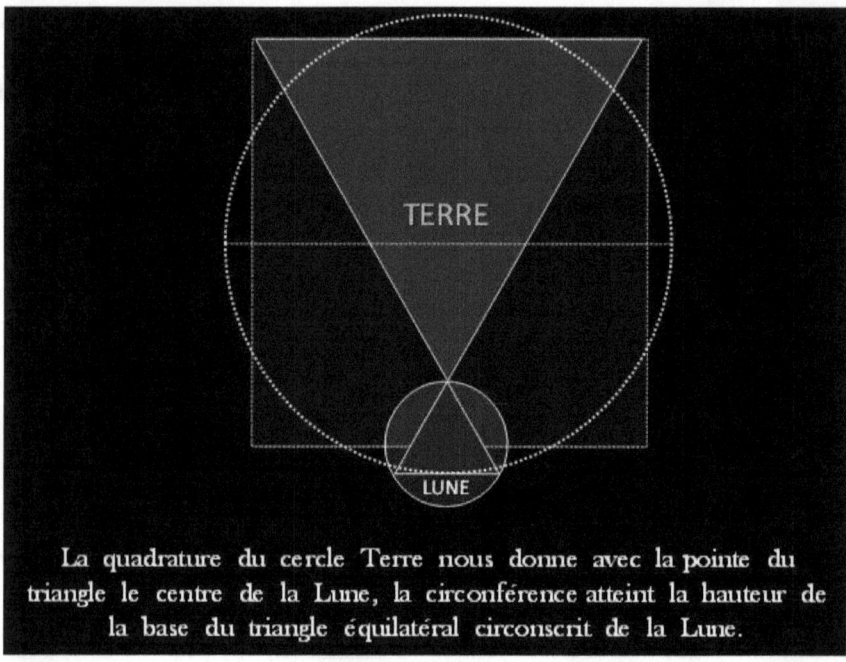

La quadrature du cercle Terre nous donne avec la pointe du triangle le centre de la Lune, la circonférence atteint la hauteur de la base du triangle équilatéral circonscrit de la Lune.

Ressentir en sa personne les manifestations de l'intuitif, c'est pénétrer le miroir, « *l'unus mundus* » de Jung ou la synchrosité du psychisme humain rentre en relation avec les domaines unificateurs de l'universalité. C'est faciliter l'agrément du tout en tout, c'est percevoir l'homogénéité du créé.

Concours de Coïncidences

Les « 9 » dieux mythiques de la genèse égyptienne, sont représentatifs des dix chiffres, base structurelle des nombres. Ces dix chiffres sont généralement représentés par les dix doigts des mains. L'enfant n'a-t-il pas pour habitude de se servir pour compter, de ses doigts de 1 à 10 ? C'est une erreur, nous devrions partir du zéro (chiffre du créé – incréé) pour aboutir au 9, le zéro représente le « **Principe Créateur** » et les neuf autres chiffres sont le produit de cette création. Le zéro, dans les cercles hermétiques, était incarné par « *Atoum* », Dieu des dieux. Le « 10 » réunit le premier principe du créé le « 1 » suivi de la représentation d'Atoum, le « zéro ». Le premier des nombres le « 10 » est représenté par le faucon Horus (dieu symbolisant en l'intelligence humaine).

La genèse héliopolitainne

0 – 1 – 2 – 3 – 4 – 5 – 6 – 7 - 8 - 9

Atoum - Shou – Tefnout - Geb – Nout – Osiris - Haroéris – Seth - Isis – Nephtys

Le résultat de cette association des chiffres nous procure « la lumière », celle-ci est symbolisée en la Connaissance Primordiale, par le nombre « **360** ». Les dix doigts de nos mains, nous content une merveilleuse histoire, celle de la Terre et de la Lune, ainsi que celle de l'homme illuminé par la lumière divine.

Comment cela… ! Et bien, de la manière la plus simple qui soit !

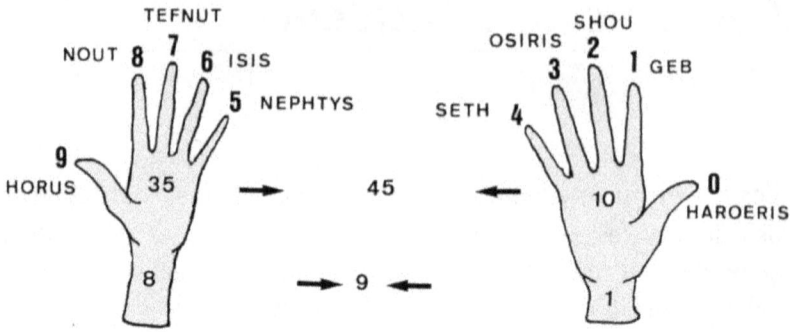

Joignons les doigts de nos mains en une gestuelle méditative, à la façon qu'ont les Tibétains de se saluer (l'exemple nous est souvent donné par le Dalaï lama). En regardant vers le nord, les chiffres se trouvent alors, en alignement Est – Ouest, suivant la course du Soleil. Cependant, le fait de joindre nos doigts, provoque un effet de couplage, celui-ci nous incite à voir des chiffres jumelés, autrement dit, des nombres :

Nous lisons alors : 90 + 81 + 72 + 63 + 54 = **360**.

Prenons en compte ce merveilleux résultat, et puisqu'il ne peut que représenter une circonférence assimilable à un disque de lumière, cherchons son diamètre. Celui-ci est de 114,5915599, multiplions ce nombre par la √2 (1,414213562). **Nous obtenons la diagonale d'un carré englobant le cercle de 360,** chacun des 4 côtés réalise alors 162,0569381. Multiplions ce nombre par l'ordre d'alignement des chiffres que nous avons utilisé, en plaçant la virgule après le « 1 », cela nous donne :

162,0569381 x 01, 2 3 4 5 6 7 8 9 = 200,0702921

Multiplions cette valeur par les **360°** du cercle, nous obtenons une circonférence de 72 025,30467, que nous considérons en kilomètres, son diamètre réalise 22 926,36652 km, divisons ce nombre par la √2, 1,414213562, le résultat nous procure le diamètre de la **Terre** et de la **Lune** réunie, soit **16 211,3893 km.**

L'échelle de Séchât, la déesse aux 7 rinceaux, échelonne 45 nombres.

(45 en Primosophie le nombre de l'âme). L'aller et retour fait donc en toute logique « 90 » ou l'angle droit formé par les pieds de Séchât et sa mesure. En parcourant son échelle numérique, Séchât indique le nombre biblique du linteau, avec le « 1 » du début de l'échelle, que l'on doit ajouter au « 11 » que pointe son calame. Viennent ensuite le « 28 » le « 29 » et le « 30 » que renferme la position de sa main gauche, enfin le nombre « 45 » qui marque l'extrémité de l'échelle numérique, soit 144. Ce ne peut être le hasard, d'autant que « 144 » multipliés par les « 7 » pétales de sa tiare font « 1008 » que divise son index par « 28 » pour nous restituer « 36 » (le nombre des nombres). Avec une déesse aussi énigmatique, serait-ce une indication de référence… !

1 + 11 + 28 + 29 + 30 + 45 = 144.

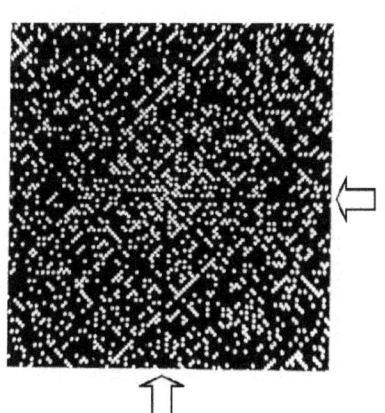

Tout en flânant, penchons-nous un instant sur ce qu'il est convenu d'appeler « la spirale d'Ulam », du nom de son découvreur. Il s'agit d'un tracé sur ordinateur des impairs successifs, évoluant dans le sens inverse des aiguilles d'une montre. Les nombres non premiers figurent en noir, le résultat forme des lignes de points blancs ou noirs. Le « 1 » étant au centre de l'illustration, le « 100 » à l'extrême gauche, en haut.

Nous remarquons à l'emplacement des deux flèches blanches indicatrices, le tracé en noir d'un énigmatique carré, résultant de la disposition numérique. Ce carré découpe en quatre l'espace considéré. Le tout est souligné par une diagonale blanche discontinue et à peine visible, s'étendant du centre du carré à l'angle situé en bas à droite.

L'extraordinaire de cette comparaison, c'est que le trône pharaonique comprend un carré similaire placé de façon identique. Cette symbolique validerait-elle les épousailles hiérogamiques de Shou et de Tefnou, le nombre et la géométrie, siège de Pharaon,

Les êtres éminemment Sages de ces Ancestrales Communautés Théocratiques, avaient construit cet immense édifice qu'est la Grande Pyramide pour traverser les âges. L'œuvre témoigne de leur omniscience, ils n'ignoraient rien des inclinations et appétences humaines. Aussi, étaient-ils conscients qu'un tel édifice, allait devoir affronter des générations de monarques infatués, des déprédateurs sans scrupules, des experts iniques, des militaires forcenés, des mécréants de tous horizons, que viendraient renforcer les invariables cohortes des iconoclastes.

La mystérieuse civilisation à laquelle ils appartenaient, savait pertinemment que la multiplicité des agressions perpétrées, risquait à long terme d'annihiler ce « **divin message** ».

Plus riche serait l'œuvre entreprise, plus vite on s'acharnerait à la réduire, que ce soit par goût, réemplois stupides ou rivalités de puissance. Il fallait donc que celle-ci, grâce à ses formes, se révèle d'un caractère neutre, qu'elle n'évoque rien sur le plan de la valeur vénale, qu'elle n'enseigne apparemment rien sur le plan de l'esprit, qu'elle ne relève de la gloire de personne et qu'elle apparaisse au regard profane comme une extravagante éminence sans intérêt particulier. En quelques mots, qu'elle ressemble à un cénotaphe dépersonnalisé, anonyme et privé d'âge !

Ainsi banalisée, les **bâtisseurs d'éternité** pouvaient-ils espérer que leur Pyramide aurait l'heureuse destinée de traverser les siècles, sans motiver haine et convoitise. Seul critère déterminant, elle se devait d'être solide... Elle le fut ! Parallèlement à ce prudent concept d'autodéfense, il fallait que sa forme exhale une sensation de pureté pour qu'elle puisse motiver, au fil des millénaires, « *le sentiment de quête* ».

L'intention que l'on puisse prêter à ces « œuvriers bâtisseurs » était de veiller à ce que la **Tradition Primordiale** se pérennise. Cette connaissance était enseignée à l'aube des âges par les énigmatiques « Neterou », initiateurs du genre humain. Il ne fait aujourd'hui aucun doute que le transcendant message qu'ils diffusaient, existait aux origines anthropologiques des temps. Il était destiné à éclairer les consciences, à susciter les vocations, à provoquer l'imaginaire. Plus que tout autre, le message s'adresse à notre civilisation, laquelle, après avoir connu une forme d'expansion, n'est plus à même de contrôler sa croissance. Les arcanes dissimulés en ces vaisseaux de l'espace-temps que sont les Pyramides, nous offrent **trois conditions de base**, pour échapper aux puissances matérielles infécondes, inhibitrices de l'état de conscience :

La pierre « pour sa force »

    La géométrie « pour sa beauté »

        Le nombre « pour sa Sagesse »

Souvenons-nous de ces « 7 » barques enfouies qui voisinent le carré base de la pyramide, ce n'est pas sans raison qu'elles se tiennent là, elles sont le réceptacle « *des orbes que provoque l'onde* » émise par les nombres divins. Pour ces **Sages Anciens** imprégnés des valeurs traditionnelles et mystiques, les barques véhiculaient les nombres puisés en l'inexploré, par les lancés de filets de la déduction. Ces barques mythiques allaient et venaient d'une berge à l'autre sur le fleuve du temps et leurs présences symboliques déterminaient les phases de l'échelle des cycles.

Nous avons déjà eu l'occasion d'évoquer le nombre **4,442882936**, fruit de la $\sqrt{2} \times \pi$ = 4,442882936 m (Souvenez-vous, c'est aussi la largeur, en mètres, de la chaussée processionnaire entourant le périmètre de la Grande Pyramide). Cette valeur multipliée par 10 = 44,42882936 m. Visualisée sous cet angle, la hauteur du socle sur le roc, est exactement de **1 coudée** pyramidale de 0,5236006 m, cela se traduit par le nombre de : **44,42882936 années**. Depuis le centre du schéma jusqu'au faîte du pyramidion, la hauteur réalise 152,339963 m x 44,42882936 = 6768, 286221. Lorsque nous divisons ce résultat par la coudée utilisée par les constructeurs 0,5236006 m, nous obtenons la valeur en années du demi-cycle précessionnel **12 926,42946 années**. Cette estimation de nos Omniscients Ancêtres, se trouve être le juste partage entre la valeur aujourd'hui admise par certaines études scientifiques, évaluée à **25 785 années** (valeur scientifique actuelle, généralement admise en occident) et la périodicité retenue pour plus de commodité, soit **25 920 années**.

25 785 + 25 920 ÷ 2 = **25 852,5 années.**

Résultat étonnant, mais nous vous prions de croire, cher lecteur, que la moyenne des deux valeurs n'a d'aucune façon été voulue par nous.

À moins qu'il ne s'agisse d'un céleste clin d'œil, lequel en la circonstance ne saurait être décliné. Aussi pouvons-nous en déduire que ces références, répondent à une incontestable harmonie générale – la hauteur de l'édifice – sa largeur – son périmètre – le cycle précessionnel matérialisé par la constellation d'Orion – le disque solaire symbolisé par le nombre 360 – les nombres eux-mêmes, représentés par la valeur de 111,11111111 – la Terre en son diamètre moyen - sa rotation en 24 heures – le 120 (sang – vin) Graal de la tradition cachée.

Autant d'éléments de connaissance, imbriqués en un espace restreint et véhiculés par **la Tradition Primordiale**. La longueur en mètres de la demi-base de la Grande Pyramide sur le roc, moins les 0,9424777959 m du creusement des faces 114,6145431 m.

Cette valeur multipliée par les 8 demi-faces nous donne 916,9163448 m x 2 = 1 833,83269 (minutes sexagésimales) ÷ 24 = 76,4096954 ÷ 60 minutes = **1,2734 94923** (le ∅ de la Terre à x 10 000 en sa sphéricité moyenne). Si nous divisons ce précédent total 12 734, 94192 km par la demi-base que nous venons d'évoquer 114,6145431 m, nous découvrons la symbolique des nombres avec 111,111111111. La hauteur propre à cette demi-base est de 145,9317686 m, elle est à 1, 20 du sommet pyramide, divisée par les décimales du ∅ de la Terre 1,273494923, elle nous offre multipliée par pi, la représentation du disque solaire en sa symbolique numérale Antique : **360**.

Grimpons maintenant sur notre échelle séculaire, pour pouvoir mieux apprécier les fruits de « **l'arbre Adamique** ». Cette échelle est semblable au cobra qui se love pour dominer le khepresh pharaonique. Il devient alors, **l'uræus frontal**, sa colonne vertébrale échelonne les dates du passé, du présent et de l'avenir. Cet échelonnement se traduit en égyptien par « tchezou ▭━∞━▭ vertèbre ». Dès lors, la tête renflée du cobra se place près de l'œil perçant du vautour auquel rien n'échappe. Par son inspiration verticale, la matière rampante a rejoint l'aile côtoyant les Cieux.

À la fin de cet ouvrage en trois tomes et dans le contexte de notre civilisation occidentale, nous nous efforcerons de dresser une chronique succincte des événements religieux ou connexes les plus marquants du demi-cycle précessionnel. Ces événements ne sont pas inscrits sur un quelconque support, ils se trouvent simplement et par le plus grand des hasards, placés sur des points de recoupements géométriques ou numériques.

Lorsque dans **225 ans**, notre humanité de l'année symbolique 2 000 aura atteint la base du Pyramidion, on pourra logiquement déduire que débutera pour elle « **l'âge d'or** » prédit par les écritures.

C'est hélas, oublier que la Pyramide a été tronquée, que nombres et géométrie se sont évanouis de son sommet, c'est oublier que depuis plusieurs siècles déjà, nous naviguons en la nuit apopicienne (royaume des ténèbres). **Seth** mène la barque, mais sans le concours d'**Horus,** ce n'est pas certain que celui-là nous tire d'affaire. Le matérialisme obsède le dieu, au point que l'éminence du danger ne saurait lui faire délester son embarcation, pourtant surchargée d'inconséquences. Toujours plus d'individus, toujours plus de consommation, toujours plus de profit, toujours plus de déchet, toujours plus de déséquilibre. Le mot étendard de nos sociétés n'est-il pas « croissance ». Nous feignons d'oublier, que rien dans la nature des choses n'engendre une croissance permanente et illimitée, c'est simplement une période précise de la vie, qui nous permet quelquefois de devenir adulte.

Les aléas les plus caractéristiques propagés par notre civilisation pourraient se résumer ainsi :

- **La confusion des sentiments,** il s'agit de la période que nous vivons. Le mal-être envahit chaque état de conscience.

- **L'agressivité sans discernement**. Ce fléau est aujourd'hui subjacent, il sera demain généralisé et l'esprit sociétal inexistant.

- **La défection de l'état de conscience**. Les prémisses sont déjà en place. L'inconséquence est le premier symptôme de dégénérescence.

À ce stade, il sera trop tard, « le serpent des ténèbres » aura coulé l'embarcation du matérialisme outrancier. L'occident hédoniste s'est engagé sur le chemin scabreux des sciences pernicieuses, sans prendre l'avis des étoiles. Elles sont encore là, saisissons cette ultime chance, changeons de cap, et s'il le faut changeons de pilotes, avant qu'Apopis le grand serpent du renouveau ne nous fasse le coup de la vague.

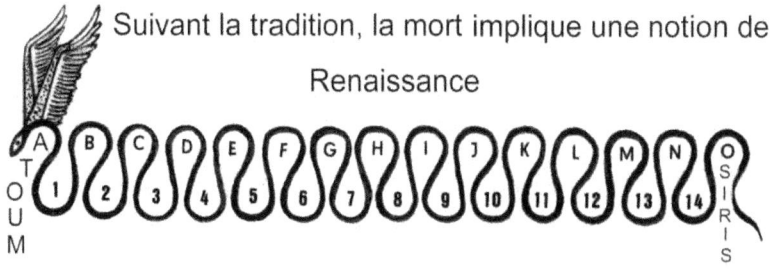

De l'**Alpha** à l'**Oméga**, les 14 morceaux du corps Osirien.

Il y a 14 stations au chemin de croix.

14 x π = 43,98229714 ÷ 3 = 14,66076 x 10 = **146,6076** m.

43,98229714 m, c'est la hauteur à partir de la base pyramide, Jusqu'au sarcophage de la chambre du Roi. 146,6076 m c'est la hauteur sur son socle de **la Grande Pyramide**. Ce monument contient les rudiments de la sagesse que nous devrions acquérir, pour émerger de cet état infantile de collectionneur de billes que nous chérissons, et dont les poches opulentes sont autant de lests à l'évolution des consciences.

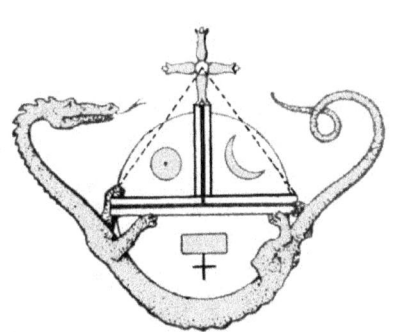

Pourvu de sa céleste puissance, le Dragon a pour mission de défendre **la porte des connaissances cachées.** Il l'indique par sa présence même. Quant au TAU inversé, c'est « le séma – taouy », la table de ligature des deux pyramides (réelle – virtuelle) que lient les deux génies (les rives du Nil).

Cette composition nous évoque également : Le **Cerbère** (monstre reptilien) ardent défenseur des mystères – La planète **Terre** et son symbole pyramidal (en pointillé) – En se reflétant sur la **Terre**, le **Soleil** et la **Lune** créent la trilogie – Le carré-long, sarcophage de l'étoile Saïph en la chambre du Roi – Sous la forme d'une croix, la clé de « 4 » domine la situation générale. La **croix,** plus cosmique que christique, est emblématique de la voie à suivre, celle des nombres et de la géométrie, celle du **Père** que symbolisent les valeurs de **l'œuvre pyramidale**.

Le nombre π 3,141592653 ÷ 4 (chiffre clé de la Grande Pyramide) =

0,785398145 x 0,5236006 (la coudée des constructeurs) = **0,411234949** m (cette valeur représente la largeur du socle). Ce socle contourne le périmètre de la pyramide, il se trouve placé exactement à une coudée de hauteur par rapport au roc (il aurait pu servir de siège aux processionnaires).

0,41123494 x 281 (valeur similaire au nombre de coudées qu'il y a en hauteur)
= 115,5570209 m x 2 = 231,1140416 m (base sur le roc) +
0,411234949 m (ajouté à la valeur sur le roc) = 231,5252766 m x 4
(faces de la pyramide) = 926,1011063 x 2 = 1852,202213 (minute sexagésimale)
x 60 = 111 132,1328 x 360° = 40 007 567,79 ÷ 1000 = 40 007,56779 ÷ π =
12 734,80435 – 12 734,94192 km
(valeur réelle du diamètre moyen de notre planète) = 0,1375671 km.
Pour différence 137 m ou encore... l'étendu d'un honorable parking !

Déjà parus

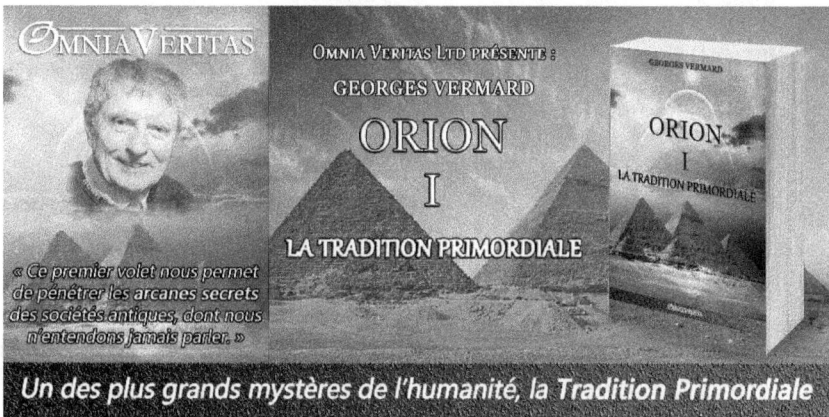

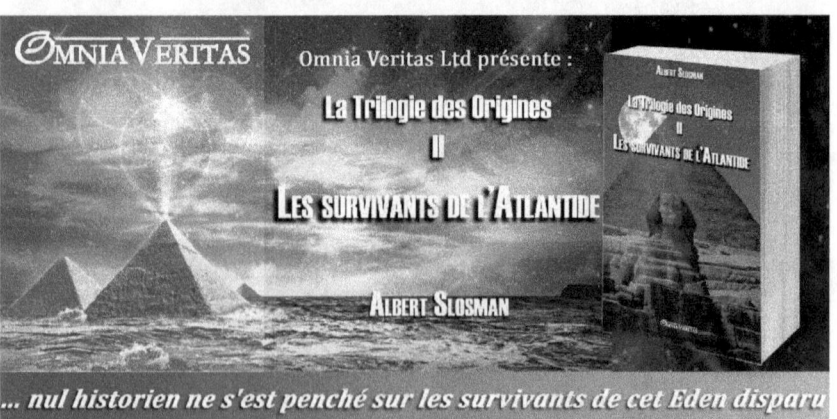

www.ingramcontent.com/pod-product-compliance
Lightning Source LLC
Chambersburg PA
CBHW050123170426
43197CB00011B/1699